21世纪高等职业教育精品教材·电子商务专业

职业教育国家在线精品课程配套教材

富媒体智能型教材

New Media Marketing

新媒体营销

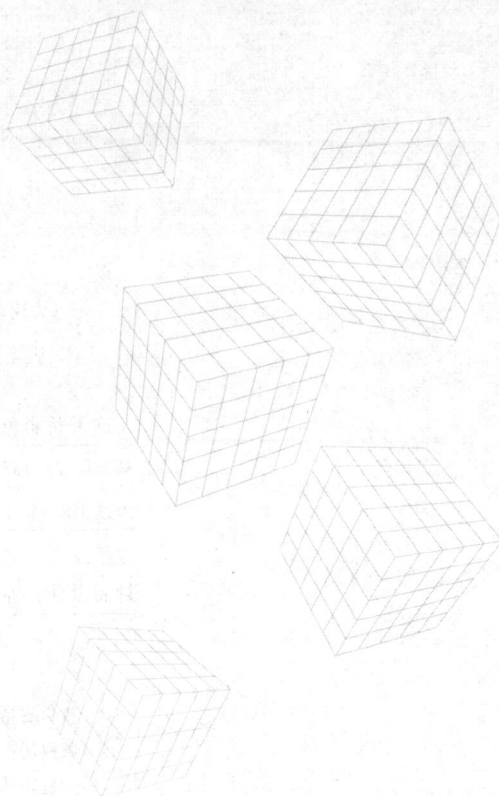

李小敬　张蒙蒙　主　编

李　婧　张文静　郭广超　副主编

东北财经大学出版社
Dongbei University of Finance & Economics Press

大连

图书在版编目（CIP）数据

新媒体营销/李小敬，张蒙蒙主编．—大连：东北财经大学出版社，
2023.8（2025.1重印）
（21世纪高等职业教育精品教材·电子商务专业）
ISBN 978-7-5654-4878-2

Ⅰ.新…　Ⅱ.①李…②张…　Ⅲ.网络营销-高等职业教育-教材
Ⅳ.F713.365.2

中国国家版本馆CIP数据核字（2023）第128593号

东北财经大学出版社出版
（大连市黑石礁尖山街217号　邮政编码　116025）
网　　　址：http://www.dufep.cn
读者信箱：dufep@dufe.edu.cn

大连天骄彩色印刷有限公司印刷　东北财经大学出版社发行
幅面尺寸：185mm×260mm　　字数：444千字　　印张：19.5
2023年8月第1版　　　　2025年1月第2次印刷

责任编辑：郭海雷　周　晗　石建华　　责任校对：何　群
封面设计：原　皓　　　　　　　　　　版式设计：原　皓

定价：48.00元

前　言

党的二十大报告强调，"推动货物贸易优化升级，创新服务贸易发展机制，发展数字贸易，加快建设贸易强国"。《"十四五"电子商务发展规划》也指出，要发挥电子商务对价值链重构的引领作用，鼓励电子商务企业挖掘用户需求，推动社交电商、直播电商、内容电商等新业态健康发展，服务乡村振兴，积极开展"数商兴农"行动，培育农产品网络品牌，鼓励运用短视频、直播等新载体，宣传推广乡村美好生态。

本教材充分贯彻落实《中共中央关于认真学习宣传贯彻党的二十大精神的决定》、《国家职业教育改革实施方案》（简称"职教20条"）等文件精神，推动党的二十大精神"进教材、进课堂、进头脑"的要求，将教学内容与服务人民高品质美好生活、服务乡村振兴、服务企业数字化转型相融合。

本教材根据新媒体营销工作过程典型工作任务，设计七个教学模块：认识新媒体营销、策划新媒体营销、实施短视频营销、实施直播营销、实施内容社区营销、创作新媒体文案、评估新媒体营销。

本教材重点突出以下特点：

1.理念新，全面融入课程思政

依据2019年6月发布的《教育部关于职业院校专业人才培养方案制订与实施工作的指导意见》中"强化课程思政"的要求，通过知识目标、能力目标、素养目标三维学习目标的构建和"思政园地"栏目的开发，系统体现课程思政理念。本教材从内容上体现了党和国家对教育的基本要求，融入社会主义核心价值观，有助于加强爱国主义、集体主义、社会主义教育，引导学生坚定道路自信、理论自信、制度自信和文化自信，以培养高素质技术技能人才。

2.内容新，体现营销专业领域新趋势和新变化

本教材由从事新媒体营销教学和研究的教师以及资深行业企业专家共同编写，内容紧跟营销新技术、新模式、新环境的发展变化，既注重成熟营销理论的指导，又注重将新的企业营销模式和营销实践引入教材。

3.形式新，突出"教、学、做"一体化的职业教育及应用型教育特色

每个项目精选与教学内容相匹配的企业实际案例并配套相关视频，美妆时尚、科技潮品等品类皆备，中华老字号与新锐国货品牌兼顾，以供学习者结合理论进行分析、思考和借鉴，深刻掌握新媒体营销的重要概念、方法和技能。

各任务穿插设置了"互动课堂""行业观察""延伸阅读"等教学互动栏目，内容丰富，形式多样，克服了传统教材枯燥乏味的弊端。项目结尾设置了"思政园地""基础训练""综合应用"等栏目，强化对素养目标、知识目标、能力目标达成情况的

检验与考核。为强调"数商兴农","综合应用"栏目系统设计了以山东日照御园春茶叶有限公司为实践对象的一系列新媒体营销活动。

本教材图文并茂，通俗易懂。编者将重点概念、工作任务通过自主拍摄和制作的图片、表单、视频等形式表现出来，增强了教材的趣味性和可读性，提升了阅读体验。

4.实用性强，配套资源丰富

以本教材为基础的"新媒体营销"课程2022年被评为职业教育国家在线精品课程，同时在"智慧树网"上线运行，支持教师开展线上教学和翻转课堂教学。另外，本教材配有教学大纲、电子课件、微课视频、课程思政资源库、在线测试等，便于学习者网上学习。本教材在重要知识点和重点案例旁添加了二维码关联核心资源，方便教师和学习者使用。

本教材既适合用于高等职业教育新商科相关专业课程的教学，也可以作为新媒体营销从业人员的培训和学习参考用书。

本教材由李小敬、张蒙蒙担任主编，李婧、张文静、郭广超担任副主编。具体分工如下：山东水利职业学院李小敬负责项目1和项目2的编写工作，北京电商联盟网络科技有限公司郭广超负责项目3的编写工作，山东水利职业学院李婧负责项目4的编写工作，山东水利职业学院刘凌霄、王圆、郑潇负责项目5的编写工作，山东水利职业学院张蒙蒙负责项目6的编写工作，山东水利职业学院张文静负责项目7的编写工作。北京电商联盟网络科技有限公司总经理郭广超、浙江怡拓电子商务有限公司总经理崔新新、泰盈科技集团股份有限公司校企部总经理张明为教材编写提供了有价值的素材和有建设性的建议和思路。本教材的出版得到了东北财经出版社编辑的支持和帮助；同时，向本教材编写过程中借鉴、引用的高水平教材、著作等参考文献的作者一并致谢！

由于编写时间仓促，加之编者水平有限，书中疏漏和不妥之处在所难免，敬请读者批评指正。

编　者
2023年5月

目 录

项目 1
认识新媒体营销

学习目标

知识目标：

- 了解新媒体营销的概念、类型和特点
- 了解新媒体营销产业链
- 认识常见的新媒体营销的模式
- 熟悉常见的新媒体营销的思维方式

技能目标：

- 能根据不同特点对新媒体进行归类
- 能系统阐述新媒体营销产业链运行机制
- 能分析具体案例采用的新媒体营销模式
- 能运用新媒体营销思维分析并解决营销问题

素养目标：

- 培养家国情怀，坚定文化自信、民族自信
- 培养创新意识和用户思维

【引导案例】

《新千里江山图》：当中国风遇上新时代

1.课前思考

以小组为单位，讨论以下问题：

（1）哪些媒体是新媒体？

（2）新媒体"新"在何处？

2.案例介绍

在党的二十大胜利召开之际，人民日报新媒体推出原创视频《新千里江山图》。作品上线后一小时内阅读量就突破10万，并登上热搜榜第一名，获得数万网友点赞留言。"惊艳""震撼""美哭了""为中国自豪"……创新微视频及网友们简短而真挚的评论所表达的，是每个置身于新时代的中国人关于国家富强、社会进步、人民安康的切身体会，是青绿画卷中的千里江山与华夏儿女脚下的万里征程融为一体的奇妙之旅，更是移动互联网语境下把现代生活寓于中国式审美的创新呈现。

《新千里江山图》以文润心，在美的律动中展开新时代壮美画卷，生动阐释了"江山就是人民，人民就是江山"的深刻内涵，展现了新时期中国人民的神韵风采。一方面，依托技术，将中华绘画、舞蹈、书法、民乐等优秀传统文化元素的美发挥到了极致。另一方面，在传统韵味十足的基础上，将港珠澳大桥、塞罕坝国家森林公园、复兴号、大飞机、中国天眼、白鹤滩水电站、中国航天、航空母舰等富有现代气息的成果毫不吝啬地着墨出来，并嵌入其中，在传世画卷徐徐展开的同时，展示中国这十年在政治、经济、文化、社会、生态文明等各个领域取得的辉煌成就。

《新千里江山图》从国风审美典范出发，在关于"千里江山"的理解和欣赏中，找到了公众对时代、奋斗和自我的认同。作品用生动的画面和利落的节奏，诠释了新时代"千里江山图"的意义，那就是捍卫国家的情怀、攻坚克难的勇气、笃行不息的奋斗，以及让这片土地不断焕发生机活力的伟大人民。

时代如潮，江山如画，《新千里江山图》讲述的精彩还在继续！

视频1-1

新千里江山图

资料来源　王文静.《新千里江山图》：当中国风遇上新时代［EB/OL］.［2022-10-22］.http：//news.china.com.cn/2022-10/22/content_78479994.htm.引文有删改。

3.案例讨论

以小组为单位讨论案例中给出的材料，并根据讨论结果填写表1-1。

表1-1　　　　　　　　　　我眼中的《新千里江山图》

项目	内容
与《千里江山图》相比，《新千里江山图》增加了哪些新元素？	
如何评价《新千里江山图》的宣传效果？	

任务1.1 了解新媒体营销及其发展趋势

媒体是连接人的全部社会关系的纽带，从古时烽火狼烟传递情报到利用报纸、广播、电视传递信息，再到"两微一端"等让信息触手可及，传播技术和媒介形态随着社会进化而不断变革。今天，以5G、人工智能、元宇宙为代表的新一代信息技术在政策引导、行业需求、产业发展等因素驱动下，推动了我国媒体产业的蓬勃发展和产业生态的持续优化。媒体应用智能化水平显著提升，应用场景更加丰富，在社会服务、企业营销、乡村振兴等方面发挥着"新"力量。

1.1.1 新媒体营销的概念

1）新媒体

新媒体（New Media）一词源于美国，联合国教科文组织将其定义为"以数字技术为基础，以网络为载体进行信息传播的媒介"。

1994年中国接入国际互联网后，众多中国学者和传媒人从不同视角对新媒体进行研究。中国传媒大学文化产业管理学院熊澄宇院长对新媒体给出了如下定义：新媒体，或称数字媒体、网络媒体，是建立在计算机信息处理技术和互联网基础上，发挥传播功能的媒介总和。它除具有报纸、电视、电台等传统媒体的功能外，还具有交互、即时延展和融合的新特征。

综合各种观点，并结合对当下新的技术环境和媒体的理解，新媒体可以定义为：利用数字技术、网络技术，通过计算机、手机和多媒体等终端设备，向用户提供图文、音频、视频等内容服务的媒体形态，其本质特征是技术上的数字化、传播上的交互性。

"新媒体"是一个时间概念，新媒体的新是与传统媒体对比，按照当下标准界定的。过去的一些新媒体随着技术的发展或时间的推移会沦为"旧"媒体或传统媒体。比如，20世纪初出现的广播、电视在当时都是新出现的媒体，但是现在属于传统媒体。在互联网发展初期，新媒体主要是指搜狐、新浪等门户网站。随着时间的推移和大数据、人工智能、云计算、物联网、移动终端、VR/AR等新技术的发展，当前的新媒体已经涵盖了所有的数字化媒体、网络媒体、移动端媒体等。

微课1-1

什么是新媒体

2）新媒体平台

按照平台功能及内容形式，目前的新媒体平台可以划分为以下七种类型：

第一类：社交类平台，如微信、微博、QQ等。

第二类：视频类平台，如抖音、快手、B站、淘宝直播等。

第三类：音频类平台，如喜马拉雅、荔枝等。

第四类：自媒体类平台，如头条号、大鱼号、百家号、搜狐号等。

第五类：社区类平台，如知乎、小红书等。

第六类：资讯类平台，如今日头条、网易新闻、腾讯新闻、百度新闻等。

第七类：电商平台，如淘宝、京东、拼多多等。

目前的主流新媒体平台及其特点见表1-2。

表1-2 主流新媒体平台及其特点

	微博	抖音	微信	快手	小红书	知乎	哔哩哔哩
平台基调	社交广场热点策源地	短视频与直播一体化平台	国民社交互联私域蓝海	新市井的社区文化高黏性的用户留存	高黏性、高互动女性内容与社交平台	高质量问答社区原创内容社区	圈层文化聚合平台
内容产出	UGC&BGC	UGC MCN 为主的 PGC	UGC/BGC/GGC	UGC/PGC/BGC	UGC	UGC/PGC	OGV&POGV
内容特点	强曝光、明星/大 V 引领、全内容种草	明星入驻、创意视频、原生众创、种草拔草、全民参与等玩法	支持图文、语音、短视频、音频等内容形式视频号营销,订阅号文章单品/合集深度种草	短视频、直播、老铁文化风格内容剧情、段子受欢迎,直播基因浓厚	单品/合集测评、好物推荐、KOC 营销、明星同款、吸引女性用户关注	问答模式聚合话题专业内容"获得感"种草	内容创意性和趣味性强的中长视频,二次元、动漫、游戏、知识是较热门内容
商业特征	话题热搜、直播、名人背书	信息流广告、短视频、直播带货适合平台主导与达人主导型商业化渠道	私域流量变现、广告 O2O、直播带货等不同触电转化	平台硬广支持、达人内容种草与带货,品牌直播与私域留存的社区闭环生态	种草电商直播内容笔记搜索渠道	内容营销广告知识付费	视频种草二次元电商UP 主种草

3) 新媒体营销

新媒体营销是企业在消费者决策过程中,充分利用微信、微博、抖音等新媒体平台和营销技术,以企业价值观、品牌IP、主营业务为核心,开展宣传、公关、促销等一系列活动,将品牌产品、价值、活动等信息持续传递给目标受众,以便形成影响力,从而实现沟通、交易、建立关系的目的。

(1)"沟通"指通过企业对媒体平台、内容与交互方式的选择与设计,确保与消费者实现更有效的互动。

(2)"交易"指企业布局相对紧凑的交易链路,防止用户体验断层,并通过环环相扣的价值感知获得用户认同,促进交易转化。

(3)"关系"是通过一系列顾客价值管理手段实现忠诚闭环,并在此基础上实现更好的增长。

表1-3为万科和百事中国的企业新媒体营销目标。

作为企业营销战略的一部分,新媒体营销是"互联网+"时代企业有效的营销方式。调查结果显示,头部品牌在国内社交媒体上的投入已经超过了营销预算的30%,一些新锐品牌更是在50%以上。

微课1-2

什么是新媒体营销

表1-3 　　　　　　　　　　　万科和百事中国的企业新媒体营销目标

营销目标	万科的新媒体营销活动	百事中国的新媒体营销活动
沟通	通过线上、线下活动，激发线上传播，实现品牌年轻化转型	整合潮流元素，借助公域社交平台，与年轻群体建立紧密连接
交易	以小程序为载体，打通在线买房全流程	通过虚拟技术产生"新消费体验"
关系	多元业务在区域内整合，进行媒体化运营，因地制宜构建本地关系	通过自创、共创内容引发用户共鸣，构建品牌的情感连接

值得注意的是，新媒体平台的多样化和品牌间竞争的加剧，意味着用户注意力被无限分散。以微信为例，微信订阅号和服务号的打开率明显下降，订阅号平均打开率甚至从2017年的13.1%下降到2022年的2.6%。这就要求品牌必须创造更优质的内容、采取更高效的传播方式，才能真正与消费者建立连接，对消费者产生影响。

1.1.2　新媒体营销的特点

新媒体营销基于新媒体平台开展营销活动，因此其营销特点与新媒体平台自身的特点有一定的关联，主要体现在以下五个方面：

1）传播方式双向性和互动性

通过新媒体传播的信息，用户可以进行传播、讨论和反馈，甚至还能参与营销的策划与改进。信息的发布方通过新媒体平台可以及时高效地与用户沟通。

2）载体和呈现形式多样化

新媒体营销的载体既包括PC互联网为主的网络媒体，也包括智能手机、平板电脑为主的移动媒体，以及互动式数字电视、车载媒体、智能屏等。新媒体营销的呈现形式包括文字、图片、音频、视频等。

3）营销对象精准化

新媒体营销依托数字技术，通过新媒体平台的用户注册信息、身份验证、消费记录、兴趣爱好、浏览痕迹等可以进行全方位的用户信息梳理，构建清晰的用户画像，从而开展更为精准的营销活动。

4）传播速度更快

新媒体营销的传播速度主要体现在两个方面：一是传播途径，二是表现手法。从传播途径来说，新媒体营销更注重的是内容信息的传播，这些内容更符合用户对信息的需求，因而更容易让用户主动成为内容信息的传播者，加快信息的传播速度；从表现手法来说，新媒体平台本身具有信息发布便捷、快速的优点，用户可以随时随地接收新媒体营销信息并表达自己的观点，增加了他们主动传播的概率。

5）覆盖面更广

新媒体营销需要互联网环境的支持，其传播方式和传播渠道多样化，不受时间和空间的限制，能够覆盖全国各地甚至全世界的目标消费人群，营销信息也能不受影响地向周围扩散。

1.1.3　新媒体营销产业链

新媒体营销产业链条包括以下主要参与方：上游广告主（品牌方）；中游营销服务商；自媒体账号/MCN机构、KOL；新媒体平台；下游消费者。

1）广告主

《中华人民共和国广告法》将广告主定义为"为推销商品或者服务，自行或者委托他人设计、制作、发布广告的自然人、法人或者其他组织"。广告主是广告活动的发起者，是营销需求方，通常具备以下四个特点：第一，拥有一定数量和质量的产品或服务；第二，有明确的广告目的；第三，知道广告活动是一种投资活动；第四，对广告活动有客观的预期。

广告主根据消费者触媒习惯、营销可行性等的改变而产生新媒体营销需求，进而推动产业链发展。

2）营销服务商

新媒体营销服务商是对接品牌与自媒体/MCN以及最终投放平台的机构，为双方提供交易撮合或整体营销服务。其核心职能是通过业务布局和资源合作联动新媒体营销产业链运作。

3）MCN和KOL

MCN（Multi-Channel Network，多渠道网络）机构是内容创作者与变现平台之间的中介机构。它们发掘、培育KOL，为其提供系统的内容创作支持，并帮助其高效对接新媒体平台。短视频和直播是目前MCN机构的主流变现模式。

KOL也称为意见领袖，其拥有更多、更准确的产品信息，并且为相关群体所接受或信任，并对该群体的购买行为有较大影响力。KOL是新媒体营销的展示者，利用自身的粉丝基础和影响力，帮助品牌方实现品牌宣传和效果转化的需求。

4）新媒体平台

不同模式、不同消费者属性的媒体平台，承载与展示不同的新媒体营销成果，实现消费者触达。不同新媒体平台有各自的特点和优势，通过多平台开展整合式新媒体营销，融合各平台优势强化营销效果，将成为新媒体营销的发展方向。根据平台属性特征和主打营销模式帮助实现多元营销需求。

5）消费者

消费者是指为达到个人消费使用目的而购买各种产品与服务的个人或最终产品的个人使用者。

1.1.4　新媒体营销的发展趋势

以数据与技术为驱动的新媒体营销，将呈现出客户全生命周期价值经营、全景数据实时采集与安全共享、"立体+智慧"营销的趋势。

1）以客户全生命周期价值经营为核心的营销理念

在公域与私域流量并存下，企业将以客户为中心，从前端的触达、获客，到中后端的转化、留存及复购，进行360度全方位洞察，实时动态调整全流程营销策略，构建以客户全生命周期价值经营为核心的营销闭环体系，如图1-1、图1-2所示。

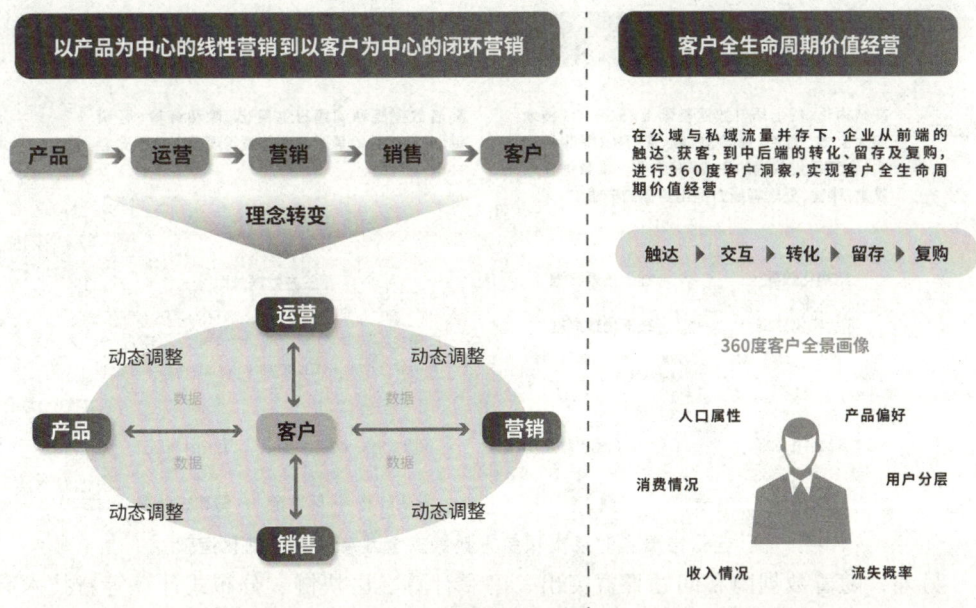

以产品为中心的线性营销到以客户为中心的闭环营销

产品 → 运营 → 营销 → 销售 → 客户

理念转变

运营

动态调整   动态调整

产品 ↔ 客户 ↔ 营销

数据   数据   数据   数据

动态调整   动态调整

销售

客户全生命周期价值经营

在公域与私域流量并存下,企业从前端的触达、获客,到中后端的转化、留存及复购,进行360度客户洞察,实现客户全生命周期价值经营

触达 ▶ 交互 ▶ 转化 ▶ 留存 ▶ 复购

360度客户全景画像

人口属性   产品偏好

消费情况   用户分层

收入情况   流失概率

图1-1 客户全生命周期价值经营为核心的营销闭环体系

图1-2 品牌触达用户的渠道

2)全景数据实时采集与安全共享

线上线下全景数据实时采集,多方数据安全共享,营销将更加精细化,如图1-3所示。

在结构化、线上场景数据基础上,5G和物联网技术加速文本、图片、视频、音频、AR/VR等非结构化、线下场景数据的生成,对企业全景数据实时采集、传输、处理等能力提出更高的要求。

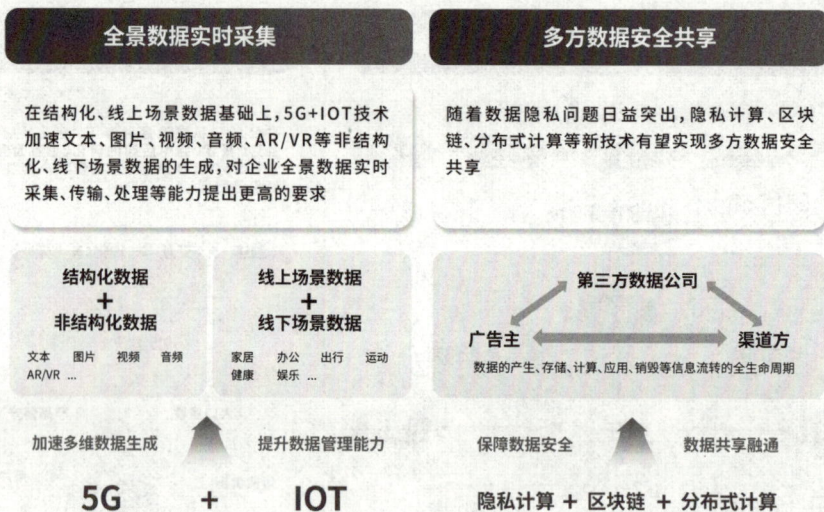

全景数据实时采集	多方数据安全共享
在结构化、线上场景数据基础上，5G+IOT技术加速文本、图片、视频、音频、AR/VR等非结构化、线下场景数据的生成，对企业全景数据实时采集、传输、处理等能力提出更高的要求	随着数据隐私问题日益突出，隐私计算、区块链、分布式计算等新技术有望实现多方数据安全共享

结构化数据 + 非结构化数据
文本 图片 视频 音频 AR/VR …

线上场景数据 + 线下场景数据
家居 办公 出行 运动 健康 娱乐 …

第三方数据公司
广告主 ⟷ 渠道方
数据的产生、存储、计算、应用、销毁等信息流转的全生命周期

加速多维数据生成　提升数据管理能力　保障数据安全　数据共享融通

5G ＋ IOT　隐私计算 + 区块链 + 分布式计算

图1-3　全景数据实时采集和多方数据安全共享助力精细化运营

另外，随着数据隐私问题日益突出，隐私计算、区块链、分布式计算等新技术有望实现多方数据安全共享。

3）新技术将全面驱动营销立体化、智慧化

人工智能、大数据、物联网、区块链等新技术将赋能营销场景、触点、洞察立体化，实现营销实时、精准、智能化，如图1-4所示。

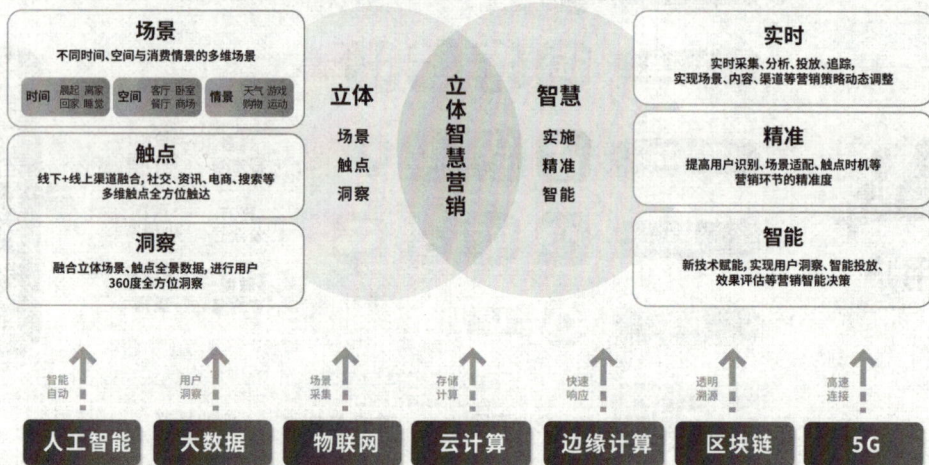

图1-4　新技术全面驱动营销立体化、智慧化

营销立体化体现在以下三个维度：第一，场景立体化。根据不同时间、空间和消费情景搭建多维场景。第二，触点立体化。线下+线上渠道融合，建立社交、资讯、电商、搜索等多维触点，全方位触达用户。第三，洞察立体化。融合立体场景、触点全景数据，进行用户360度全方位洞察。

营销智慧化体现在三个方面：第一，实时。实时采集、分析、投放、追踪，实现场景、内容、渠道等营销策略动态调整。第二，精准。提高用户识别、场景适配、触点时机等营销环节的精准度。第三，智能。新技术赋能，实现用户洞察、智能投放、效果评估等营销智能决策。

　消费元宇宙创造商业场景新模型

1992年，美国科幻小说家尼尔·斯蒂芬森在其著作《雪崩》中虚构了一个叫元宇宙（Metaverse）的虚拟世界。自此以后，人们用Metaverse来指代数字世界、虚拟现实、沉浸式互联网等"超越现实"的世界。2021年3月，游戏公司Roblox作为将元宇宙概念写入招股说明书的"元宇宙第一股"，彻底引爆了元宇宙概念。Roblox Metaverse具有八个特征：身份、朋友、沉浸感、低延迟、多样化、随地、经济系统和文明。而与此类比，传统商业已自发地向沉浸感、多样化、文明等特征转型，具有发展商业元宇宙的良好先天条件。元宇宙概念已被逐步拉进现实生活，传统的商业空间也得以借用元宇宙的渠道来重新构建其商业模型。消费元宇宙的发展维度，针对其消费形式及内容，一方面由实向虚，实现消费数字化，另一方面由虚向实，实现数字化消费。

资料来源　参一江湖.消费元宇宙塑造商业新模型［EB/OL］.［2023-03-10］.https：//news.sohu.com/a/652195137_121094725.

任务1.2　实施新媒体营销策略

1.2.1　营销组合理论发展

市场营销组合（Marketing Mix）是现代营销学理论中的一个重要概念，1953年由尼尔·博登（Neil Borden）首先提出，他认为市场需求或多或少会受到营销要素的影响。

营销理论从创立之初，随着时代和市场环境的变化，经历了4P、4C、4R、4V和4I的发展历程。

1）4P营销理论

1960年，美国营销学者杰罗姆·麦卡锡提出了以产品为核心的4P营销组合策略，将营销要素总结为四类，即产品（Product）、价格（Price）、渠道（Place）、促销（Promotion）。

1967年，"现代营销学之父"菲利普·科特勒在其畅销书《营销管理：分析、计划、执行和控制》中进一步确认了以4P为核心的营销组合方法。

4P理论对市场营销理论及其实践产生了深刻的影响，被称为经典的营销理论。

（1）产品：产品要素是4P组合的核心要素，主要聚焦以下产品相关问题：产品性能如何？产品有哪些特点？产品的外观与包装如何？产品的服务与保障如何？

（2）价格：强调根据不同的市场定位，制定不同的价格策略，产品的定价依据是企业的品牌战略，注重品牌的含金量。重点考虑以下两个问题：定价是否考虑到企业的合理利润以及顾客接受度？定价是否符合公司的竞争策略？

（3）渠道：注重对经销商的管理，让经销商与消费者建立关系网络，在合作上强调双赢。主要考虑以下两个问题：产品通过什么渠道销售？如何将产品顺利送达消费者手中？

（4）促销：企业注重利用销售行为的改变来刺激消费者，以短期的行为促成消费的增长，吸引其他品牌的消费者或引导提前消费以促进销售的增长。因此，会重点关注以下问题：企业如何通过广告、公关、营业推广和人员推销等手段将产品信息传递给消费者以促成消费行为的达成？

4P营销理论是站在企业的立场，比较注重对产品的推销，是从管理的角度处理市场营销问题。发展至今，对企业的营销策划构建了一个十分有用的框架，为企业日后的发展提供了有力的工具，是企业常用的营销手段之一。迄今为止，4P理论模型仍然是营销决策实践中一个非常有效的指导理论。

然而，4P营销理论也有它自身的局限性，例如，它只是追求产品的质量和特点，保障价格和供货渠道，但是缺少对消费者需求的了解及对市场的把握，所以在具体的实施过程中就会面临很多问题，比如出现商品积压、供大于求等现象。

4P营销理论框架如图1-5所示。

图1-5　4P营销理论框架图

2）4C营销理论

随着市场竞争日益加剧，互联网的出现使传播速度越来越快，传统的4P理论越来越受到新事物的挑战。1990年，美国学者罗伯特·劳特朋（Robert F. Lauterborn）教授在4P营销组合基础之上，以消费者需求为导向，重新设定了市场营销组合的四个基本要素，分别是：顾客（Customer）、成本（Cost）、便利（Convenience）、沟通（Communication），称为4C理论。

4C理论以顾客需求为导向，强调营销要把追求消费者满意放在第一位，努力降低消费者的购买成本，注意购买过程的便利性，并实施有效的营销沟通。

（1）顾客：顾客主要指顾客的需求。企业必须首先了解、研究、分析顾客，根据顾客的需求提供产品，而不是考虑企业能生产什么产品。同时，企业提供的不仅仅是产品和服务，更重要的是由此产生的客户价值（Customer Value）。

（2）成本：成本包括企业的生产成本和顾客的购买成本。企业要了解顾客为满足需求愿意支付的成本，而不是先给产品定价。理想的产品定价应既低于顾客的心理价格，又能够让企业有所盈利。

（3）便利：便利是为顾客提供最大的购物和使用便利。企业在制定分销策略时，要更多考虑顾客的方便，而不是企业自身方便，要通过好的售前、售中和售后服务让顾客享受到购物的便利性。

（4）沟通：以顾客为中心实施营销沟通非常重要。企业应通过同顾客进行积极有效的双向沟通，建立基于共同利益的新型企业/顾客关系。

4P理论与4C理论的特点与关联如图1-6所示。

4P理论：供给导向、从企业出发

Product-产品	服务范围、项目，服务产品定位和服务品牌等。正序研发，优先考虑企业可以生产的产品
Price-价格	基本价格、支付方式、佣金折扣等。从企业角度，综合成本、竞争、利润空间等定价
Place-渠道	商品从生产企业流转到消费者手上的全过程中所经历的各个环节和推动力量之和
Promotion-促销	广告、人员推销、营业推广和公共关系等。单向信息传递为主

4C理论：需求导向、以消费者为中心

Consumer-消费者需求	研究客户需求欲望，并提供相应产品或服务。逆序研发，且不只是提供产品和服务，更重要的是由此产生的客户价值
Cost-消费者愿意支付的成本	考虑消费者愿意支付的成本、代价。包括货币、时间、精力、风险等，提供详尽的信息和良好的售后亦可降低顾客的总成本
Convenience-消费者的便利性	考虑让客户享受第三方物流带来的便利。为顾客提供最大的购物和使用便利
Communication-与消费者的沟通	与消费者进行双向沟通

图1-6   4P与4C理论的特点与关联

3） 4R营销理论

4R营销理论是由美国整合营销传播之父唐·舒尔茨在4C营销理论的基础上提出的新营销理论，以关系营销为核心，重在建立消费者忠诚。它阐述了四个全新的营销组合要素：关联（Relevance）、反应（Reaction）、关系（Relationship）和回报（Reward）。

（1）关联：企业与顾客是一个命运共同体。企业必须通过某些有效的方式在业务、需求等方面与顾客建立关联，形成一种互助、互求、互需的关系，把顾客与企业联系在一起，提高顾客的忠诚度，赢得长期而稳定的市场。

（2）反应：在相互渗透、影响的市场中，对经营者来说最难实现的问题不是如何控制、制订和实施计划，而是如何及时地倾听顾客的渴望和需求，并及时做出反应来满足顾客的需求。

（3）关系：在企业与客户的关系发生了本质性变化的市场环境中，抢占市场的关键已转变为与顾客建立长期而稳固的关系。与此相适应产生了五个转向：从一次性交易转向强调建立长期友好合作关系；从着眼于短期利益转向重视长期利益；从顾客被动适应企业单一销售转向顾客主动参与到生产过程中来；从相互的利益冲突转向共同的和谐发展；从管理营销组合转向管理企业与顾客的互动关系。

（4）回报：由于营销目标必须注重产出，注重企业在营销活动中的回报，所以企业要满足客户需求，为客户提供价值，不能做无用的事情。一方面，回报是维持市场关系的必要条件；另一方面，追求回报是营销发展的动力，营销的最终价值在于其是否给企业带来短期或长期的收入能力。

4R营销理论提出了如何建立关系、长期拥有客户、保证长期利益的具体操作方式，真正体现并落实了关系营销的思想，是关系营销史上的一个很大的进步。

4R理论模型如图1-7所示。

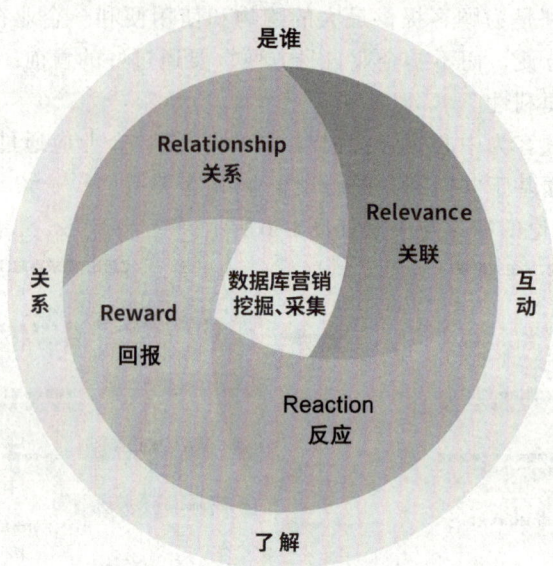

图1-7   4R理论模型

4）4V营销理论

随着产业发展和技术进步，营销观念和营销方式也不断丰富与发展，并形成独具风格的新型理念。在此背景下，我国学者吴金明等综合性地提出了4V的营销组合理论，即差异化（Variation）、功能化（Versatility）、附加价值（Value）和共鸣（Vibration）。

（1）差异化：企业凭借自身的技术优势和管理优势，生产出性能上、质量上优于市场上现有水平的产品，或是在销售方面，通过有特色的宣传活动、灵活的推销手段、周到的售后服务，在消费者心目中树立起不同一般的良好形象。

（2）功能化：一个企业的产品定位有三个层次：核心功能、延伸功能和附加功能。产品的功能越多，其所对应的价格也越高，反之亦然。企业要根据消费者消费要求的不同，提供不同功能的系列化产品，使消费者根据自己的习惯与承受能力选择具有相应功能的产品。

（3）附加价值：产品的价值包括基本价值与附加价值两个组成部分，前者是由生产和销售某产品所付出物化劳动和活劳动的消耗所决定，后者则由技术附加、营销或服务附加和企业文化与品牌附加三部分构成。目前，围绕产品物耗和社会必要劳动时间的活劳动消耗在价值构成中的比重将逐步下降，而高技术附加价值、品牌或企业文化附加价值与营销附加价值在价值构成中的比重却显著并将进一步上升。

（4）共鸣：共鸣强调将企业的创新能力与消费者所看重的价值联系起来，通过为消费者提供价值创新使其获得最大程度的满足，进而使企业与消费者之间产生了共鸣。

5）4I营销理论

2012年，中国学者吴胜、苏霞提出了网络营销的4I原则，即趣味（Interesting）原则、利益（Interests）原则、互动（Interaction）原则及个性化（Individuality）原则，4I原则完全从用户角度出发，以吸引用户注意力，鼓励用户参与为基本目标，符合注意力经济时代营销的基本要求。

（1）趣味原则是指在营销活动中加入趣味性的内容，增加用户参与营销活动的主观意愿。

（2）利益原则是指在宣传营销过程中给消费者提供经济上的利益或者心理上的利益。

（3）互动原则是指利用网络的交互性特征，与用户持续互动，及时获得用户的反馈，跟用户建立情感上的、持续的连接。

（4）个性化原则强调在观念上充分关注每个顾客独特的个性，品牌也需要在数字营销的过程中打造出自己的个性。

1.2.2 新媒体营销要素

随着企业数字化转型程度的不断加深，营销要素从人、货、场三要素转变为人、货、场、内容、数据五个要素。

1）人

传统营销中的人是指消费者，新媒体营销要素中的"人"除了消费者之外，越来越多种角色的"人"参与到营销关系链的构建过程中，成为企业与消费者连接中重要的节点。

参与营销的人，可以分为四类：

第一类人是种子用户，种子用户是普通消费者中更活跃、更擅于分享的那一部分人群，他们乐于将购买过或感兴趣的产品、服务分享给他人，如小米的米粉。

第二类人是具有人气的商业化传播者，如KOL、媒体等，他们拥有人气，话题自带流量，出于商业目的大量承接内容策划、生产和传播扩散，是目前商业化程度相对较高的一类人群。

第三类人是社群的组织者，如群主、代购等，他们运营各自的小群体，有强大的带货能力，他们与企业不一定有直接的雇佣关系，主要通过销售返点或佣金等方式与多个商家合作。以Lululemon为例，作为一个瑜伽服饰品牌，通过与瑜伽馆、瑜伽教练等组织社群运营，实现了10年100倍的爆发式增长。

第四类人是企业的经销人员、导购人员，他们通过与消费者沟通，对消费者进行传播、服务、关系维系等。

以上四类角色丰富了"人"作为营销要素的内涵，新媒体营销需要释放这些"人"的能力，通过利益激励和协作机制，让他们作为能动主体，发挥他们的传播引导、利益扩散、话题裂变、销售赋能作用。

2）货

传统营销中的货是指商品，它代表了企业对用户需求的响应能力，既包含了研发能力，又包含了供应链能力。新媒体营销中，货不仅包括商品功能和价格，更强调产品、服务、渠道等带给消费者的感官、心理和价值体验等，重点强调针对不同用户的精准匹配。

在新媒体营销实践中，一方面要通过感性内容包裹商品，赋予品牌温度和调性；另一方面，要为消费者提供定制服务、体验服务、信息服务等伴随式服务，提升消费

者对品牌的满意度和忠诚感，从而获得更高的用户全生命周期价值。以网易云音乐为例，作为一个音乐听歌类产品，能从多个同质化的音乐平台激烈竞争中脱颖而出，依靠的不仅仅是海量的音乐曲库，更多的是它通过用户生成歌单、社交属性、个性化推荐与用户高度连接，将自己打造成一个有情感的音乐社区和懂用户的音乐伴侣，重新定义了音乐体验。

3）场

传统营销中的"场"是指渠道；新媒体营销中，场既是一个时间概念，又是一个空间概念。

从时间维度上看，消费者不同的人生阶段会产生多样态的"需求场"，在儿童和成长期，需要的可能是一款游戏或一本书；当进入婚恋和父母期，需求会转向育儿和教育产品；当进入老年期，则会对养生产品有更多需求。从空间维度上看，内容信息传播会借用微博、直播等媒介，形成"媒介场"，另外，在渠道和经销环节会打造各种"卖场"。

目前，场景也越来越融合化，消费者在直播间、社群等媒介场种草、拔草，媒介场变身为卖场；消费者可以在线下的卖场进行内容生产、分享和传播，卖场进而媒介化。

4）内容

内容是对货的功能和情感价值的信息传递，包含了产品的内容展现、用户的沟通语言、品牌的建设元素等，贯穿于人、货、场等要素的组合运行中，发挥着催化与纽带作用。

优质的内容自带黏性，让营销中各种角色的人都能参与到内容生产和分发中。内容是货的功能信息和情感属性的传递者；内容是场景的外化，在不同的需求场、媒介场与卖场里通过适配的内容，可以触发消费者需求，进行传播与销售。

5）数据

广义上，数据就是对事实、活动等现象的记录。《辞海》（第七版）将数据定义为"描述事物的数字、字符、图形、声音等的表示形式"。按照《中华人民共和国数据安全法》中给出的定义，数据是指任何以电子或者其他方式对信息的记录。由此可见，数据本身可以有丰富的表现形式。大数据时代，数据是基于二进制编码的、按预先设置的规则汇聚的现象记录。在此阶段，数据不仅是对客观现象的被动记录，越来越多的复杂现象由人们主动发掘并记录成为数据，如主动埋点收集的行为数据、基于关系网络挖掘的图数据、精细布放传感器捕获的物联网数据等。

数据已经渗透到当今每一个行业和业务智能领域，成为重要的生产因素。人们对于海量数据的挖掘和运用，预示着新一波生产率增长和消费者盈余浪潮的到来。

在数据分析、人工智能等技术的辅助下，自动化、智能化的采集、传输、处理、操作构成了新的生产体系，可以实现经营分析与决策的全局优化，数据要素成为决定企业竞争力的重要因素。例如，海尔建立了针对业务管理和经营决策的完整数据链，从而实现通过业务智能化来优化管理岗位用工结构；各大银行充分整合中小企业的经营数据，挖掘更准确的企业客户画像与信用评分，由此决定中小企业贷款风险评估结果，为中小企业低成本融资提供可能。

1.2.3 新媒体营销方法

1）DTC营销

（1）DTC营销的内涵。

微课1-4

新媒体营销的方法

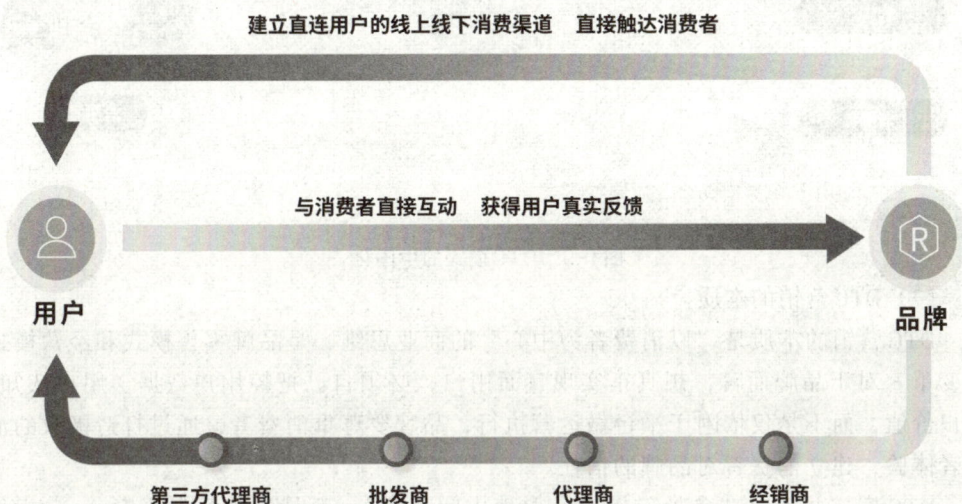

DTC是Direct to Consumer的缩写，是直接面对消费者的营销模式。如图1-8所示，DTC一方面是指企业需要根据用户的需求和痛点，去生产和设计产品；另一方面，强调企业要自己掌握渠道，实现与客户的连接，而不是经过第三方平台去获取用户的关注。

建立直连用户的线上线下消费渠道 直接触达消费者

与消费者直接互动 获得用户真实反馈

用户　品牌

第三方代理商　批发商　代理商　经销商

图1-8 DTC营销模式

（2）DTC营销的发展。

公认的DTC鼻祖是由斯坦福大学商学院的两位研究生在2007年创立的男装品牌BONOBOS，这也被视为DTC作为一种商业模式的起源。近年来，Dollar Shave Club、Glossier、Allbirds等美国原生DTC品牌通过线上自有渠道销售直接与消费者互动，也通过分析消费者行为数据提供个性化服务、改进产品策略，获得了巨大的成功。

由于国情、商业环境、消费习惯等不同，中国企业对DTC模式进行了中国化，如图1-9所示。除了自营门店与自建网站，品牌更加依赖于交易集中化的电商平台完成DTC的营销与销售。因此，品牌更重视根据消费者决策链路，做好全渠道触点布局，为消费者提供全域多端协同的互动与消费体验。

对比国内外DTC营销，双方既有相通性，也有差异性。

相通性：不同的形式，趋同的思维核心。虽然国外和国内的"DTC模式"因为环境的差异，存在形式上的区别，但两者都强调以消费者为中心，尤其是为满足Z世代个性化需求而加强社交媒体投放及产品差异化升级。

差异性：打造营销全链路是DTC本土化的最大优势。基于中国消费者使用线上多元社媒平台的媒介习惯，中国DTC品牌逐渐将"营+销"相结合，打造"被营销"后直接"下单"的最短链路。国外社交内容平台由于缺少电商功能，品牌通常只能在Instagram、Pinterest、Youtube上的简介或评论区放上官网链接，消费者需要跳转官网选购下单。如此一来，消费决策路径拉长，导致流量流失。

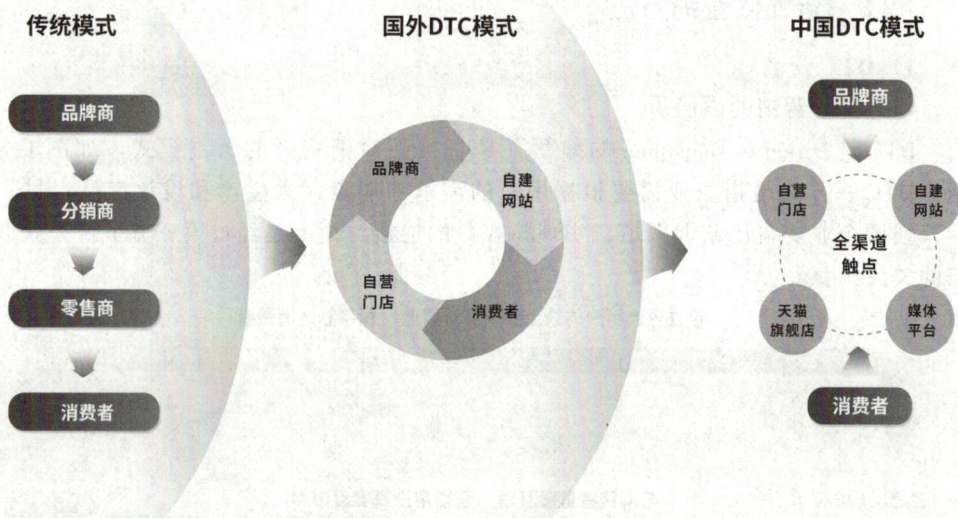

图1-9　DTC模式的中国化

（3）DTC营销的本质。

DTC营销的本质是"以消费者为中心"的商业思维，是品牌零售模式和经营模式的变革。对于品牌而言，想真正实现直面用户，必须自己把控用户数据、用户认知、用户价值，而不是仅依附于平台做运营执行，品牌要尊重消费者，通过打造极致的消费者体验，建立消费者对品牌的信任。

DTC模式并不是"拿掉经销商，取消中间环节"，而是包含两大要素：一方面，通过"直面消费者"（Direct to Consumer），减少层级，使信息畅通；另一方面，通过数智资产的沉淀，深化数字化企业运营（Digital to Corporate），为企业发展保驾护航，如图1-9所示。

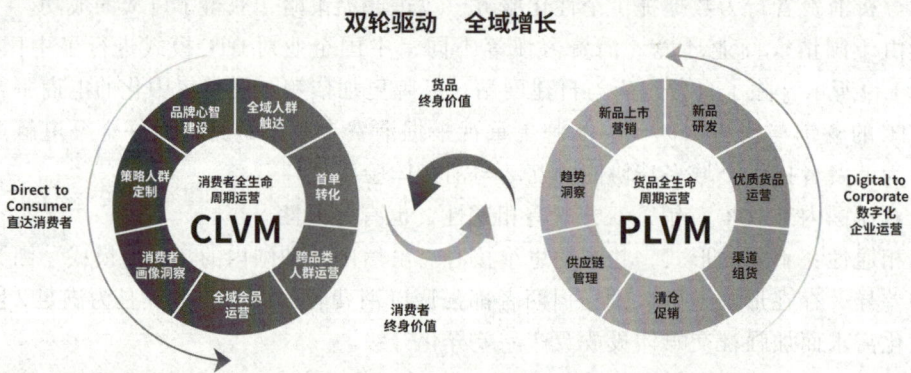

图1-10　DTC为企业发展保驾护航

DTC（Direct to Consumer）：以消费者为中心，通过建立直达消费者的线上和线下触点，获得即时、扩散式正向反馈的良性循环，塑造品牌价值，提升服务体验。

DTC（Digital to Corporate）：以数据技术为基座，深化数字化企业运营，将数据引入辅助决策，逆向牵引商品生产和供应链变革。

延伸阅读1-1

DTC营销模式的5大支柱

2）全链路营销

全链路营销是指在消费者第一次与品牌接触、产生认知开始，到最终完成转化的全过程中，通过广告等营销手段引导消费者进入下一阶段，以达到营销目标的营销方法。链路，是用户从首次接触品牌到完成转化目标的心理路径或行为路径。全链路营销利用品牌与消费者的每一个节点，应用数据和技术，深入洞察和分析消费者的心理和行为变化，对消费者的行为进行一系列的影响，实现全链路的激励转化。

Dave McClure 提出的"AARRR"海盗模型是典型的链路营销模型，它对应了用户生命周期中的5个重要环节：用户获取—用户激活—用户留存—收入—用户推荐。这个理论模型追求用技术手段影响用户的行为链路。中国的头部互联网企业也推出了自己的"链路"营销模式，如阿里巴巴提出的AIPL模型和字节跳动提出的"5A"链路模型等。典型链路营销模型见表1-4。

表1-4　　　　　　　　　　　典型链路营销模型

时间	提出者/机构	链路模型	要素
1889 年	E.S.Lewis	AIDMA	Attention（注意）、Interest（兴趣）、Desire（欲望）、Memory（记忆）、Action（行动）
1961 年	Russell Colley	DAGMAR	Awareness（认识）、Comprehension（理解）、Conviction（信服）、Action（行动）
2005 年	电通公司	AISAS	Attention（注意）、Interest（兴趣）、Search（搜索）、Action（行动）、Share（分享）
2007 年	硅谷创业中心创始人 Dave McClure	AARRR	Acquisition（获客）、Activation（激活）、Retention（留存）、Revenue（变现）、Referral（用户推荐/自传播）
2016 年	阿里巴巴	AIPL	Awareness（认识）、Interest（兴趣）、Purchase（购买）、Loyalty（忠诚）
2019 年	字节跳动	5A	Aware（感知）、Appeal（好奇）、Ask（询问）、Act（行动）、Advocate（拥护）
2019 年	百度	N.E.X.T.	New Entry（激发池）、Experience（体验池）Equity（资产池）、Toolkits（工作台）
2021 年	谷歌	Messy Middle	Exposure（曝光）、Triggers（触发）Exploration（探究）、Evaluation（评估）Experience（体验）、Purchase（购买）

全链路营销的核心环节包括：用于锁定用户注意力的内容前链路，激励用户完成消费的转化后链路，以及通过粉丝运营等形式沉淀下来的专属私域运营空间。

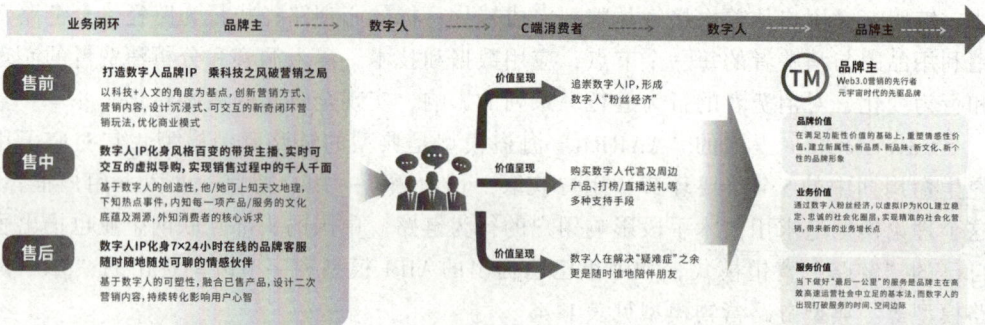

AI数字人覆盖营销全链路，以多元化的营销模式渗透品牌目标用户，呈现从品牌主—数字人—消费者—数字人—品牌主的业务闭环，如图1-11所示。

图1-11   数字人全链路营销

售前，打造数字人品牌IP。以科技+人文的角度为基点，创新营销方式、营销内容，设计沉浸式、可交互的新奇闭环营销方法，为品牌及新品造势引流，赋予品牌年轻化的调性，并通过数字人测评种草和内容创作，强化产品认知。

售中，基于数字人的创造性，上知天文地理，下知热点事件，内知每一项产品/服务的文化底蕴及溯源，外知消费者的核心诉求，数字人IP化身百变带货主播，实时可交互的虚拟导购，缩短产品认知和认购链路，引导用户购买。

售后，数字人IP化身7×24小时在线品牌客服，成为随时随地随处可聊的情感伙伴。基于数字人的可塑性，融合已售产品，设计二次营销内容，组织数字人粉丝体验活动，结合品牌调性以音乐会或演出形式经营品牌粉丝，持续影响用户心智。

3）情感营销

情感营销是指唤起消费者的情感，引起消费者心理共鸣，在商品物理属性实现的载体上满足消费者的情感需求。在情感营销中，消费者对商品的价格和数量不敏感，更多的是考虑情感上的满足和心理上的认同。情感营销的成功基础在于产品的设计、命名、定价、宣传等环节都加入了情感的因素。

"褚橙"营销模式的核心就是情感营销。褚时健，昔日"烟王"，今日"橙王"，中国改革开放史上绕不开的人物。75岁再创业，85岁携"褚橙"东山再起，如今褚橙也被人们称为"励志橙"。在褚橙的营销过程中，加入了褚时健大起大落的人生经历和百折不挠的拼搏精神，将情感营销运用于其营销的全过程，所以才使得普通的橙子卖出比同类产品高四倍的价格依旧受到消费者的青睐，新媒体营销迅速提升了褚橙及其背后故事的知名度，大大提高了销量。

4) IP营销

IP营销是指在拥有庞大的粉丝和市场的基础上，产品借助于IP实现人格化，是一种可以产生裂变传播的营销方式，通过产品以及产品背后的内容和文化来传播某种价值观，只要是消费者认可了这种价值观，就会认可其产品。IP营销的成功基础在于原创、易于传播、人格化内容、价值观的输出。

三星堆是国潮IP商业化的范本。2022年，三星堆文创销售收入突破1 800万元，正在构建文创开发、品牌营销、IP授权等核心产业链，带动全域文旅融合。

作为最具代表性的博物馆IP之一，三星堆博物馆自带"商业化"天赋：（1）符号属性明显，视觉冲击力强；（2）神秘、神奇又神圣，文化内涵丰富；（3）自带粉丝与流量，超高话题度；（4）多元玩法撬动市场热情。

三星堆商业化的路径主要有以下四个：第一，文创开发。三星堆博物馆陆续推出巧克力、棒棒糖，以及祈福盲盒、考古盲盒、摇滚乐队盲盒等系列产品，并解锁新玩法。第二，数字文创。三星堆博物馆研发了数字文创，游客可以佩戴MR眼镜观展，沉浸式体验古蜀人生活，还推出冒险动画片《三星堆荣耀觉醒》。第三，跨界合作。启动高端品牌、初创品牌、国潮品牌联名计划，与金典、吉利汽车、vivo等20多个品牌合作，与剑南春联名推出"青铜纪"白酒礼盒，与天猫旗舰店携手推出三星堆数字文创头像。第四，打造全产业链。三星堆将配套建设考古遗址公园、文化产业园，将三星堆打造成世界文化旅游目的地，用产业发展带动文化传播。

5) 饥饿营销

饥饿营销是卖方通过低供给造成供不应求的假象，并借助宣传来刺激消费者的购买欲望，保持消费者的热情，获得高利润。饥饿营销的成功基础在于抓住时机、促进宣传、激发欲望、适可而止。

星巴克推出樱花猫爪杯，通过制造话题，使之迅速走红。当消费者认为星巴克会大量销售大赚一笔时，星巴克却每天只出售500只该杯子，低供给引发了一场"抢杯大战"，成本十几元的杯子，最后甚至被炒到了近千元。星巴克利用"饥饿营销"既获得了高利润又保持了高话题量，起到提高利润和扩大宣传的双重效果。

6) 知识营销

知识营销是企业通过各种方式方法，将对于消费者来说有价值的知识传递给消费者，让消费者逐步认可该企业以及该企业的产品，并最终达到销售商品、树立品牌、开拓市场的营销方式。知识营销的成功基础在于让消费者学到知识，使知识与产品结合，促进消费者产生购买欲望。

以罗辑思维为例，罗振宇将知识作为商品，用通俗的语言把一些专业知识转化为通俗易懂、简单易学的知识进行讲解，并且做成知识视听产品。这些知识视听产品会收获一些视听者，这些视听者或是没有时间阅读相关书籍，或是一些知识晦涩难懂需要借助通俗易懂的语言来解释。罗辑思维帮助这些视听者增加自己的知识、改善自己的思考，并且使这些视听者内心产生认同感，最终成为罗辑思维的粉丝。

7）病毒营销

病毒营销是通过类似病理方面和计算机方面的病毒传播方式，即自我复制的病毒式传播过程，利用已有的社交网络提升品牌知名度或者达到其他营销目的。简单来说，病毒营销就是在短时间内迅捷快速地让受众知道内容，并且能让受众自主转发的内容营销方式。

病毒营销成功的基础在于新奇独创、触动消费者某一利益点、简单易于传播。

支付宝发布抽奖微博，开展了支付宝锦鲤转发活动。只要是转发锦鲤的用户，就有机会在"十一"国庆假期期间在境外使用支付宝支付指定产品时免单。这一活动引起用户的极大兴趣，并得到了数以百万计的转发，取得了很好的宣传效果。随后在"双十一"前，支付宝发起同样的活动，在转发的用户中抽取一名帮助其还一年的花呗，使该活动的微博短时间内得到大量的转发。

8）事件营销

事件营销是指通过有价值、有影响的事件引起消费者的注意，以此提高企业、品牌或者产品的知名度和美誉度，树立良好的品牌形象，并最终促成产品销售。

事件营销成功的基础在于事件与产品相关、事件要有价值有影响、事件能引起大流量。安踏作为2022年北京冬奥会的赞助商，利用冬奥会策划系列营销活动就是典型的事件营销。

任务1.3　提高新媒体营销素养

随着5G时代的到来，媒介触点无限爆发，新媒体平台会进一步增加，新媒体营销岗位已成为营销的标配岗位。

1.3.1　新媒体营销主要岗位

新媒体营销岗位群主要面向具有新媒体营销传播需求的互联网企业、传统企业、政府部门和相关事业单位的营销部门、市场部门、品牌部门、公关部门或宣传部门，从事市场调研、内容创作、渠道推广、商务拓展和数据分析等工作。

新媒体营销职业技能等级分为三个等级：初级、中级、高级。三个级别依次递进，高级别涵盖低级别职业技能要求。

1）新媒体营销（初级）

其主要面向移动互联网企业、互联网转型的传统型企事业单位、政府部门的营销部门，从事新媒体文案撰写、短视频内容策划、内容投放、渠道合作、新媒体营销活动执行等工作，根据营销需求实现内容产出和渠道合作。

2）新媒体营销（中级）

其主要面向移动互联网企业、互联网转型的传统型企事业单位、政府部门的营销部门、市场部门，从事搜索引擎营销、信息流推广、社交网络内容推广、短视频投放等工作，根据营销需求实现营销内容产出和专业渠道合作。

3）新媒体营销（高级）

其主要面向移动互联网企业、互联网转型的传统型企事业单位、政府部门的营销部门、市场部门等，从事新媒体营销规划、短视频营销规划、直播营销、整合营销方案策划等工作，根据营销需求实现营销效果。

延伸阅读 1-2

新媒体营销
岗位职业技能
等级要求

1.3.2 新媒体营销思维

1）用户思维

（1）用户思维的概念。

用户思维，就是以用户为中心考虑问题。上汽通用五菱"人民需要什么，五菱就造什么"的口号贴切地解释了什么是用户思维。用户思维是新媒体营销思维的核心，其他思维都是围绕用户思维在不同层面展开。

微课 1-5

新媒体营销
思维

过去，营销虽然一直提倡以用户为中心，但事实上更多的是以产品为中心，重视产品的开发、生产和销售，重视流量获取，强调获客和对顾客单次价值的挖掘。

（2）用户思维的形成过程。

企业要真正做到以用户为中心，做到"投其所好"。

要具备用户思维，应回答好三个核心问题：

第一：目标用户是谁？

第二：目标用户要什么？

第三：如何满足用户需求？

"目标用户是谁"回答的是市场定位问题。企业要找到并聚焦目标消费者。"自热火锅""即食燕窝""精品速溶咖啡"等细分品类之所以能够爆发式增长，便是基于它们对 Z 世代新生消费群体的准确定位。

"目标用户要什么"回答的是品牌和产品规划问题。品牌和产品不仅要找到目标消费者对产品功能的需求，更重要的是情感需求，并尽量做到感同身受。曾经小众的女性舒适内衣，如 Ubras、焦内、NEIWAI 内外等品牌之所以能火爆全网，除了产品功能之外，是它们更加注重将悦己、真我等情感内容与品牌关联。

"如何满足用户需求"回答的是打造消费者体验问题。品牌与消费者沟通的整个链条中都要贯彻"用户体验至上"，让用户更多地参与到价值的创造中来，为用户创造愉悦体验。

（3）用户思维应用。

海尔"咕咚手持洗衣机"通过新媒体打造消费者体验，是用户思维的成功探索。用户在海尔微博留言："有时候出差，衣服也要洗，但不方便，是否能生产一款便携的洗衣机？"海尔团队把用户的需求概念晒到了网上："采用 3 节 7 号电池驱动，每秒钟超过 100 次的拍打，急速洗净你身上的污渍，哪里脏了点哪里"。该微博获得了 4 万多次转发。后来海尔在微博上与网友持续互动，产品的名字、颜色、包装等都是网友一步一步在微博上生产出来的。这款产品预售当天预约量突破 40 万。虽然这款产品在海尔的单品里面销量并不是很大，但是却为海尔带来了巨大的宣传效果。

作为新锐母婴品牌，Babycare 在研发上强调的是 C2B2M 的研发思路，即从用户出发，反向去推进设计以及生产制造。这种设计思维在落地的时候，Babycare 遵循两个原则：一个是"秉父母之心做产品"，一个是"存在即不合理"。"秉父母之心做产品"就是代入到父母爱孩子的亲身视角，去看待每一款宝宝用品的设计与选材。"存在即不合理"是Babycare用一种逆向设计思维，来重新审视那些习以为常的宝宝用品。以网上爆红的歪嘴奶瓶为例，设计人员通过洞察宝宝拒绝奶瓶的原因，以及新手爸妈在使用奶瓶中的种种难题，通过走访150个新生家庭，经过5 000多次反复测算后，最终确定了13°歪头奶嘴既能让宝宝无须仰头就可自然吸吮、控制流速降低呛奶风险，又能让妈妈在瓶喂过程中无须抬手，减轻手部负担。设计完成后，Babycare选择与世界领先的有机硅材料制造商德国瓦克硅胶和世界领先的化工公司德国巴斯夫PPSU合作，历时三年打磨每一处细节，歪嘴奶瓶才最终面世。Babycare创始人说Babycare有三个真理时刻："当用户浏览网页，发现我们的产品设计和功能卖点正好满足他/她的需求，这是第一个真理时刻；当用户在使用产品过程中，发现我们讲的是真的，不是虚假营销文案时，这是第二个真理时刻；当他/她再次购买我们其他产品，并依然拥有不错体验时，这是第三个真理时刻。"

2）流量池思维

（1）流量池思维的概念。

流量：流量是随着互联网的发展而流行的，它是指平台、App等的浏览量，可以按照日和年度计算流量。一般情况下，流量越高，网站的访问量越大，网站的价值就越高。

流量池思维：流量池，是装流量的池子。流量池思维是获取流量，并通过流量的存储、运营和发掘，再获取更多的流量。流量池思维的核心思想就是存量找增量，高频带高频。

流量池思维有三个层次：流量获取、流量有效转化、流量运营与再发掘。

（2）流量池思维与流量思维的区别。

流量思维是指获取流量后再变现流量。流量池思维是要获取流量并通过存储、运营和发掘等手段，再获得更多的流量。

两者最大的区别，就是流量获取之后的后续行为，流量池思维更强调如何让流量更有效地转化，用一批用户找到更多的新用户。

3）数据思维

（1）数据思维的概念。

数据思维是指把营销过程中的各项因素转化成数据进行研究。数据实际上是营销的科学导向的自然演化。

（2）数据思维三维度。

①定量思维：即提供更多描述性的信息，其原则是一切皆可测。大数据不仅包含销售数据、价格等客观标准，而且包含对色彩、空间的感知等顾客情绪和消费行为等各个方面。

②相关思维：一切皆可连，消费者行为的不同数据都有内在联系。相关思维可以帮助预测消费者的行为偏好。

③实验思维：一切皆可试，通过大数据获得的信息可以帮助企业制定营销策略。

三个数据思维维度分层次递进运用：首先是应用定量思维进行描述，其次是应用相关思维进行消费者预测，最后是应用实验思维制定营销策略。

（3）数据思维应用。

数据对于营销是不可或缺的。在大数据的支撑下，企业获得准确完整的用户画像和消费行为路径洞察，为后续广告媒体投放、精准匹配受众等提供营销决策支持，在数据层面上实现闭环的、自驱动优化的全链路营销。

以美妆品牌欧莱雅为例，它拥有庞大的数字化团队，有上百位数字化营销专家；22 000名员工接受数字技术培训计划，2018年收购了全球领先的增强现实和人工智能科技先驱ModiFace公司。欧莱雅打通了三方的数据，建立了庞大的用户池，能够触及10亿以上的人群，通过深入细致的用户洞察和不同社交平台管理，实现千人千面的用户服务，并打通了公域、私域和他域，实现全域流量运营。

4）创新思维

创新思维，就是要用超越陈规、因时制宜的思维方式对待问题，提出有独到见解、有显著效益的工作思路和解决方案。

从形式来看，创新有两种：回顾性创新和前瞻性创新。回顾性创新，或者叫批判性的创新，即对前人提出的发现或者权威理论，现有的政策与管理模式、技术与方法进行质疑和挑战，通过批判性地继承、发扬、修正与完善来创新。这种形式的创新在我国的工业领域表现为"引进、消化、吸收、再创新"，高铁技术就是一个典型的例子。前瞻性创新，或者叫开拓性的原始创新，也就是我们通常所说的从0到1的创新，比如说用青蒿素治疗疟疾。值得注意的是，前瞻性创新并不是从天上突然掉下来一个新发现，"0"并不代表完全的虚无，青蒿素成为抗疟药既有古代中医的启示，也有现代化学萃取技术的支撑，更有以屠呦呦教授为代表的专家们千百次的反复试验作为基础。

从领域来看，创新有理论创新、管理创新、文化创新、科学发现和技术创新等多种类型。以万事利丝绸为例，通过文化创新与技术创新，实现了丝绸从"面料"到"材料"再到"载体"的华丽转身，走出了一条"传统丝绸+移动互联+文化创新+高科技=丝绸经典产业"的专业升级"新丝路"。

首先，技术创新。万事利丝绸采用双面数码印花，打造更年轻、更具活力的丝绸制品；此外，其色彩管理系统、新蚕种研究、蚕丝蛋白生物新材料等已成为世界领先核心技术。

其次，人工智能。万事利丝绸将人工智能首次引入传统经典的丝绸产品设计领域，引导行业进入消费者高度参与的定制时代。

最后，跨界融合。通过"丝绸"，将丝绸和茶叶、瓷器、扇子进行再创造；与人民日报文化、故宫文化等经典IP联合，相继推出爆款国潮中秋礼，与其他产业相融合，给予消费者多个行业创意设计的新体验。

习近平总书记指出，"面对日益激烈的国际竞争，我们必须把创新摆在国家发展全局的核心位置，不断推进理论创新、制度创新、科技创新、文化创新等各方面创新"，"综合国力竞争说到底是创新的竞争"，"在激烈的国际竞争中，惟创新者进，惟创新者强，惟创新者胜"。

思政园地　　加快实施创新驱动发展战略

创新驱动发展，科技引领未来。习近平总书记强调，我们必须完整、准确、全面贯彻新发展理念，深入实施创新驱动发展战略，把科技的命脉牢牢掌握在自己手中，在科技自立自强上取得更大进展，不断提升我国发展独立性、自主性、安全性，催生更多新技术新产业，开辟经济发展的新领域新赛道，形成国际竞争新优势。

创新是一个民族进步的灵魂，是一个国家兴旺发达的不竭源泉，实施创新驱动发展战略决定着中华民族前途命运。党的二十大报告将"实施科教兴国战略，强化现代化建设人才支撑"作为独立章节进行谋划部署，并对完善科技创新体系，加快实施创新驱动发展战略做出专门部署，这为实施科教兴国战略，坚定走好创新驱动高质量发展之路，指明了前进方向、提供了根本遵循。坚持创新驱动发展，最根本的是要增强自主创新能力，实现高水平科技自立自强。加快实施创新驱动发展战略，要以服务国家战略需求为导向，打好科技自立自强的主动之战；要以健全新型举国体制为重点，提升国家创新体系的整体效能；要以提高人才自主培养质量为核心，走好人才驱动创新的宽广道路；要以激发自主创新潜能为目标，培育鼓励创新、包容创新的深厚土壤；要切实提高我国关键核心技术创新能力，加强原创性、引领性科技攻关，把科技发展主动权牢牢掌握在自己手里。

5G、AI、AR/VR、区块链等新兴技术迅速发展，元宇宙、区块链等媒介新概念不断更新迭代，受众注意力在H5、短视频等众多媒介产品中跳转……在内容市场不断发展、内容丰富度不断提升、去中心化趋势越来越明显的当下，企业营销愈发需要通过优质内容在不同传播渠道间实现融通，以获得更广泛的用户注意力，驱动媒体经营创新。如何持续保持、提升内容创新力，以创新力带动传播力，实现良性创新发展成为当下企业营销关注的话题，很多企业将营销内容创新摆在重要位置，以创新驱动发展。营销内容创新的目标是传播效能最大化。通过时度效的精准把握，实现有效传播和有益传播。在追求传播效能最大化的过程中，需要处理好一个关系：流量与底线。流量是有价值的，但只有在以我为主、为我所用的时候，其价值才能得以释放。内容创新适配年轻态的话语表达，一镜到底H5《新千里江山图》，用唯美的画风搭配传承千年的中华瑰宝，带大家开启"非遗守艺人之旅"。年轻化的演绎，又不失内容的深度、广度，让我们看到主流媒体"破壁出圈""很懂年轻人"的更多可能。把握好流量与底线之间的关系，主流媒体要做的是找到内容创新和流行文化之间的最大公约数，让作品真正出圈，让主流价值经由传播渠道渗透进更多圈层。

资料来源　潘敏. 加快实施创新驱动发展战略［N］. 北京日报，2022-11-21（9）.

思政关键词：创新驱动、科技引领

━基础训练━➡

一、单项选择题

1.新媒体的本质特征是（　　　）。

A.技术上的数字化

B.传播上的交互性

C.技术上的数字化和传播上的交互性

D.流行

2.（　　　）在整个产业链中起着链接作用。

A.MCN机构　　　　　　　　　　　B.KOL

C.新媒体平台　　　　　　　　　　D.新媒体营销服务商

3.（　　　）是对货的功能和情感价值的信息传递。

A.人　　　　　　B.货　　　　　　C.场　　　　　　D.内容

4.（　　　）营销理论以顾客需求为导向，强调营销要把追求消费者满意放在第一位，努力降低消费者的购买成本，注意购买过程的便利性，并实施有效的营销沟通。

A.4P营销理论　　　B.4C营销理论　　　C.4R营销理论　　　D.4V营销理论

5.卖方通过低供给造成供不应求的假象，并借助于宣传来刺激消费者的购买欲望，保持消费者的热情，获得高利润的营销方式是（　　　）。

A.情感营销　　　　B.事件营销　　　　C.病毒营销　　　　D.饥饿营销

二、多项选择题

1.以下属于4P营销组合策略要素的有（　　　）。

A.产品　　　　　　B.价格　　　　　　C.渠道　　　　　　D.促销

2.以下属于新媒体的有（　　　）。

A.户外广告　　　　B.报纸　　　　　　C.今日头条　　　　D.知乎

3.新媒体营销要素中的"人"包括（　　　）。

A.种子用户　　　　　　　　　　　　B.KOL等具有人气的商业化传播者

C.社群的组织者　　　　　　　　　　D.企业的经销人员

4.阿里巴巴提出的AIPL模型包括（　　　）。

A.认知（Aware）　　　　　　　　　　B.兴趣（Interest）

C.购买（Purchase）　　　　　　　　　D.忠诚（Loyalty）

5.具备用户思维，需要回答的三个核心问题有（　　　）。

A.目标用户是谁？　　　　　　　　　B.目标用户要什么？

C.如何满足用户需求？　　　　　　　D.如何用新颖独创的方法解决问题？

━综合应用━➡

一、案例分析

"春雨惊春清谷天，夏满芒夏暑相连。秋处露秋寒霜降，冬雪雪冬小大寒。"无论是作为北京冬奥会的开场元素还是成功入选联合国教科文组织非物质文化遗产名录，"二十四节气"一次次站上世界舞台。传统文化并没有随着时光的流逝而变得暗淡，相反，它有了不同的表现形式，更在中国传统糕点的传承与创新中焕发出新活力。

自 2009 年立秋起，北京稻香村连续多年推出了二十四节气养生食物。通过走访营养学家和民俗专家，进行大量的分析研究，综合推出符合自然养生及民俗传统的二十四节气系列养生食物。

在二十四节气系列产品中，既有立春咬春卷、清明青团这类传统形态的产品，也有雨水润春糕、谷雨椿芽酥、小满桂圆酥、白露甘薯饼等运用了应季食材、具有季节意象食材或符合当季饮食养生传统习惯食材的产品，还有芒种青梅果这种创意型产品。

此外，北京稻香村还发布了《二十四节气养生文化手册》，既迎合了国人追求养生的传统，也让浓厚的中国节气文化与稻香村食品文化相融合。在向现代消费者输出节令文化、重建消费者节令习惯的同时，也加深了品牌在消费者心中的形象，留下了新的记忆点和重复消费品牌产品的理由。

问题：

（1）目前，以北京稻香村为代表的老字号在营销上呈现出哪些新变化？

（2）新媒体时代，老字号应如何拥抱 90 后和 Z 世代消费者？

二、实践训练

利用"中国知网"学术文库、行业报告和其他公开资源查找相关文献，撰写一篇不低于 500 字的中国新媒体营销的发展及应用情况的综述。

项目2
策划新媒体营销

学习目标

知识目标：

- 掌握 SWOT 模型、竞争者模型等分析工具
- 掌握目标管理的 SMART 原则
- 了解用户画像构建的方法和步骤
- 掌握内容营销的含义和策略
- 掌握新媒体营销矩阵的搭建步骤

技能目标：

- 能应用 SWOT 模型、竞争者模型等工具分析竞争对手
- 能应用 SMART 原则策划新媒体营销目标
- 能应用用户画像精准定位目标用户
- 能根据平台要求策划"有情、有趣、有用、有品"的内容
- 能应用 SMART 内容价值指标体系提升内容力
- 能根据企业需求搭建新媒体营销矩阵

素养目标：

- 培养家国情怀，坚定文化自信、民族自信
- 增强数据安全、著作权保护意识
- 培养服务乡村振兴的使命感和责任感
- 培养营销的整体思维和全局意识

【引导案例】

一把剪刀的重生记

1. 课前思考

以小组为单位，讨论以下问题：

（1）你的职业目标是什么？是如何设定的？

（2）企业应该如何设定发展目标？

2. 案例介绍

拥有近400年历史的老字号"张小泉"是中国家喻户晓的刀剪品牌。在不断升温的"国潮"消费背景下，面对消费者尤其是年轻消费群体时尚化、个性化、品质化的消费新需求，张小泉适时而变，在传承中创新，焕发出新的生机。

第一，大力整合品牌。从2009年开始，张小泉开始了品牌整合之路，到2018年5月，张小泉股份有限公司成立，品牌实现了全国统一，开始了一轮品牌升级：成为商务部认定的第一批中华老字号，锻制技艺被列为第一批国家级非物质文化遗产，产品标识是我国刀剪行业第一个驰名商标。

第二，主动创新，渠道升级效益明显。线下，张小泉尝试拥抱新业态。张小泉既有自营的零售门店，也跟大型连锁超市对接，还开发了地区经销商，把一些商品卖到了社区便利店。此外，张小泉还和一些银行合作，成为银行会员积分兑换的供应商。线上，张小泉主动试水新模式。2002年起，张小泉开始电商经营探索。通过微博、抖音等平台，张小泉加强与消费者尤其是年轻消费群体的沟通，在密切互动中寻找和创造更多新需求，收获了更多的品牌关注度。

第三，细分需求，产品品类不断丰富。张小泉瞄准消费者多样化的需求，研发了更多细分功能的产品，如同时具备斩和切两种功能的斩切刀、具有开瓶器功能的厨房剪、刀座自带磨刀器的刀具套装等，而产品价格既有几十元一把的家用菜刀，也有数千元一套的精工礼品。张小泉在聚焦厨房消费场景的基础上不断丰富产品，产品品类已经达到1 000多个，并针对不同类型市场的个性化需求，进行了品牌分级，在"张小泉"的主标下做了更有针对性的分类。比如，带有"泉惠"标识的，价格相对较低，主要面向乡镇及四线、五线城市市场；带有"泉近"标识的，价格相对较高，主要面向一、二线城市市场；而带有"海云浴日"标识的，则是面向高端消费市场，对标国外高端品牌，只在张小泉线下直营店销售。

"国潮"热正在给老字号的发展带来巨大机遇。拥有品牌优势的老字号，既要把多年沉淀的工匠精神传承下去，也要适时而变，把消费市场上的种种新需求研究透彻，这样才能更好享受中国消费市场的红利，把老字号的金字招牌擦得更亮。

资料来源　王珂. 一把剪刀的重生记［EB/OL］.［2020-09-25］. http://finance.people.com.cn/n1/2020/0925/c1004-31874221.html. 引文有删改。

3. 案例讨论

以小组为单位讨论案例中给出的材料，并根据讨论结果填写表2-1。

开展新媒体营销，需要相对完整、明确的运营流程。本项目聚焦消费零售领域，基于对美妆个护、食品饮料、3C数码等多个赛道、多个头部品牌的新媒体营销案例分析，总结出新媒体营销策划的流程：确定营销目标、建立用户画像、策划营销内容、搭建新媒体营销矩阵。

表2-1　　　　　　　　　　　　　　　　　"张小泉"的变革之路

项目	内容
"张小泉"的目标用户	
"张小泉"的优势	
"张小泉"的营销策略	
"张小泉"的创新	

任务 2.1　确定营销目标

目标是在某一时间范围内要实现的一个或多个可观察和可测量的最终结果。设定营销目标是营销策划的核心，它为营销人员提供了明确的方向。

确定营销目标，有两个重点：第一，现状分析，回答"我们现在何处"的问题，这是确定目标的前提；第二，确定符合SMART原则的营销目标，回答"我们要去向何处的问题"，这是目标确定的核心。

2.1.1　新媒体营销目标类型

新媒体营销目标应与公司总的营销目标保持一致。营销目标因行业、公司规模、受众、竞争情况以及其他因素而存在差异。但是总体而言，一般包括以下四类：

1）提升公司品牌

"现代营销学之父"菲利普·科特勒（Philip Kotler）将品牌定义为："品牌是一种名称、术语、标记、符号或设计，或是它们的组合运用，其目的是借以辨认某个销售者或某群销售者的产品或服务，并使之同竞争对手的产品和服务区别开来。"

胡超先生给品牌做了极简定义：品牌是一个承诺，它包含对客户在功能价值和情感价值两方面的承诺（Brand is a promise, which is the combination of functional and emotional value）。

品牌是一种无形资产和资源，能够提高产品与服务的附加价值。新媒体营销对品牌的提升作用主要表现在以下四点：

第一，建立品牌意识。通过微信公众号、微博等自媒体可以更好地向消费者讲述品牌故事，展示品牌产品，展现品牌价值，从而让用户建立品牌意识。

第二，改善品牌的声誉管理。通过减少负面品牌曝光和增加正面品牌曝光来改善品牌声誉管理。

第三，增加用户与品牌的互动。利用新媒体平台策划活动，增加用户与公司品牌的互动。

微课 2-1

新媒体营销
目标类型

第四，加强品牌的思想领导力。通过新媒体平台生产专业的内容，向用户展示自身的专业性。

海尔、方太、百雀羚、故宫文创等众多国货品牌通过微信公众号、微博等阵地讲述品牌故事，展示品牌产品，建立品牌意识；通过正面信息的植入，改善品牌的声誉管理；通过与用户积极互动，建立良好的顾客关系；通过专业的内容生产，成为用户心里的专家。

2）增加市场份额

市场份额是指某企业某一产品（或品类）的销售量（或销售额）在市场同类产品（或品类）中所占的比重，它反映企业在市场上的地位。通常市场份额越高，竞争力越强。

新媒体营销中，增加市场份额主要表现在以下四个方面：增加销售额、增加潜在客户、增加销售评论、激励现有客户群并提高客户的生命周期价值。

3）提高商业智能

商业智能是对商业信息的搜集、管理和分析过程，目的是使企业的各级决策者获得知识或洞察力，促使他们做出对企业更有利的决策。企业可以利用新媒体平台通过"社交倾听"收集重要的建议，发现并识别包括其品牌、公司或行业在内的对话。

通过"社交倾听"，可以增加对潜在客户和现有客户的认知，提高对竞争对手的认识，增进对行业、技术和管理趋势的了解，并在此基础上改进自身工作，进而推动行业发展。

4）增加销售和降低运营成本

新媒体营销可以使企业增加销售和节约成本，如应用微信、微博等自媒体平台为企业带来更多的销售转化，而平台免费推广可以使企业节约产品广告费用，另外，在线交易和客户服务也大大降低了企业的服务成本。

2.1.2 确定新媒体营销目标的步骤

确定有效的新媒体营销目标可以遵循以下三个步骤：

第一步：洞察目标用户。

确定新媒体营销目标，企业首先需要做好目标用户调研，建立立体的用户画像，回答关于用户的问题，如：

目标用户是谁？他们处在哪个行业或从事何种职业？他们关注的利益点是什么？他们要解决的痛点是什么？他们的购买行为是怎样的？（如单价多高？频次如何？使用场景明确吗？）他们购买的动机是什么？他们有哪些媒体习惯？典型用户购买过程是什么样的，购买周期如何？

用户画像相关内容将在本项目任务2.2中具体讲述。

第二步：研究竞争对手。

在目标用户定位的基础上，企业还要深入研究竞争对手的新媒体营销情况。

竞争对手是如何定位自己的产品和服务的？他们使用了哪些新媒体平台开展营销？他们塑造了何种媒体形象？他们在新媒体平台创作的内容如何？他们与用户互动情况如何？与竞争品牌相比，企业开展新媒体营销有哪些优势、劣势、机会和威胁？

可以通过SWOT模型和竞争者模型来完成上述分析，从而使企业明确竞争对手与自己的优劣势、机会与挑战。

第三步：深刻理解新媒体属性。

理解新媒体属性，需要注意以下三点：

首先，要理解不同新媒体平台的广告场景以及平台用户属性；

其次，要根据媒体的属性，采用恰当的定位与创意匹配媒体需求，尽可能在流量成本上升的情况下获得更高的投资回报率；

最后，媒体定位要有差异化，针对不同的人群标签，定向推送不同的内容。

通过以上三个步骤，企业对目标用户、竞争对手、新媒体平台属性都有了比较充分的了解，接下来就可以在综合分析的基础上设定符合企业需求的新媒体营销目标。

2.1.3　新媒体营销目标设定与管理

有效的营销目标要符合SMART原则。

1）SMART原则内容

SMART是Specific、Measurable、Attainable、Relevant、Time-bound五个英文单词的缩略词，意思分别指具体的、可衡量的、可实现的、相关的、有时限的，如图2-1所示。

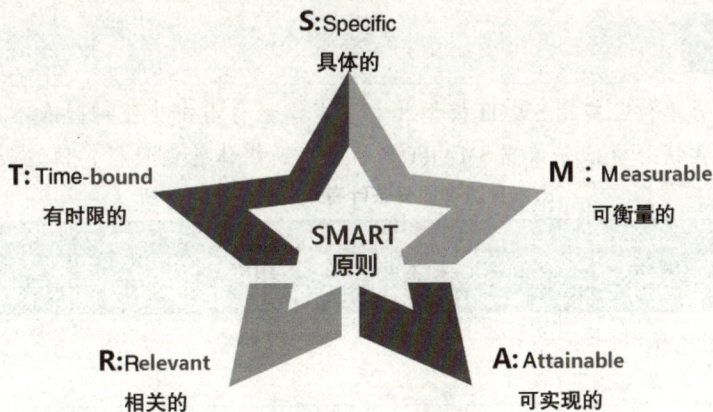

图2-1　SMART原则

具体的：是指要用具体的语言清楚地说明要达成的行为标准。

可衡量的：是指要有一个明确的数据作为衡量目标是否达标的依据。

可实现的：是指目标是可以让执行人实现、达到的，不能超过实际能力范围。

相关的：是指实现此目标与其他岗位目标的关联情况。

有时限的：是指目标设定要有具体的时间限制，根据工作任务的权重、事情的轻重缓急，确定完成目标的时间，定期检查项目的完成进度，及时掌握项目进展的变化情况，以便根据工作计划的异常变化情况及时地调整工作计划。

2）SMART原则应用

以下以微博营销为例，展示如何应用SMART原则设定营销目标。

企业计划通过微博营销提高品牌知名度和影响力，因此微博营销目标就可以转化为：增加微博上的粉丝关注数量。应用SMART原则设定目标时可以参考以下方法：

延伸阅读2-1

SWOT模型和
竞争者模型

具体的：确定要实现的目标是什么？如何实现？比如通过创建针对目标用户的内容，定期开展抽奖活动并利用微博达人和付费广告吸引潜在受众，增加微博粉丝数量和内容转发。

可衡量的：使用什么测量工具实时监测运营数据？比如，利用"微数据"或"微博风云"等微博粉丝检测工具实时监测粉丝情况、微博人脉关系、原创热帖情况等，衡量运营效果。

可实现的：目标是否现实？如果目前的微博粉丝量是500人，设定100万的粉丝增加目标是不现实的，选择将粉丝数量增加到5 000～10 000人更为现实。

相关的：目标是否与整体目标相关？粉丝数量增加会提高品牌知名度和影响力，建立品牌在消费者心目中的地位，因而两者是相关的。

有时限的：是否有具体的目标完成时间？如在3个月时间内将粉丝数量增加到10 000人。

企业开展新媒体营销，必须有清楚的目标定位，然后才能调用合适的资源去实现目标。设置营销目标时可以先借助SWOT模型和竞争者模型等分析工具对企业的优势、劣势、机会、威胁进行系统分析，在此基础上依据SMART原则，确定符合企业现状的新媒体营销目标。但需要注意的是，在营销推广过程中，实现目标的方式有可能会发生变化，因此应及时进行相应调整。

实战应用2-1

以团队为单位，应用SWOT模型和竞争者模型为山东日照御园春茶叶有限公司进行新媒体营销分析，并依据SMART原则设定新媒体营销目标，填写表2-2。

表2-2　　　　　　　山东日照御园春茶叶有限公司SWOT分析

外部要素 ＼ 内部要素	优势	劣势
机会		
威胁		
新媒体营销目标		

任务2.2　构建用户画像

大数据时代，如何从大数据中挖掘商机？建立用户画像和精准化分析是关键。

2.2.1　用户画像的概念和作用

1）用户画像的概念

一般来说，对用户画像有两种理解：一种是 User Persona，另一种是 User Profile。

微课2-2

User Persona 的概念最早由交互设计之父 Alan Cooper 提出，指的是真实用户的虚拟代表，是建立在一系列属性数据基础之上的目标用户模型。它是设计师为了挖掘用户需求而设计的方法，主要用于产品分析和设计，挖掘用户使用产品的原因、动机、欲望和痛点等。

用户画像

User Profile 是通过收集用户人口统计属性、网络浏览内容、网络社交活动和消费行为等用户相关联的数据信息，并对其进行统计、分析，从而抽象出的标签化用户模型。简而言之，用户画像就是将典型用户的信息标签化，常用于产品的具体商务推广。相较于 User Persona，它更侧重于数据挖掘、标签体系搭建。

本教材中介绍的用户画像是指第二种。

构建用户画像的核心工作是利用存储在服务器上的海量日志和数据库里的大量数据进行分析和挖掘，给用户贴"标签"，即将用户的每个具体信息抽象成标签，利用这些标签将用户形象具体化，从而更好地描述、理解、洞察用户，如图2-2所示。

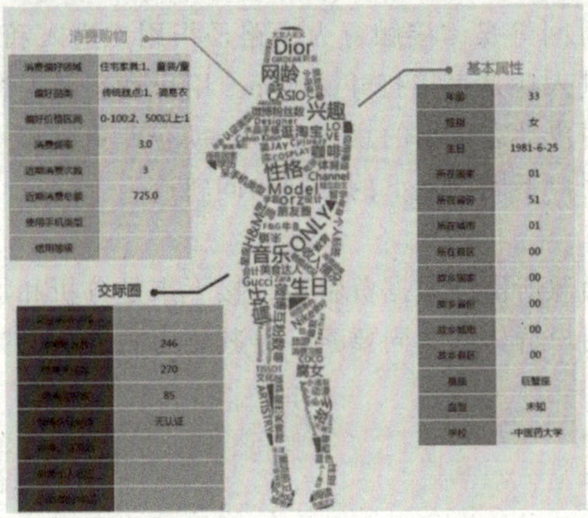

图2-2　用户画像示意图

2）用户画像的作用

用户画像承载了两个业务目标：一是准确地了解现有用户；二是在海量用户中通过广告营销获取类似画像特征的新用户。对于现有用户，用户画像可以帮助企业在了解用户的基础上明确产品定位，"投其所好"。对于新用户，企业可以通过用户画像实现售前的精准营销、售中的个性化推荐匹配，以及售后的增值服务等。其中，精准营销是用户画像最直接和有价值的应用。当用户被贴上各种"标签"之后，广告主可以通过标签圈定想要触达的用户，进行精准的广告投放。利用用户画像数据指导广告投放，不仅能够降低成本，而且可以提高点击率及转化率，提升广告的整体投放效果。

用户画像通过回答以下三个问题提升了对用户的认知：第一，用户是谁？即描绘现存用户和潜在用户的画像和特征。第二，用户从哪里来？即明确用户来源渠道与效果。第三，用户到哪里去？即建立用户流失与召回机制。

构建精准的用户画像，从短期看，可以帮助企业实现业务增长，从长期看，可以为企业战略决策提供依据。

2.2.2　用户画像的构建

构建用户画像可以分为三个步骤：采集用户数据、建立用户标签、呈现用户画像。

1）采集用户数据

采集数据是用户画像中十分重要的一环，只有建立在客观真实的数据基础上，生成的画像才有效。用户数据可以分为两类：静态数据和动态数据。

（1）静态数据。

静态数据是用户相对稳定的信息，主要包括用户的人口属性、商业属性、消费意向、生活形态、CRM五大维度的信息内容，涵盖用户性别、年龄、地域分布、婚姻状况、学历、所在行业、职业角色、职位层级、收入水平、住房情况、生活习性、社交方式、会员状态等信息数据。通过用户静态数据可以确定人群身份的基础属性。

（2）动态数据。

动态数据是用户不断变化的行为信息，主要包括三个维度：场景、媒体和路径。场景主要包括访问设备和访问时段；媒体指某一时段用户具体访问的媒体及关注、收藏、访问频次、停留时间等媒体接触行为；路径指用户进入和离开某个媒体的路径，比如是通过搜索导航进入还是直接打开该App。用户动态数据容易被获取和跟踪，易被识别和分析。采集用户动态数据的意义在于帮助企业更具象地理解特定基础属性人群的行为特点，确认用户不同场景下的不同访问轨迹。

2）建立用户标签

采集完描述用户画像所需的数据资料后，接下来是分析和加工数据资料。通过分析用户数据，提炼出用户群体的共同要素，将其化为关键词，为用户打上标签，如图2-3所示。

图2-3　用户标签示意图

有了这些精细化标签，就可以更快捷地识别用户的各类特征，更准确地认识用户，从而延长用户的生命周期，为实现用户全生命周期价值的增长打下基础。对品牌而言，完备的用户标签体系也是大数据应用的根基。

另外，标签的选择直接影响最终画像的丰富度与准确度，因而数据标签化时需要与行业或产品自身的功能和特点相结合。

以电商平台和广告媒体两种不同商业类别的主流用户画像为例，电商平台的用户内容除基础标签外，更关注以下两类标签：第一，用户消费类标签，如收入、购买频次、购买渠道偏好等；第二，用户商品偏好，如偏好家居产品、美食、服饰、美妆等。而广告媒体平台更关注广告触达用户的特定标签，如对各媒体平台的接触频率、出行方式等。二者的对比如图2-4所示。

图2-4　电商平台与广告媒体用户标签异同展示

以上两组标签，会形成两组完全不同的用户画像。图2-5展示了电商平台和广告媒体潜在用户画像情形（说明：一款产品可能拥有多个用户画像代表）。

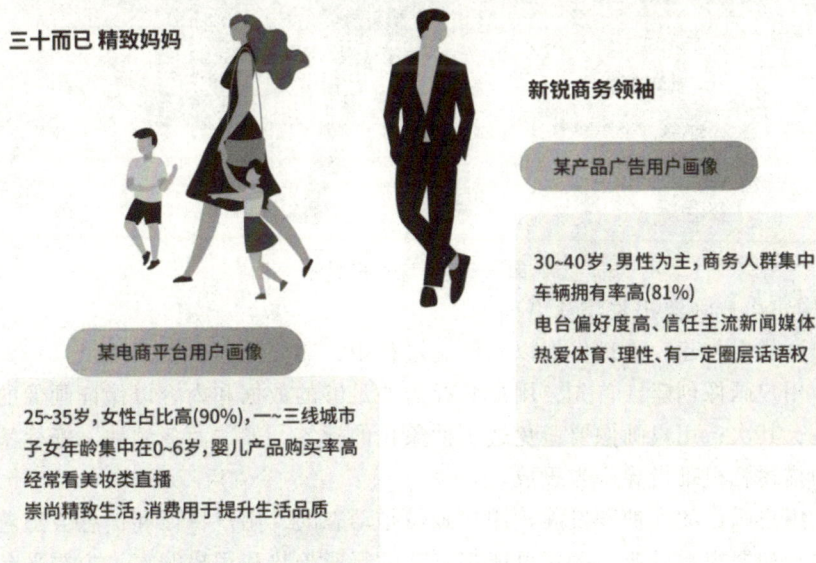

图2-5　电商平台和广告媒体潜在用户画像

行业观察2-1   美妆品牌如何运营

为了实现数字化用户运营，某国际美妆品牌建立了打通所有用户触点的用户数据中心，并在运营过程中积累了大量用户数据。利用不同的算法，对其用户构建了精细化的标签体系。通过该标签体系，此美妆品牌对其会员用户进行分层管理，区分出高价值用户与低价值用户，并通过算法对这些用户进行合理的价值预测，其中高价值、低价值和平均用户的复购概率分别为25%、0.0025%与5%。对不同层级的用户进行不同策略的营销活动验证时，得到了以下结果：

- 有效用户存量提升10%；
- 人均购买间隔减少11%；
- 有效用户销售贡献提升15%；
- 有效用户客单提升22%。

可见，基于数据的精细化用户标签，在精细化运营过程中可以帮助品牌更好地挖掘用户价值并延长用户生命周期，促进品牌的销售增长。

3）呈现用户画像

利用上述内容中的用户属性标注，从中抽取典型特征，完成用户的虚拟画像。当用户画像呈现出来后，企业新媒体运营人员以此为依据来制定运营策略和运营规划，如图2-6所示。

图2-6　呈现用户画像

4）构建用户画像相关注意事项

用户画像在创建、维护发展以及使用过程中，需要注意以下事项：

（1）用户画像创建。首先，用户画像需要足够的数据和内容以保证画像的客观性和指导性；其次，用户画像要避免过于抽象化的标签，如"商务领袖"等标签如果没有具体的描述就很难指导广告投放。

（2）用户画像的维护和发展。用户画像是动态的，用户特征和信息会随着时间发展而变化。如短视频行业，每年可能都有新的行业趋势和用户洞察，主要平台不仅每年/季度都会出用户画像报告，日常也会关注用户和市场喜好的变化趋势。另外，用户画像数据需要维护。产品的变化和发展可能带来新的用户群体，以往的用户画像无法涵盖新增用户群体的标签和数据信息。

（3）辩证使用用户画像。营销效果受多个变量影响，因此需要结合广告主体、广告渠道等其他影响因素综合使用。

用户画像永远无法百分之百地描述一个人，只能做到不断接近，因此，用户画像既应该根据变化的基础数据不断修正，又要根据已知数据抽象出新的标签使用户画像越来越立体。用户画像包含的内容并不完全固定，不同企业对用户画像有不同的理解和需求。行业和产品的不同，所关注的特征也有差异，但主要还是体现在基本特征、社会特征、偏好特征、行为特征等方面。

另外，构建用户画像时，并非维度越多越好，而是越准确、越重要越好。哪些维度重要，要根据品牌自身的需求和现状量体裁衣。因此，每一个品牌的用户画像都应该是独一无二的，不应该千篇一律。

2.2.3　用户画像的应用场景

目前，用户画像主要应用在产品设计、产品运营、智能推荐、精准营销、竞品分析、风险控制六大场景中。

在产品设计过程中，根据用户画像设计产品，可以避免产品设计和生产的盲目性，降低设计失误和投入风险。在产品运营过程中，通过对用户产品使用行为的分析，可以得到各项产品要素的适用度，提升用户数量和黏性。在智能推荐中，通过用户画像和产品画像的匹配度完成智能推荐，向用户精准推荐产品，将产品精准推荐给用户。在精准营销领域，可以在智能推荐的基础上，通过用户画像设计营销方案，高效触达，降低销售成本，提高销售效率。在竞品分析领域，通过用户画像对自有产品和竞品的客群特征进行分析，并融入产品画像之间的比较，做到知己知彼。在风险控制领域，通过用户画像对人的全面透视、精准分析、可靠预测，更精确地实现风险控制。其中，产品设计和精准营销是两个最为重要的应用场景。

本教材重点介绍用户画像在产品设计和精准营销方面的应用。

1）用户画像在产品设计中的应用

在产品设计的不同阶段，从初创期、成长期到成熟期，用户画像起到的作用也不尽相同。

在初创期，产品尚未成型，此时用户画像可在产品设计过程中发挥作用，包括：定位产品的细分市场；描摹细分市场的目标用户画像；定义产品模式和产品功能；通过小步快跑、试错迭代逐步完善产品雏形。

在成长期，用户画像主要是在产品运营中发挥作用，包括：通过分析产品运营的真实数据，得出真实、详细的用户画像；通过分析画像细节，优化产品和运营手段，聚焦提升产品功能和服务。

在成熟期，可以运用用户画像寻求突破口，通过用户画像和产品画像寻找问题产生的原因；通过用户画像和产品画像寻找新的增长点和突破口，分析产品转型可能产生的效果。

2）用户画像在精准营销中的应用

在移动互联网时代，精准触达用户成为建立自身优势的关键。通过用户画像，可以对种子客户的特征进行分析，提炼出更多的具有类似特征的潜在客户群。首先，通过分析样本人群提炼出该群体的人群特征标签；然后，根据样本人群的特征标签构建用户画像；最后，通过对用户画像的分析，形成营销目标客户群。将用户画像应用在营销过程中可以提升精准营销能力，包括精准定价能力、目标客群识别能力和客户精准触达能力。在提升精准营销能力的同时可以降低成本，包括降低资金成本、风险成本和运营成本。

用户画像的本质就是从业务角度出发对用户进行分析，了解用户需求，寻找目标客户或者开发出适合目标客户的产品。在了解客户需求和消费能力的基础上，寻找潜在产品的目标客户，并利用画像信息为客户开发产品。

以钉钉为例，新冠肺炎疫情期间，在"停课不停学"的官方指导下，1.2亿学生在钉钉上上网课，钉钉免费为学校开通了各种功能，比如视频上课、在线点名，以及线上检查作业等。其直接结果是小学生们组团为钉钉打一星，但钉钉却通过一波波精彩的"放飞自我"的营销，完成了这部分用户画像，成功破圈。尤其是在B站，通过《钉钉本钉，在线求饶》等一系列"鬼畜"视频，在半个月的时间里，实现从无人问津到受人追捧、从2级小号到6级UP主的晋级。

值得注意的是，用户画像在便利企业进行精准的广告投放和商品营销的同时，也带来了大数据"杀熟"、价格歧视等问题，并且还往往伴随着消费者个人信息的泄漏和被侵权问题。如何在企业的有序发展和消费者权益保护之间寻得一个平衡点，企业必须关注。

行业观察 2-2   汽车行业以用户为中心的运营体系

汽车行业依托大数据，实现深度用户洞察，打造以用户为中心的运营体系。

首先，通过丰富的精细化的用户标签和用户行为数据绘制完整的用户画像，汽车行业建立起大数据分析的基础，打造汽车垂直数据体系，充分还原用户动态的使用场景和体验，实现对用户的深度理解。

其次，通过精细化标签进行用户分层与洞察，助力汽车行业挖掘和锁定高潜人群，打造以用户为中心的运营体系，如图2-7所示。

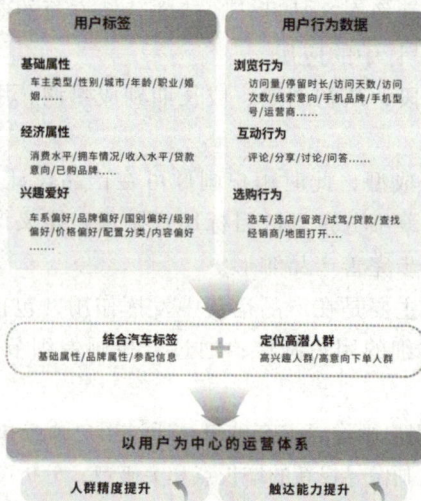

图2-7   汽车行业以用户为中心的运营体系示例

互动课堂2-1

"为什么要数字化？"钉钉推出的7周年品牌升级片中，这个问题被反复提及，不同的社会角色给予不同的回答。在他们平实而又真挚的叙述中，他们奋斗的身影慢慢呈现，每个人都在自己的岗位上发光发热，借数字之力创造更好生活。借由这场问答，品牌片呈现出数字科技发展下全新的生产生活方式。

"在线求饶"系列营销的数次出圈，让"会整活"成为很多人对钉钉的第一印象。而"为什么要数字化？"品牌片展现出钉钉真诚、有深度的一面，也第一次真正意义上对外传达清楚钉钉到底是谁、钉钉的企业性格如何。

品牌升级后，钉钉推出新的品牌主张——"钉钉，让进步发生"。

从"一个工作方式"到"让工作学习更简单"，再到"让进步发生"，面对数字化时代的变革，钉钉的品牌理念也随之不断升级。品牌升级的背后，是钉钉的迭代与进步。

2015年，首次面世的钉钉以"一个工作方式"从办公场景切入企业服务市场，随后推出了"酷公司用钉钉""让工作学习更简单"等品牌口号和主张。当时，钉钉的业务主要集中于打通企业内外部的高效协作，需要强调"效率"的记忆点来强化品牌心智。如今，钉钉的用户体量已突破5亿，品牌知名度和市场规模都占到了赛道领先位置。同时，在阿里云的算力支持下，钉钉的业务也开始转向促进企业数字化和业务数字化。"数字化从来不是少数人的权利，而是千行百业共同进步。每个人、每个组织、每一家企业都应该被数字化普惠。"

钉钉品牌角色转变的背后，是钉钉凭借对"进步"的独特理解和诠释，成功地树立起了一个有温度、有格局的社会服务型品牌形象。"一个人的进步是领先，所有人的进步才叫进步"，或许这才是数字技术的真正意义所在。

资料来源 数英DIGITALING.为什么要数字化？钉钉用一次品牌升级作答［EB/OL］.［2022-03-29］.https://www.d-arts.cn/article/article_info/key/MTIwMTY1NDY2ODeDuZtkr3bGcw.html.

讨论：如何认识钉钉品牌理念的升级？

实战应用2-2

以团队为单位，收集、分析数据，并为山东日照御园春茶叶有限公司创建用户画像，填写表2-3。

表2-3　　　　　　　　山东日照御园春茶叶有限公司用户画像

用户数据采集	静态数据	
	动态数据	
用户标签设定		
用户画像呈现		

任务2.3　策划营销内容

2.3.1　内容营销的概念和特征

内容营销并非新事物。从1895年约翰迪尔（John Deere）推出介绍有关农业技术的杂志《耕耘》（The Furrow）到2011年可口可乐公司提出"内容2020"策略，再到今天，内容营销的基本支柱已经存在超过一个世纪。风靡全球的《米其林指南》（The Michelin Guide）就被认为是人类商业历史上最成功的内容营销案例之一。

1）内容营销的概念

美国内容营销协会（CMI）对内容营销的定义为：一种战略营销方法，通过生产和发布有价值的、有关联的、一致的内容来吸引和保留匹配度高的目标人群，最终推动客户行动，实现商业转化。

2）内容营销的基本特征

从内容营销的定义看出，内容营销具备三个基本特征：

（1）内容营销要为用户提供有价值的内容，能吸引用户、打动用户、影响用户和品牌/产品间的正面关系。因此，内容营销要聚焦目标客户，以目标受众的需要为导向，触及目标客户的关注点。

（2）内容营销要持续经营，要在顾客不同的购买决策阶段持续提供不同的内容服务。

（3）内容营销要有可衡量的成果，最终能产生盈利行为。

内容营销本质上是指导品牌如何做营销的一种思维方式，它是一种营销创新思想。内容营销要求品牌能生产和利用内外部价值内容，吸引目标受众的主动关注。真正的内容能够自带吸引力，让消费者主动找你，而不是依靠媒体单方面捕获消费者。

内容营销的本质其实还是"沟通"，而相比传统营销的"宣导式推广"，内容营销信息量更丰富，更具娱乐性、社交性、知识性，内容营销带来的消费者心智塑造更加"润物细无声"。

此外，内容营销不仅是品牌单一发声，还要考虑多渠道、多主体、多角度发声，形成对消费者的"网状的多触点沟通"，无论消费者是处于日常闲逛还是有明确购物目的的场景，都可以提升消费者对品牌的认知度。

如果说传统营销更注重品牌对消费者的单方面主张传递，内容营销其实是更能从消费者的购物路径和决策过程出发，激发消费者的需求、提升消费者心智的营销方式，因此要做好内容营销，需要对目标消费者的行为轨迹、决策过程有充分的理解，进行更多元化的触点矩阵布局，多方位、多层次地加深同消费者的关系。

2.3.2　内容营销的形式

从19世纪发展到今天，伴随媒体的不断演变，内容营销也经历了报纸、杂志、广播、电视、互联网等媒体渠道的变革。内容营销从大公司的游戏变成小公司的营销利器，同时其内容形式不断更新、与时俱进。内容形式从最初的文字、图片发展到今天的数字化文字、图片、音频、视频等丰富的形式。

新媒体内容营销的形式主要有以下四类：

1）图文内容

数字图文内容是最常见的内容形式，包括纯文字型、纯图片型、图文型等多种类型。百雀羚的"一九三一"长图广告，呈现了一个"杀死时间"的故事，是非常成功的图片营销案例。

2）音频内容

随着互联网的迅猛发展，以及抖音、微博等社交媒体的出现，碎片化信息已趋向饱和。在视觉审美愈发疲劳之际，具有全时段、全场景特点的移动音频开始受到品牌关注，成为企业营销的价值洼地和营销行业的新风向。中国在线音频用户规模超过5亿，蜻蜓、荔枝、喜马拉雅等成为耳朵经济的霸主。喜马拉雅推出的迪士尼经典故事集已被收听超过3.58亿次。

3）视频内容

视频内容是近年来成长最快的内容类型，也被认为是未来主流的内容形式。三只松鼠携手功夫动漫打造的3D动画片《三只松鼠》、网红主播掀起的直播带货热潮、李子柒Youtube粉丝量过千万，都展现了视频的迅猛发展。

4）游戏内容

游戏营销分为游戏内置广告和游戏内容营销。游戏内置广告是在游戏中植入品牌广告的营销方式，如广告高度集成在游戏的广告牌、店面招牌、海报、服装、车辆、武器等场景中。游戏内容营销是品牌为自己量身定做游戏，以推广品牌或产品。奥利奥围绕自己的核心产品——奥利奥饼干，结合最新的技术，开发了大量简单有趣的小游戏，如采用光感技术的奥利奥音乐盒可以实现"吃一口饼干换一首歌"的效果。

内容形式多样，各有其特点和优劣势。实践中，选择何种内容形式，主要取决于内容本身以及品牌目标群体定位。从逻辑上讲，内容形式越丰富，越能便于将内容分发给不同的受众，但更关键的是形式的选择要适合所选的媒体平台并符合受众的习惯。

2.3.3 数字化时代背景下内容营销的价值衡量

和传统营销一样，好的内容营销不仅可以作用于短期销量的增长，而且能帮助品牌沉淀人群资产。从短期而言，内容可以帮助单品实现在消费者中的种草，可以为店铺带来更多流量，甚至可以直接为商品带来成交；从长期而言，品牌相关内容的扩散意味着品牌曝光度和知名度的提升，品牌通过内容不断地与消费者互动，保持和巩固品牌与消费者的关系和热度。但是，这些在过去仿佛都只停留在"理论阶段"，无法被量化衡量。而在数字化营销的今天，内容营销的这两方面价值都将可以被精准地记录、归一和跟踪。

2.3.4 内容规划

在新媒体营销目标和目标用户画像确定的情况下，品牌已经明确了品牌官方账号应该满足什么营销目标，接下来最重要的问题就是在不同平台规划哪些内容来实现目标，如图2-8所示。

微课2-3

内容营销的定义及形式

微课2-4

内容创作

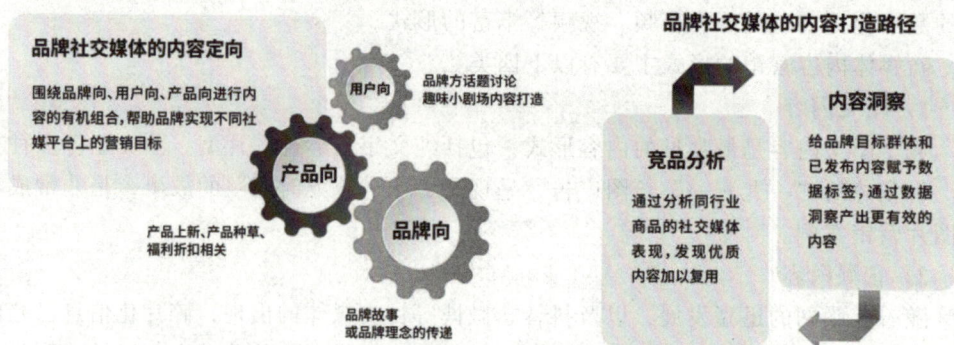

图2-8 品牌社交媒体的内容定向与内容打造路径

品牌在进行营销内容规划与打造时，一般围绕品牌、用户、产品三个方向的内容进行有机组合，实现不同平台上的营销目标，但不同的内容类型也有着差异化的产出逻辑，如何保证各类内容调性的统一也是品牌需要关注的重点。

从内容打造方法看，可以通过以下三种路径锁定高质量内容：第一，根据平台特色打造差异化内容；第二，对标竞品新媒体账号表现，发现优质内容并参考借鉴；第三，对目标消费者消费过程进行分析，输出更有效内容。

1）根据平台特色规划内容

不同新媒体平台有各具特色的内容生态，在内容类型上具有较大差异，品牌要根据自身品牌调性和用户特征，将内容生产和平台特质有机结合，打造适合平台特性的内容。

消费者对品牌内容期待越来越高，因此要求品牌在社交媒体内容规划上更加细分，针对不同类型的平台和用户群体，打造更丰富和精准的社交媒体内容，实现精细化管理。精细化管理，即使用更高效的方式生产更优质的内容，使用更可控的渠道，向更精准的用户群体传播，与更忠诚的品牌用户进行互动。

以宠物食品为例，主粮是各成交平台和内容平台的核心关键词，但小红书偏向知识科普，抖音更多注重趣味分享，天猫以猫主粮为主，而拼多多宠物行业下行，猫砂清洁占据主导，如图2-9所示。

	小红书	抖音	天猫/淘宝	拼多多
热门品类	猫/狗	猫/狗	猫/狗	猫/狗
女性占比	90.5%	71.12%	59.85%	---
热门行业	主粮/零食	主粮/零食	主粮/零食	清洁/主粮
热门内容&商品	养宠知识科普；人宠互动沟通；动漫化、拟人化宠物趣事	内容：日常分享、生活趣味；科普内容 商品：猫主粮和猫狗清洁为主	猫主粮-膨化猫粮；食品保健品	猫砂

图2-9 不同电商平台宠物食品的核心关键词

2）对标竞品规划内容

使用能够自动整合多平台数据的工具，在同一界面快速对比分析竞品与自有账号在多个社媒平台上的表现，事半功倍，从而更及时地调整优化平台策略。

首先，通过观察研究同行业竞品和跨行业相似品牌在不同平台的内容形态、数据表现、账号功能，品牌方能够更快地找到什么内容是消费者喜欢的，这些内容又是如何满足营销目标的，从而发现内容创作的灵感。比如：

•对比流行很久的"氛围感"，现在是不是"松弛感"的话题更火？可以围绕创作的主题都有什么？

•留言抽奖、互动游戏、明星应援，到底哪种形式互动效果更好？以后是不是选择增多此类内容？

•抖音上表现最好的主题是什么？小红书的主题又有什么区别？

其次，通过对比竞品和自身的表现数据，品牌可以找到提升的空间在哪里，从而优化自己的内容选题、互动形式。比如：

•同样是产品上新的海报，为什么竞品的互动量远远超过自己？是否采用了自己没用过的运营手段？

•所有竞品在晚上8点推送的内容，都比早上10点的表现要好，是不是应该选择晚上8点推送？

3）围绕消费过程规划内容

进行内容创作之前首先要借助数据挖掘技术建立用户画像，找出用户需求，明确目标受众是谁、他们需要什么、创建内容的目的是什么、希望向用户传达什么信息、内容是否是用户期待的、能给用户带来什么价值。

实现内容精准推送，除建立用户画像外，更为重要的是为购买者精准规划内容。真正有效的内容营销，是根据客户的购买阶段来生产和推送内容，在不同用户购买阶段提供不同的内容。

购买过程因行业属性不同而存在一定差异，但基本都会包含认知、评估、购买三个阶段。营销人员要努力在各个阶段提供具有吸引力的品牌体验。

对于这三个阶段的用户，内容要有所差异，内容投入比例遵循"四四二原则"：40%的内容投入让用户知道，40%的内容投入让用户感兴趣，20%的内容投入让用户做出购买决策。

（1）认知阶段：说服用户来了解。

认知阶段，用户尝试去解决一个问题、得到一个答案或者满足一种需求。80%以上的用户会尝试通过搜索高质量的干货内容指导自己解决问题。作为营销人员，如果生产的内容匹配了用户搜索的关键词、关键问题，那么品牌或产品就会获得精准曝光。

因此，在这一阶段，最有效的获取用户的方式是为他们提供高价值的内容。商家在这一阶段的主要工作是建立品牌认知和展示行业权威，赢得消费者信任。这一阶段的内容创作可以围绕以下主题：①行业趋势、建议、技巧；②分析师报告；③侧重介绍行业产品通用特性和技术的教育类内容；④KOL采访。

（2）评估阶段：让用户知道你是谁。

当用户进入评估阶段，表明用户已经知道品牌产品或服务可以满足他们的需求，因此这一阶段的目标是如何在众多竞争者中脱颖而出，让消费者认识到企业的产品、服务、解决方案是他们当下的最佳选择。此阶段的内容主题可以是：①产品和解决方案；②对标友商的产品和服务；③案例分析；④客户故事；⑤常见问题与回答；⑥专家报告。

通过上述内容可以培养与用户的良好关系，建立用户对品牌的信任。

（3）购买阶段：打消对产品的疑虑。

此阶段的用户已经决定购买，但是需要更多的信息确信购买值得，因此，营销人员需要突出产品和服务的独特价值主张来打消用户对产品的疑虑。此阶段的内容主题可以是：①客户证言；②产品评论；③优惠券等折扣信息。

微课 2-5

内容生产方式

2.3.5 选择合适的内容生产渠道

目前，内容生产渠道主要有四种：品牌生产内容（BGC）、专业生产内容（PGC）、用户生产内容（UGC）、人工智能生产内容（AIGC）。

1）品牌生产内容（BGC）

品牌生产内容（Brand Generated Content，BGC）即企业通过官网、官微、微信公众号等自有媒体或免费的社交媒体平台发布围绕自身品牌诉求自行制作的内容。品牌生产内容（BGC）的核心是讲好品牌故事。其精髓是，品牌方了解消费者想找到什么信息，然后作为专家把这些信息发布出来，让用户找到。品牌生产内容需要做好三件事：第一，介绍好产品和服务，为消费者提供价值；第二，以专业的身份告知消费者如何选购合适的产品并合理地使用它，成为消费者心中的权威专家；第三，围绕企业为消费者提供的解决方案的特性，为消费者打造一种独有的生活方式。

2）专业生产内容（PGC）

专业生产内容（Professional Generated Content，PGC）的主体是在某些领域具备专业知识的人士或专家，他们在特定领域里具有一定的影响力和知名度，品牌邀请他们给用户提供更权威的内容，以转化或吸引更广泛潜在用户的关注。专家不仅是指代"人"，比如关键意见领袖 KOL、微博大 V、网络红人、科普作者或政务微博，还包括"平台"，比如某领域内的专业网站。PGC 具有专业、深度、垂直化等特点，能够提升内容产品的质量，保证平台的知名度和声誉。优质的内容能够对用户产生强烈的吸引力，有助于实现用户导流。

借用 PGC 助力品牌搭建，要结合品牌和产品的定位、策略和目标。在品牌和产品推广的不同阶段，有不同的目标，而 PGC 的策略应与之相对应，如在获取注意阶段，产品推广目标是争取大量曝光，扩大品牌的认知，获得客户的注意，此时选择 KOL 的目标相应要侧重于曝光，覆盖更多的受众，获取新客户。

3）用户生产内容（UGC）

用户生产内容（User Generated Content，UGC）即用户将自己原创的内容通过互联网平台进行展示或者提供给其他用户，也就是用户自己主动生产内容进行传播的方式。UGC 的传播模式改变了传统的信息传授关系，用户既是受众又是信息源，由"强关系"的内容发布者和接受者共同完成内容生产，传播力相对强，能够达到病毒式传播效果。

UGC 传播可以保持用户的黏性。比如网易云音乐，用户可以创建属于自己的歌单，并将喜欢的音乐存放到歌单中，很多用户积极主动地制作歌单，就是希望保留下自己听歌的感觉，或是希望遇到知音，得到他人的认同。用户UGC歌单成了用户交流的方式，改变了早期的音乐播放器以工具类存在的形式，也让网易云音乐成为一些用户心中不可替代的软件。

4）人工智能生产内容（AIGC）

AIGC全称为AI-Generated Content，即利用人工智能技术来自动生产内容。AIGC是基于生成对抗网络GAN、大型预训练模型等人工智能技术，通过已有数据寻找规律，并通过适当的泛化能力生成相关内容的技术集合。AIGC已经成为继PGC和UGC之后新型的内容创作方式。

AIGC在面向不同对象和不同场景时，具有强大的自适应创作能力，因此被应用在图像生成、视频生成、文本生成、游戏生成、代码生成和3D生成等多种场景。以下简单介绍和新媒体营销内容创作相关度较高的四种类型：图像生成、视频生成、文本生成和音频生成。

（1）图像生成：根据使用场景，可分为图像编辑工具和端到端图像生成。图像编辑包括图像属性编辑（如去水印、风格迁移、图像修复等）和图像内容编辑（如修改面部特征、换脸等）。端到端图像生成包括基于图像生成（如基于草图生成完整图像，根据特定属性生成图像等）和多模态转换（如根据文字生成图像等）。典型的产品或算法模型包括EditGAN、Deepfake、DALL-E、Midjourney、Stable Diffusion、文心一格等。

（2）视频生成：视频生成与图像生成在原理上有一定相似性，可分为视频编辑（如画质修复、视频特效、视频换脸等）、视频自动剪辑和端到端视频生成（如文字生成视频等）。典型的产品或算法模型包括Deepfake、VideoGET、GliaCloud、Make-A-Video、Imagen Video等。

（3）文本生成：基于NLP技术的文本生成可以算是AIGC中发展最早的一部分技术，功能也较为多样。根据使用场景，文本生成可分为非交互式文本生成和交互式文本生成。非交互式文本生成包括内容续写、摘要/标题生成、文本风格迁移、整段文本生成、图像生成文字描述等功能。交互式文本生成包括聊天机器人、文本交互游戏等功能。

（4）音频生成：音频生成中的部分技术已经较为成熟，被应用于多种C端产品中。音频生成可分为TTS（Text-to-speech）和乐曲生成两类。其中，TTS包括语音客服、有声读物制作、智能配音等功能。乐曲生成包括基于开头旋律、图片、文字描述、音乐类型、情绪类型等生成特定乐曲。典型的产品或算法模型包括DeepMusic、WaveNet、Deep Voice、MusicAutoBot等。

微课2-6

内容生产的原则

2.3.6 内容生产的原则

研究表明，人们一般不会分享他们在网上读到的内容，即便内容"很不错"。那么，怎样才能让人愿意分享其读到的内容呢？内容创造要遵循"四有"原则：有情、有趣、有用、有品。

1）"有情"原则

"有情"就是"有感情"。营销内容要从消费者的情感需要出发，唤起和激起消费者的情感需求，诱导消费者产生情感共鸣，让品牌主张在不被抗拒的情况下为受众接受和认可。

　　如图2-10所示，百雀羚成立了"万万没想到"部门，专门负责收集客户愿望，筛选并进行满足。诗普琳珠宝打造"时光印记博物馆"，凭借"情怀营销"让产品成为市场上的"爆品"。熊爪咖啡店因一个关爱残障人士的、暖心的"墙洞的故事"而爆红网络。这些都是"有情"原则的体现。

资料来源　百雀羚和诗普琳官网。

图2-10　百雀羚与诗谱琳的情怀营销示例

2）"有趣"原则

　　"有趣"就是营销内容给消费者带来乐趣。营销内容要做到有趣，需注意两点：第一，让消费者有参与感。营销是一个互动的过程，以腾讯的"99公益日"举例，用户捐一元，腾讯公益基金会配捐一元；用户每走10 000步，腾讯公益配捐两元，捐款人次从最初的205万增长到2 800多万，成功塑造了腾讯公司"慈善大使"的形象。"99公益日"营销成功的关键在于，腾讯抓住慈善单方面的突破口，创新性地开展了一个可以让用户参与的、能在朋友圈发图炫耀的、走几步就能和腾讯一起做慈善的互动式慈善。第二，内容有趣好玩。卫龙成立20多年来，从一个杂牌进阶为畅销全球的品牌，每年卖出100亿包辣条，营收超过20亿元，常年霸占辣条业头把交椅。卫龙辣条的成功离不开其脑洞大开的营销。卫龙营销的核心就是"有趣好玩"。"吃包辣条压压惊"的段子和表情包常年流行于社交平台。

3）"有用"原则

　　内容营销，有用为本。"人们真正需要的不是产品，而是解决方案"。对产品和服务的特点、属性、功效等的描述，要从用户的角度考虑，阐明产品具体可以解决什么问题。

　　功能型产品内容制作的核心：（1）针对用户的某个需求提供系统化的解决方案；（2）说明产品是最佳解决方案。在吸引受众的阶段可以专注做系统化解决方案；在说服购买阶段再说明自己的产品是最佳解决方案。

　　方太成立了"厨FUN研究所"，围绕厨房中常用电器的常见问题，制作了图文指南、视频教程及专题指南，提供了厨房厨电从安装、使用到清洁相关问题的系统解决方案。

4）"有品"原则

　　"有品"就是"有品德、有品位"。营销效果固然重要，但"有品"应该是营销的底线，是营销人员恪守的准则，不能过于重视结果而忽略个人品德和商业道德，内容要正面积极，切勿传递负能量。

李子柒的视频内容之所以受欢迎，正是因为她视频中传递的中国美及积极阳光的生活态度。

互动课堂2-2

创立于1931年的百雀羚是中国经典的美容产品，电影明星阮玲玉、周璇，以及宋氏三姐妹都曾是其忠实粉丝。然而，在各大新生代和国际美妆品牌的冲击下，这个经典的国货品牌逐渐被打上"老龄化"的标签。

为了吸引年轻市场，摆脱"老龄化"的标签，百雀羚用精彩的内容营销重新传达出富有底蕴和永葆青春的品牌理念。

百雀羚长图广告"一九三一"显示出百雀羚作为一个国民经典品牌的内涵和与时俱进。广告以"杀死时间"为传播主题、以国民故事为背景，再现了旗袍、洋行、裁缝铺、照相馆等诸多民国大都会的符号化人物与场景，结合怀旧的民国画报风格，以"一镜到底"的呈现风格，成功引爆消费者的注意力，同时清晰地传达了"逆时针"的品牌理念。百雀羚最大的优势是其品牌故事和国民度，而"一九三一"文案广告则将其文化底蕴挖掘并呈现出来，在传达品牌内涵与情怀的同时展现了其创新能力和品牌年轻化转变，因此迅速引爆社交媒体，收获3 000万次的传播，成功打开年轻人的市场。

讨论：

（1）百雀羚内容营销成功的原因有哪些？

（2）新媒体环境下，传统品牌如何做好营销？

实战应用2-3

以团队为单位，为山东日照御园春茶叶有限公司策划新媒体营销内容，填写表2-4。

表2-4　　**山东日照御园春茶叶有限公司新媒体营销内容策划与推广**

产品名称		营销目标		目标消费者	
新媒体平台		内容形式		文案设计	
内容推广					
发布时间					
执行概况					
遇到问题					
解决方案					

任务 2.4 搭建新媒体营销矩阵

"质量、相关性以及时效性，只影响内容成功 42% ~ 67% 的分量，而另外的因素，则是让受众'注意到'。"有效的推广，才能让内容被用户"注意到"。

不同的新媒体平台有不同的受众，适合不同的内容形式。内容推广需要建立一个良好的"新媒体矩阵"，利用新媒体平台使其价值最大化。

2.4.1 "新媒体矩阵"的概念

微课 2-7

新媒体营销矩阵的含义和作用

"矩阵"是一个数学概念，指按照一个长方形阵列排列的复数和实数集合。"新媒体矩阵"可以理解为能够触达目标群体的多种新媒体渠道组合。根据平台特征及业务情况，矩阵主要分为两种形式：横向矩阵和纵向矩阵。

1) 横向矩阵

横向矩阵也称为外矩阵或流量矩阵，是指企业在全媒体平台的布局，比如注册微信公众号、微博、抖音号、头条号、知乎等，然后进行内容的分发（如图 2-11 所示）。

图2-11 横向矩阵举例

一般来说，较大企业都会做此类流量矩阵，比如搜狗输入法接入微信公众号、抖音短视频、新浪微博、今日头条等。企业主要通过短视频（抖音）平台进行用户流量的获取，通过干货内容与用户互动做个人号运营，再通过微信公众号做内容的沉淀与用户留存，搭建自己的流量池，后续可通过平台、周边、内容等形式变现。

2) 纵向矩阵

纵向矩阵也称为内矩阵，主要指企业在某个媒体平台的生态布局，是其各个产品线的纵深布局。这些平台一般都是大平台，比如微信、今日头条、微博、百度等（见表2-5）。以海尔为例，以"海尔"为中心，形成了庞大的自媒体矩阵：179个微博账号（如图2-12所示）和286个微信公众号。

2.4.2 搭建新媒体矩阵的作用

搭建新媒体矩阵的作用主要体现在三个方面：一是实现内容多元化；二是分散风

表2-5 微信、今日头条、微博、百度部分纵向矩阵

微信	今日头条	微博	百度
订阅号	头条号	状态	百度百科
服务号	抖音	新浪看点	百度文库
社群	悟空问答	秒拍视频	百度知道
个人号	西瓜视频	一直播	百家号
小程序	火山小视频	爱动小视频	好看视频

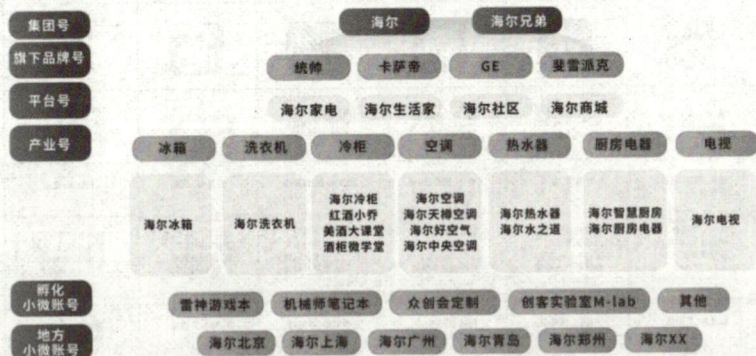

图2-12 海尔微博账号矩阵（179个）

险；三是协同放大宣传效果。

1）实现内容多元化

每个平台都有独特的内容风格，例如，微信公众号以图文为主，微博以短状态加照片为主，抖音以15～60秒时长的视频为主。在多个平台上建立账号，可以使内容形式多元化，吸引不同受众群体。例如，共青团在微信、微博、知乎、B站、QQ空间、今日头条、抖音、快手、微视等平台呈现不同的风格，微博上勇敢正直的"团团"、微信上温暖积极的"团团"、知乎上深度智慧的"团团"、QQ空间里热血青春的"团团"、B站里和大家"皮在一起"的"团团"，不同的样态、不同的风格，在青少年心中注入了同样真挚热烈的情感。

2）分散风险

各大平台规则不同，如果企业集中在某一平台运营，不小心违反了平台规则会导致账号被封、限流等。比如，微信公众号"咪蒙""毒舌电影"等大号都曾遭遇永久封禁。但"毒舌电影"因为提前做了相关App布局，及时把粉丝导流到新平台，降低了封号带来的影响。

3）协同放大宣传效果

新媒体矩阵拥有大量的"子媒体"，不同媒体之间实现联动，发挥协同效应，可以形成传播合力，扩大宣传效果。

以国货美妆品牌花西子为例，该品牌在2020年七夕之前重磅推出了七夕新品——"同心锁口红"及"齐眉同心妆匣"限量款礼盒。为了扩大宣传效果，花西子在官方微博推出了代言人的微博视频，同时在微信公众号推出花西子"齐眉同心妆

匣”，形象代言人带读者解锁东方浪漫，然后通过今日头条等媒体进行分发，并利用KOL放大营销效果，最终通过电商平台进行转化。

同样的信息通过不同的形式，包装成适合不同媒体的产品，在降低宣传成本的同时提高了传播速度，既扩大了市场，也获取了较大的社会效益和经济效益。

2.4.3 新媒体营销矩阵规划

品牌在进行新媒体营销矩阵规划时，需要根据平台属性进行规划调整。图2-13以微博、抖音、微信等七个主流新媒体平台为例，介绍各平台特色、内容形式、营销机会、主要指标以及营销和推广类型等。

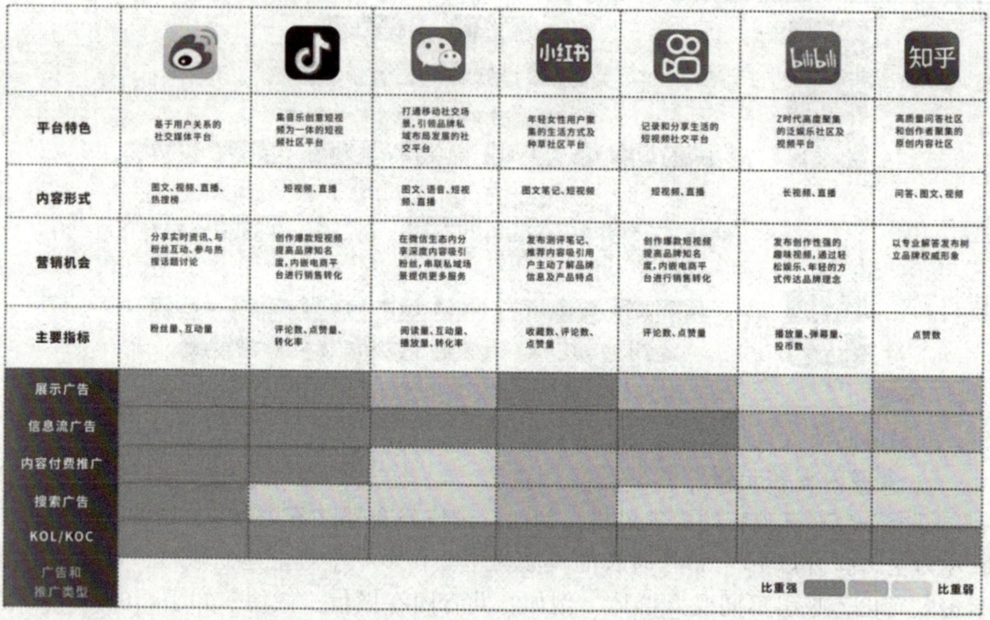
小红书
bilibili
知乎
平台特色
基于用户关系的社交媒体平台
集音乐创意短视频为一体的短视频社区平台
打通移动社交场景，引领品牌私域布局发展的社交平台
年轻女性用户聚集的生活方式及种草社区平台
记录和分享生活的短视频社交平台
Z时代高度聚集的泛娱乐社区及视频平台
高质量问答社区和创作者聚集的原创内容社区
内容形式
图文、视频、直播、热搜榜
短视频、直播
图文、语音、短视频、直播
图文笔记、短视频
短视频、直播
长视频、直播
问答、图文、视频
营销机会
分享实时资讯、与粉丝互动、参与热搜话题讨论
创作爆款短视频提高品牌知名度，内嵌电商平台进行销售转化
在微信生态内分享深度内容吸引粉丝，串联私域场景提供更多服务
发布测评笔记、推荐内容吸引用户主动了解品牌信息及产品特点
创作爆款短视频提高品牌知名度，内嵌电商平台进行销售转化
发布创作性强的趣味视频，通过轻松娱乐、年轻的方式传达品牌理念
以专业解答发布树立品牌权威形象
主要指标
粉丝量、互动量
评论数、点赞量、转化率
阅读量、互动量、播放量、转化率
收藏数、评论数、点赞量
评论数、点赞量
播放量、弹幕量、投币数
点赞数
展示广告
信息流广告
内容付费推广
搜索广告
KOL/KOC
广告和推广类型
比重强
比重弱

图2-13 七个主流新媒体平台的特征

不同品牌对内容规划和平台规划进行的先后顺序有所差异，因此在具体营销实践中，根据操作流程的差异，可以细分成内容前置型、平台前置型和混合型三个类型。

1）内容前置型

内容前置型要求内容定向在先。品牌确定社交媒体目标定位后，品牌先集中规划统一的内容，再根据不同社交媒体平台的特性规划平台具体内容，然后进入执行落地阶段及之后的阶段。该类型多适用于品牌调性较明确、产品受众精准的品牌。内容前置型对内容统一性的要求较高，但品牌的组织灵活度较低，品牌和营销方向把控在少数决策者手中。

2）平台前置型

平台前置型要求平台规划在先。品牌确定社交媒体目标定位后，先根据社交媒体平台特性规划不同平台的账号定位，再针对性地为各平台账号进行内容规划，然后进入执行落地及之后的阶段。通常平台前置型品牌的受众更加广泛，很难通过非常聚焦的内容打动不同画像的用户群体，因此品牌更需要结合不同社交平台的用户特征和内容偏好与不同的受众进行沟通。

3）混合型

混合型是指内容定向和平台规划混合。品牌方首先要确定社交媒体目标定位，但在进行内容打造和平台规划时有混合的情况。比如，有的品牌先将各平台分类，针对每一类平台规划母版内容，在同类平台内进行微调改编；另一些品牌首先有不同的内容目标，针对每一种目标打造母版内容，然后在各平台内根据平台调性进行适应性改编。采取混合型流程的品牌往往是因为既希望最大化利用各社交媒体平台的优势来辅助转化指标的达成，又需要向目标受众传递相对统一的品牌信息。这类品牌通常产品受众较为精准，组织上较高的灵活程度也为其快速适应新变化的社媒体管理模式提供了重要前提。

2.4.4　新媒体营销矩阵搭建步骤

搭建新媒体营销矩阵，大致可以分为三个步骤。

微课2-8

新媒体营销
矩阵搭建步骤

1）梳理企业新媒体发展阶段

企业并非开始就要搭建新媒体营销矩阵，而是要梳理自己的新媒体所处的发展阶段，企业新媒体发展可以大致分为三个阶段：启动期、增长期和成熟期。

在启动期，企业新媒体发展重点是选择少量平台，最好是微博、微信、知乎等主流社交平台或有红利的垂直领域和内容平台入驻。到增长期，随着优质内容的传播，积累了大量粉丝，功能和人群出现了分化，需要进一步扩展外部矩阵和内部矩阵。到成熟期，新媒体矩阵已经趋于完善，此时，横向矩阵成为开发新兴流量的平台，纵向矩阵会进一步细分，关键是做好精细化运营。

2）分析目标用户，布局新媒体营销矩阵

构建新媒体营销矩阵，要选择目标用户最集中的几个渠道，也就是要根据企业的垂直领域业务选择平台。比如，摄影类企业可以选择蜂鸟网、站酷、Pinterest等网站；美食类企业选择豆果美食、大众点评等。企业可以参考各类App细分榜单或垂直网站名单，寻找合适的平台。

此外，企业要清晰把控不同平台的运营规则。只有对运营的平台有深刻的理解，才能更好地利用其优势完成自己的商业活动。理解平台要从以下四个方面入手：首先，要了解平台的运作机制，如头条、抖音等是基于算法推荐，而微信公众号更多是以订阅为主；其次，要研究平台人群，动态跟踪目标人群的变化；再次，要研究平台的实力；最后，要持续跟进平台政策等的更新，关注其发展趋势。

3）根据渠道的特点，量身打造优质内容

无论何种媒体平台，内容都是核心。用户期待更加丰富的品牌新媒体内容，因此跨平台运营时，要求品牌在新媒体内容规划上更加细分，在保持统一的品牌形象的同时，针对各个平台的特性和用户群体，打造更丰富和精准的内容，避免平台内容的复制粘贴，在打造新媒体营销矩阵的同时实现精细化管理，即使用更高效的方式生产更优质的内容，使用更可控的渠道，向更精准的用户群体传播，与更忠诚的品牌用户进行互动。

在执行落地环节，品牌需要按照内容主题和营销节点制定一段时间的社交媒体发布排期，进行具体的内容打造、发布和用户互动。

如图2-14所示，在运营李子柒微博、微信、头条等平台时，对于同样的内容，

在标题设置、内容形式等方面均有差异。

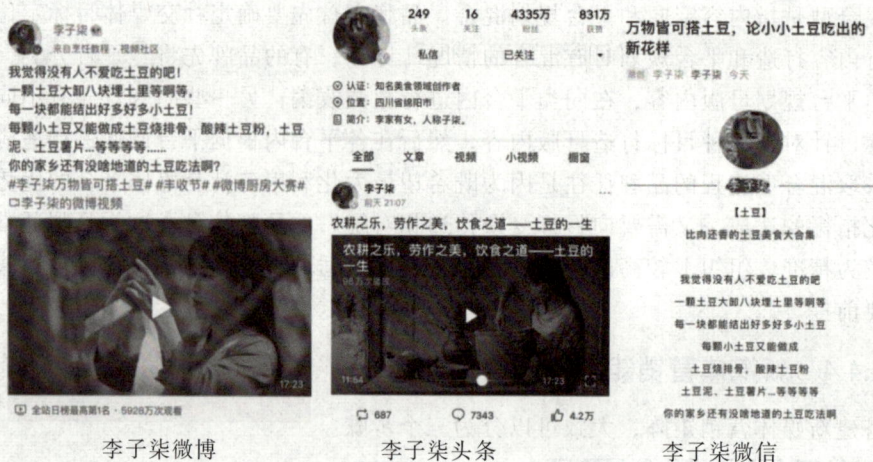

李子柒微博　　　　　　李子柒头条　　　　　　李子柒微信

图2-14　根据平台特性和用户特点推送内容示例

各平台方都会重点扶持内容质量较高的用户。比如，微博与网红经纪公司、艺人经纪公司、视频自媒体公司合作，通过吸引内容创作者，提升微博在垂直领域的影响力和营收。

打造新媒体营销矩阵是一个动态的过程，不久前矩阵的重心还在微信、微博、贴吧，这两年的重点则变成了"双微一抖"，所以新媒体营销人员要对新媒体营销矩阵不断进行更新迭代。

行业观察2-3　Nike的标准作业程序

作为国际化大品牌，Nike内部对于品牌官方社交媒体管理有一套成熟的标准作业程序SOP（Standard Operating Procedure），先由整合营销团队负责整体营销策划，然后由数字化营销部门负责各社交媒体平台的团队进行具体的社媒管理，对接外部代理商，共同完成社交媒体的精细化运营。

整合营销团队会提前制订全年营销计划，基于品类如跑步、训练、篮球、足球、网球、时尚等拆解成不同主题，最终将计划拆分到季度、月、周的维度。数字化营销部门下设平台核心团队，负责各平台社交媒体账号的运营及管理，团队以社交媒体平台为基础，划分为抖音（2人）、微博（3人）、小红书（2人）、微信（6人）四个模块，各模块均有负责人对接外部代理商。代理商每周会执行本周的社交媒体推广计划，并且定期追踪数据，与品牌方进行报告呈现。

为了保证SOP流程顺利推进，不同部门之间顺畅沟通协同，Nike在社交媒体管理过程中使用SMM（社交媒体管理工具），实现团队之间的界面共享、实时协作。同时，借助SMM工具进行更细致的数据分析，重点关注内容发布的时间点、消费者阅读的时间点、消费者与品牌互动的内容等维度，通过工具抓取消费者的数据标签，如城市、性别、消费行为等进行后续的数据追踪分析，实现对内容方向、运营策略等决策的数字化赋能。

思政园地　　**聚焦乡村振兴难点痛点　直播电商开辟助农新模式**

　　一直以来，互联网电商、直播电商等数字化商业模式成为赋能乡村振兴的重要方式。如今，"数商兴农"工程的实施，促使直播电商助力乡村振兴步入高质量发展的新阶段。依托于数字技术和数据要素赋能农村电商发展的大背景，致力于大数据"存、管、用"的人民云生态将为直播经济领域提供数字解决方案，切实实现公共数据取之于民、惠及于农，以数据实力促进乡村振兴和数字乡村建设，并为全国数字经济高质量发展提供"人民引擎"。

　　时至今日，直播电商助力乡村振兴已从最初的带动农产品消费、培育农产品原产地直接消费习惯，进一步跃升为以数字营销、塑造农产品区域公用品牌、与新农人共享科技发展红利等数字化的商业模式，实现数商兴农的发展愿景，更为持久地赋能"三农"。

　　在推进乡村振兴的过程中，各地方越来越注重打造农产品区域公用品牌，通过塑造优质品牌，实现三农的跨越式发展。此前，受到舆论关注的"县长直播带货"现象，反映了各地顺应形势建立常态化农产品营销模式的工作思路，涌现出的"网红县长""网红干部"的背后，正是迈出的农产品商品化、品牌化的步伐。这也是农产品区域公用品牌建立及发挥更大价值的基础，而被公众记住、喜爱、复购则是在市场竞争中获取成绩的第一步。熟悉运用数据要素的直播电商也抓住了农产品区域公用品牌塑造的价值点，将其积极融入自身的发展战略规划中，加大力度扶持农产品品牌化，探索乡村振兴新模式。

　　2022年7月，探索出"主播+地标产品+IP升级"助农模式的辛选集团启动"辛火计划"——助力乡村振兴、经济回暖的行动计划，可以帮助各地打造更多地标品牌，在让公众享受到全国各地优质农副产品的同时，助力乡村振兴。此外，辛选集团以"输血"和"造血"相结合的方式助农，由里及外激活了农产品线上零售市场，帮助农民在销售和技能上双重提升，提高了收入。快手也在2022年推出"快手农技人计划"，对农业相关科普知识教学类优质内容进行流量扶持，将投入30亿流量资源，打造1 000个快手农技人。

　　数字乡村建设离不开数据、互联网、商业环境等方面的助力，把握住直播电商这一重要抓手，实现美丽乡村建设的愿景。经过多年的发展，直播电商在乡村振兴领域发挥的远不止解决产品滞销这一点余热，也正在为农业产业链发展提供必要的指导和服务，关键之处是要推动产业升级。在乡村振兴的实践中，直播电商企业在供应链领域进行创新与优化，不仅通过供应链布局为消费者带来了高性价比的产品与优质的购物体验，更凭借自身的供应链优势，联动各地政府、媒体和产业上下游，助力农产品、农业全产业链的完善、产业升级以及农村一、二、三产业融合发展。不少偏远或电商不发达地区的农特产，因为渠道、物流等无法上行到全国，辛选集团等电商企业均希望以己之力，尽可能去改变这个局面。

　　用数字化推动农业产业链优化，对众多企业而言是"难而有价值"的事，也是助力农业突破发展困境之举——通过深入农产品产区，对从种植到收获的全周期进行数字化管理，还通过自建加工厂和品控、包装、物流优化等举措，缩短了农产品的流通环节，提升了农产品的标准化水平。

"数商兴农"也好，电商助农也好，最有意义的不过是做实助力乡村振兴这件好事。

资料来源 佚名. 聚焦乡村振兴难点痛点 直播电商开辟助农新模式〔EB/OL〕.〔2023-01-30〕. http://cn.chinadaily.com.cn/a/202301/30/WS63d78c5da3102ada8b22d08f.html.

思政关键词：乡村振兴、数商兴农

━ 基础训练 ➡

一、单项选择题

1.（　　）是一种无形资产和资源，能够提高产品与服务的附加价值。

A. 商标　　　　　　　B. 声誉　　　　　　　C. 品牌　　　　　　　D. 企业形象

2. 确定新媒体营销目标，企业首先要做好（　　）。

A. 洞察目标用户　　　　　　　　　　B. 研究竞争对手

C. 做好广告宣传　　　　　　　　　　D. 打造流量爆品

3. 采用 SWOT 分析方法对企业内外部环境进行综合分析。其中，T 表示（　　）。

A. 优势　　　　　　　B. 劣势　　　　　　　C. 机会　　　　　　　D. 威胁

4. SMART 原则主要是作为（　　）的一种手段。

A. 会议管理　　　　　B. 识人用人　　　　　C. 绩效管理　　　　　D. 目标管理

5. SMART 原则中，R 代表的是（　　）。

A. 营销目标必须是具体的

B. 营销目标必须是可达成的

C. 营销目标必须是可以衡量的

D. 营销目标要与其他目标具有一定的相关性

二、多项选择题

1. 新媒体内容营销的形式主要有（　　）。

A. 图文内容　　　　　B. 音频内容　　　　　C. 视频内容　　　　　D. 游戏内容

2. 内容生产渠道主要包括（　　）。

A. 品牌生产内容　　　　　　　　　　B. 专业生产内容

C. 用户生产内容　　　　　　　　　　D. 流量生产内容

3. 内容创作要遵循"四有"原则，即（　　）。

A. 有情　　　　　　　B. 有趣　　　　　　　C. 有用　　　　　　　D. 有品

4. 企业新媒体发展可以大致分为（　　）三个阶段。

A. 启动期　　　　　　B. 增长期　　　　　　C. 发展期　　　　　　D. 成熟期

5. 用户数据可以分为（　　）两类。

A. 动态数据　　　　　B. 静态数据　　　　　C. 常量数据　　　　　D. 变量数据

■●综合应用●

一、案例分析

作为创立于2012年的国货新消费品牌——NEIWAI内外，其和国际大牌相比在品牌社交媒体管理上有更高的自主性和更大的自由度。NEIWAI内外的社交媒体有两大独立的业务线：一是以种草转化为主要目的的抖音平台单独管理；二是其他社交媒体平台主要服务于品牌形象的塑造。

在内容定向和平台规划阶段，抖音平台也会有一套独立于其他平台的方法。NEIWAI内外结合抖音广告工具和直播、商城相关数据，确定抖音主要通过内容给商城和直播间引流，然后利用后台用户画像、兴趣偏好等确定视频内容主要为直播产品讲解的精彩片段。

而在其他平台，品牌重视传递女性视角下的关怀和温情，并不断地通过话题讨论、用户互动和表达品牌态度的内容助推品牌建立起与消费者之间可靠、贴心、共鸣的情感连接，强调通过解放身体的产品设计，帮助女性获得身心自由的品牌理念。不同平台上的具体内容也会有所侧重。微博内容主要包括产品上新、用户穿搭、故事分享和品牌联名等；微信公众号利用较长篇幅深度讲述品牌故事；小红书内容以用户传达分享为主，通过图文传递舒适自在的氛围感。同时，NEIWAI内外专门设置了数据洞察团队，以季度为单位对重点产品进行数据洞察，考察同类竞品的核心诉求、定价策略、消费者画像等，并且利用外部工具，爬取用户评价和反馈数据产生洞察结果，结合洞察结果与品牌部和市场部共同打磨品牌卖点，赋能社交媒体的内容定向和平台规划。

以3D软支撑系列上新项目为例。首先，NEIWAI内外的产品营销团队根据新的内衣产品拥有"微笑"形状的软支撑专利结构，结合品牌始终支持女性成长的调性，提出"笑一笑，向上撑"的营销主题，整个营销项目围绕这个主题，与短视频导演合作，记录女性在工作中展现的生命力。

接下来，数字营销团队和创意营销团队结合这款新品推出的时间，倒推整体项目排期。然后，两大团队开始分工，创意营销团队负责微博、微信、小红书三大平台上的品牌内容策划，也就是"笑一笑，向上撑"主题项目，拍摄"笑一笑，向上撑"主题视频，并制作相关视觉素材和文案素材。数字营销团队则负责抖音、天猫等平台的产品定向内容，与外部制作团队合作，共同创作产品介绍视频，侧重于通过视频和图片等展现产品"3D软硅胶""承托性好""穿着舒适"等特性和卖点。各平台发布的内容形成相互补充的关系。

新产品于2022年7月21日上线，小红书7月初就开始招募新品体验官，保证产品上线时网络上已经有了一定声量。7月21日，各平台发布产品相关内容，抖音在直播中上新，微信公众号发布产品图文介绍。7月25日，各平台上线"笑一笑，向上撑"短片和视觉内容，进一步阐释品牌和产品理念，短片上线后，NEIWAI内外又在抖音、微博和小红书上持续更新产品种草内容，进一步将用户关注和喜爱转化为购买行动。

在执行落地阶段，NEIWAI内外的社交媒体管理全部由内部团队完成，仅会借助外部制作团队完成部分视频内容的拍摄执行。执行落地的细节也分抖音平台和非抖音平台两大部分，抖音平台主要根据抖音GMV目标倒推需要的直播数量，根据每场直播需要的点击率结合CPR倒推短视频创作和发布的节奏。在非抖音平台，社交媒体的内容排期主要是配合营销活动节点进行细化。

尽管抖音平台和其他三大社交媒体平台会分开管理，但是在协同方面，还是会保证整体品牌内容的一致性，最终的发布内容会由创始人统一把关，抖音平台与非抖音平台的内容也会在评估平台适应性后相互借用。比如，3D软支撑系列产品介绍内容经过内部评估后认为质量较高，对产品卖点拆解比较清楚，因此也用在了微博和微信公众号的传播中。

在分析改善阶段，NEIWAI内外在不同平台上都有重点关注的指标。抖音主要考虑点击率、完播率、商业流量ROI等指标，小红书关注粉丝量和互动量，微信主要关注阅读量、互动量和商城转化购买金额等。内部数据分析团队根据不同平台的数据表现进行深入分析、优化内容创作和运营流程。

NEIWAI内外采取的"抖音渠道单独管理，其他渠道内容前置"的混合型社交媒体管理流程，能在维持品牌对外形象的同时，充分利用抖音平台的转化功能。具体到"笑一笑，向上撑"这个营销项目，NEIWAI内外一方面在微博、微信和小红书强化了品牌"陪伴女性成长"的形象，另一方面利用抖音平台特点将产品优势充分放大，真正实现在社交媒体上的"品效合一"。

问题：

（1）NEIWAI内外成功的原因是什么？

（2）NEIWAI内外的混合型社交媒体管理流程是如何搭建的？

二、实践训练

以团队为单位，为山东日照御园春茶叶有限公司策划搭建新媒体营销矩阵，填写表2-6。

表2-6   山东日照御园春茶叶有限公司新媒体营销矩阵策划与实施

新媒体营销矩阵策划	
产品类型	
现有新媒体平台	
营销目标	
目标消费者	
营销内容策划	
营销矩阵设计	
新媒体营销矩阵策划实施	
实施时间	
实施概况	
实施问题	
解决方案	

项目 3
实施短视频营销

学习目标

知识目标：

- 了解短视频营销的发展状况
- 掌握短视频营销策划方法和技巧
- 掌握短视频拍摄和剪辑的基本方法和技巧
- 掌握常见的短视频免费和付费推广策略
- 掌握短视频营销评估指标和数据分析方法

技能目标：

- 能根据短视频账号定位策划短视频内容
- 能应用光线、构图等技巧拍摄优质短视频
- 能应用镜头组接、转场、BGM 等技巧对短视频进行后期剪辑
- 能通过免费和付费方式对短视频进行推广
- 能应用分析工具分析内容指标和优化短视频营销效果

素养目标：

- 培养合规、守法意识
- 培养用户服务意识
- 坚定文化自信，提升传播正能量的使命感和责任感
- 培养服务乡村振兴的使命感和责任感

【引导案例】

焕河村：一座传统村落的"新生"

1. 课前思考

以小组为单位，讨论以下问题：

（1）你最喜欢的视频平台是哪个？为什么？

（2）抖音视频和B站视频有哪些异同点？

2. 案例介绍

焕河村是位于贵州省铜仁市德江县大山深处的一个土家族村寨，历史最早可追溯到元代，2013年入选第二批"中国传统村落"。村庄至今保留着青瓦房、青石路、古井等古村特色，数十株珍贵古树更让整个村庄增添了古朴宁静的氛围。村里只有204户人家，主要靠农耕为生。一座小小古村落缘何备受青睐？

"是互联网改变了焕河村。"通过新媒体创意推广古村落文化，焕河村走上了一条特色乡村振兴之路，让一座鲜为人知的传统村落获得了新生。

2018年，返乡创业的年轻人丁浪改变了这个安静的小村庄。丁浪以焕河村当地的特产、美食和风景为素材，先后打造了"黔东农仓"和"古村乐乐"两个抖音账号。账号"黔东农仓"的主人公是张金秀老人，擅长做地方传统美食，她总是能就地取材做出许多特色佳肴。王进红（乐乐）每天穿梭在焕河村里，带着"古村乐乐"账号的粉丝在这个传统古村落的美景美食中进行"沉浸式"体验。视频里，她们洗菜的水井、做菜的土灶锅、山谷间的鱼水相欢、山上丰富多彩的可食用野菜、传统别致的土家族建筑……翻出了人们心里关于乡村烟火的回忆，用流量把最美的乡愁带给网友。

"古村乐乐"与"黔东农仓"让焕河村成了远近闻名的网红村，吸引了大批游客前来打卡，昔日的"空心村"被游客的欢声笑语填满。2021年，有7.5万人到焕河村寻找乡愁，全村旅游收入达到50万元。村子为8家合作社和10多家企业提供了线上销售和宣传渠道，2021年销售农产品400余万元。"改变不仅在于来村里的人多了，更在于村子本身。"自2019年以来，回到焕河村的中青年有80多名。

曾经的"空心村"，如今塞满了幸福和希望。

党的二十大报告中提到，全面推进乡村振兴，建设宜居宜业和美乡村。焕河村将启动宜居农家、特色田园乡村等项目建设，全力打造一座美丽乡村旅游示范村寨。从几乎无人问津到成为"网红打卡地"，焕河村的"新生"离不开其对当地传统文化特色的挖掘和宣传，也离不开短视频平台发挥的强大传播能力。

资料来源　陈江南. 德江县焕河村：一座传统村落的"新生"［EB/OL］.［2022-11-29］. http：//www.trwmb.cn/wmcz/2022/1129/73294.html. 引文有删改。

3. 案例讨论

以小组为单位讨论案例中给出的材料，并根据讨论结果填写表3-1。

表 3-1　　　　　　　　　　　焕河村的复兴之路

项目	内容
作为一个经济落后的村子，焕河村的成功原因有哪些？	
焕河村的成功对乡村振兴有哪些意义？	

任务 3.1　认识短视频营销

3.1.1　短视频营销的内涵

1）短视频

短视频是视频长度以秒计算，并且主要依托移动智能终端实现快速拍摄和编辑，可在社交媒体平台上实时分享的一种视频形式，其时长一般为 15 秒至 5 分钟。

短视频内容融合了技能分享、幽默搞怪、时尚潮流、社会热点、街头采访、公益教育、广告创意、商业定制等主题，由于内容较短，可以单独成片，也可以成为系列栏目。

2）短视频营销

短视频营销是企业或者个人通过发布短视频及其相关活动而进行的品牌营销、产品销售、企业公关等活动，一般通过短视频贴片广告、短视频植入广告等方式，使用户产生共鸣、主动传播分享或购买，从而帮助企业或个人实现商业目的。

以海尔为例，"双十一"期间，其在抖音平台投放以"潮醒新世界"为主题的带货视频，植入居家、厨房等场景，燃爆柔音破壁机新品声量，不断强化国产品牌在小家电领域食在有趣、健康饮食等形象与认知。相关视频内容与视频点赞情况见表 3-2。

微课 3-1

认识短视频
营销

3.1.2　短视频的特点

与传统视频相比，短视频主要具有以下三个特点：

1）生产流程简单化，制作门槛低

在目前主流的短视频 App 中，一键添加滤镜和特效等功能，使短视频的制作过程变得非常简单，用户只需一部手机就可以完成整个短视频的拍摄、制作和发布流程。

2）内容碎片化

短视频的时长一般控制在 5 分钟之内，很多只有 15 秒，与当下快节奏的生活方式相符，用户可以利用碎片化时间直观、便捷地获取信息，有效地降低了获取信息的时间成本。

3）社交属性强

短视频并非传统视频的微缩版，而是社交的延续，是一种信息传递的新方式。用户可以通过短视频 App 拍摄生活片段并分享到社交平台，通过平台点赞、评论、私信、分享等功能与粉丝互动，为用户创作和分享提供了有利条件。

表3-2　　　　　　　　　　　　　　　　　海尔带货视频示例

品牌认知	种草视频	视频点赞数
#食在有趣 视频卖点： （1）居家场景和亲子关系 （2）植入柔音卖点 （3）方便，免手洗	既可以给孩子做美味可口的食物，又节省了时间，真的太适合懒人妈妈了～#海尔小家电#海尔柔音破壁机	50 284
	看把爸爸气的，快喝杯豆浆消消气吧#海尔小家电#潮醒新世界#海尔破壁机D01#食在有趣	26 401
	妈妈想吃包子，秋妹一早起来包，个个皮薄馅儿多，妈妈直说好好吃#包子#面食#海尔小家电#海尔免手洗破壁机	26 387
#健康饮食 （1）健身党的营养饮品食谱 （2）强调破壁机卖点 （3）免手洗更方便	让你弟弟给你做养颜的《五白羹》《早生莲子百年好合》#海尔柔音破壁机#海尔小家电	20 333
	三分练七分吃 健身党的营养饮品食谱来啦#海尔小家电#健康饮品#海尔免手洗破壁机	19 906
#破壁机食谱 （1）破壁机健康食谱 （2）实用好物分享 （3）每日早餐不重样	来姐妹家里玩，给她做一份暖心的早餐～#海尔柔音破壁机#海尔小家电	19 075
	#丁丁式闺蜜 丁丁又get新技能了！以后早餐不用愁了#海尔小家电#潮醒新世界#海尔破壁机ID01#食在有趣	11 840

3.1.3　短视频的类型

目前，短视频的内容十分丰富，类型多样，可以满足各类用户的娱乐或学习需求，主要分为以下七类：

1）搞笑类

搞笑类短视频一般有两种，即情景短剧和脱口秀。

情景短剧：往往有一定的故事情节，内容贴近生活，通常由两人以上出演，注重情节反转。

脱口秀：主要是"吐槽"实时热点话题，注重形成个人风格，打造专属频道。"吐槽"指的是在他人话语或某个事件中找到一个切入点进行调侃。由于"吐槽"往往能够为观众带来很多乐趣，所以许多短视频创作者采用这种内容方式。

2）访谈类

访谈类短视频一般是街头采访视频，通常以一个话题开头，让路人就相关话题进行回答，亮点在于路人的反应。由于话题性很强，这类短视频的流量往往会很大。

3）电影解说类

电影解说类短视频要求创作者的声音具有辨识度，且善于挖掘电影素材。电影素材一般选自热门电影或经典电影。创作者解说影片内容和对电影进行点评。

4）时尚美妆类

时尚美妆类短视频主要面向追求和向往美丽、时尚、潮流的女性群体，满足她们变美的需求。各大短视频平台的时尚美妆"博主"，通过发布自己的化妆短视频，逐渐积累自己固定的粉丝群体，吸引美妆品牌商与其进行合作，已经成为时尚美妆行业营销的重要推广方式之一。

5）文艺清新类

文艺清新类短视频主要针对"文艺青年"，内容大多涉及生活、文化、习俗、传统、风景等，风格类似于纪录片、微电影，画面文艺、优美、色调清新、淡雅。不过，这类短视频的选题非常难，受众范围较小，所以相对于其他类型的短视频来说播放量较低，但也有非常成功的自媒体，如一条、二更等。这类短视频虽然播放量较低，但粉丝黏性很高，变现能力强。

6）才艺展示类

才艺展示类短视频中的内容包括唱歌、跳舞、演奏乐器、健身、厨艺展示等。这类短视频在抖音平台十分常见，而且经常占据热播榜单，这是因为抖音对这类短视频给予了大量的流量扶持。

7）实用技能类

实用技能类短视频可以细分为PPT类短视频、讲解类短视频、动作演示类短视频和动画类短视频等。

PPT类短视频，又称清单式短视频，制作简单，只需一些图片、文字，再配上音乐即可。

讲解类短视频，主要是传播"干货"知识，创作者使用手机对着镜头讲解即可，在后期编辑时可以添加一些字幕，以便于用户理解，也可以使用电脑直播，如通过PHOTOSHOP教学、3D教学等分享技能，直播时需要用到OBS或者其他推流软件。

动作演示类短视频，通常以生活小窍门为切入点，如"10秒套被罩小技巧""正确吃各种水果的技巧"等。这类短视频的剪辑风格清晰，节奏较快，一般1~2分钟内讲清一个技能。

动画类短视频，风格幽默风趣，能让用户产生深刻的印象。手工教学、减肥教学等短视频都可以采用这种形式。

3.1.4　短视频的产业链条

短视频行业萌芽于2011年，快手、微视、美拍等都是早期的参与者，其主要发展历程如图3-1所示。

随着用户规模的不断壮大，目前短视频行业已经形成了庞大的产业链，主要包括上游内容生产方、中游内容分发方和下游用户终端，其中内容生产端和内容分发端是核心（如图3-2所示）。

1）内容生产端

目前，短视频行业内容生产方包括UGC（用户生产内容）、PGC（专业生产内容）和PUGC（网红/明星生产内容）三大类。

UGC：主要是普通用户自主创作并上传的内容，特点是成本低、制作简单，具有很强的社交属性，但商业价值低。UGC可以提升用户活跃度和黏性，但普通用户创作的内容大多以搞笑娱乐或日常生活为主题，主要以表达个性自我为主，一般制作时长在15秒以下，代表性平台有抖音、快手和美拍等。

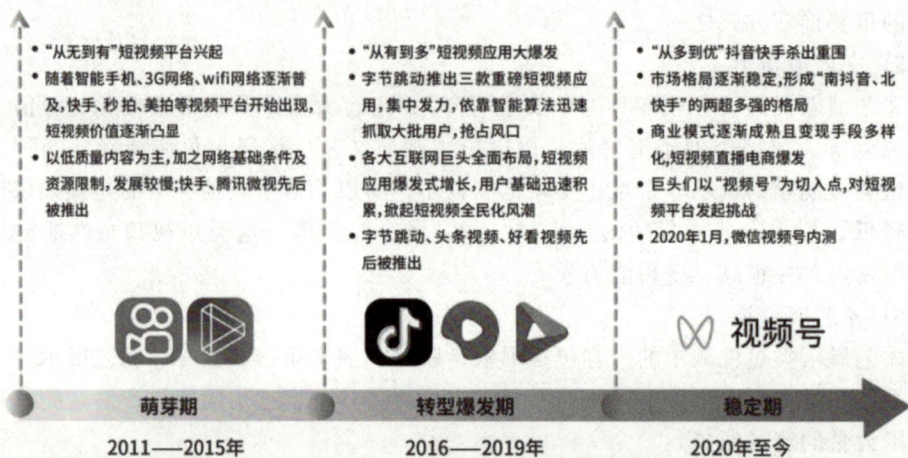

图3-1 短视频行业发展历程

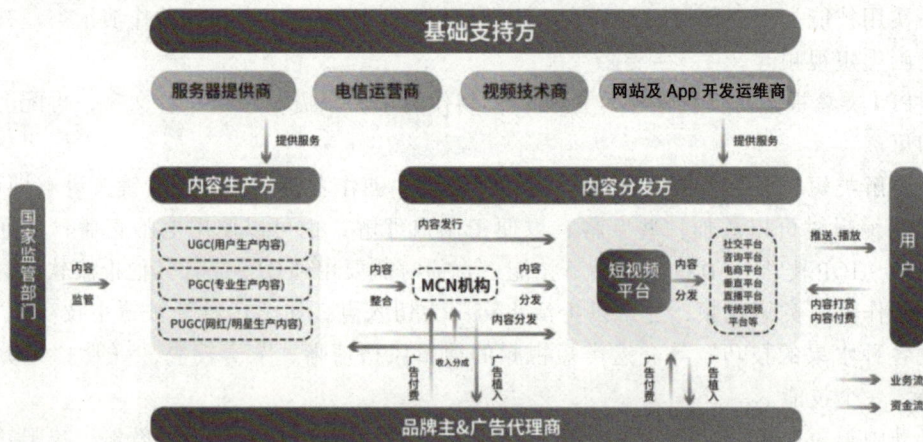

图3-2 中国短视频行业产业链

PGC：PGC生产者具备专业的知识和资质，主要包括垂直领域的专家、传统媒体从业者、自媒体团队和专业的娱乐影视团队等。相较于其他两类生产方，其生产成本、专业度和技术要求均较高，具有强媒体属性特点，制作的短视频时长为2~5分钟，一般通过海量优质内容吸引用户的关注和互动，一般这类人群活跃在西瓜视频、梨视频、好看视频等短视频平台。

PUGC：PUGC生产者指的是拥有粉丝基础的"网红"，或者拥有某一领域专业知识的关键意见领袖（Key Opinion Leader，KOL）。这类短视频内容生产方式的特点是成本较低，但由于用户有人气基础，所以商业价值高。一般这类内容生产者制作视频时长在1分钟左右，主要以故事情节作为视频的亮点。快手、抖音、抖音火山版等多为这类人群的首选短视频制作平台。

随着技术的发展与成熟，AIGC（人工智能生成内容）被越来越多地用于短视频内容生产中。

2）内容分发端

内容分发端主要包括内嵌短视频的综合平台、垂直短视频平台和传统视频平台，这些平台的代表应用和特征见表3-3。

表3-3   内容分发端各类型平台的代表应用与特征

平台类型	代表应用	特征
内嵌短视频的综合平台	微信、微博、百度和今日头条	主要是社交平台或资讯平台，自身用户体量巨大
垂直短视频平台	抖音、快手、美拍、西瓜视频	内容丰富多样，侧重算法推荐
传统视频平台	爱奇艺、腾讯视频和优酷视频	已有大量的视频用户，起点高

3）短视频行业的产业链特征

短视频行业的产业链特征如下：

（1）短视频行业主体呈"金字塔"形态。

UGC十分丰富，但由于大多用户以自娱自乐的心态创作，内容质量难以保障，商业价值低，所以处于"金字塔"最底端；而PGC和PUGC大多比较精良，商业价值高，所以处于"金字塔"中端；而处于"金字塔"最顶端的是多频道网络服务（Multi-Channel Network，MCN）机构，它们聚合了绝大多数头部优质创作者，利用专业化团队帮助创作者宣传和变现，同时孵化新的头部创作者，吸引了众多平台争相与其合作。

（2）MCN商业模式的崛起，帮助各创作主体实现高效沟通。

MCN机构的作用主要体现在以下几个方面：

其一，对内容制作者来说，MCN机构可以整合资源，通过分析后台的大量数据，及早洞察到用户的需求，从而对内容制作者进行指导。

其二，对短视频平台来说，MCN机构可以将PGC及PUGC进行统一整合，探索新的内容生产方式，于是短视频平台就有了抛弃流量分红的传统营利模式的可能性，实现广告主与平台的直接对接，从而实现盈利的最大化。

其三，对广告商来说，MCN机构可以通过用户细分实现用户的标签化，进而做出用户画像，帮助广告商找到广告目标用户，并根据大数据的人群扩散算法实现广告的精准投放。

其四，对广告主来说，MCN机构可以帮助其探索新的广告植入方式，实现广告投放方式的升级。

行业观察 3-1   AIGC动画短片《犬与少年》公开发行

2023年1月31日，一部名为《犬与少年》的AIGC动画短片在多家海外视频网站正式发行（如图3-3所示）。这意味着，人工智能技术在动画制作领域已经开始商业化落地。

据了解，《犬与少年》由小冰公司日本分部（rinna）、WIT STUDIO与合作伙伴共同创作，讲述了一个小孩与一只机器狗的重逢故事。

与以往的动画作品制作方式不同的是，该片采用了rinna开发的AI辅助背景进行制作，极大地简化了从导演分镜表到Layout"设计图"的工序环节——将手工着色的"设计图"提交至AI生成细化并优化背景，再对AI生成的背景图进行修正，进而通过人工智能技术绘制完整动画场景。

图3-3   《犬与少年》短片画面（资料图）

业内分析，AIGC或将成为继专业产出内容（PGC）、用户产出内容（UGC）之后新型内容创作的重要方式。

目前，多家国内企业已经着手布局相关平台产品：百度推出AI艺术和创意辅助作画平台文心一格；腾讯打造的写稿机器人"梦幻写手"；阿里巴巴旗下的AI在线设计平台Lubanner；字节跳动旗下的剪映以及快手云剪都能提供AI生成视频……

中国信通院在《人工智能生成内容（AIGC）白皮书（2022年）》中预测，AIGC有望在传媒、电商、影视、娱乐、产业升级等五大应用场景率先落地，在未来2～3年间，AIGC的初创公司和商业落地方案将持续增加。

资料来源   新华网. AIGC动画短片《犬与少年》公开发行［EB/OL］.［2023-02-02］. https://www.sohu.com/a/636532523_121284943.

讨论：AIGC的迅猛发展，给短视频行业，尤其是短视频从业人员带来哪些机遇和挑战？

任务3.2   营销短视频内容策划

3.2.1   短视频账号定位

短视频账号定位的主要目的就是确定账号的主攻领域。账号定位得越明确、领域越垂直，粉丝就会越精准，商业变现也就越轻松。

1）账号定位的基本原则

账号定位要遵循以下五个原则：

第一，垂直原则。专注一个领域，不要为了迎合所有用户而去尝试各种内容。

第二，价值原则。内容要有价值，如视觉享受价值、娱乐价值、知识获取价值。

微课3-2

短视频账号
定位

第三，差异原则。不能完全模仿他人的风格，应该具有鲜明的个性特点。

第四，持续原则。不受短期引流效果影响，长期且稳定地更新短视频内容。

第五，深度原则。在遵守上述几种原则的前提下，深挖细分领域中更有价值的内容。

2）账号人设定位

人设即人物设定，指在发布短视频前提前设定好人物的性格、身份及说话方式等。可以通过以下三步完成账号人设定位。

（1）确定细分领域，指确定短视频内容涉及的细分领域，如美食领域包括川菜、粤菜、湘菜等细分领域，健身领域包括无器械健身、有器械健身等细分领域。

（2）对标账号，指分析同领域账号的短视频，了解该领域用户的喜好，汲取同领域账号的优点，避免其缺点。

（3）明确用户利益点，指明确用户浏览短视频后会获得的收益，如心情愉悦、增长知识、购买商品等。

完成上述三步后，创作者就可以建立有针对性的账号人设了。

3）账号形象设计

账号形象是通过设计背景图、头像、名称、介绍与标签等，强化账号形象。

（1）背景图。

背景图是个人主页最上方的图片，可以直接点击设置。背景图的选用可以参考以下建议：

第一，强化内容。这种方式适用于以个人、团队、宠物等出镜的短视频账号。

第二，补充内容。背景图是个人主页最抢眼的元素之一，使用背景图进行二次介绍，可以加深用户对账号的印象。

第三，心理引导。心理引导是指利用极具特性的图片，向用户进行一定的心理暗示，让用户可以更深入地感受到创作者的性格和短视频内容的特质。

（2）头像。

头像是一种视觉传达，可以传播整个账号的风格和调性。创作头像时，应该注意以下事项：首先要让用户产生好感，吸引其点击查看；其次要符合自己的定位，如短视频账号定位是纯真的农村女孩，头像最好是简单、朴实的风格。

（3）名称。

短视频账号的名称是一种具有独占性的符号，好的名称应该具有简短、简单、易记、易传播等特点。需要注意的是，短视频账号名称一旦设定，最好不要轻易改动，否则会让用户产生陌生感。

（4）介绍与标签。

介绍与标签都是对账号信息的补充，创作者可以充分利用它们来向用户展示账号的特点。其中，介绍可以通过简短的语句进行说明。

如果短视频账号有某种非常明显而强烈的特质，添加标签就是体现这种特质的好方式。例如，某个主打怀旧美食的短视频账号可以使用"美食""怀旧"等标签。

4）短视频表现形式

不同定位风格的短视频账号，表现形式也不尽相同。适宜的短视频表现形式，不仅能使账号整体风格和谐统一，而且能给受众留下记忆点。

常见的短视频表现形式有图文形式、真人口述、情景剧等。

（1）图文形式。

图文形式分为单纯的图片形式和配音+故事形式。

单纯的图片形式是将单张或多张图片合成一个视频，图片中涵盖信息量较多，适合干货知识分享、系列好剧推荐、好物推荐等。

配音+故事形式是将故事脉络采用录音形成讲解配音，然后在制作过程中将配音和每一故事情节进行图片搭配。

图文形式制作简单，适合新手，而且时长普遍较短，相比其他表现形式更易获得较高的完播率。

（2）真人口述。

真人口述是最常见的短视频表现形式，通过真人出镜对特定领域的专业性内容或热点事件进行分析讲解。相比其他表现形式，真人口述能更直观全面地让受众了解内容，在最大程度上获取用户的信任，更适合专业性较强的账号。

真人口述的特点是拍摄成本低，对拍摄环境的要求也低，但对短视频文案和出镜人的要求较高，需要出镜人能够流利地、自然地进行拍摄。

（3）情景剧。

情景剧是比较流行的短视频运营表现形式之一，几乎适用于所有行业的内容输出。

情景剧对演员、拍摄设备、视频脚本、拍摄场景、视频剪辑等都有一定的要求，具有耗费时间长、制作成本高的特点。

3.2.2　短视频创作流程

微课 3-3

短视频创作
流程

在确定账号定位后，接下来就是进行短视频内容创作，一个完整的短视频的创作流程包括确定选题、策划内容、拍摄剪辑、发布运营、商业变现。

1）确定选题

短视频的创作关键是确定选题，选题决定内容的深度、广度、受欢迎程度以及传播度。选题考验的是创作者的创意表达能力，以及对热点、用户喜好等方面的敏锐度。

选题需要创作者有良好的知识、创意积累。优秀的选题通常新颖、有创意、独树一帜。

短视频选题必须要以用户为中心，注重用户体验，优先考虑用户的喜好和需求，并投其所好，才能创作出受欢迎的短视频。

2）策划内容

确定选题之后，创作者就要策划短视频的具体内容，包括主题风格的设定、内容环节的设计、视频时长的把控、脚本的编写等，这也是视频创作的核心环节，决定着短视频的灵魂。创作者在策划短视频内容时，要充分发挥创造力和想象力，通过演绎故事、渲染情感、借助热点等方式，激发用户的共鸣，触动用户痛点，打造出有价值、有深度、传播力强的优质作品。

对于处于起步阶段的短视频创作者，可以结合自己的想法、参考优秀的短视频作品，或者收集用户的想法，确定内容策划思路。对于成熟的短视频制作团队，需要团队策划人员共同参与，不断优化和创新，完成高质量的作品。

3）拍摄剪辑

拍摄短视频前，创作者需要准备好拍摄器材。适合拍短视频的器材包括手机、单反相机、微单相机、专业摄像机等，还有一些辅助性工具，如三脚架、遮光板、各种相机镜头等。创作者还要考虑好拍摄手法与场景、机位的摆放切换、灯光位的布置、收音系统的配置等。待一切工作准备就绪后，就可以进行拍摄了。

拍摄完成，拿到第一手素材后就进入剪辑环节。常用的剪辑工具有剪映、小影、爱剪辑、Premiere 等。

4）发布运营

短视频制作完成后，创作者需要将其投放到适合的渠道平台上，并根据产品类型来确定投放时间及频次，把握好节奏。创作者要熟知各个平台的推荐规则，同时还要积极寻求商业合作、互推合作等来拓宽短视频的曝光渠道，增大流量。

将短视频推送出去之后，创作者还要及时跟进各个平台的数据，同时要和粉丝进行互动，查看粉丝的评论和反馈，引导粉丝参与内容建设并形成黏性。

5）商业变现

当创作的短视频依靠优质的内容和有效的运营推广积累起足够的人气时，创作者一般会考虑商业变现。

短视频的变现方式较多，如广告变现、电商变现、直播变现、课程变现、咨询变现、IP 变现等。

3.2.3　营销短视频内容策划原则

短视频内容策划要遵守以下原则：

1）用户视角

拍摄短视频的最终目的是吸引用户观看，而不是为了自娱自乐，因此短视频的内容不能脱离用户，而是要满足用户的需求。短视频创作者在策划内容时，要优先考虑用户的喜好和需求，以最大限度地获得用户的认可，获得更多的播放量。

2）内容垂直

确定某一内容领域后就不要轻易更换，否则会由于短视频账号的垂直度不够而导致用户定位不精准。因此，短视频创作者要立足于某一专业领域，专心服务于目标用户。如某美妆博主凭借口红试色收获大量粉丝，其粉丝数量目前已超千万。

3）内容要有价值

有价值的短视频内容才能得到用户的认可。当短视频创作者输出的短视频内容对用户来说有价值，满足了他们的需求，就能激发用户点赞、评论或转发，从而实现短视频的裂变传播。

4）内容与账号定位相匹配

短视频平台根据短视频的标签定位进行推荐，因此内容与账号定位相匹配，不仅可以提升短视频创作者在相关领域的影响力，而且能够吸引到精准的用户，增强用户的黏性。

5）内容要结合行业或网络热点

短视频创作者要提升新闻敏感度，善于捕捉并及时跟进行业或网络热点，这样制作出来的短视频往往可以在短时间内获得大量的流量曝光，快速增加短视频的播放量，吸引用户关注。但是，并不是所有的热点都可以跟进，如果跟进不恰当的热点，就有违规甚至被封号的风险。

6）远离敏感词汇

网络不是法外之地，无论是相关部门还是短视频平台，对短视频的监管都越来越严格，短视频平台都对敏感词汇做出了规定，短视频创作者要学习和掌握平台官方发布的相关管理规范，以防因为触碰敏感词汇而导致违规。

3.2.4 爆款短视频的共性特征

爆款短视频通常具备以下共性特征：

1）标题新颖

广告大师奥格威在《一个广告人的自白》一书中提到，用户是否会打开文案，80%取决于标题。同样，对于短视频来说，标题是视频创作者阐述创作意图、宣泄情绪、倾诉心声、分享感悟最直接的渠道。设置一个好的标题，不仅可以帮助用户快速获取有效信息，增强黏性，还可以提高视频的传播效率，扩大影响范围。

例如，一只泰迪狗跳舞的短视频标题为"能给你带来快乐的不一定是爱情"，点赞数255.7万，评论数9.8万。新颖的标题不仅丰富了短视频的含义，而且触动了用户的情绪，赢得了用户的赞赏。

2）内容优质

能够吸引用户观看的短视频内容通常具有以下两个特点：

（1）用户能够从中获取有价值的内容。

创作有价值的短视频内容需要把握三点：要具象、有结论、可执行。要具象，即内容不能空洞、抽象，而是针对用户遇到的具体问题进行解答，切中用户内心的痛点；有结论，即创作知识类内容时，要用结论式观点来描述，为自己树立专业、权威的形象，赢得用户的信任；可执行，即创作的内容不仅要提供有价值的思想、知识，还要让用户能够直接拿来应用到实际工作和生活中。

（2）用户能够从中获得情感共鸣。

短视频内容表达的思想要能够引发用户相同的精神感受。以美食类短视频为例，"李子柒"向我们展示了理想中的田园牧歌，而"蜀中桃子姐"带我们体会日常的平凡生活。

3）配乐优美

短视频是以视、听来表达内容的，配乐作为"听"的元素，能够增强短视频在屏幕前给用户传递信息的力量。恰到好处的配乐能够增强短视频的表现力，带给用户听觉上的享受。在短视频制作过程中，创作者要准确把握短视频背景配乐的节奏感。背景配乐决定着短视频的整体风格。

4）画质清晰

视频画质的清晰程度决定着用户观看视频的体验感。清晰的视频画质能够给用户带来舒适的视觉享受，从而使短视频获得更多用户的关注。很多受欢迎的短视频，其画质就像电影"大片"一样，画面的清晰度非常高。画质取决于两个条件：拍摄硬件设备和后期的编辑工具。

3.2.5　短视频脚本的撰写

短视频脚本是短视频制作的灵魂，用于指导整个短视频的拍摄和后期剪辑，具有统领全局的作用。虽然短视频的时长较短，但优质短视频的每一个镜头都是精心设计的。撰写好短视频脚本可以提高短视频的拍摄效率与拍摄质量。

微课 3-4

短视频脚本的
撰写

1）短视频脚本的前期准备

（1）搭建脚本框架，如拍摄主题、故事线索、人物关系、场景选择等。

（2）做好脚本主题的定位，明确脚本要表现的故事背后的深意、反映的主题以及使用的内容表达形式。

（3）设计人物，如人物数量及不同人物承载的主题使命。

（4）确定拍摄时间、地点和场景，以免出现影响拍摄进度的问题。

（5）确定适合主题的拍摄基调和背景音乐。

（6）对于剧情类的短视频，创作者要考虑剧情怎么发展，是从小到大讲起，还是采用倒叙的方式先用结果调动观众的情绪，然后展开整个故事的剧情。

如果最终的拍摄效果与客户预期效果存在差异，创作者可以与客户进行沟通，根据客户的需求进行相应的内容优化。

2）短视频脚本的类型

短视频拍摄脚本一般有三种类型：拍摄提纲、分镜头脚本、文学脚本。

（1）拍摄提纲。

拍摄提纲是短视频的拍摄要点，只对拍摄内容起到提示作用，适用于不易掌控和预测的拍摄内容。拍摄提纲的撰写主要分为以下几步：

①明确短视频的选题、立意和创作方向，确定创作目标。

②呈现选题的角度和切入点。

③阐述不同体裁短视频的表现技巧和创作手法。

④阐述短视频的构图、光线和节奏。

⑤呈现场景的转换、结构、视角和主题。

⑥完善细节，补充音乐、解说、配音等内容。

（2）分镜头脚本。

分镜头脚本是在文字脚本的基础上，导演按照自己的总体构思，将故事情节、内容以镜头为基本单位，划分出不同的景别、角度、声画形式、镜头关系等，相当于未来视觉形象的文字工作脚本。短视频后期的拍摄和制作中基本都会以分镜头脚本为直接依据，所以分镜头脚本又被称为导演剧本或工作台本。

分镜头脚本适用于故事性较强的短视频作品，其包含的内容十分细致，每个画面都要在导演的掌控之中，一般按镜号、机号、景别、摄法、时间、画面内容、解说词

（对白）、音响、音乐、备注的顺序制成表格，分项填写，见表3-4。

表3-4   分镜头脚本格式

镜号	机号	景别	摄法	时间	画面内容	解说词（对白）	音响	音乐	备注

（3）文学脚本。

文学脚本要求创作者列出所有可能的拍摄思路，但不需要像分镜头脚本那样详细，只规定短视频中人物需要做的任务、说的台词、所选用的拍摄方法和整个短视频的时长。文学脚本除了适用于有剧情的短视频外，也适用于非剧情类的短视频，如教学类短视频、评测类短视频等。

3）分镜头脚本的撰写

表3-5所示分镜头脚本的撰写可以分为六个步骤。

表3-5   文字分镜头脚本示例

镜号	机位	景别	摄法	时间	画面内容	歌词	音响
1	固定机位	远景	摇镜头	9秒	城市夜景	歌曲前奏	
2	侧前方	特写	固定镜头	8秒	男生坐在床上，把头深埋进膝盖里，月光打在身上，显得很落寞	夜深了 我还为你不能睡	
3	正前方	全景	以闹钟作为前景，人物在镜头里虚化	7秒	床头柜上的闹钟指针显示现在是凌晨4点多	黎明前的心情最深的灰	指针走动声
4	俯拍	特写	从手部慢慢推到照片	8秒	男生手上拿着一个女孩的照片在观看，照片上的女孩看起来不知所措，男生表情深沉，笑得无奈	左右为难的你不知怎样去面对	
5	侧前方	中景	男生给中景，然后慢慢拉到全景	7秒	男生慢慢抬起头、侧过脸，盯着床上到处散落的照片，一张张都是回忆	我能做的只剩沉默体会	
6	平拍	远景	固定镜头	8秒	男生拿着相机在街上拍照	爱情是让人沉溺的海洋	
7	侧后方	全景	移镜头，从侧后方移到侧前方	8秒	切到镜头5	孤单的时候想要去逃亡	

续表

镜号	机位	景别	摄法	时间	画面内容	歌词	音响
8	男生侧后方	全景	固定镜头	4秒	切回到男生拿着相机转身准备找其他的地方拍照	转身的一瞬间	
9	正面	远景	以第一视角平拍	4秒	女生戴着耳机、拿着MP3安静地坐在椅子上，好像在哭，或许是被感动了	你出现在我身旁	
10	侧面	中写	俯拍	2秒	女生在哭	你的眼泪	
11	正面	中景	移镜头	4秒	男生站在女生不远处，想要去安慰，却不知如何开口	让我不敢开口讲	
12	后面	中景	固定镜头	4秒	女生擦着眼泪从男生身边走过	我想大声告诉你	

（1）将文字脚本的画面内容加工成一个个具体、形象的可供拍摄的画面镜头，并按顺序列出镜头的镜号。

（2）确定每个镜头的景别，如远景、全景、中景、近景、特写等。

（3）把需要拍摄的镜头排列组成镜头组，并说明镜头组接的技巧。

（4）用精练、具体的语言描述出要表现的画面内容，必要时可以借助图形、符号来表达。

（5）编写相应镜头组的解说词。

（6）写明相应镜头组或段落的音乐与音响效果。

任务3.3 手机短视频拍摄与剪辑

3.3.1 手机短视频拍摄技巧

以下从景别、拍摄角度、光线运用、画面构图、运镜等五个方面介绍短视频拍摄技巧。

1）景别

由于拍摄工具与被摄主体的位置距离不同，导致被摄主体在拍摄工具取景器中呈现的画面的范围大小不一样，这个画面范围就是景别。在其他拍摄条件不变的前提下，当被摄主体处于距离拍摄工具较远的位置时，所得到的画面范围较大，而被摄主体的尺寸相对较小，细节不显著，景别较大；而当被摄主体处于距离拍摄工具较近的位置时，所得到的画面范围较小，被摄主体的尺寸相对较大，景别较小。

通常以被摄主体（人物）在画面中被截取部位的大小为标准来划分景别。一般将景别分为八种，由大到小分别为大远景、远景、全景、中景、中近景、近景、特写和大特写。其中，大远景、远景、全景统称大景别，中景、中近景、近景、特写和大特写统称小景别。

本任务彩图

短视频传递给观众的心理和情感距离与景别的大小密切相关。大景别能够表现空间距离感，可以使观众产生空间上的远离感及心理上的旁观感、疏远感和不介入感，对观众的视觉刺激和心理冲击较小；小景别能够缩小观众与被摄主体（人物）的空间距离感，可以使观众产生亲密感、参与感、认同感和互动感，能够给观众带来较强的视觉刺激和心理感应。下面分别对各个景别进行简单介绍。

（1）大远景。

大远景以空间景物为拍摄对象，表现其范围和广度，是用于交代空间关系的功能性景别，常用于短视频的片头或片尾。大远景的景别空间范围最大，被摄主体不超过画框高度的1/4，仅是景物空间的点缀，隐约可见，如图3-4所示。

图3-4　大远景画面

大远景的主要特点和作用如下：

第一，描绘宏大、壮观的自然景观，可以交代环境信息或时代背景，如绵延的群山、浩瀚的海洋、无垠的沙漠、俯瞰的建筑群等。

第二，展现规模庞大、气势恢宏的人物活动，讲究"远取其势"。

第三，借景抒情，以景表意。

第四，衬托人物的渺小。

（2）远景。

在远景的取景范围中，被摄主体的高度比大远景中的高度有所增加，但不超过画框高度的1/2，能够隐约辨其轮廓，但看不清细节，如图3-5所示。

图3-5　远景画面

远景更加强调空间的具体感、被摄主体在空间中的位置感，以及被摄主体与环境间的关系。采用远景的拍摄方式可以达到借景抒情的效果。

（3）全景。

全景的取景范围是用整个画框来表现被摄主体的全身或场景的全貌，如图3-6所示。全景既能清晰展示被摄主体的全貌或被摄人物的全身，又能交代清楚周围的环境。需要注意的是，人物的头顶和脚下要留出适当的空间，并且头顶要比脚下留出更多的空间。

（4）中景。

中景的取景范围为人物膝盖以上的部分，如图3-7所示。中景的视距适中，观众既可以看清人物上半身的活动，又能感受周围的环境，可以同时满足观众的视觉和心理需求。

图3-6　全景画面

图3-7　中景画面

（5）中近景。

中近景的取景范围介于中景、近景之间，用于表现人物腰部以上的活动，如图3-8所示。采用中近景有利于展示人物的上半身，特别是头部动作和面部神情。在访谈类短视频中，利用中近景可以拉近人物之间的视觉和心理距离，增强现场感、亲切感与交流感。

图3-8　中近景画面

（6）近景。

近景用于表现人物胸部以上的动作，如图3-9所示。近景的画面内容趋于单一，人物占据绝大部分画面，人物表情展示得很清楚，背景与环境特征不明显。

（7）特写。

特写的取景范围为肩部（或颈部）以上的人物面部或被摄主体的某个局部，视距较近，如图3-10所示。

图3-9　近景画面 　　　　　　　　　　　图3-10　特写画面

特写能够强烈、醒目地展示人物的面部表情和丰富的内心世界，讲究"近取其神"，容易集中观众的注意力，也利于表现被摄主体的局部细节或最有价值的部分。

（8）大特写。

大特写用整个画框来表现人物面部或被摄主体的局部（如图3-11所示），如一双眼睛、一只耳朵、一只脚、一个拳头、行驶的车轮、转动的钟表、行走的脚步等。大特写的视距最近，比特写的视觉冲击力和感染力更强，能给观众留下更深刻的印象，具有提醒、暗示、强调等作用。

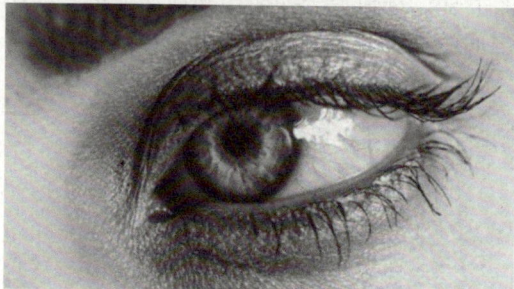

图3-11　大特写画面

2）拍摄角度

拍摄角度是指摄像师运用拍摄设备及取景器进行构图、取景，是拍摄时的视角和位置，包含三个维度：拍摄距离、拍摄方向和拍摄高度。

（1）拍摄距离。

拍摄距离是指拍摄视频时拍摄设备与被摄主体之间的空间距离。在焦距不变的情况下，改变拍摄距离仅影响景别的大小。拍摄距离越远，景别越大；拍摄距离越近，景别越小。

（2）拍摄方向。

拍摄方向是指手机摄像头与被摄主体在水平面上的相对位置，包括正面、侧面和背面，如图3-12所示。其中，侧面方向又可以细分为正侧面、前侧面和后侧面，如图3-13所示。不同的拍摄方向具有不同的叙事效果，需要摄像师根据拍摄任务合理地进行选择。

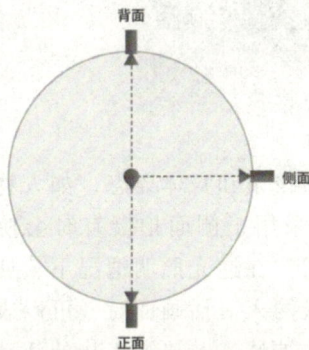

图3-12　拍摄方向

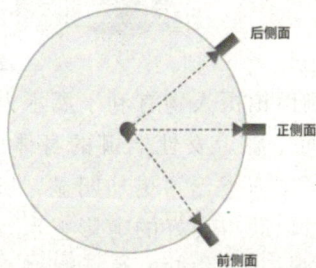

图3-13　侧面方向

①正面拍摄。正面拍摄是指利用手机摄像头在被摄主体的正前方进行拍摄，观众看到的是被摄主体的正面形象，如图3-14所示。

图3-14　正面拍摄

正面拍摄有利于表现被摄主体的正面特征，适合表现人物完整的面部特征和表情动作，有利于被摄主体与观众的交流，使观众产生亲切感。当被摄主体是景物时，则有利于表现景物的横线条，营造庄重、稳定、严肃的气氛。正面拍摄建筑物，有利于展示其宏伟气势。但是，正面拍摄会使观众的视线无法向纵深方向延伸，以致缺乏立体感、空间感、纵深感和层次感，影响画面构图的艺术性，也不善于表现运动中的被摄主体。

②正侧面拍摄。正侧面拍摄是指手机摄像头的拍摄方向与被摄主体的正面方向呈90°的夹角，如图3-15所示。

图3-15　正侧面拍摄

正侧面拍摄人物有利于展示人物正侧面的轮廓线条和身体姿态，如人物美丽的面部侧面轮廓、女性婀娜的身体曲线等。但是，采用正侧面拍摄有时会使人物的"啤酒肚""双下巴"更加明显，所以摄像师要慎用。在逆光照明情况下，使用正侧面拍摄可以获得良好的剪影艺术效果。正侧面拍摄两人对话画面时，可以表现人物之间的交流、冲突和对抗，强调交流过程中双方的神情，并兼顾人物的活动及平等关系。

③前/后侧面拍摄。前侧面拍摄是在被摄主体的前侧面进行拍摄，也就是摄像头的拍摄方向与被摄主体的正面方向约呈45°的夹角。同理，后侧面拍摄是在被摄主体的后侧面进行拍摄，也就是摄像头的拍摄方向与被摄主体的正面方向约呈135°的夹角。前/后侧面拍摄如图3-16所示。

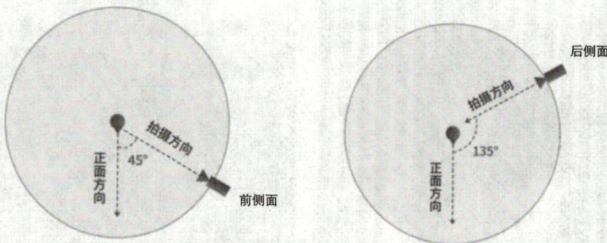

图3-16　前/后侧面拍摄

从前侧面或后侧面拍摄景物，利于展现景物的立体感与空间感，使景物产生明显的形体变化，如图3-17所示。从前侧面或后侧面拍摄人物，可以突出表现人物的主要特征，如图3-18所示。在多人场景中，从斜侧面拍摄还有利于被摄主体、陪体的安排和主次关系的区分，以突出被摄主体。

图3-17　前/后侧面拍摄景物

图3-18 前/后侧面拍摄人物

双人对话场景的拍摄常常采用前侧拍和后侧拍，而且多采用过肩正反拍的方式。过肩正反拍，就是指利用手机摄像头越过一个人的肩膀去拍摄另一个人的前侧面，从而在视频画面中同时呈现一个人的后侧面和另一个人的前侧面。

④背面拍摄。背面拍摄是指利用手机摄像头在被摄主体的正后方进行拍摄，使观众有与被摄主体同一视线角度的主观效果，如图3-19所示。背面拍摄有时也可用于改变被摄主体、陪体的位置关系。

图3-19 背面拍摄

背面拍摄可以使观众产生参与感，使被摄主体的前方成为画面的重心。很多展示现场的视频画面经常采用背面拍摄，给人以强烈的现场感。由于采用背面拍摄时观众不能直接看到人物的面部表情，只能通过肢体语言来猜测其内心世界，所以能够使人产生思考和联想的空间，能够引起观众的好奇心和兴趣。

另外，背面拍摄时人物背对着镜头，对身后潜在的威胁或正在靠近的危险毫无察觉，可以制造惊悚感、恐惧感。

（3）拍摄高度。

拍摄高度是指手机摄像头与被摄主体在垂直面上的相对位置和高度，具体的拍摄方式包括平拍、仰拍、俯拍和顶拍，如图3-20所示。不同的拍摄高度可以产生不同的构图效果。在画面内容的表现上，只要拍摄角度有高低改变，就会影响人物形象的塑造。

①平拍，即平角度拍摄，手机摄像头与被摄主体处于同一水平线上，以平视的角度进行拍摄。采用平拍方式拍出的画面符合人们通常的观察习惯，具有平视、平稳的效果，是一种纪实角度，如图3-21所示。平拍不易产生变形，比较适合拍摄人物近景特写。如果追求画面构图平稳与普通的透视效果，采用平拍比较合适。不过，平拍时前后景物容易重叠遮挡，不利于表现空间透视感、纵深感和层次感。

图3-20　拍摄高度

图3-21　平拍画面

②仰拍。仰拍是指利用手机摄像头偏向水平线上方进行拍摄，拍摄的视角在被摄主体的下方。在仰拍镜头下，前景升高、后景降低，有时后景被前景所遮挡，以致看不到后景，如图3-22所示。

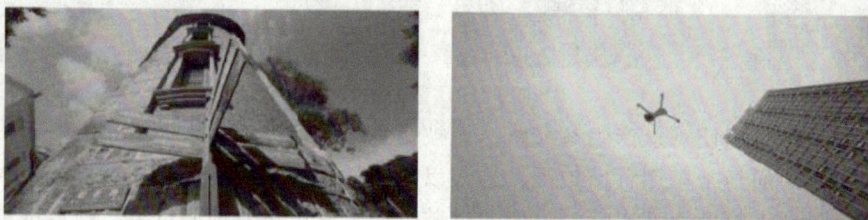

图3-22　仰拍画面

仰拍镜头可以夸大被摄主体的垂直高度感，利于彰显其高耸入云的雄伟气势。同时可以简化背景，使画面更加简洁。

③俯拍。俯拍与仰拍相对，拍摄的视角在被摄主体的上方，摄像师以一个较高的角度拍摄从上往下的画面。在俯拍镜头下，离镜头近的景物降低，离镜头远的景物升高，从而展现出开阔的视野，增加了空间的深度，如图3-23所示。

俯拍可以展现被摄主体的场面之大、数量之多，使画面产生丰富的景深和深远的空间感，也有利于展现千姿百态的线条美。同时会压缩垂直线条，使人物显得渺小，可以传达怜悯同情之感。

④顶拍。

顶拍是指利用手机摄像头从空中向下大俯角拍摄，或者利用无人机航拍地面。顶拍具有极强的视觉表现力，既能使观众鸟瞰场景的全貌，又能使观众享受翱翔在场景之上的视觉快感。图3-24所示为采用顶拍方式俯瞰海滩，图3-25所示为采用顶拍方式展示整个学校风貌。

图3-23 俯拍画面

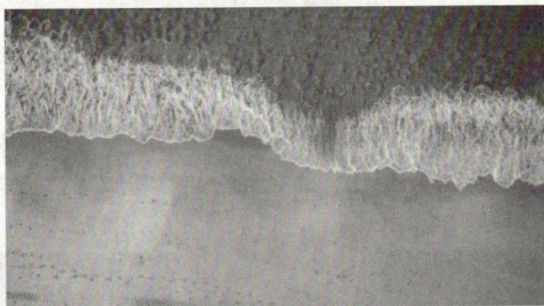

图3-24 顶拍画面（一）

图3-25 顶拍画面（二）

3）光线运用

在短视频拍摄过程中，摄像师无时无刻不与光线打交道。光线不仅能够照亮环境，还能通过不同的强度、色彩和角度等来描绘世间万物，影响视频画面的呈现效果。光线多种多样，下面分别从光位、光质和造型光三个方面对短视频拍摄过程中的光线运用进行介绍。

（1）光位。

以光线的投射方向来划分，可以将光线分为水平方向的顺光、侧光和逆光，侧光还可以细分为顺侧光和正侧光，逆光还可以分为正逆光和侧逆光，如图3-26所示。此外，还有垂直方向的顶光与脚光等。

①顺光。顺光又称正面光或前光，能够使被摄主体表面受光均匀，暗调少，但看不到由明到暗的影调变化和明暗反差，不利于表现被摄主体的立体感和质感。拍摄人物的正面，尤其是女性的面部时，常用顺光照明，这样可以消除细微的阴影，掩饰皱纹和瑕疵，如图3-27所示。若把光源向上移一些，下巴、鼻子等下方会出现一些阴影，这样可以增强人物面部的立体感。

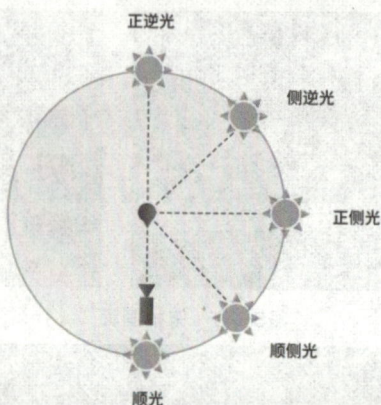

图3-26　光位

②侧光。侧光指光源的投射方向与手机摄像头的拍摄方向形成一定的夹角，可以使被摄主体产生明暗反差和影调变化，凸显其立体感和质感，是视频画面空间造型的常用光线，如图3-28所示。

图3-27　顺光

图3-28　侧光

在拍摄短视频时，摄像师可以根据需要达到的画面效果采用不同角度的侧光进行拍摄。顺侧光光源投射方向与拍摄方向约成45°的夹角，也称45°侧光。刻画人物脸部特征及表情的理想光线是使被摄主体大面积受光，即处于2/3明亮、1/3阴影的光照条件下，如图3-29所示。

正侧光源投射方向与拍摄方向约成90°的夹角，也称90°侧光。如果采用正侧光照射人物，而又没有其他光线辅助照明，就会出现"阴阳脸"现象（受光的一面全亮、背光的一面全黑），这样可以增强戏剧效果，常用于刻画人物的双重性格或生存状态，如图3-30所示。

图3-29　顺侧光

图3-30　正侧光

③逆光。逆光是光源投射方向与拍摄方向相对，光源处于被摄主体的后方或侧后方，也称背面光、轮廓光。由于光线照射角度、高度的不同，逆光又可以分为正逆光和侧逆光。

正逆光是光源位于被摄主体的正后方，有时光源、被摄主体和手机摄像头几乎在一条直线上，如图3-31所示。

侧逆光是光源位于被摄主体的侧后方，与镜头光轴构成一定的角度，如图3-32所示，在拍摄过程中，光源一般不出现在画面中。

图3-31　正逆光　　　　　　　　　　图3-32　侧逆光

此外，如果光源在被摄主体后上方或侧后上方，就会形成"高逆光"，一般在被摄主体边缘形成比较宽的轮廓光条。

逆光常用于勾勒剪影艺术效果，能够获得造型优美、轮廓清晰、影调丰富、质感突出和生动活泼的画面效果，如图3-33所示。在进行逆光拍摄时，要注意背景与陪体的选择，以及拍摄时间的选择，还要考虑是否需要使用辅助光进行补光等。

图3-33　光剪影效果

④顶光。顶光是指从被摄主体的顶部投射下来的光线，在顶光照明下，人物的头顶、前额、鼻尖等处较亮，而眼窝、嘴巴等处较暗，如图3-34所示。顶光可以表现头发细节，用于反映人物的特殊精神面貌，如憔悴、缺少活力的状态。

⑤脚光。脚光是指从被摄主体的底部或下方发出的光线。与顶光完全相反，是比较少见的布光方式。脚光能把下巴、鼻下等处充分照亮，丑化人物形象。脚光可以填补其他光线在被摄主体下部形成的阴影，还可以表现特定的光源特征、环境特点，通常用于烘托神秘、古怪的气氛，如图3-35所示。

图3-34　顶光　　　　　　　　　　　图3-35　脚光

（2）光质。

在短视频拍摄中，光线能够影响被摄主体展现的形状、影调、色彩，以及空间感、美感和真实感。因此，摄像师需要对各种光线加以分析，了解光线的各种特性，掌握各种光线的不同作用，这样在拍摄短视频时才能充分发挥光线的作用，更好地展现被摄主体的形象，从而深化短视频的主题。

光质是拍摄所用光线的软硬性质，分为硬质光和软质光。

①硬质光。硬质光即强烈的直射光，如晴天的阳光，或者直接照射在人或物体上的人造光，如闪光灯的光、照明灯光等，它们产生的阴影明晰而浓重。被摄主体在硬质光的照射下有受光面、背光面，可以形成明暗对比强烈的造型效果，适合表现被摄主体粗糙表面的质感，这样的造型效果可以使被摄主体形成清晰的轮廓形态，如图3-36所示。

②软质光。软质光是一种漫散射性质的光，没有明确的方向，不会让被摄主体产生明显的阴影，例如，阴天、雨天、雾天的天空光，或者添加柔光罩的灯光等，都属于典型的软质光。

在这种光线下拍摄出的视频画面没有明显的受光面、背光面和投影关系，在视觉上明暗反差小，影调平和。利用这种光线拍摄短视频时，能够比较理想地将被摄主体细腻且丰富的质感和层次表现出来，但被摄主体的立体感表现不足，而且视频画面的色彩比较灰暗。

在实际拍摄时，可以在视频画面中制造一些亮调或颜色鲜艳的视觉兴趣点，使画面效果更加生动。图3-37为在软质光条件下拍摄的视频画面。

图3-36 硬质光

图3-37 软质光

（3）造型光。

根据光线在画面造型中的不同作用，可以把各类造型光分为主光、辅助光、轮廓光、环境光等。

①主光。主光又称塑型光，是刻画人物和表现环境的主要光线。不管主光的方向如何，都应在各种光线中占主导地位，是视频画面中最引人注目的光线。主光处理的效果直接影响被摄主体的立体形态和轮廓特征的表现，也会影响画面的基调、光影结构和风格，是摄像师首先要考虑的光线。

主光源的左右位置及高低远近会使被摄主体的形态各不相同。顺光位、侧光位、侧逆光位均可用作主光，摄像师拍摄短视频时要根据被摄主体的轮廓、质感、立体感和画面明暗影调的表现需要进行决定。

②辅助光。辅助光又称副光，是用于补充主光照明的光线。辅助光一般多是无阴影的软光，用于减弱主光的生硬、粗糙的阴影，降低受光面和背光面的反差，提升暗部影像的造型表现力。

在用手机拍摄短视频时，辅助光的光源一般要在手机摄像头左右两侧，亮度应低于主光，从正面辅助照射被摄主体。如果它超过主光的亮度或与主光亮度一样，就会破坏主光的造型效果，导致被摄主体表面出现双影，或者缺乏立体感。

③轮廓光。轮廓光一般采用硬朗的直射光，从侧逆光或正逆光方向照射被摄主体，形成明亮的边缘和轮廓形状，将物体与物体之间、物体与背景之间分开，增强画

面的空间深度。轮廓光通常是视频画面中最亮的光，但要防止它照射到手机摄像头上出现眩光，使视频画面质量下降。

④环境光。环境光又称背景光，是照亮被摄主体周围环境和背景的光线，它可以消除被摄主体在环境背景上的投影，使被摄主体与背景分开，展现出环境气氛和背景深度。此外，环境光还能在一定程度上融合各种光线，营造统一的画面基调。

环境光的亮度决定了画面的基调倾向，暗背景能够使画面产生肃穆、沉静、阴郁的气氛，亮背景能够使画面产生平和、轻松、明朗的气氛。

另外，在照明布光中，经常需要考虑两种光（如主光和辅助光）之间的亮度差——光比，也就是两种光的强弱关系。光比主要是指被摄主体主要亮部和暗部的受光量差别，一般情况下主光和辅助光的光比约为3∶1。

光比影响着视频画面的明暗反差、细部层次和色彩再现，如图3-38所示。光比小，被摄主体亮部与暗部的反差较小，容易表现物体的丰富层次和色彩；如果光比太小，影调就会过于平淡，立体感较差；如果光比太大，被摄主体亮部和暗部的反差大，就会显得影调生硬。

大光比　　**正常光比**　　**小光比**

图3-38　光比

下面介绍一下三灯布光法。本教材中的三灯布光法主要是指针对以人物为主体的灯光布置方案，主要包括主光、辅助光和轮廓光，如图3-39所示。

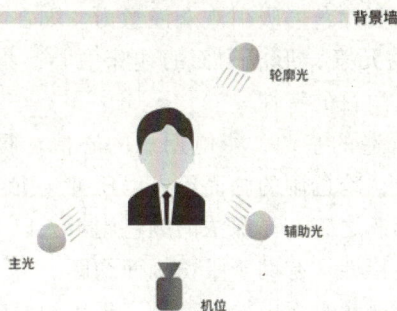

图3-39　三灯布光法

主光的光源通常放置在被摄主体侧前方，位于被摄主体与手机摄像头之间连线45°~90°的范围内。在拍摄人物时，最完美的主光的光源是位于人物与摄像头连线45°的位置，并以略微高于人物的高度俯射人物；这样，主光会在人物脸部鼻子侧面与眼下形成一块明显的三角形阴影，能使人物的脸部非常具有立体感。

辅助光的光源位置通常位于被摄主体的另一侧前方，位于被摄主体与手机摄像头之间连线 45°~90° 的位置。辅助光的光源位置不同，在人物脸上呈现的艺术效果也不同。

轮廓光的位置通常位于被摄主体后侧方与主光大致相对的位置，并以略高于被摄主体的高度俯射被摄主体。利用轮廓光打亮被摄主体的头发、肩膀等边缘，从而将人物和背景分开，增强视频画面的层次和纵深感。经过柔化，较为自然的轮廓光不易被肉眼察觉，适合用在采访、访谈等纪实类短视频的拍摄中；而较硬且较亮的轮廓光则具有艺术化的修饰效果，通常用在音乐 MV 及某些渲染氛围的剧情短片中。

4）画面构图

画面构图是对被摄主体及各种造型元素进行有机的组织、选择和安排，以塑造视觉现象，构成画面样式的一种创作活动。构图能够创造画面造型，表现节奏与韵律，是视频作品美学空间性的直接体现，传达给观众的不仅是一种认知信息，而且是一种审美情趣。下面将介绍视频画面构图的形式元素、视频画面构成的结构元素及视频画面构图的要求。

（1）视频画面构图的形式元素。

在视频画面的构图中，光线、色彩、影调和线条等元素是构成视觉形象的"原材料"，在拍摄短视频时通过对这些造型元素的综合运用来表达内容。

①光线。光线是视频画面构图的先决条件。视频画面记录的是一段时间的光色变化，使用的不是瞬间光源。光线可以塑造典型的时间环境，自然光在不同时刻的明暗效果可以在视频画面上反映时间信息。

视频拍摄的用光是一个动态的变化过程，摄像师在选择与处理光线时必须随时随地考虑画面表现空间、方位等的变化对视频画面光影结构的影响。

视频拍摄对光线的要求很复杂，光线随着环境、被摄主体、机位甚至光位的变化直接影响视频画面的造型效果，并使其发生变化。

②色彩。光线赋予了视频画面生命，色彩为视频画面注入了情感。色彩在视频画面构图中的作用如下：

首先，摄像师可以利用色彩吸引观众注意力。如在一片色彩较为单调的景色中加入一个具有鲜艳色彩的元素，形成画面的趣味中心，将观众的注意力集中到该元素上，赋予被摄主体引人注目的特性。

其次，利用色彩营造的基调，影响用户的心情。暖色调的画面给人以温暖、愉快、明朗、透彻的感觉，冷色调的画面给人以压抑、沉闷、淡雅、恬静的感觉。浅淡的颜色给人以轻快、飘逸之感，而深浓的颜色则给人以沉重、稳妥之感。

掌握了色彩的这些特性，有助于平衡画面构图。

③影调。影调是指视频画面中的影像所表现出的明暗层次和明暗关系，它是处理画面造型、构图及烘托气氛、表达情感、反映创作意图的重要手段。如果根据画面明暗分布的不同进行划分，影调可以分为亮调、暗调、中间调三种形式。亮调画面中亮的景物较多、占的面积大，给人以明朗之感，如图 3-40 所示；暗调画面中暗的景物较多，给人以沉闷、压抑的感觉，如图 3-41 所示；中间调画面则明暗适中、层次丰富，接近于人们日常生活中的视觉感受，如图 3-42 所示。

图3-40　亮调画面

图3-41　暗调画面

图3-42　中间调画面

　　如果根据画面明暗对比（反差）强度的不同进行划分，影调可以分为硬调、软调和中间调。硬调画面中明暗差别显著、对比强烈，景物的亮暗层次少、缺乏过渡，给人以粗犷、硬朗的感觉，如图3-43所示；软调又称柔和调，它的画面缺少最亮和最暗的调，对比弱、反差小，如图3-44所示；中间调又称标准调，它明暗兼备、层次丰富、反差适中，如图3-45所示。

图3-43　硬调画面

图3-44　软调画面

图3-45　中间调画面

　　④ 线条。线条一般是指视频画面所表现出的明暗分界线和形象之间的连接线，如地平线、道路的轨迹、排成一行的树木的连线等。根据线条所在位置的不同，可以将其分为外部线条和内部线条。外部线条是指画面形象的轮廓线，内部线条则是指被摄主体轮廓线范围内的线条。

　　在视频画面中，不同的线条结构会让人产生不同的视觉感受，摄像师可以根据实际情况和构图的需要让线条以水平线、垂直线、斜线、曲线等形式在视频画面中出现。水平线容易让人产生宽阔之感，在拍摄大地、海洋、湖泊、草原等景物时，常以水平线作为构图的主线条，如图3-46所示。垂直线容易让人产生高耸、刚直之感，如林立的楼群、挺拔的树木、高峻的山峰等，如图3-47所示。斜线可以突出动态效果，如果画面中存在有秩序的斜线元素，通常可以营造动态的韵律感，如图3-48所示。曲线则是指一个点沿着一定的方向移动并发生变向后所形成的轨迹，曲线构图可以给人一种柔美的感觉，使画面具有灵动感，如图3-49所示。

图3-46　水平线构图

图3-47　垂直线构图

图3-48　斜线构图

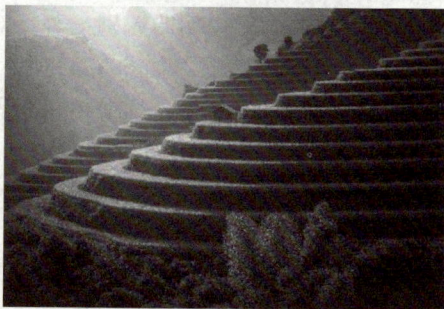

图3-49　曲线构图

（2）视频画面构成的结构元素。

在手机短视频拍摄过程中，视频画面构成的结构元素主要包括被摄主体、陪体、前景、后景和空白。

①被摄主体。被摄主体是拍摄者要表现的主要对象，它既是表达视频内容的主要载体，也是视频画面的结构中心。被摄主体可以是一个，也可以是一组，可以是人，也可以是物。

在视频画面构图中，突出被摄主体的表现方法主要有以下六种：

第一，被摄主体在画面中以近景或特写的景别呈现，占据较大的面积。

第二，将被摄主体安排在黄金分割点位置，或者九宫格的4个交叉点附近。

第三，将被摄主体安排在S形构图中S形上的某一点。

第四，将被摄主体进行清晰聚焦，通过虚实对比突出被摄主体，如图3-50所示。

第五，通过色彩反差、声音强弱和动静对比突出被摄主体。

第六，间接表现被摄主体，被摄主体在画面中占据的面积不大，而其他元素在画面中占据大部分面积，旨在通过氛围来间接地反衬被摄主体，如图3-51所示。

图3-50 通过虚实对比突出被摄主体

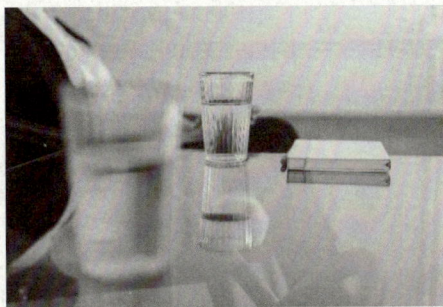

图3-51 间接表现被摄主体

此外，通过手机摄像头的焦点虚实转换和镜头的推、拉、摇、移、跟等手法，摄像师可以不断变换画面的被摄主体形象，从而使视频画面所表现的内容情节与被摄主体表达的主题保持一致。

②陪体。陪体是指在视频画面中与被摄主体有着紧密的联系，或者辅助被摄主体表达主题的对象。陪体主要有以下两个作用：

第一，可以帮助被摄主体说明视频内容，当画面中有陪体时，视觉语言会更加准确，观众更容易理解视频画面的内容，如图3-52所示。

第二，被摄主体比较单薄时，加入陪体会使画面的层次更加丰富，如图3-53所示。

图3-52 陪体帮助被摄主体说明视频内容

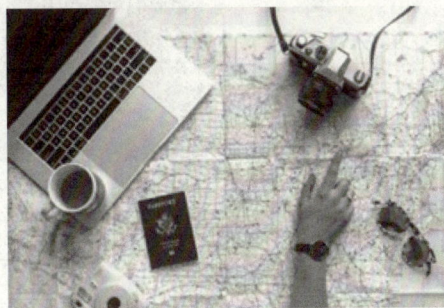

图3-53 陪体使画面层次更丰富

根据被摄主体的特点，摄像师可以选择恰当的陪体来丰富影调层次、平衡色彩构成、增强空间感等。由于视频画面是活动的、连续的，因此被摄主体和陪体既可以同时出现，也可以不同时出现，在场面调度中还可以颠倒被摄主体、陪体的出场先后顺序，以适应情节发展的需要。

③前景。前景是指视频画面中被摄主体前面或靠近镜头的景物或人物，能够表现一定的空间关系和人物关系。前景有时可能是陪体，但更多情况下前景是环境的组成部分，如图3-54所示。

在视频画面中，前景具有以下四个作用：

第一，突出富有意义的人物或景物，帮助被摄主体表现视频的主题，推动事件的发展。

第二，突出季节特征和地方色彩，有助于表现拍摄现场的气氛，增强视频画面的真实性。

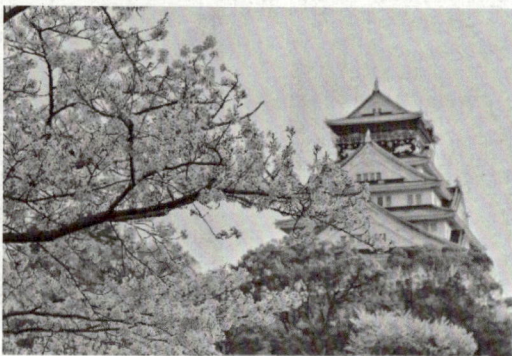

图3-54　前景

第三，强化视频画面的纵深感和空间感，增加视频画面的视觉空间深度。

第四，平衡构图和美化画面，产生形式美感。

④后景。后景是指在被摄主体后面用来衬托被摄主体的景物。视频画面中的后景可以是陪体，也可以是环境的组成部分，如图3-55所示。

图3-55　后景

在视频画面中，后景具有以下三个作用：

第一，能够形成与被摄主体特定的联系，增加画面要表现的内容，烘托被摄主体形象，帮助被摄主体解释主题，并推动事件的发展。

第二，再现环境的时代特征，表现环境的气氛和意境，丰富视频画面的结构，产生强烈的生活真实感。

第三，增强视频画面的空间深度和透视感，使视频画面呈现出多层次的立体造型效果。

⑤留白。在视频拍摄过程中，留白是指在视频画面的特定位置留出一定的空白，让观众的视线得以延伸。视频画面的留白包括天空留白、运动留白和关系留白。

天空留白：在主要人物的头顶与屏幕上框之间留出一定的空白，如图3-56所示。

运动留白：当被摄主体处于运动状态时，应当在其运动朝向的一方留出较多的空白，如图3-57所示。

关系留白：当人物面向画面一侧时，应当在其面部朝向的一侧留出较多的空白。

（3）视频画面构图的要求。

画面构图的目的是使主题和内容获得尽可能完美的形象结构和画面造型效果，为达到此目的，应遵循以下原则：

图3-56 天空留白

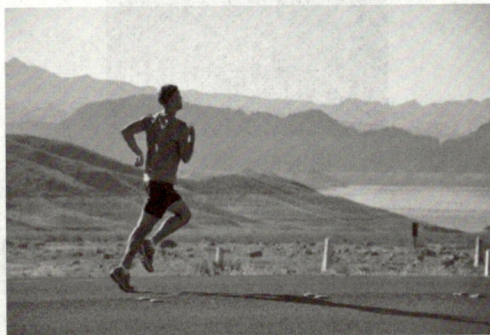

图3-57 运动留白

①美学原则。视频画面的构图要具备形式上的美感，具体如下：

第一，被摄主体和陪体应当主次分明，要强调被摄主体，陪体不能喧宾夺主。

第二，人或物的连续线不应一字排开，应高低起伏，层次分明，错落有致。

第三，人或物之间的距离不应均等，要有疏有密。

②立意明确。摄像师可以通过以下几种构图方法来更加鲜明地表现短视频的主题。

第一，运用对比构图深化主题。摄像师要善于利用色彩的对比、形态的对比、影调的对比等手法，使两个相互对比的主题元素相互加强，从而突出短视频的表现力，达到深化主题的目的，如图3-58所示。

图3-58 对比构图

第二，运用斜构图能够增强视频画面带给观众的视觉冲击力。斜构图经常被认为是一种不符合规则的构图，是一种与黄金分割法、对称法等常规构图相反的构图方式，常用来表现人物的情绪之美，挖掘最深处的细节之美，如图3-59所示。

图3-59   斜构图

第三，运用残缺式构图能够制造画面的神秘感。在拍摄人物时，摄像师可能有意追求残缺的形象，不求画面中人物形象的完整，只为传达一种事件流程中人物活动瞬间停顿的感受。这种画面没有完整的形象，只是残缺的局部，但这个局部正是对主旨精神的传达，残缺的部位能带给观众神秘感，激发其好奇心和想象力，如图3-60所示。

第四，运用框架式构图能够拍出具有"偷窥"效果的视频画面。摄像师可以利用"隔物偷窥"法，透过其他物体拍摄被摄主体，如图3-61所示；或者巧用镜面、水面等反光体，增强画面的空间感和层次感，还可以利用前大后小的形体，使其呈现出延伸和夸张的效果。

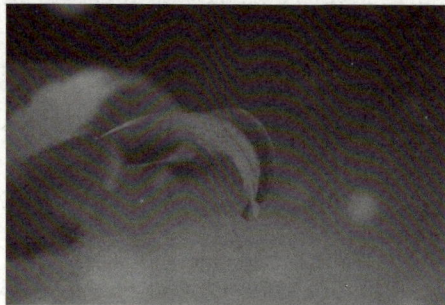

图3-60   残缺式构图

图3-61   框架式构图

③要有表现力和造型美感。摄像师可以根据所要拍摄的内容和现实条件，通过画面的设置、光线的运用、拍摄角度的选择，以及调动影调、色彩、线条、形状等造型元素，创造出具有表现力和造型美感的构图方式，如图3-62所示。

④视频画面构图均衡。判断画面是否均衡时，可以将画面分为四等份，形成一个"田"字格，如果在田字格的四个格子中都有相应的元素，那么这些元素之间就形成了均衡感。为使视频画面构图达到均衡，就要让画面中的形状、颜色和明暗区域相互补充与呼应。

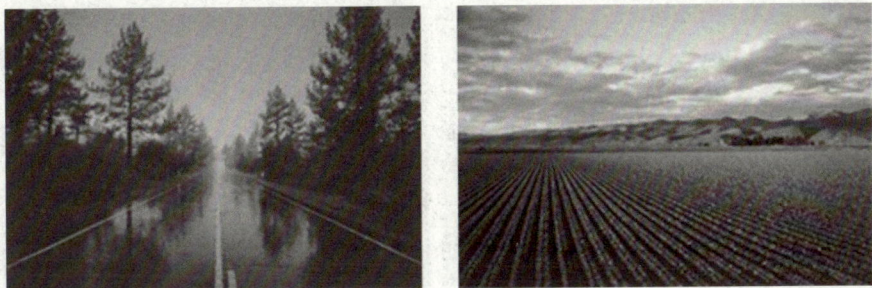

图3-62 具有表现力的构图方式

⑤运动要有依据。视频拍摄的最大特点就是运动,动态构图往往是视频拍摄的主要构图形式。在动态构图中,摄像师自始至终要注意运动方向、运动速度和运动节奏等因素的起伏变化。如果被摄主体是人物,应以人物的运动轨迹作为画面构图的依据;如果是环境介绍和背景交代的画面,没有人物出现,则应找出能够表现环境特色的主要对象作为画面构图的依据。

动态构图下的被摄主体与镜头同时或分别处于运动状态,使画面中视觉形象的构图组合及相互关系连续或间断地发生变化。只有保证画面运动有理有据,才能使视频画面合乎情理,从而被用户接受和认可。

⑥主题服务原则。视频画面的构图必须要为拍摄的主题服务,所以在构图时应当遵循主题服务原则。

第一,为了表现被摄主体,要采用合适、舒服、具有形式美感的构图方式。

第二,为了突出表现主题,有时甚至可以破坏画面构图的美感,使用不规则的构图方式。若构图优美的画面与整个短视频的主题风格不符,甚至妨碍了主题思想的表达,可以考虑将其剪掉。

5)运镜

运镜就是运动镜头,即通过机位、焦距和光轴的运动,在不中断拍摄的情况下,形成视点、场景空间、画面构图、表现对象的变化。通过运镜拍摄,可以增强视频画面的动感,扩大镜头的视野,影响视频的速度和节奏,赋予视频画面独特的感情色彩。在手机短视频拍摄过程中,常见的运镜方式有推镜头、拉镜头、摇镜头、跟镜头和综合运动镜头。

(1)推镜头。推镜头是指手机摄像头由远及近,向被摄主体方向移动,逐渐形成近景或特写的镜头。推镜头改变了观众的视线范围,画面由整体慢慢引向局部,如图3-63所示。

推镜头主要具有以下作用:

第一,突出被摄主体和重点形象。推镜头在将手机摄像头推向被摄主体的同时,取景范围由大到小,随着次要部分不断移出画外,所要表现的被摄主体逐渐"放大"并充满画面,所以具有突出被摄主体、突出重点形象的作用。

第二,介绍人物关系。运用推镜头可以介绍整体与局部、客观环境与被摄主体的关系。

第三,达到步步深入的效果。推镜头是从一种大景别逐步向小景别跳跃递进的组接方式,它对事物的表现有步步深入的效果和作用。

图3-63　推镜头

第四，调整画面节奏，表现情绪。在推镜头的过程中，推进速度的快慢可以影响画面节奏，从而产生外化的情绪力量。

（2）拉镜头。

拉镜头与推镜头相反，指手机摄像头向被摄主体反方向运动，画面由特写或近景拉起，在镜头后拉的过程中视距变大，观众的视线由细节变为整体，画面逐渐变为全景或远景。

拉镜头主要具有以下作用：

第一，镜头被拉远，画面中的元素越来越多，能够展现被摄主体与周围环境之间的关系。

第二，镜头被拉远，整个画面显得层次丰富，有更多的结构变化。

第三，元素的不断增加，可以起到对比、比喻和反衬的效果。

（3）摇镜头。

摇镜头是指手机机位不动，借助三脚架上的活动底盘（云台）或摄像师自身进行上下、左右旋转运动来改变手机摄像头轴线方向的拍摄方法。

摇镜头的运动形式包括水平横摇、垂直纵摇、中间带有几次停顿的间歇摇、手机旋转一周的环形摇、各种角度的倾斜摇或速度极快的"甩"镜头。图3-64所示为通过水平横摇镜头使人物入画。

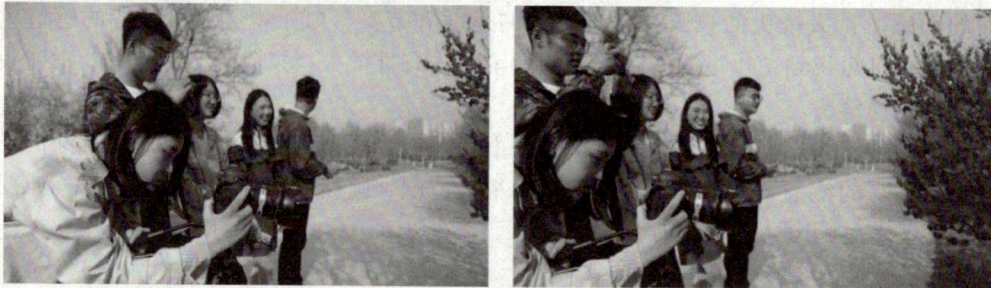

图3-64　摇镜头

摇镜头常用来表现远景或全景，侧重于写虚造景，烘托画面意境和气氛，具有较强的抒情效果。

（4）跟镜头。

跟镜头是手机摄像头跟踪运动着的被摄主体进行视频拍摄的一种方法，可以形成连贯、流畅的视觉效果。跟镜头始终跟随拍摄一个在行动中的被摄主体，以便连续而详尽地表现其活动情形，或者表现被摄主体在行动中的动作和表情。图3-65所示为采用跟镜头拍摄。

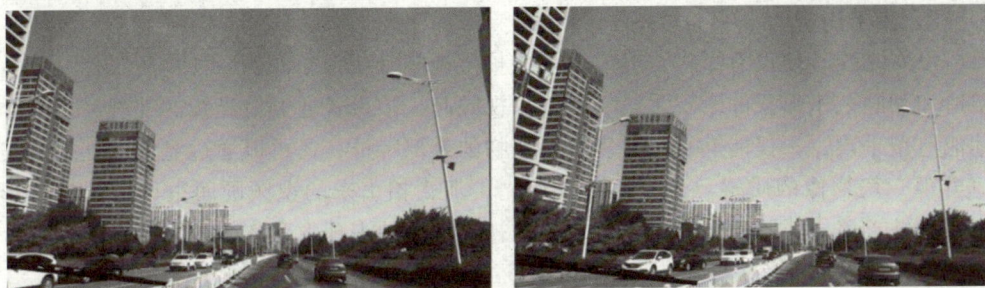

图3-65 跟镜头

跟镜头突出运动中的被摄主体，能够连续且详尽地表现运动中的被摄主体，又能交代被摄主体的运动方向、速度、体态及其与环境的关系，使被摄主体的运动保持连贯，具有较强的纪实性意义。同时，跟镜头能形成一种运动的被摄主体不变、静止的背景不断变化的造型效果。

（5）综合运动镜头。

综合运动镜头是指在一个镜头中将推、拉、摇、移、跟、甩、晃、升降等运动拍摄方式有机地结合起来进行拍摄。综合运动镜头的运动方式多种多样，如推摇、拉摇、拉跟等。

综合运动镜头具有以下作用：

第一，能够表达更加复杂的情节和节奏，能够构成一种活跃而流畅、连贯而富有变化的运镜方式。

第二，能够在复杂的空间场面和连贯紧凑的情节场景中展现独特的艺术表现力。

第三，可以不断改变造型的结构和画面的主体及环境，使画面中流动着一种韵律，是形成画面造型形式美的有力手段。

3.3.2　手机拍摄视频的要点

使用手机拍摄视频时，要想获得比较理想的拍摄效果，拍摄时需要注意以下要点：

1）画面稳定

若视频画面出现较大的抖动，会大大降低画面质量，可以采用以下方法保持拍摄画面的稳定。

（1）拍摄固定的画面时，可以选用固定机位，使用三脚架进行拍摄。

（2）拍摄走动的画面时，手持手机时最好将手尽量贴近身体，手肘与身体成90°，移动时双脚交叉缓慢移动，也可以将身体前倾或后仰进行拍摄。此外，还可以选择使用稳定器来辅助拍摄，以达到画面稳定的效果。

2）合理构图

构图是表现视频作品内容的重要形式之一。一幅比较完美的视频构图，需要做到两点：一是要让画面看起来整洁、流畅，应避免杂乱的背景；二是要具有良好的色彩平衡性，画面要有较强的层次感，确保被摄主体能够从全部背景中突显出来。

视频拍摄的构图规则与静态摄影的构图规则十分类似，不仅要突出被摄主体的位置，还要讲究整体画面的协调性，强调画面中各种物体之间的内在联系。

3）善于用光

没有光线，便没有影像。光线不仅是拍摄视频时获得影像的一种物质条件，也是塑造和刻画艺术形象的表现手段。在拍摄视频时，拍摄者通过对光线的处理，并配合其他造型手段，不仅能够真实地表现人或物的外部特征，还可以通过光线的处理真实地再现一切物像的质感。如果不善于用光，那么拍出来的视频画面很可能既没有影调，又缺乏美感，画面质感也不强，导致视频画面的表现力和整体效果欠佳。

4）多景别/角度拍摄

由许多短片段剪辑而成的视频往往能够提高观看的趣味性，所以在进行视频拍摄时，可以从多个角度来拍摄同一个场景，特写、中景、全景皆可，或者通过重复拍摄同一个运动状态，从多个角度进行展现。交替地使用各种不同的景别，可以使视频的叙述、人物思想感情的表达、人物关系的处理更加具有表现力。因此，不管拍摄主题是什么，都要思考需要运用怎样的镜头来丰富视频的主画面和故事。

5）镜头衔接转场

炫酷的转场效果可以让视频更有画面感，让人眼前一亮。拍摄者通过一些前期的手机拍摄运镜技巧，可以制作出流畅的衔接转场效果，如同方向转场、旋转镜头转场、前景遮挡转场、上下翻动镜头转场、甩动镜头转场等。

6）提高收音质量

使用手机自带的话筒录制声音，人声和环境音会同时被收录，这时人声就会显得较弱，容易和环境音混为一体。若想提高收音质量，最简单的办法就是加一个机头话筒，也就是指向性话筒，它只会收录话筒所指方向的声音，这样会在一定程度上削弱环境音的收录，从而提高人声的收音质量。

7）做好拍摄计划

在进行视频拍摄之前，应提前制订拍摄计划，先在大脑中把所有的镜头都过一遍。在有限的时间内，尽可能把所有事项都计划好，如拍摄的用时、镜头的角度、运镜的方式、时间、地点、帧率等，这样会大大提高前期拍摄以及后期剪辑的工作效率。

3.3.3　短视频后期剪辑

本教材以剪映为例，介绍短视频后期剪辑。

1）短视频剪辑的基本流程

剪映是一款由抖音官方推出的视频编辑工具，带有全面的剪辑功能，支持变速，有多样滤镜和美颜的效果，有丰富的曲库资源，支持手机端、Pad端、Mac、Windows全终端使用。相对于其他专业的视频剪辑软件，剪映的优势在于具有海量的素材，包括特效、滤镜、背景音乐、转场、画布，同时还支持色度抠图、曲线变速、视频防抖、图文成片、自动生成字幕等功能，如图3-66所示。剪映App以短视频创作工具为核心功能，并附带了大量社区互动功能。

（1）熟悉与整理素材。

后期剪辑人员拿到前期拍摄的视频素材后，首先需要把视频素材整体浏览一遍，

图3-66 剪映App部分关键页面

熟悉拍摄的内容，对每个视频素材都要有一个大概的印象，然后整理素材文件，并编号归类为原始视频资料。

（2）研究和分析脚本。

在熟悉视频素材以后，后期剪辑人员可以与视频拍摄人员沟通，从主题内容和画面效果两个方面进行深入分析，为后续的剪辑工作提供支持。

（3）视频粗剪。

在审看全部的原始视频资料后，挑选出内容合适、完成度较高的视频片段，导入到剪映的素材库中，进入视频剪辑界面，在时间轴中选中需要剪辑的素材，点击底部工具"分割"图标，裁掉视频中无用的部分，并按照短视频脚本的结构顺序和编辑方案组，在时间轴中"长按"选中视频片段拖曳排序，构成一个完整的短视频（如图3-67所示）。

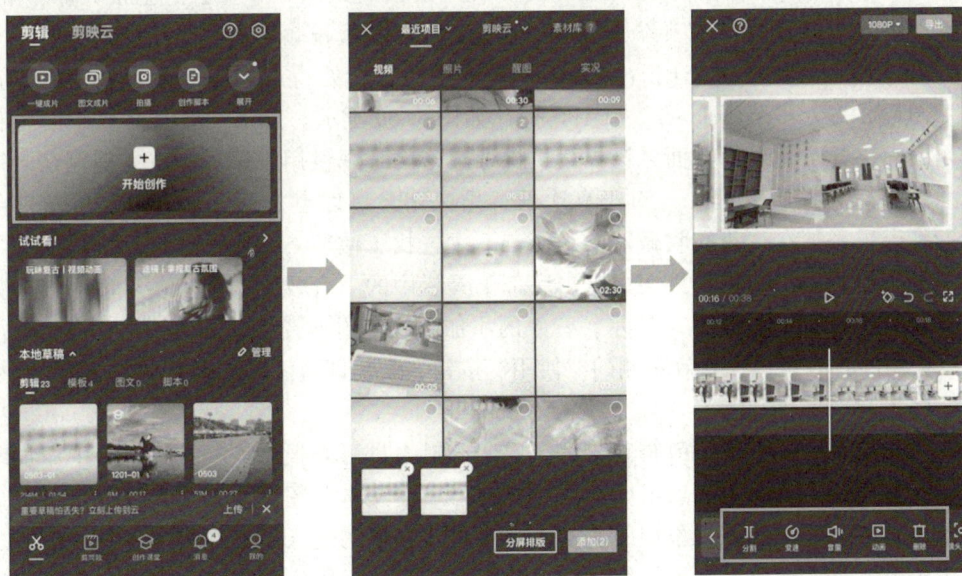

图 3-67 视频粗剪

（4）视频精剪。

对粗剪的视频进行仔细分析和反复观看，在此基础上精心调整相关画面，包括剪接点的选择、每个画面的长度处理、整个短视频节奏的把控、音乐和音效的设计，以及被摄主体形象的塑造等，按照调整好的结构和画面制作成新的短视频。在剪映界面的时间轴区域，通过两指分开操作，可以放大轨道时间轴，如图3-68所示，对时间轴的素材进行精细剪辑。

图3-68　视频精剪

（5）添加音乐和音效。

音乐是短视频风格的重要组成部分，对短视频的氛围和节奏会产生很大的影响；后期剪辑人员通过为短视频添加音乐和音效，可以使短视频的内容更加丰富。

①添加音乐。精剪完成后，选择时间轴中的空白处，点击底部工具栏中的"音乐"图标，显示"音乐"的二级工具栏，如图3-69所示。点击二级工具栏中的各种音乐图标，显示音乐库界面，该界面提供了丰富的音乐供用户选择，点击即可试听该音乐效果。在试听过程中，对于喜欢的音乐，用户可以点击音乐右侧的"收藏"图标，将音乐添加在"我的收藏"中，便于下次查找、使用。

②添加音效。在剪辑界面中点击底部工具栏中的"音效"图标，在界面底部会弹出音效选择列表，如图3-70所示，音效的添加方式与添加音乐的方法基本相同，点击需要使用的音效，选择音效右侧的"使用"按钮，音效即可添加到视频剪辑轨道中。

（6）制作字幕和特效。

①制作字幕。短视频剪辑完成后，后期剪辑人员可以根据需要在短视频中添加字幕。在剪映剪辑页面中，点击底部工具栏中"新建文本"图标，即可在视频素材上显示默认文本框，输入需要添加的文本内容，确认文字的输入后，在界面下方可以通过多个选项卡对文本效果进行设置，在剪映中还有自动识别字幕功能，点击底部工具栏中的"识别字幕"，即可自动识别，如图3-71所示。

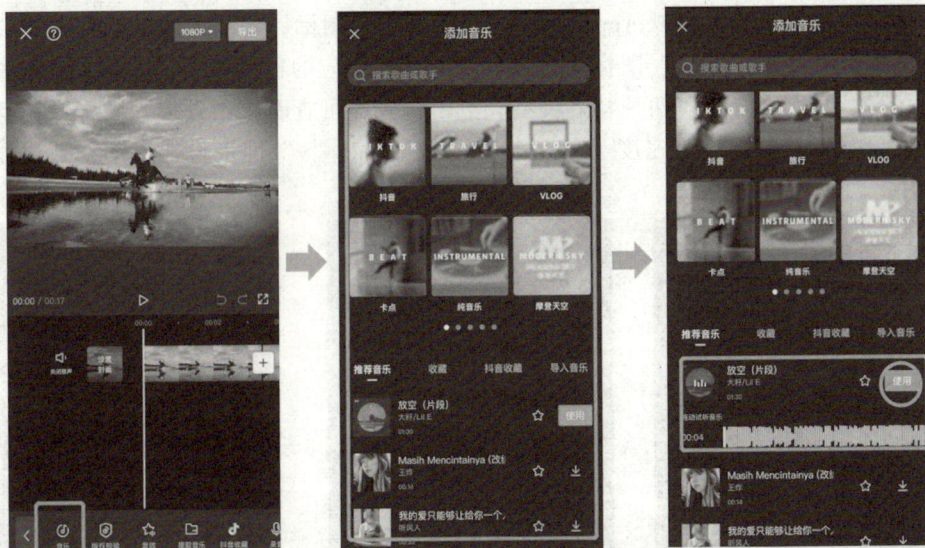

图3-69 添加音乐

图3-70 添加音效

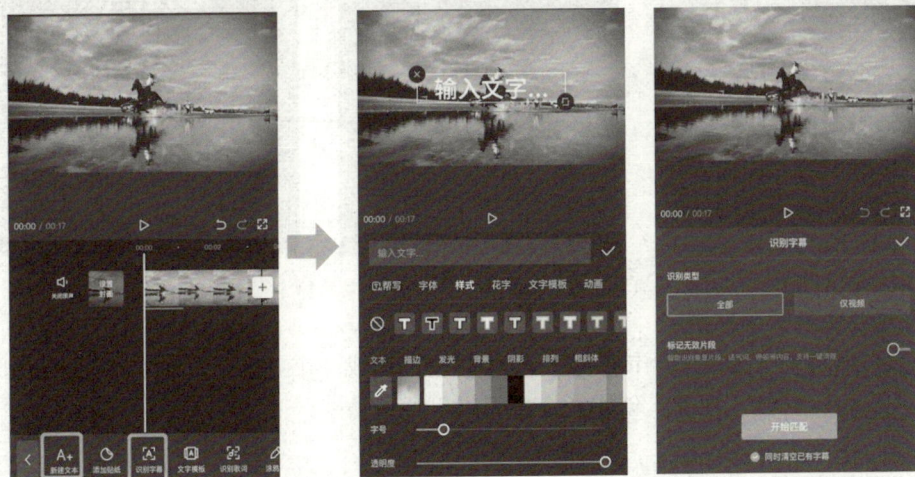

图3-71 制作字幕

②制作特效。打开剪映App，点击"开始创作"图标，添加相应的视频素材，点击底部工具栏中的"特效"图标，在界面底部显示相应的特效选项。剪映App内置了"画面特效""人物特效"两种特效类型，点击特效即可查看应用效果，点击"调整参数"可设置特效的强度、速度等，点击功能选项卡的"√"即可将选择的特效添加到视频中，如图3-72所示。

图3-72　特效设置

（7）输出完成的短视频。

所有短视频剪辑操作完成后，创作者可以采用多种形式输出制作完成的短视频，并上传到短视频平台进行曝光和推广。目前，短视频的输出格式大多为MP4格式。在剪映剪辑界面的右上角点击"导出"按钮，导出类型分为视频、GIF两种，在功能选项卡下对导出视频的分辨率、帧率、清晰度等进行设置，如图3-73所示。

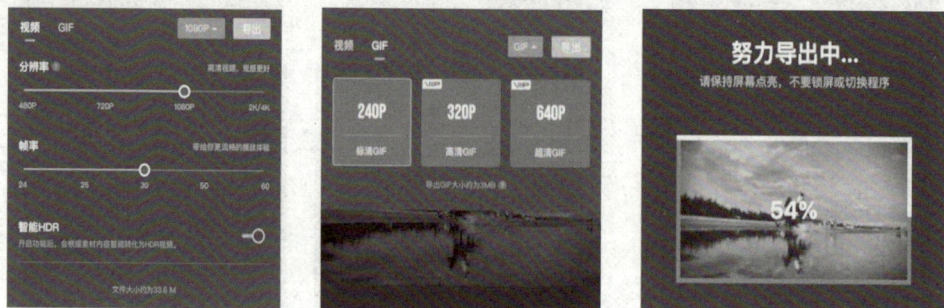

图3-73　导出设置

2）镜头组接的原则

镜头组接就是将一个个镜头组合连接起来，构成一个整体，又称画面转场。要想做到镜头组接流畅、合理，创作者应遵循以下原则：

（1）符合生活逻辑。

生活逻辑，是指事物本身发展变化的客观规律，任何事物的生成与发展都有其自身的逻辑。镜头之间的组接必须符合人们的生活逻辑，这是观众能够读懂短视频作品的前提。例如，前一个镜头从侧面展示射箭运动员拉弓射箭的动作，后一个镜头则显示靶面上射中的环数。

（2）各镜头协调统一。

短视频是由各种镜头组成的，这些镜头包括运动镜头和固定镜头，还可以细分为被摄主体运动、陪体静止镜头和被摄主体静止、陪体运动镜头等。运动镜头又可分为摇移镜头、推拉镜头等。在衔接这些镜头时，一般是运动镜头与运动镜头衔接，固定镜头与固定镜头衔接，这样可以保证画面组接连贯、流畅。各段落内的画面亮度和色彩影调应协调统一，画面的情节内容、清晰度等也要保持一致，否则会产生"接不上"的现象。

（3）运动静止镜头之间用缓冲因素过渡。

如果是运动镜头接固定镜头，或者固定镜头接运动镜头，则需要用缓冲因素进行过渡。缓冲因素是指镜头中被摄主体的动静变化和运动的方向变化，或者运动镜头的起幅、落幅、动静变化等。利用缓冲因素选取剪接点，可以使该镜头与前后镜头保持运动镜头接运动镜头、固定镜头接固定镜头的效果，使镜头的切换自然、流畅。

（4）选好动作剪接点。

在展示运动画面时，如果前一镜头中被摄主体在做某一动作，那么后一镜头中应展现被摄主体动作变化的过程，以保证被摄主体的动作连贯和变化自然。例如，前一镜头中被摄主体打开车门并下车，后一镜头中被摄主体关闭车门并离开。

（5）避免三同镜头直接组接。

在组合衔接同一被摄主体的镜头时，前后两个镜头在景别和视角上要有显著的变化，避免三同镜头（同主体、同景别、同视角）直接组接，否则视频画面将无明显变化，会出现令人反感的"跳帧"效果。

（6）控制镜头组接的时间长度。

对于每个镜头停滞时间的长短，创作者首先要根据表达内容的难易程度、观众的接受能力来决定，其次要考虑构图等因素。由于每个镜头中的被摄主体不同，包含在镜头中的内容也不同。远景、中景等大景别的镜头包含的内容较多，观众要看清楚这些镜头中的内容所需要的时间就相对较多，镜头停留的时间可以长一些；而近景、特写等小景别的镜头所包含的内容较少，观众在短时间内就能看清楚，镜头停留的时间可以短些。

3）常用的转场方式

在短视频中，转场镜头非常重要，它具有廓清段落、划分层次、连接场景、转换时空、承上启下等功能。在短视频创作中，常用的转场方式主要包括以下八种：

（1）切。

切也称切换，是短视频创作中运用最多的一种基本镜头转换方式，也是常用的编辑组接技巧。切换画面是一种极富现代感的镜头组接方法，是内容衔接的重要途径。在切镜头时，创作者应找好镜头之间的剪接点，符合镜头组接原则。

（2）运动转场。

运动转场，是指借助人物、动物或交通工具作为场景或时空转换的手段。这种转场方式大多强调前后段落的内在关联性，可以通过摄像机运动来完成地点的转换，也可以通过前后镜头中人物、交通工具动作的相似性来转换场景。

（3）相似关联物转场。

如果前后镜头具有相同或相似的被摄主体形象，或者其中的被摄主体形状相近、位置重合，在运动方向、速度、色彩等方面具有相似性，创作者就可以采用相似关联物转场的方式来达到视觉背景连续、转场顺畅的目的。例如，钥匙链上的小灯笼挂件与家门前挂起的红灯笼之间的转场，天空中飞翔的鸟儿与街道上举着双臂奔跑的儿童之间的转场等。

（4）利用特写转场。

无论前一个镜头是什么，后一个镜头都可以是特写镜头。特写镜头具有强调画面细节的特点，可以暂时集中观众的注意力，所以利用特写转场可以在一定程度上弱化时空或段落转换过程中观众的视觉跳动。

（5）空镜头转场。

空镜头转场，是指利用景物镜头进行过渡，实现间隔转场。景物镜头主要包括两类：一类是以景为主、物为陪衬的镜头，如群山、山村全景、田野、天空等镜头，使用这类镜头转场既可以展现不同地理环境、景物风貌，又能表现时间和节气的变化，还可以弥补叙述性短视频在情绪表达上的不足，为情绪表达提供空间，还能使高潮情绪得到缓和或平息，从而转入下一段落；另一类是以物为主、景为陪衬的镜头，如飞驰而过的火车、街道上的汽车，以及室内陈设、建筑雕塑等镜头，一般情况下，创作者可以选择这些镜头作为转场的镜头。

（6）主观镜头转场。

主观镜头是指与画面中人物视觉方向相同的镜头。利用主观镜头转场，就是利用前后镜头间的逻辑关系来处理镜头转换问题。例如，前一个镜头中人物抬头凝望，后一个镜头就是仰拍的场景，下一个镜头还可以切换到其他仰视人物的身上。

（7）声音转场。

声音转场是指用音乐、音响、解说词、对白等与画面的配合实现转场。例如，利用解说词承上启下、贯穿前后镜头，利用声音过渡的和谐性自然转换到下一个镜头。

（8）遮挡镜头转场。

遮挡镜头是指镜头被画面内的某个形象暂时挡住。根据遮挡方式的不同，遮挡镜头转场又可分为以下两类情形：

一类是被摄主体迎面而来遮挡镜头，形成暂时的黑色画面。例如，前一个镜头在甲地点的被摄主体迎面而来遮挡摄像机镜头，下一个镜头被摄主体背朝摄像镜头而去，已到达乙处。被摄主体遮挡摄像机镜头通常能够在视觉上给观众以较强的视觉冲击，同时制造视觉悬念，加快短视频的叙事节奏。

另一类是画面内的前景暂时挡住画面内的其他形象，成为覆盖画面的唯一形象。例如，拍摄街道时，前景闪过的汽车会在某一时刻挡住其他形象。当画面形象被遮挡时，一般可以作为镜头切换点，通常是为了表示时间、地点的变化。

4）BGM 的选择原则

选择与视频内容相搭配的背景音乐更容易调动观众的情绪，实现短视频的价值。

选择短视频背景音乐时应遵循以下原则：

（1）符合短视频的风格与调性。

不同类型的短视频体现的主题及想要传达的情感是不一样的，在选择背景音乐时，背景音乐的类型要与视频内容的风格、情感调性保持一致。例如，如果拍摄时尚青年，就要选择流行和快节奏的音乐；如果拍摄中国风，就要选择节奏偏慢的唯美音乐；如果拍摄运动风格的短视频，就要选择节奏鼓点清晰的动感音乐；如果拍摄育儿和家庭剧视频，可以选择轻音乐等。

（2）背景音乐的节奏要与视频画面的节奏相匹配。

除了剧情类的短视频，大部分短视频的节奏和情绪都是由背景音乐来带动的，视频画面的节奏与背景乐本身的节奏匹配度越高，短视频整体看起来会更和谐，更有代入感。因此，在为短视频配乐前，创作者可以对拍摄的视频素材进行粗剪，对短视频的整体节奏有一个大体的把控，清楚短视频的高潮点、转折点在哪里，哪里需要切入音乐，哪里只需短视频原声等，再根据这个节奏寻找合适的背景音乐。

确定背景音乐后，创作者需要先熟悉音乐的节奏，然后将背景音乐与短视频内容对应起来，让二者在节奏上互相契合，达到"1+1＞2"的效果。

（3）避免背景音乐喧宾夺主。

无论选择的背景音乐有多流行，除了其本身的音乐属性，它仍然是为短视频内容服务的。高品质的背景音乐绝不能喧宾夺主，抢占短视频内容的风头，而应服务于内容，与内容融为一体，对短视频起到画龙点睛的作用，让内容更加饱满，让短视频的主题更加突出，同时还能积极调动观众的感情，让他们沉浸其中。因此，使用背景音乐最高的境界就是让观众感觉不到它的存在。

互动课堂3-1

90后农民彭传明来自福建南平，自2020年起开始更新田园视频，从自制马克杯、花露水、蚕沙枕，到古法还原文房四宝、十里红妆的全过程。两年时间，单条视频点赞量从最初的几千增至两三百万。

在他的视频里，没有华丽的语言，没有奇葩的故事情节，只有最原始的敲打声、研磨声、破竹声、柴油发动机的轰鸣声，没有制作团队，没有多余的镜头。因为内容风格的相似性，他被网友称为"男版李子柒"。

一条"古法制墨"的视频，时长不足8分钟，彭传明前后花了两年时间拍摄。这条视频在抖音获赞253.7万次，是"东方非遗传承"系列内容的一部分，"东方非遗传承"系列爆款迭出，累计播放量达到7.6亿次。复刻古代女子妆容用品的"东方妆容文化"系列累计播放量也达到了2.1亿次。视频中，他用古法制作古代宫廷化妆品，檀粉、眉黛、散粉、胭脂、蔷薇水、铅粉锭、朱砂口脂，分门别类，非常齐全。

讨论：

（1）彭传明拍摄的短视频呈现出哪些特点？

（2）你认为视频中的哪些元素比较打动你？

任务3.4　短视频营销推广

完成短视频拍摄与剪辑后，创作者还要对短视频进行优化和包装，运用各种方式推广引流，做好粉丝运营，从而源源不断地扩大自己的流量池。

3.4.1　短视频营销模式

1）AISWS模型

AISWS由五个英文单词的首字母组成：Attention、Interest、Search、Watch、Share，代表短视频营销的五个步骤，即注意、关注、搜索、观看、分享。该营销模式有两个特点：第一，在前四个环节，用户人数会随着进程的层层推进而减少，最终真正观看视频的用户成为精准的目标用户；第二，在最后分享环节能形成传播增量，为视频的进一步传播起到良好的推动作用，最终形成有效地传播推广视频的良性循环，如图3-67所示。

图3-74　"AISWS"视频营销模型

（1）注意：该步骤的主要任务是吸引用户目光，通过线上、线下等方法，引起广泛的注意，为下一阶段提供大量的用户。

（2）关注：在引起大量用户注意的前提下，通过制造热点话题、紧跟社会趋势等方式，有效地引起目标受众的关注。

（3）搜索：目标用户关注后，会产生自然的搜索行为，达到让用户主动在网络上对视频内容链接进行搜索的效果。

（4）观看：通过与影响力大的平台合作、设置专题页面、采用置顶方式等方法，促进最终留存的目标用户观看视频。

（5）分享：可以让短视频呈病毒式传播，使短视频营销达到理想的效果。

2）TRUST模型

为响应广告主的全链路营销需求，抖音提出短视频营销的"TRUST模型"，由以下五部分组成：Target、Relation、Upgrade、Share和Transform。

（1）Target：找准目标受众，助力品牌精准传播。

通过发布垂直内容，品牌可以准确找到目标受众，与受众实现无缝对接，挖掘新的销售增长点。例如，某年国庆期间，携程与抖音携手面向年轻群体推出"Fun肆之旅，游抖一下"的旅行季活动，通过达人实拍示范，鼓励用户通过抖音记录旅行的美好瞬间，引领了"短视频+旅行"的新模式，激发了用户在旅行途中拍摄短视频的意愿。

（2）Relation：借助优质内容，链接用户关系。

从品牌营销端来看，精品内容能够提升用户的产品偏好度、品牌体验度、品牌价值认同、消费信心，最终帮助消费者通过好内容感知到好的物品、产品和美好的生活方式，提升精神层面的愉悦感，从而形成消费者对品牌从"认知"到"认可"的转化。比如，香奈儿通过发布短视频，将艺术性的内容与高质量的画面相结合，激发用户对美好生活的追求与向往，并让用户将这种愿望与香奈儿品牌联系在一起。

（3）Upgrade：借助形态升级，创造品牌超感体验。

短视频平台利用自身的技术优势不断开发适用于营销的技术产品，创造富有创意的内容互动方式，比如定制贴纸、BGM创作互动等，通过场景化植入，为用户提供更多元的互动方式，既提高了用户体验，又驱动了用户参与创作，进而使品牌合作产生了更多的创新营销想象力。例如，vivo X21魅夜紫版上市之际，借助抖音AI+彩妆技术，vivo与抖音联合打造了一场好玩的炫酷紫色派对，释放彩妆魅力，通过人脸识别精准3D上妆，实现前后变妆体验，让用户在互动体验中深刻直观地感受vivo X21魅夜紫的独特魅力与产品卖点，成功惊艳到目标用户。

（4）Share：通过明星达人的分享，激发用户的创作冲动。

报告显示，短视频营销中，超过42.5%的品牌会选择达人、明星视频定制作为短视频营销的内容，70%的用户会因为明星达人的推荐产生购买行为。在短视频平台，借助名人以及社区意见领袖的影响力，能够调动起背后大量粉丝等资源，提升内容的曝光度，进而放大品牌效力、优化品牌营销价值。例如，在BMW X3上市前，品牌邀请明星发布短视频，为新车上市带来了"强曝光、高互动、粉丝沉淀"的营销价值，为产品上市创造了强大的市场声量。

（5）Transform：发掘企业营销自有阵地，转化放大流量价值。

随着信息碎片化的加剧，具有长效性的品牌营销显得更加重要，品牌的每一次营销活动都不应该是孤立的，而是要把好的内容进行沉淀和转化，放大流量价值。建立品牌营销自有阵地，能够让品牌每一次的广告投放效果相叠加，通过品牌阵地把优质内容集中呈现在消费者面前，延续优质内容的生命力，并积累粉丝资产。以vivo为例，作为第一批注册抖音蓝V账号的品牌，vivo一开始就将抖音确认为自己的营销阵地，注册账号、投放广告、发起挑战赛，通过一系列行动快速积累了大批粉丝，每条短视频都能被大量转发。

抖音"TRUST"营销模型如图3-75所示。

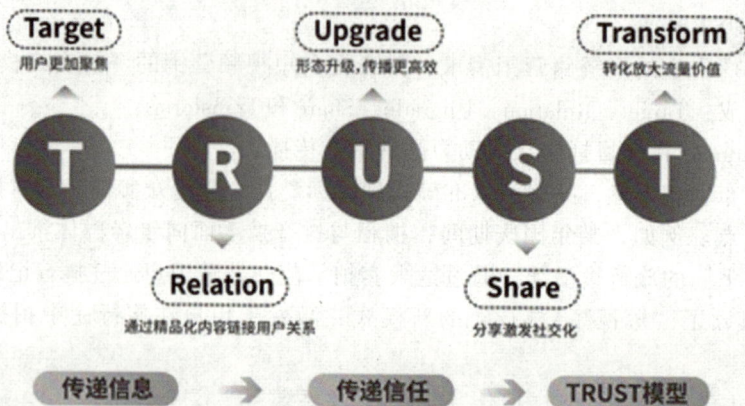

图3-75　抖音"TRUST"营销模型

3.4.2　短视频发布前的优化

短视频进行优化包装主要包括标题、文案、封面等，这些元素会在很大程度上影响短视频的形象，进而影响短视频的传播效果。

1）拟定吸睛标题

标题是用户对短视频形成第一印象的重要影响因素，一个好的标题能够吸引用户的眼球，让用户有看完视频的兴趣，并激发用户的认同感，增加评论数量，从而提高短视频的完播率和互动率，带来良好的传播效果。

（1）标题拟定原则。

拟定短视频标题时需要遵循以下原则：

第一，精准性。标题要准确地表达短视频创作者的观念和态度，让目标用户一眼就知道短视频的核心内容。

第二，真实性。从事实出发，避免视频内容和标题不符，否则会让用户产生莫名其妙的感觉而降低用户的满意度。

第三，情感性。蕴含情感、带有温度的标题更容易拉近与用户之间的距离，赢得用户的信任和认可。

第四，新颖性。新颖、有创意的标题往往能更好地吸引用户的眼球，因此短视频创作者最好能充分发挥想象，打开思路，在标题中融入一些创意元素。有时，"标新立异"的内容更能吸引人，更容易使短视频创作者达到"吸粉"引流的目的。

（2）标题拟定方法。

第一，数字法。数字法就是将短视频中最重要、最引人注目的内容以数据形式呈现在标题中，带给用户直观、具体的感受，使用户快速接受，吸引用户打开短视频观看。

例如，"60秒快速入睡的方法""3天2晚人均500元就能搞定的适合毕业旅行的海岛目的地"等，都是利用数字直截了当地将内容概括出来，让用户一目了然，从而产生学习或了解短视频内容知识的想法。

一般来说，"干货"盘点类或总结分析类的短视频适合使用数字式标题。使用数字法命名标题时，短视频创作者可以套用一个公式：核心内容数字+带来的益处、效果、改变、结局。当然，数字的前后顺序可以灵活变动，可以用数字强调核心内容，也可以用数字强化结果。需要注意的是，公式中提到的益处、效果、改变、结局要与用户的自身利益密切相关，只有这样才能驱使用户点开观看。例如，"用数字6621画小狗"，核心内容是"数字6621"，结果是"画小狗"，对于简笔画爱好者或学习者来说，运用简单的数字画出可爱的小动物是他们非常感兴趣的事情。

第二，好奇法。拟定短视频标题时，通过激发用户的好奇心，促使其对短视频产生浓厚的兴趣，进而产生点击观看短视频的欲望。激发用户好奇心可以通过使用疑问句、设置矛盾冲突、制造悬念等方法实现。例如，"如何利用2个小时读完1本书？""既然要放手，为何要接住？""老师现场提了一个问题，同学的回答亮了"等。

第三，热词法。热词法是把近期生活中的热点新闻、流量热词、名人、品牌名字等应用在标题中，以提高短视频热度。热词自带流量光环，在标题中使用热词更能吸引用户观看短视频。

例如，2020年"秋天的第一杯奶茶"火了，随后平台上出现了很多以此进行创作的短视频标题，如"秋天的第一杯奶茶的正确喝法""奶茶一杯，爱情起飞""秋天的第一杯奶茶，姥姥给你们安排一下"等；这些短视频受到了很多用户的喜爱和点赞。

短视频创作者在使用热词设计标题时，标题要与短视频的自身定位保持一致。例如，美食类短视频的标题一般不宜出现娱乐热词，如果短视频的内容与娱乐热点没有太大关联，即使短视频获取了巨大的流量，用户也难以转化为"粉丝"，推广效果并不明显，甚至有可能起到反作用，引起用户的反感。

第四，对比法。对比法就是利用人的认知心理，在短视频中将事物、现象放在一起进行比较，目的是突出事物的本质特征，制造冲突性看点。对比的差异越大，往往越能吸引人。例如，"上海和深圳对比，未来你更看好谁？""为什么比你忙的人比你有时间？总结一下我的时间管理技巧。"

第五，体验法。体验法就是利用一些文字信息将用户带入特定场景，使用户产生前所未有的体验或精神上的认知、共鸣。例如，"学会这3招，让你进阶excel大神""开了24年的麻辣烫，搭配鸡架，真的是太好吃了""旅行中千万不要去的刺激景点，我怕你回不来！"等。短视频创作者使用体验法拟定标题时，可以运用"内容+地名"或"美食名称+自我感受"的方法，将准确的内容信息与地名、人名、事物名称等传递给用户，以吸引用户观看视频。

第六，引用法。经典的电影作品和歌曲中往往会有广为流传的金句出现，将某个电影或歌曲歌词的金句引用到短视频标题中，颇受用户的喜爱。例如，"'立刻有'——'Likeyou'""我只相信，属于我的东西，就一定是我的"等。这些标题一般和短视频创作者想表达的意图或情感密切联系，通过引用经典语录能够很容易触动人心，引发用户共鸣。

第七，第二人称法。短视频创作者在拟定短视频标题时使用第二人称"你"，可以快速拉近与用户之间的距离，使用户不自觉地代入自己。例如，"这个技能，对你很有用！""把你的一生拍成电影，你想取什么名字？""如果时光可以倒流，你会回去弥补什么遗憾？"尽管短视频要呈现给所有的用户，但使用第二人称可以给用户一种为其量身定制的感觉，使其产生强烈的代入感，从而更愿意点击观看短视频。

第八，名人法。名人法就是将一些名人、大V等的名字作为标题的关键词，利用这些名人本身带有的名气和对粉丝的吸引力达到吸引用户观看的目的。例如，"如果有一天你忘记了努力，那么我把科比的故事讲给你听吧。"短视频创作者在拟定此类标题时要注意热点人物及事件的完整性，即热点人物做了什么，前因后果是什么，对外传递了哪些信息，他们与自己创作的短视频内容有何关联等。

2）撰写动人文案

每条高流量的短视频都少不了好文案的支持。文案不仅使短视频更立体、更丰富、更具有传播力，还可以迅速传达短视频创作者的思想和意图，感染用户的情绪，并吸引其关注。

（1）短视频文案写作步骤。

短视频创作者要想撰写出打动人心的好文案，一般要经过以下步骤：

第一步：搭建文案框架，即列好文案写作大纲，以确定文案的创作方向。在搭建文案框架时，短视频创作者要弄清以下几个问题：文案的目标用户是谁？文案要传递什么信息？文案可以带给用户怎样的情感推动？文案会产生什么结果？

第二步：找到文案的切入点。搭建好文案框架后，短视频创作者要对所了解和掌握的内容进行筛选、整理、加工，确定短视频内容的主题和切入点。

第三步：将信息转化为文字。短视频创作者要根据确定好的主题，将搜集到的信息形成文案。

短视频文案的类型和格式并不是固定不变的，但都要遵循一个共同的原则，即激发用户的情绪，引发用户的共鸣。短视频创作者在撰写短视频文案时，要挖掘出目标用户感兴趣的共同话题，并合理地表达出观点和态度，从而使用户更愿意关注短视频账号。

（2）常见短视频文案类型。

目前，比较常见的短视频文案主要包括以下几类：

第一，互动类。为了有效激发用户的互动欲望，互动类文案一般采用疑问句或反问句。这种带有启发开放式的问题不仅可以很好地制造悬念，还能为用户留下较大的回答空间，从而提高短视频的播放量和评论数，如"有你喜欢的吗？""我做错什么了？"等。

第二，悬念类。悬念类文案能够带给用户无限的想象空间，使其产生意犹未尽的感觉，有效地延长用户在短视频页面的停留时间。一般来说，这类短视频会在最后设置反转或者留下悬念，给用户留下深刻的印象，如"最后一秒颠覆你的认知！""我猜中了开头，却猜不中结尾"等。

第三，叙述类。叙述类文案通常是对画面感进行叙述，为用户营造置身其中的感觉，使用户产生共鸣。因此，短视频创作者在撰写这类文案时要选用富有场景感的故事，不能平铺直叙。

第四，"段子"类。"段子"类文案通常幽默风趣，结尾有出乎意料的反转效果。这类短视频文案不需要与短视频本身的内容有紧密的联系，但要有超强的场景感，让用户身临其境，更愿意去评论。

第五，共谋类。当用户在做某件事情时，总想找一个人或一群人与自己一起努力，用户的这种心理使共谋类文案能够产生良好的效果。这类文案可以引发用户的情感共鸣，获得更多用户的关注，如"春天来了，愿意和我一起打卡健身吗？""春节这几天，你是否也感受到不一样的快乐？"等。

第六，"恐吓"类。"恐吓"类文案能够制造紧迫感，让用户产生怀疑，并促使用户迫切地想在短视频中寻找正确的答案，如"我们每天都在吃的蔬菜，你真的懂吗？"等。

3）设置精彩封面

优质的短视频封面不仅可以吸引用户的注意力，还可以成为展示短视频内容的窗口。

（1）封面要求。

视频封面要符合以下要求：

第一，有吸引力。可以通过封面人物的丰富表情和其他各元素之间的强烈对比等方法，直接冲击用户的感官，激发用户产生观看短视频的欲望。

第二，有亮点。短视频封面要将短视频内容中的亮点和精华展示出来，让用户直接了解短视频表达的意图。例如，如果短视频内容是"干货"知识，短视频创作者可以把短视频中讲解干货知识的清晰截图设置成封面；如果短视频内容属于幽默搞笑类，短视频创作者可以选择其中夸张的人物形象图片作为封面。

第三，与内容领域相关。要根据短视频所属的领域选择相应的封面，让封面与短视频内容保持一致，具有相关性。

第四，符合平台风格。短视频作品如果在多平台发布，要根据各个平台的特点，设置符合平台风格的封面。

第五，注重原创。短视频创作者在设置短视频封面时要创建属于自己的风格，或者专门为短视频设计一个封面，打上个人标签，形成个人特色。

第六，封面视觉效果好。好的视觉效果要做到：封面完整；封面图的比例要协调，不能拉伸变形；封面构图要主次分明，要将被摄主体放在焦点位置，突出重点；封面的色彩鲜亮，能吸引用户的眼球；封面图上的文字要尽量少，并且放在最佳展示区域，不能被播放按钮、播放时间等要素遮挡或覆盖；字体大小要适宜，能带给用户良好的视觉感。

（2）优质封面设计方法。

设计优质封面的方法主要有以下几种：

第一，悬念封面。悬念封面就是通过封面上吸引人的场景、画面、人物等元素让用户下意识地产生进一步了解的欲望，并且迫切想知道事实真相，洞悉事件走向。

此类封面通常是短视频内容的开端，短视频创作者要确保短视频内容有始有终、有因有果、有悬念、有答案，切忌哗众取宠。短视频创作者在选择悬念封面时，不能为了吸引用户而故意选取与内容没有任何关系的画面，而应选择与内容相关的画面，并与自身账号定位一致。

第二，效果封面。效果封面是指将经过加工、美化、创作等过程呈现出来的最美、最吸引人、最好的画面作为短视频的封面。

效果封面会让用户眼前一亮，带给用户赏心悦目的舒适感觉。采用效果封面时，短视频创作者可以选取视频中事物最美、最酷、最炫的画面，并搭配合适的文案。

第三，猎奇封面。猎奇心理是一种通过寻找、探索新奇事物满足好奇的心理。

第四，借力封面。借力，即借助他人的力量，使自己受益。在短视频创作上，借力是指借助外界的热点、人物、事件等元素吸引用户观看短视频，因为这些元素都自带流量，所以可以迅速抓住用户的眼球。短视频创作者使用热点事件、人物作为封面主打元素，可以吸引用户的注意力。短视频创作者采用借力封面时可以蹭热点，也可以关联热点人物，但是所创作的内容要言之有物。封面上展现出来的热点可以作为内容的引子，但真正的核心是短视频创作者的观点以及能够带给用户的价值。

第五，故事封面。故事封面就是通过图片场景和文案信息向用户传递极强的情感力量，从而达到吸引用户注意的目的。例如，一些以拍摄自身生活 Vlog 为主的短视频创作者，通常会使用"故事文案"的形式作为封面，以第一人称诉说亲身经历的文案信息加上一些重要的故事场景，快速调动用户情绪，使短视频产生极强的感染力。短视频创作者在使用故事封面时，要向外传递出情绪的力量，如快乐、悲伤、愤怒等，通过情绪的力量感染用户。

第六，人设封面。人设封面就是采用真人出镜的方式在封面中传递情绪、信息，以吸引用户观看短视频。短视频创作者采用人设封面，将个人形象作为对外输出的信息相当于一种自我品牌输出，可以加深用户对自己的印象，增强自身 IP 的塑造力。但是短视频创作者要注意，个人形象应与视频内容、人设紧密相关。另外，采用人设封面要保持内容、封面的统一性。如果采用"人设+内容"的方式作为封面的主打，那么每期的短视频创作都尽量采用此种方式，或根据每次内容的不同进行微调，但要形成固定的表现方式，这样有助于提升自身人设形象在用户心中的品牌价值。

3.4.3　短视频免费推广

短视频创作者在发布短视频时可以利用以下技巧提升推广效果：

1）添加话题标签

话题通常以"#+短语"的形式体现。话题的种类多种多样，如流行事件话题、主题活动话题等。在短视频的标题中插入与短视频内容相关的话题标签，可以有效提升短视频的推广效果。例如，抖音账号"××不挑食"在发布某个短视频时添加了"#创作灵感""#宝宝吃饭"话题标签，如图3-76所示。

添加话题标签的具体操作如下：以抖音为例，在抖音App的"发布"页面中，标题编辑框下方有两个选项，即"#话题"和"@朋友"（如图3-77所示），是能提升短视频标题效果的重要技巧，经常被短视频创作者运用到标题设置中。短视频创作者点击"#话题"按钮，此时标题编辑框中会出现"#"符号，然后输入关键词，页面上就会出现与关键词相关的话题，选择一个合适的话题，即可完成插入话题的操作。

2）添加@好友

在发布短视频时，短视频创作者可以添加@好友，让平台内其他账号推荐自己的账号，这是利用平台功能以实现平台中异号推广的目的。短视频创作者可以与平台内其他账号进行合作，相互推广。合作的账号越多，综合开发利用的价值就越大，账号推广的效果也会越好。

图3-76 短视频话题标签页面

图3-77 视频话题添加页面

添加@好友的推广形式使短视频关注者或者粉丝既看到了视频，也看到了对方的账号。如果关注者有兴趣，就可以直接点击"@+账号"进入对方的账号，观看对方账号的视频内容，或者关注对方账号，进而转化成为对方账号的粉丝。

以抖音为例，短视频创作者在抖音App的"发布"页面中进行设置时，点击"@朋友"按钮，从关注的抖音账号中选择一个好友即可。

短视频创作者选择@好友时，需要注意两点：一是相关性，即所选择的好友账号要与短视频内容有一定的关联；二是好友账号的热度，应该选择粉丝比较多的好友账号，然后利用优质内容吸引对方粉丝关注自己的账号。

3）添加地理位置

用户在浏览短视频时，有时会发现在短视频左下角的账号名称上方显示有地址信息。短视频创作者在抖音App的"发布"页面中进行设置时，设置好标题、添加话题标签、添加@好友后，接下来可以进入"添加位置"页面，根据需要进行选择即可。

对于一些以地名为名称进行宣传或具有地域特色的短视频账号而言，为短视频内容添加位置是提高知名度和唤起当地用户归属感的有效方法。

4）私信引流

私信引流是利用抖音的私信功能进行精细化的、一对一的引流"吸粉"，这种方法虽然效率比较低，但是精准度很高。短视频创作者首先要找到定位相似的抖音账号，并选出粉丝量较多的账号，找到相关视频后浏览评论区，在评论区中选取点赞多的用户，给对方发送私信；如果对方回复了，短视频创作者就可以用话术引导对方关注自己的账号或者自己推荐的产品。

5）多平台分发

除了通过平台内部进行账号推广外，短视频创作者还可以利用微信、微博、今日头条等平台进行推广。

（1）微信。

微信具有其他平台无可比拟的优势，如用户黏性高、覆盖面广、互动频率高、信息传播的范围大。短视频创作者可以将短视频分享到微信朋友圈、微信群等，这有利于短视频的传播。短视频创作者还可以通过微信公众号推广短视频，如果打造具有相同主题的系列短视频，可以将这些短视频放在微信公众号的文章中进行联合推广，让用户更好地了解短视频及其主题。

（2）微博。

短视频创作者在微博上推广短视频时，主要使用"@"功能和话题功能。首先，可以"@"名人、媒体或企业，如果他们回复了，就能借助其庞大的粉丝群体扩大自身的影响力。其次，可以发布与内容相关的话题和热点，提高微博的阅读量和短视频的播放量。

（3）今日头条。

创作者可以在今日头条上发布一些与热点相关的短视频。热点的时效性越强，短视频的相关推荐量就越高。短视频创作者在发布短视频之前要查看平台热榜，提高短视频的推荐量。

6）参与挑战赛

很多短视频平台都有挑战项目，这些项目自带巨大流量，例如抖音推出的"话题挑战赛"，每天都有各种主题的热点话题和挑战活动，鼓励用户积极参与。参与话题挑战赛，主要是跟拍网友们的同款视频，看谁拍的效果更好。这是一种带有娱乐竞赛性质的活动，可以起到很好的推广作用。

例如，抖音平台发起过"2021新春日记"话题活动，只要用户参与此话题活动，此话题的专项页面上就会展示该用户的短视频作品，进入此页面的用户可以浏览此话题活动中所有参与者的视频作品，并且可以通过短视频作品直接进入作品的账号页面。

3.4.4　短视频粉丝运营

短视频创作者要想让自己的作品成为爆款，除了打造优质内容外，还要懂得利用各种方式为短视频"吸粉"。做好粉丝运营，需注意以下事项：

1）保持稳定的更新频率

短视频创作者要想收获忠实粉丝，首先要培养用户良好的观看习惯，这要求短视频创作者保持稳定且有规律的更新频率。

每日更新短视频，尤其是在固定的时间更新时，就会给用户一定的提示，长久下去，用户就会形成定时观看的习惯，甚至产生催促短视频创作者更新作品的心理。

2）引导粉丝点赞评论

为了增强粉丝黏性，短视频创作者要主动引导粉丝进行互动，可以从以下几个方面引导粉丝点赞和评论。

（1）情绪驱动。

短视频创作者若希望粉丝参与互动，就要增强短视频内容的情绪渲染力，容易产生情绪互动的因素有敬畏、同情、愉悦、悲伤、愤怒等。例如，短视频的内容是幽默搞笑的段子，就会让人开怀大笑，激发粉丝转发和评论的欲望。

（2）"请教"粉丝。

有时候，短视频中的主人公可以在视频中针对视频内容直接"请教"粉丝，这是最直接的互动方式。主人公在向粉丝"请教"问题时要表现出谦虚、真诚的态度，让粉丝在一瞬间产生成就感，从而提升点赞、评论的积极性和主动性。

（3）结尾"相邀"。

很多短视频创作者在短视频的结尾会加一句"关注我吧，会有惊喜"；有的短视频创作者还会在短视频结尾播出节目预告，或者在短视频结尾留下悬念。例如，一些悬疑推理类的短视频通常会在短视频的结尾处让粉丝对剧情内容进行推理，并表示答案会在下期短视频中公布。这类结尾会引发粉丝产生强烈的好奇心，纷纷在评论区参与互动，对剧情进行分析和探讨。

（4）利益引导。

短视频创作者要想吸引粉丝积极参与评论互动，还可以通过一些利益形式来吸引粉丝关注。利益形式既可以是物质利益，如优惠券、折扣券、体验券、小礼品等；也可以是精神利益，如电子书、软件、教程等。需要注意的是，不同的平台对利益引导的包容程度不同，短视频创作者要遵守平台规则。

3）积极回复粉丝评论

创作者要尽可能在第一时间回复粉丝的评论。短视频在刚发布时，评论量比较少，这时短视频创作者可以自己撰写评论，用其他账号评论等方式进行评论预埋。

并非作品的所有评论都是必须回复的，例如广告信息。而对于一些希望通过共同话题参与讨论，共同探讨作品，或者真心求教问题的评论，短视频创作者应及时回复。短视频创作者还可以将高质量的评论置顶，以引导粉丝产生更大范围的互动。

3.4.5 短视频账号矩阵化运营

短视频账号矩阵，是指短视频创作者同时创建并运营多个短视频账号的形式，每个账号的运营侧重点有所不同，但账号与账号之间存在某种联系，能够实现相互导流，从而提高短视频创作者的粉丝总量。短视频创作者使用矩阵化运营，不仅可以提升自身或品牌的影响力，还可以形成链式传播，增加粉丝数量，进行内部引流。短视频账号矩阵主要包括单平台账号矩阵和多平台账号矩阵。

1）单平台账号矩阵

单平台账号矩阵是指短视频创作者在同一个短视频平台上创建多个不同的、存在某种关联的短视频账号的形式。例如，抖音账号"秋叶 Excel""秋叶 PPT""秋叶 Word""秋叶 PS"等。

（1）单平台账号矩阵的运营模式。

单平台账号矩阵的运营模式主要有以下几种：

①蒲公英型矩阵。这种模式是指在一个账号发布信息后，其他多个账号进行转发，再以其他账号为中心进行新一轮的扩散。这种模式适合旗下品牌较多的企业，通过矩阵的整体优势扩大信息覆盖面，进一步加强粉丝对企业品牌的印象。例如，核心账号"小米官方旗舰店"另设有"小米手机""小米之家""小米智能生态"等账号。

②1+N 型矩阵。这种模式是指在一个主账号下再开设"N"个产品专项账号，以

此构成完整的产品宣传体系。例如，抖音"海尔"主账号下另有"海尔冰箱""海尔洗衣机""海尔空调"等一系列海尔电器的产品账号。企业使用这种模式，一旦产品在粉丝心中形成鲜明的特色，就更能激发他们的购买欲。

③AB型矩阵。这种模式以塑造品牌形象为目的，以"形象抖音账号+品牌抖音账号"的形式组建账号矩阵，通常两个账号一主一辅同时发力，确保账号定位清晰，避免信息混乱。两个账号的作用"一软一硬"，即"软植入+硬广告"，软植入是指通过情景演绎或模仿热点等视频内容插入广告信息；硬广告是指账号直播发布品牌或产品的广告视频。

（2）账号之间的引流。

短视频创作者在构建单平台账号矩阵后，可以尝试采取以下四种方法让不同账号之间实现互相引流。

①在账号简介中展示其他账号。在短视频账号主页中的"简介"模块，短视频创作者除了介绍本账号外，还可以写上矩阵中其他账号的名字，从而为其他账号引流。

②在短视频内容简介中@其他账号。短视频创作者可以在某个短视频的内容简介中@其他账号，从而让账号之间实现互相引流。

③在评论区进行互动。短视频的评论区是短视频创作者与粉丝进行互动的地方，短视频创作者可以将评论区当成一个免费的广告位，运用不同的账号在其他账号的评论区进行评论互动，从而实现账号之间的引流。

④关注矩阵中的账号。短视频创作者在账号中关注矩阵中的其他账号，从而实现互相引流。

（3）构建单平台账号矩阵的注意事项。

短视频创作者采用单平台账号矩阵的运营模式时，需要注意以下三点：

①每个账号要有不同的内容定位，即不同的账号发布的内容要有所区别，否则将无法得到短视频平台的推荐，账号间也无法实现互相引流。

例如，在京东集团的抖音矩阵中，"京东宠物"以展示萌宠的日常状态为主，"京东财富管理"以真人出镜讲解理财知识为主，"京东生鲜"以生鲜的挑选方法及烹饪技巧分享为主。该矩阵通过不同定位的账号吸引了不同的人群，最终增加了京东品牌的整体曝光量。

②每个账号之间具有一定的关联。矩阵中的每个账号在保证内容定位有所不同的前提下，还要在某个点上形成一定的关联，这样才能让矩阵中的各个账号通过这个联结点实现相互引流。例如，抖音账号"帆书App"（原樊登读书）发展了"樊登""樊登读书""樊登读书育儿"等矩阵账号，各账号的目的都是推广"帆书"品牌。

③每个账号风格要一致。矩阵内账号不能太杂或过于混乱，风格必须保持一致，不能相差太多。

2）多平台账号矩阵

除了在同一平台上纵深拓展，短视频账号矩阵还可以进行横向的多平台覆盖。多平台账号矩阵是指短视频创作者在多个短视频平台上创建短视频账号，在发布短视频时，多个平台同步分发的形式。一般来说，多平台账号矩阵是多平台同账号矩阵，即短视频创作者在不同的短视频平台上创建名字相同的短视频账号，这样便于粉丝识别短视频创作者。例如，"日食记""李子柒"就分别在抖音、快手、微博、哔哩哔哩等平台上创建了同名账号，每个平台上的账号都拥有数量可观的粉丝。

多平台账号矩阵运营技巧主要体现在以下几个方面：

（1）寻找适配平台。

建立多平台账号矩阵运营模式，首先，要做到形式上的匹配和内容的兼容。从形式上看，可以发布短视频的平台有很多，如抖音、快手、腾讯微视、微博、西瓜视频、今日头条等。从内容上看，要根据短视频平台的特性创作符合该平台特性的短视频内容。

其次，不同的短视频平台的用户群体也会有所不同，短视频创作者在选择构建多平台账号矩阵时，要分析目标短视频平台的用户群体是否与自己的目标用户群体重合，如果两者的重合度较低，那么该短视频平台可能就不适合自己运营。

此外，选择适配平台时，需注意所选平台必须具有一定的用户规模，并且引流平台与原平台之间最好不要存在竞争关系，否则可能会产生反作用。

（2）引导流量交流。

在选择了适配的引流平台之后，短视频主账号与其他短视频平台之间已经具备了建立联系的基础。要真正实现引流，在此基础上还要让不同平台的流量之间产生交流。

引导流量交流的方式有很多，以微博为例，首先是分享的内容中要具备指向性的因素，如视频中的水印。短视频账号的运营者在微博上分享自己的视频时，如果用户对这个视频感兴趣，会关注这个微博账号，但是想要把微博上的粉丝转化为抖音上的粉丝，仅靠吸引力是不够的。借助视频中短视频平台的水印，微博上的粉丝如果想观看更多类似的视频，就可以去该短视频平台，也就成功让微博上的粉丝转化成短视频平台的粉丝。

另外，平台与平台之间的联系还可以促进短视频创作者与粉丝之间的互动，引导其他平台的用户到该短视频平台上关注账号，寻找答案，这样也可以有效地进行流量转化。

（3）维系平台联系。

不同平台间的粉丝形成联系和转化后，并不代表引流完成了，重要的是持续性地维持联系，始终保持平台间的联系不中断。首先，短视频创作者要保证短视频内容在不同平台上更新的频率基本同步，这样才能保证用户的活跃度和粉丝转化的连续性。其次，短视频内容要基本保持一致，不同平台的用户转化是需要引子的，这个引子往往就是用户感兴趣的视频或内容，因此短视频创作者必须确保用户从引流平台进入短视频平台的时候，能够很快找到与吸引他们的内容相对应的短视频。

3）账号矩阵管理

短视频创作者可以依据 PRAC 营销理论，即平台管理（Platform）、关系管理（Relationship）、行为管理（Action）和风险管理（Crisis）实施账号矩阵管理。短视频创作者可以从这四个关键点出发来管理自己的账号矩阵。

（1）平台管理。

平台管理是指短视频创作者负责主账号的长期管理与规划，并通过控制管理其余账号的形式实现矩阵式发展，促进多个账号联动"涨粉"。因为矩阵拥有多个账号，为避免各账号自说自话而出现角色混乱的局面，账号矩阵管理中必须有一个主账号负责领导、管理其他账号。主账号的平台就是主平台，在矩阵运营中发挥领导作用，其余的账号发挥推广、客服等作用，服务于主账号。

（2）关系管理。

关系管理是指短视频创作者除了管理自己控制的几个账号之间的关系，还要经营自身账号同其他短视频账号的关系，甚至包括与平台官方的关系。短视频创作者要通过管理这些关系，使自身账号更好地运营。矩阵中的各个账号如果没有良性互动，就无法形成矩阵效应，也就无法充分发挥各账号的作用，只会造成资源的浪费。

（3）行为管理。

行为管理是指短视频创作者对"吸粉"引流、品牌推广、产品营销等行为进行有效管理和运营操作。短视频创作者通过行为管理使账号更具知名度和影响力。

（4）风险管理。

账号矩阵运营也存在一定的风险，风险主要来源于内容和言论，如果短视频内容出现违规，会使粉丝产生很大的不满情绪，账号就会出现危机。一个账号出现危机，其他的账号也可能被牵连。因此，短视频创作者要严格审核内容，有效引导舆论，及时疏解粉丝的不良情绪，处理不满言论，避免危机进一步扩大。

3.4.6 短视频平台付费推广

为了更好地帮助短视频创作者推广自己的短视频作品，短视频平台相继推出了付费推广服务。本任务以DOU+为例，介绍短视频付费推广。

DOU+是抖音官方推出的一款视频助推工具，短视频创作者付费购买后，系统会将短视频推荐给更多的人，从而提高短视频的播放量，增强短视频的曝光效果。投放DOU+的技巧如下：

1）确保短视频符合投放要求

投放 DOU+的短视频需要经过抖音系统审核，只有通过审核的短视频才可以投放DOU+。短视频创作者在投放 DOU+之前，要保证短视频作品的质量。系统对投放DOU+的短视频的要求主要包括以下四个方面：

（1）制作精细、质量优良、内容完整、画面清晰等。

（2）坚持原创，短视频中不能含有其他视频账号和其他平台的水印等。

（3）营销有道，不能长时间展示商品及品牌，不能出现明显的营销类内容。

（4）把握底线，不能包含违法违规、令人不适的内容，如内容低俗、虚假宣传等。

2）选择合适的投放时间点

短视频创作者投放 DOU+时要选择合适的投放时间点。短视频创作者在发布一条短视频后，要及时到账号后台观察该短视频的各项数据表现，如果短视频的完播率、点赞量、评论量、转发量等数据在短时间内提高得很快，说明该短视频是比较受欢迎的。此时，短视频创作者应及时为该短视频投放 DOU+，以获得更多的流量，助推其成为爆款短视频。

抖音采取流量叠加推荐机制，对于新发布的短视频，如果其完播率、点赞量、评论量、转发量等数据表现良好，抖音平台会逐层将新发布的短视频投放到规模较大的流量池内，不断增加对该短视频的流量扶持。因此，短视频发布初期是投放DOU+的黄金时期。在这个阶段，短视频创作者投入较少的资金就能让短视频冲进更大的流量池内，获得更多的流量扶持。随着短视频发布的时间越来越长，为短视频投放DOU+的效果会越来越不明显。

3）精准确定目标用户群体

DOU+"定向版"为用户提供了"系统智能推荐""自定义定向推荐""达人相似粉丝推荐"三种潜在用户推荐模式。短视频创作者需要根据自己投放DOU+的目的，选择要投放的目标用户群体。

（1）系统智能推荐：系统根据短视频的内容，将其推送给经常浏览此类内容的用户。例如，如果投放DOU+的短视频是搞笑剧情类的，那么系统就会将该短视频推送给经常浏览搞笑剧情类短视频的用户。如果短视频创作者为短视频投放DOU+的目的是提高短视频的点赞量、评论量或粉丝量，就可以选择系统智能推荐。

（2）自定义定向推荐：短视频创作者可以自己设置要投放的目标用户群体属性，包括目标用户群体的性别、年龄、地域、兴趣标签等。如果短视频创作者有清晰的用户群体画像，就可以选择自定义定向推荐，以提高DOU+投放的精准性，让短视频出现在更多精准用户的面前，为短视频吸引精准流量。

（3）达人相似粉丝推荐：短视频创作者可以选择一些抖音达人，系统会将短视频推荐给这些达人的粉丝，或者与这些达人粉丝兴趣相似的群体。

4）进行"小额多次"投放

短视频创作者在投放DOU+时需要遵循"小额多次"的投放原则，即每次投放较少的资金，进行多次投放。假设短视频创作者有2 000元的DOU+投放预算，那么就可以选择每次投200元，共投放10次的策略，而不要一次性将2 000元全部投完，这样有利于短视频创作者控制投放DOU+的试错成本。

5）优化调整投放方案

在投放DOU+期间，创作者要随时查看短视频的数据表现，并根据短视频的数据变化及时调整和优化投放方案，以加强投放效果。

为短视频投放DOU+确实能够帮助短视频创作者增加短视频的曝光量，扩大短视频的传播范围，但这并不意味着只要短视频创作者为短视频投放了DOU+，短视频就会成为爆款。DOU+只是一个帮助短视频获得更多流量和曝光量的工具，其主要作用是让短视频创作者的短视频被更多人看到，至于短视频能否成为爆款，主要取决于短视频的质量，优质的内容才是打造爆款短视频的关键。

任务3.5　短视频营销数据分析与优化

3.5.1　短视频营销数据分析的作用

1）指导短视频内容创作方向

短视频账号运营初期，短视频创作者对短视频市场、短视频选题方向等了解并不充分，需要用数据来指导短视频内容创作方向。

创作者可以先拍摄几条短视频并将其发布到某个短视频平台上，然后关注短视频在平台的播放量、点赞量，帮助创作者初步总结用户感兴趣的短视频特点，优化短视频创作者的创作方向。

2）确定运营重心

短视频平台较多，创作者需要考虑是深耕某个平台，还是多平台运营。

如果短视频创作者的实力有限，则可以考虑将有限的资源重点投放在某个平台上。如果短视频创作者人力、物力、财力等资源充足，可以选择多平台运营。在运营初期，可以在多个平台上发布具有相同内容的短视频，然后跟踪并分析短视频在不同平台上的数据表现。对于数据表现较好的平台，短视频创作者可以将其作为自己重点运营的平台；对于数据表现不好的平台，则可以选择放弃。

3）优化短视频运营

短视频创作者明确了重点运营的平台后，需要利用数据分析充分了解该平台的创作环境、用户画像等特征，使用数据分析结果在该平台进行精细化运营，包括优化短视频的内容创作、发布时间等，并且不断探索和研究在该平台上获得高流量的方法。

3.5.2　短视频数据分析的渠道来源

搜集足够多的有效数据是开展数据分析的基础，短视频创作者可以通过以下两个渠道来搜集短视频的运营数据。

1）账号后台

在短视频账号后台会有各个短视频的数据统计工具，包括点赞量、评论量、转发量等，短视频创作者通过这些数据可以了解自己账号中各个短视频的运营情况。

以抖音电商为例，可以使用抖音电商罗盘分析自营账号短视频、合作达人短视频的相关数据。

（1）自营账号短视频。

自营账号短视频帮助商家了解每个自营账号引流类与带货类短视频的整体表现及核心指标变化趋势，支持按日周月和大促期间筛选不同时间段查看，包含账号卡片、核心数据和短视频明细三个模块。

①账号卡片：支持选择全部或者某一个账号查看对应的数据，不支持多选，账号默认按照筛选时间范围内发布视频数量排序，支持按带货短视频或非带货短视频筛选查看数据。

②核心数据：支持按全部短视频、历史发布短视频和新发布短视频来筛选查看指标变化趋势，统计的视频范围为在筛选时间范围内发布的视频和在筛选时间范围内有观看数据的视频。带货短视频数据计算历史绑定过商品的短视频，其核心指标包括短视频观看次数、购物车曝光次数、成交金额、千次观看成交金额GPM、引流直播间次数。非带货短视频数据计算没有绑定过商品的短视频，其核心指标包括短视频观看PV、评论次数PV、引流直播间次数。

③短视频明细：支持按短视频类别、热词和话题来筛选查看，可根据需要选择任意两个指标将短视频划分为四个象限，直接定位到互动较高、转化较高的短视频，并

查看单条短视频的详情数据。

（2）合作达人短视频。

合作达人短视频帮助商家了解每个带货账号发布的带货短视频的整体表现及核心指标变化趋势，支持按日周月和大促期间筛选不同时间段查看，包含账号卡片、核心数据和短视频明细三个模块。

①账号卡片：支持选择全部或者某一个账号查看对应的数据，不支持多选，账号默认按照筛选时间范围内视频成交金额排序，仅支持查看带货短视频数据，每个账号卡片支持查看各类短视频供给指标。

②核心数据：支持按全部短视频、历史发布短视频和新发布短视频来筛选查看指标变化趋势。带货类短视频核心指标包括短视频观看次数、商品曝光次数、商品点击次数、成交订单数、成交金额、预估佣金支出等。

③短视频明细：支持按短视频类别、热词和话题来筛选查看，可根据需要选择任意两个指标将短视频划分为四个象限，直接定位到互动较高、转化较高的短视频，并查看单条短视频的详情数据。

（3）短视频详情。

短视频详情帮助商家了解每个短视频核心数据指标的变化趋势，及时识别和复盘爆款视频，包含基础数据、核心指标和视频评论词云三个模块。

①基础数据：展示视频基本信息、绑定商品销量和库存，以及流量互动和交易曝光指标，点击视频可直接进行播放。

②核心指标：根据短视频的发布达人类别和带货类别展示核心指标，可查看从发布日至今的数据趋势，支持自定义时间范围查看短视频核心指标数据。

③视频评论词云：将短视频评论绘制成词云，按照关键词出现的次数体现词的大小，帮助商家了解用户关心重点，及时发现正/负向评价。

2）第三方数据分析工具

在市场上有很多专门为用户提供短视频数据分析的第三方数据分析工具，例如新榜、飞瓜数据、卡思数据、蝉妈妈等，它们为短视频创作者提供各类短视频"达人榜"、短视频播放排行榜、热门素材、爆款商品等数据，短视频创作者可以利用这些工具搜集自己需要的数据。

3.5.3 常用的短视频数据分析指标

短视频创作者开展数据分析之前，需要对短视频数据分析指标有所了解，这样才有利于获得科学、有效的数据分析结果。短视频数据分析指标分为固有数据指标、基础数据指标和关联数据指标三大类。

1）固有数据指标

固有数据指标是指短视频时长、发布时间、发布渠道等与短视频发布相关的数据指标。

2）基础数据指标

基础数据指标主要是指播放量、点赞量、评论量、转发量和收藏量等与短视频播放效果相关的数据指标。短视频基础数据指标的具体说明见表3-6。

表3-6 短视频基础数据指标

指标名称	释义	所代表的意义
播放量	短视频在某个时间段内被用户观看的次数，代表着短视频的曝光量	衡量用户观看行为的重要指标。短视频的播放量越高，说明短视频被用户观看的次数越多
点赞量	短视频被用户点赞的次数	反映了短视频受用户欢迎的程度。短视频的点赞量越高，说明用户越喜欢这条短视频
评论量	短视频被用户评论的次数	反映了短视频引发用户共鸣、引起用户关注和讨论的程度
转发量	短视频被用户转发的次数	反映了短视频的传播度。短视频被转发的次数越多，所获得的曝光机会就会越多，播放量也会增长
收藏量	短视频被用户收藏的次数	反映了用户对短视频内容的喜爱程度，体现了短视频对用户的价值。用户在收藏短视频后很可能会再次观看，从而提高短视频的播放量

3）关联数据指标

关联数据是指由两个基础数据相互作用而产生的数据。关联数据指标包括完播率、点赞率、评论率、转发率、收藏率五个比率性指标。

短视频的播放量、点赞量、评论量、转发量、收藏量的数据变化浮动较大，经常会出现不同的短视频的播放量、点赞量、评论量、转发量、收藏量相差几倍甚至几十倍的情况。在这种情况下，如果短视频创作者仍然将播放量、点赞量、评论量、转发量、收藏量相差许多倍的短视频放在一起进行比较与分析，得出的分析结果往往是不科学的，此时，就需要使用比率性的指标。因为播放量、点赞量、评论量、转发量、收藏量的数据变化浮动较大，但比率性指标是比较稳定且具有规律性的，创作者使用比率性指标分析短视频数据，就会使播放量、点赞量、评论量、转发量、收藏量数据相差较大的短视频也具有可比性。

短视频关联数据指标的具体说明见表3-7。

表3-7 短视频关联数据指标

指标名称	计算公式	所代表的意义
完播率	完播率＝短视频的完整播放次数÷播放量×100%	短视频完播率越高，其获得系统推荐的概率就越高
点赞率	点赞率＝点赞量÷播放量×100%	反映了短视频受欢迎的程度，短视频的点赞率越高，所获得的推荐量就越多，进而提高短视频的播放量
评论率	评论率＝评论量÷播放量×100%	反映了用户在观看短视频后进行互动的意愿
转发率	转发率＝转发量÷播放量×100%	反映了用户在观看短视频后向外推荐、分享短视频的欲望，通常转发率越高，越能为短视频带来更多的流量
收藏率	收藏率＝收藏量÷播放量×100%	反映了用户对短视频内容的肯定程度

3.5.4 短视频数据分析维度

短视频创作者可以从以下两个维度进行数据分析。

1）同IP下的短视频分析

同 IP 下的短视频分析，是指短视频创作者对相同账号下的短视频进行分析，包括单视频分析、横向对比分析和纵向对比分析三种方式。

（1）单视频分析。

单视频分析是指短视频创作者对自己短视频账号中的某条短视频的数据进行分析，通过分析相关数据发现其是否存在问题，并寻找相关原因。

（2）横向对比分析。

很多短视频创作者为了提高粉丝总量会选择在多个平台上运营短视频账号，而横向对比分析针对的就是这种情况。横向对比分析是指短视频创作者将自己发布在不同平台上的短视频的数据进行整合、统计，分析这些短视频在不同平台上的运营情况。相同的短视频在哪个平台上的数据表现较好，说明其比较符合该平台的用户需求，这样短视频创作者就可以确定适合自己的平台，将该平台作为自己的运营重心。

（3）纵向对比分析。

纵向对比分析是指短视频创作者将自己账号中的短视频按照选题或拍摄风格的不同划分为不同的类型，然后分析各种选题、各种拍摄风格的短视频数据，根据数据分析结果优化短视频的选题、短视频拍摄方法等。

2）竞品分析

竞品分析是指短视频创作者对竞争对手的短视频进行分析，了解竞争对手的短视频在哪些方面具有优势，自己的短视频存在哪些不足，不断优化自己的短视频内容。短视频创作者可以按照以下三个步骤进行竞品分析：

（1）确定竞品。

对短视频创作者来说，与自己的短视频的类型相同或相似的短视频及其账号，都可以称为竞品。一般来说，竞品分为核心竞品、重要竞品和一般竞品三类。以短视频创作者自己的账号及短视频的水平为基准点，那些高于自己账号及短视频水平且非常有竞争力的竞品为核心竞品；高于自己账号及短视频水平但竞争力一般的竞品为重要竞品；在自己账号及短视频水平之下，或者竞争力不如自己的竞品为一般竞品。

短视频创作者可以选择不同类别的竞品，并对其进行长期跟踪和分析，以此来研究竞品的发展动向和自身潜在的危机，不断提高自己账号及短视频的水平。

对于核心竞品，如果短视频创作者很难与之竞争，就学习其长处来优化自己账号的内容，实施"避强"策略；对于重要竞品，短视频创作者要分析它们的优势，找到超越它们的突破口；而对于一般竞品，短视频创作者则不需要花费太多的时间，主要研究其短板，避免自己出现同样的问题。

（2）收集竞品资料。

短视频创作者在收集竞品资料时，要秉持客观、准确的原则，可以借助第三方数据分析工具收集竞品资料。

（3）分析竞品。

短视频创作者在分析竞品时，需要重点关注竞品的账号定位、目标用户群体特征、短视频内容定位、短视频数据表现、账号盈利模式等信息。

3.5.5　常用的短视频数据分析方法

短视频运营中常用的数据分析方法是对比分析法和特殊事件分析法。

1）对比分析法

对比分析法，又称比较分析法，是指将两个或两个以上的数据进行对比，并分析数据之间的差异，从而揭示其背后隐藏的规律。对比分析法包括同比（一般情况下是指今年第 N 月与去年第 N 月之比）分析、环比（指报告期水平与其前一期水平之比）分析和定期比（指报告期水平与某一固定时期水平之比）分析。

通过对比分析，短视频创作者可以找出短视频账号的异常数据。异常数据并非指表现差的数据，而是指偏离平均数值较大的数据。例如，某短视频创作者每条短视频的点赞量一般为 1 万～5 万次，但某天他发布的一条短视频的点赞量超过了 10 万次，与之前相比偏差较大，这就属于异常数据。此时，短视频创作者就需要对此数据进行仔细分析，寻找造成这种现象的原因，分析是因为短视频的主题与当前热点相契合，还是因为创作者为短视频投放了付费推广，使其获得了更多曝光，收获了更多的流量。

2）特殊事件分析法

特殊事件是指短视频平台规则发生变化，或者是短视频创作者变更发布短视频的时间、变更短视频发布的平台等，这些事件容易导致异常数据的出现。短视频创作者在记录短视频的日常数据时，也要记录这些特殊事件，以便在短视频运营数据出现异常时，能够找到这些特殊事件与数据变化之间的关系。

思政园地　我是外国人，但我不是外人

2022 年 3 月以来，1.2 万余名志愿者奋战在深圳抗疫一线，服务时长近 28 万小时。除了本土志愿者，深圳各区的外籍人士也一同与深圳并肩作战，抗击疫情。深圳报业集团视听中心（以下简称"深报视听"）反映外籍志愿者抗疫的"我是外国人，但我不是外人"系列短视频，获外交部发言人汪文斌在脸书转发点赞，国际传播层面综合传播量过亿。

第一，形成了文化间的互惠理解。该视频通过外籍志愿者在深圳生活所产生的思考和行动，来展现在抗击疫情过程中的深圳力量，以及生命至上、同心抗疫的精神。例如，该短视频中的墨西哥志愿者 Sofia 表示，"我们来自不同的文化背景，但我们同为人类，共同与疫情抗争！"异质文化个体之间的共性，在短视频中得到了诠释。

第二，选取了能够引发"他者"共情的内容。拍摄过程中多使用特写、升格等反映情绪的镜头，抓拍了大量外籍志愿者实地工作画面，在人物形象的刻画方面，重视人类共同审美的表达。在后期剪辑中，选取 Michael Jackson 的 We Are The

World 这首家喻户晓的经典歌曲，成功击中了受众的记忆之匣。歌词与画面的契合，更是将情绪推向高潮。视频中使用大量现场同期声，将外籍志愿者的真情实感集纳一体，层层递进，增强了视频信息的丰富性和说服力。平实却温暖，是众多观众对该视频的评价。

第三，选择合适的传播媒介。互联网是跨文化共情传播的重要媒介。深报视听通过持续生产优质内容，融合集团内外媒体资源，让内容产品通过多渠道多平台进行矩阵传播，延长传播链条，形成裂变效应，让正能量产品对外传播更加有体量、有声量。"我是外国人但我不是外人"系列短视频与集团内部各媒体形成合力，在读特客户端首发，并在新浪微博及微信视频号等流量平台传播。3月11日晚，外交部新闻司副司长、发言人汪文斌在其国外社交媒体上转发了该系列报道的首条视频"我是外国人但我不是外人"，向世界展示了在深圳生活的外籍人士与这座城市同心抗疫的风采，并配文说："来自世界各地的人们为我国抗疫事业做出了贡献。我们始终铭记他们的友好与支持。"收获了众多外国网民的点赞和评论。

新媒体越来越成为国家形象构建的重要因素。外交部发言人作为对外传播的官方窗口，是国家实力和国家形象的象征，阐释的是权威的态度和声音。近年来，外交部发言人的身影活跃在各大社交媒体平台，被人们亲切地称为"中国外交天团"。"我是外国人但我不是外人"短视频由香港商报等港媒发布、由中央总台 CGTN 利用其主要国际传播平台（含 Facebook、YouTube、Twitter 等）进行推送，在海外形成一定影响力。截至目前，该视频在国际传播层面综合传播量过亿，在国内传播层面综合传播量超 3 000 万。

新时期中国国际传播的创新发展既要讲好"中国故事"，为西方社会理解中国发展提供适应性话语，又要讲好"世界道理"，为求解世界性难题提供"中国方案"。

资料来源　张延，刘兴萍. 抗疫短视频的跨文化共情传播与国家形象构建——以"我是外国人但我不是外人"为例［J］. 新传播，2022（2）. 内容有删改。

思政关键词：文化自信、中国声音

视频 3-1

我是外国人
但我不是外人

基础训练

一、单项选择题

1.AISWS 运营模式，其中 A 代表的是（　　）。

A. 注意　　　　　B. 兴趣　　　　　C. 搜索　　　　　D. 观看

2.短视频的创作关键是（　　）。

A. 确定选题　　　B. 策划内容　　　C. 拍摄剪辑　　　D. 发布运营

3.由于拍摄工具与被摄主体的位置距离不同，导致被摄主体在拍摄工具取景器中呈现的画面的范围大小不一样，而这个画面范围就是（　　）。

A. 景深　　　　　B. 景别　　　　　C. 特写　　　　　D. 中景

4.在一个账号发布信息后，其他多个账号进行转发，再以其他账号为中心进行新一轮的扩散，属于单平台账号矩阵运营模式中的（　　　）。

A.蒲公英型矩阵　　　　　　　　　　　B.1+N 型矩阵

C.AB 型矩阵　　　　　　　　　　　　　D.HUB 矩阵

5.短视频创作者对 "吸粉" 引流、品牌推广、产品营销等行为进行有效管理和运营操作，属于（　　　）。

A.关系管理　　　　B.风险管理　　　　C.行为管理　　　　D.平台管理

二、多项选择题

1.拍摄脚本一般包含（　　　）三种类型。

A.拍摄提纲　　　　B.分镜头脚本　　　　C.文学脚本　　　　D.全剧脚本

2.拍摄角度包含（　　　）三个维度。

A.拍摄距离　　　　B.拍摄方向　　　　C.拍摄高度　　　　D.拍摄方位

3.以光线的投射方向来划分，可以将光线分为水平方向的（　　　）。

A.顺光　　　　　　B.侧光　　　　　　C.反光　　　　　　D.逆光

4.短视频创作者可以依据 PRAC 营销理论，从（　　　）方面实施账号矩阵管理。

A.平台管理（Platform）　　　　　　　B.关系管理（Relationship）

C.行为管理（Action）　　　　　　　　D.风险管理（Crisis）

5.短视频数据分析指标分为（　　　）。

A.固有数据指标　　　　　　　　　　　B.基础数据指标

C.关联数据指标　　　　　　　　　　　D.一般数据指标

综合应用

一、案例分析

感动中国 2022 年度人物集体奖花落 13 位 "银发知播"。他们平均年龄 77 岁，有中国科学院院士、中国科技馆原馆长，还有大学教授和中小学老师。天文、物理、文学、美学……借助短视频与直播，他们将毕生所学授予他人，用日复一日的耐心播下知识的种子。

虽已高龄，却玩转网络。白发飘飘，却依然很潮——中科院院士欧阳自远每次在短视频平台做探月知识直播，都有上百万人观看；海洋地质学家汪品先用大白话科普海洋知识；退休物理学教授吴於人和 10 多位博士生在短视频平台科普物理常识、演示趣味物理实验，吴教授被网友称为 "科学姥姥"；退休教师王广杰每晚直播 90 分钟，为 "网友粉丝家人们" 上电工课；有着 50 年教龄的语文教师杨维云两年间在直播间里为数万名成年人提供零基础拼音识字课程……

没有滤镜美颜，没有叫卖求打赏，"银发知播" 群体用精心的设计和精彩的讲述，汇成了短视频直播界的一股清流。"感动中国" 获奖信息推文下面，网友们赞叹 "这群爷爷奶奶真酷" "这才是最值得追的 up 主们"，字里行间不乏对 "银发知播" 何以令人感动的生动诠释——人们感动于职业生涯已画上句号的老人未被数字鸿沟吓退，而是主动拥抱新技术，为知识传播插上互联网的翅膀；感动于有这样一群人退而不休，发挥余热，为社会继续贡献价值；感动于在扎实功底和丰富阅历的加持下，"银发知播" 们的课堂有着非比寻常的魅力和感染力；感动于这一群体不求利益、不问回报，一门心思将传授知识进行到底的无私与热忱。

资料来源　韩韫超．"银发知播"感动我们的是那旺盛的生命热情［N］．工人日报，2023-03-07（5）．

问题：

进入晚年的"银发知播"们孜孜不倦地"工作在别处"，他们给我们这个时代、给短视频内容创作者带来哪些启发？

二、实践应用

1. 选择一个抖音比较热门的美食短视频，并反推写出短视频脚本。

2. 根据分组组成团队，以山东日照御园春茶叶科技有限公司茶叶产品为主要内容，首先进行账号定位，再列出制作短视频的相关流程，编写一个拍摄脚本，并完成产品短视频的拍摄与剪辑。

项目 4
实施直播营销

学习目标

知识目标：

- 了解直播产业的发展状况
- 掌握直播策划的方法和技巧
- 掌握直播控场和互动的技巧
- 掌握直播运营推广的常见方法
- 掌握直播数据分析常用工具的使用方法

技能目标：

- 能根据业务需求组建分工协作的直播团队、搭建直播间，并对直播间进行装修
- 能结合账号定位和主题活动设计选品方案并制定合理的组货策略
- 能完成单品和整场直播脚本的策划，并根据推广需求，制定合理的直播推广方案
- 能根据直播脚本、商品销售话术进行直播，并把控直播节奏、进行直播互动
- 能准确分析直播平台后台流量、销售等数据，并根据分析结果设计优化方案

素养目标：

- 增强合规与创新并重的营销意识
- 培养诚信为本、用户至上的营销理念
- 强化科学服务社会的责任担当

【引导案例】

直播间里逛非遗

1.课前思考

以小组为单位，讨论以下问题：

（1）你在哪些平台上观看过直播？

（2）你对直播电商有何认识？

2.案例介绍

油纸伞作为我国的传统手工文化，有着1000多年的历史，而传承至今，油纸伞的实用性已经被人们所忽视，更多的是作为工艺品。闻士善是省级非遗项目富阳油纸伞制作技艺传承人，前几年随着短视频的兴起，闻士善抓住了机会，开始在抖音上传自己制作油纸伞的短视频，让他获得了大量的关注。因为与粉丝的高频互动，他获得了许多创意，将传统伞面进行再创作，增加了上百种花纹样式，更符合年轻人审美及需求。

非遗饱含着深厚的文化底蕴，是民族文化和社会文化的优秀组成部分，更是联结着中华民族情感的纽带。随着直播平台的兴起，越来越多的非遗传承人与非遗工作者在直播平台上开播，和粉丝交流互动。直播在为非遗产品扩大影响力的同时，也为非物质文化遗产展示和传播提供了一种新的可能。

借助直播间，非遗知识与技法表演被更广泛地传播，通过观众的实时反馈，非遗工作者们可以得到更多符合当下潮流审美需求的新灵感，促进非遗产品和内容创新，加速了非物质文化遗产在内容探索上的深度融合，也获得了更多的市场机会。公开数据显示，截至2022年6月，1557个国家级非遗项目的抖音覆盖率达99.74%，视频播放总量3726亿，相关视频点赞超94亿。

非遗拥抱新平台，实现了新的发展。

资料来源　张子涵.让油纸伞获得更多人喜爱［M］.人民日报（海外版），2022-09-07.引文有删改。

3.案例讨论

以小组为单位讨论案例中给出的材料，并根据讨论结果填写表4-1。

表4-1　　　　　　　　　　　　直播在不同领域的价值

项目	内容
如何认识非遗文化走进直播间？	
直播为文化、知识、"三农"、电商等领域带来了哪些改变？	

任务 4.1   认识直播营销

4.1.1   直播营销的相关概念

1）直播

网络直播（简称直播）是指利用互联网的视频、音频等通信技术展示相关产品、内容和服务，即时与用户互动的一种网络活动。基于消费者参与的差异，可以将直播分为内容直播、社交直播和商业直播。

内容直播是用户以内容消费为目的而参与的网络直播，最常见的有娱乐直播、资讯直播、知识直播等。

社交直播是用户为满足社交需求而参与的网络直播。秀场直播是最常见的社交直播，主播通过聊天以及唱歌、跳舞等才艺展示吸引用户，用户参与直播的目的是交友、寻求与主播之间的互动等。

商业直播是用户以参与商业活动实现消费为目的的网络直播。直播电商是最常见的商业直播，此外还有企业直播、金融直播等。

2）直播电商

直播电商是网络直播的商业化应用，是以直播为渠道来达成营销目的的商业运营模式，是数字化时代背景下直播与电商双向融合的产物。直播电商本质就是主播利用即时视频、音频通信技术同步对商品或者服务进行介绍、展示、说明、推销，并与消费者进行沟通互动，以达成交易为目的的商业活动。直播电商、传统电商、传统直播对比见表4-2。

表4-2   直播电商、传统电商、传统直播对比

	直播电商	传统电商	传统直播
盈利方式	销售额分成+打赏分成+营销推广	销售额分成+营销推广	打赏分成
受众	有购物需求、社交需求和娱乐需求的消费者、批发商	有购物需求的消费者	有社交需求和娱乐需求的消费者
展现形式	直播、图文、视频	图文、视频	直播
互动形式	直播、文字、图片	文字、图片	直播

3）直播营销

直播营销是通过互联网网站、应用程序、小程序等，以视频直播、音频直播、图文直播或多种直播相结合等形式开展营销的商业活动。

对比直播电商与传统电商在信息流通各环节的模式与特点，直播电商提高了信息传递效率，降低了交易成本，主要体现在以下方面：

（1）视频直播的表现形式提高了信息密度。

相比于图文，直播的呈现形式更真实直观和多维丰富，信息密度更高，通过即时、立体的产品展示大大提升了商品信息的直观性和可信度，丰富了消费者对产品的理解和认知。

（2）交易过程中的实时互动促进了消费者与商家间的双向交互。

相较于传统电商中商家单向呈现信息给消费者，直播的双向交互形式使主播与消费者可以实时沟通交流，消费者的疑问能够得到及时解答，进而降低信息的不对称性，提高信息传递的效率。

（3）更优质的内容化建设激发消费者兴趣，实现购买转化。

视频直播在视觉、场景及表现形式上的丰富多样性，使其比图文形式能够产出更好的内容。抖音、快手等直播电商平台重视内容建设，以优质内容激发用户兴趣、吸引用户停留观看，进而实现良好的信息传递，促使购买行为的发生。

（4）直播电商通过主播人设建立信任关系，提升信息匹配效率。

在传统电商中，消费者通常需要面对大量同质化信息，花费较多时间进行人与货之间的信息匹配，决策效率较低；而直播电商可以利用主播的人设建立与消费者间的信任关系，减少消费者决策时间，进而改善信息匹配效率。

（5）直播电商凭借信息度、愉悦感和性价比优势，带动消费者体验升级。

消费者对购物渠道的需求分为多、快、好、省、信息度、愉悦感六大点。直播电商中消费者主要因为信息度（49.5%）、价格优势（47.5%）、愉悦感（32.5%）而观看直播，因为价格优势（59.6%）、愉悦感（22.7%）而产生直播消费行为。

4.1.2　直播电商产业发展历程

根据第 50 次《中国互联网络发展状况统计报告》，2022 年国内网民直播用户占比 68.1%，直播电商用户占比 44.6%，直播电商用户渗透率 65.5%，用户规模达 4.69 亿，在直播分类中用户规模占位第一。

中国直播电商产业的发展大致可以划分为五个阶段：

萌芽期（2016 年）：蘑菇街和淘宝直播开启直播先河。淘宝 2016 年 3 月试运营淘宝直播，2016 年 5 月正式成立淘宝直播；基于丰富的内容生产者资源，蘑菇街最早于 2016 年 3 月上线视频购物功能；2016 年 9 月京东推出了直播业务，整体行业生态开始建立，产业链逐渐搭建。2016 年被视为我国直播元年。

探索期（2017 年）：直播电商在探索中发展，产业链更加完善，主播类型和带货商品种类更加多元。电商平台苏宁、内容平台快手纷纷开启电商直播，MCN 机构也纷纷入场，带货种类更加丰富。

拓展期（2018 年）：自 2018 年开始，直播电商进入快速发展阶段。淘宝"双十一"正式引爆直播带货概念，各平台推出直播电商发展战略。内容平台搭建自己的电商小店，构建完整产业链。越来越多的商家进行店铺自播，带货种类更加丰富。头部短视频平台抖音、快手等入局直播电商领域，借助其可观的流量和已有的众多主播，短期内获得了较好的直播带货效果。

爆发期（2019—2020 年）：直播电商规模呈现爆发性增长，各直播和视频平台也争相推出技术升级成果和运营新计划，构建产业闭环，直播电商进入全面开花阶段。主播身份更加多元，平台上大量演艺人员参与直播带货，政府机构、电视台加入直播带货大军。从火箭到房子，"货"的种类丰富得"上天入地"。

规范期（2020 年至今）：直播电商在 2020 年成为风口，为了规范和引导直播电商健康发展，国家出台了相关政策以增强行业规范化，对直播电商中的商家、主播、直播平台、MCN机构等主体行为均做了全面定义和规范。

直播电商发展过程中的标志性事件如图4-1所示。

图4-1　直播电商发展标志性事件

从2016年互联网直播电商开启以来，直播电商获得极快的发展，未来直播电商将更加"泛在"，集任何人（Anyone）、任何物（Anything）、任何场地（Anywhere）、任何时候（Anytime）于一体的4A发展趋势将愈发明显。因此，直播电商行业仍处于高速增长期。

4.1.3　直播电商产业链

直播电商生态中，上游主要为品牌商、经销商或制造商，中游主要为MCN机构、主播以及平台渠道，下游为消费者，五大角色支撑直播电商行业快速发展。直播电商产业链图谱如图4-2所示。

图4-2　直播电商产业链图谱

1）供应商/品牌商/商家

品牌商/商家是在直播电商活动中销售商品或者提供服务的电子商务经营者。品牌商会选择符合其带货诉求以及品牌调性的主播进行商业投放，如何为商品引入更便宜、更精准、更适配的流量是其关注的核心问题。

2）MCN 机构

MCN 机构是将不同类型和内容的 PGC（专业生产内容）联合起来，支持内容的持续输出，通过平台实现商业的稳定变现的组织。MCN 机构作为连接品牌商、主播与直播平台的桥梁，其最大价值体现在精准高效匹配供应链、孵化主播和维持流量方面。

3）主播

直播电商主播是指在通过直播镜头向观众展示、讲解、种草、销售产品或服务的职业名称。

从主播归属看，主播分独立主播、商家主播、机构主播。独立主播是指不依附 MCN 机构和商家、独立开展直播的主播，商家主播是指商家聘用的主播，机构主播是签约 MCN 公司的主播。从主播身份看，又分为明星、达人 KOL、素人主播等，对于明星、达人 KOL 而言，直播带货是其流量变现的一种方式。各类主播特征各异，对商家而言，应针对营销场景选择主播类型或组合，实现效益最大化（见表4-3）。

表4-3　　　　　　　　　　　　不同类型主播的特点

	典型特征	突出优势	短板或不足
达人主播	通常由专业的 MCN 机构组织运营直销	直播经验较丰富 推动直播各环节指标提升	马太效应明显 腰尾部竞争激烈
名人主播	自主直播带货或受邀与达人主播共同直播	自带"话题+流量"粉丝经济与直播碰撞，触发新的增量	部分直播观看用户购买意愿不强
商家自播	商家自建直播团队或通过第三方运营公司协助代播	主播通常对商家商品理解深入，成本较低	曝光度与流量不高转化率有待提升

伴随着主播数量的增加，各种背景类型的主播均利用各自优势发挥带货能力，见表4-4。

（1）专业主播原始流量基本上靠平台扶持，经过长时间的积累，粉丝忠诚度较高，货品主要以品牌商直供为主，少数头部主播自建供应链。

（2）网红/自媒体主播通过优质内容在社交媒体平台圈粉，拥有一批忠实粉丝，内容变现以电商为主的网红/自媒体博主，入局直播速度较快，有部分博主已有成熟供应链保证货品供应，其他主播货品以品牌商直供为主。

（3）明星/名人自带饭圈粉丝，有一定商业价值，货品以品牌商直供为主，大多数明星/名人走进直播间是品牌代言玩法的升级。

（4）企业家/总裁主播以品牌忠实粉丝为主，流量大小取决于品牌资产的历史积累，以及通过运营调动店铺粉丝观看直播积极性，货品以自有厂商直供、经销商供应为主。

表4-4 主播类型分布及特点

主播类型	主播职能	主播带货优势	流量来源	货品来源
专业主播	专业导购 品宣较弱	专业性强、懂产品、懂用户	原始流量靠平台扶持、长期积累沉淀粉丝	品牌商直供为主、少数头部主播自建供应链
网红/自媒体主播	人设个性显著 导购为主	影响力大，辐射面较广，内容趣味性强	在社交媒体圈粉，拥有一批忠实粉丝	品牌商直供为主、部分头部拥有成熟供应链
明星/名人	品宣为主 提升品牌知名度	曝光度非常高，品牌背书强，粉丝忠诚度高	饭圈粉丝为主	品牌商直供为主
企业家/总裁	品牌背书 提高用户信任度	话语权大、优惠可做主；了解产品，用户信任度高	品牌忠实粉丝为主	自有厂商直供、经销商供应为主
政府机构人员	社会公信力强 品宣+导购	权威性强、用户信任度高，号召力强，多为公益直播	地域产地产品粉丝为主	原产地产品为主、部分品牌商直供产品
线下转型人员	卖货为主 基本无品宣	离货最近，有价格优势	线下场景积累粉丝	工厂直供为主

（5）政府机构人员主要以县长、市长等工作人员为主进行直播卖货，用户以该地域粉丝或者该产地产品粉丝为主，货品主要以原产地产品为主，也有部分品牌商直供产品。

（6）线下转型线上行业人员，流量主要以线下场景（如商场、门店）粉丝为主，将粉丝运营线上化，货品主要以工厂直供为主。

4）直播电商平台

根据《网络直播营销管理办法（试行）》，直播营销平台是指在网络直播营销中提供直播服务的各类平台，包括互联网直播服务平台、互联网音视频服务平台、电子商务平台等。平台负责搭建和维护场景服务，并制定相关规则要求参与者遵守。在平台上进行带货的各方需要遵守平台相应规则，因此，平台在产业链中拥有主导权。

平台主导权体现在以下三方面：

第一，流量分配。每个平台都有自己的流量分发机制，理解各平台关于流量分发的核心机制与规则，是做好直播的前提。比如，对于抖音而言，流量分发的核心特征是智能分发、流量池、去中心化。

第二，制定规则。各平台一方面制定直播时需要遵守的规则，另一方面制定电商相关规则，如产品保证金和抽佣比例等，同时还制定了"红人"接广告的相关规则。

第三，场景服务。各平台构建直播场景，商家入住时需进行资质审核，同时平台也会提供供货渠道。

根据主营业务差异，直播电商平台可以分为三类：传统电商平台、内容平台及社交平台。

第一类是传统电商平台为鼓励商家发展，自行搭建直播板块，作为平台商家销售运营的工具，典型代表如淘宝、京东、拼多多、苏宁等，此类平台具有丰富的货品和商家资源、成熟的电商服务和消费者权益保护体系，以及平台治理规则。

第二类是内容平台转型发展电商业务，典型代表如快手、抖音、小红书、B站等，此类平台上达人资源丰富，流量资源充沛，近两年呈现爆发式增长，是直播电商增量的重要来源。

第三类是社交平台将流量聚合，转化为商业价值，典型代表如微博、微信等，此类平台具有很强的社交优势，用户覆盖面广，能够调动起私域流量。

根据流量归属权差异，直播电商平台可以分为公域直播平台和私域直播平台。

公域直播平台的流量所有权掌握在平台手中，平台会制定流量获取的明确规则，商家每次触达用户都需要成本，淘宝、抖音、快手等电商、内容平台是公域直播平台代表。私域直播平台流量由品牌分配，商家可以反复利用，免费触达。微信推出的小程序直播是典型的私域直播平台。淘宝、抖音、快手、视频号综合对比如图4-3所示。

框架维度	分析视角	具体指标	淘宝(点淘)	抖音	快手	视频号(微信)	抖音的特性
人	用户规模	MAU(2021年平均:亿人)	8.06(0.17)	8.90	5.75	5+(10.07)	用户规模大
	黏性	人均单日打开次数(2021年平均:次)	1.65(1.88)	3.21	5.00	(15.56)	用户黏性较高
	沉浸度	人均单日使用时长(2021年平均:分钟)	9.42(17.67)	51.86	52.65	(69.68)	用户沉浸度较高
	用户画像	性别(女性占比2021Q3数据)	49.3%	49.0%	50.3%	76%(直播电商购买用户,2021年数据)	男性占比略高总体均衡
		年龄(80后及以下年龄占比,2021Q3数据)	59.8%	61.5%	55.9%	无数据	中青年消费群体更多
		城市(三线及以上城市占比,2021Q3数据)	68.3%	65.7%	58.3%	75%(直播电商购买用户,2021年数据)	高线市场占比较高
		购买力(3000元以上占比,2021Q3数据)	11.5%	9.2%	6.5%	无数据	购买能力较高
货	品类画像	核心品类	齐全、美容、服饰	服饰、食饮、日用、美妆、鞋靴箱包	服饰、美妆、食饮、珠宝	服饰、数码3C美容、食品饮料	重体验、交互
场	产品形态	单列/双列推荐	双列	单列	双列——单列	单列	公域流量为主导
	分发机制	中心化强弱	较强	最强	强	中性	平台中心化能力强
	流量场域	公域流量占比	均衡	最高	均衡	略低	公域流量为主导
	主播竞争格局	达人播/自播占集中度	达人与自播逐渐平衡	达人为主集中不高自播增多	达人为主集中度高自播有突破	自播为主分散	达人或专业机构引发关注,自播增多

图4-3　淘宝、抖音、快手、视频号综合对比及抖音特性总结

随着公域流量价格上升，流量越来越集中在大品牌商手中，私域直播将成为越来越多企业的选择方向，直播功能稳定性与私域流量激活转化能力成为私域直播平台的重要竞争力。

5) 服务商

服务商类型众多，包括数据服务商、代运营服务商等，服务商能够依靠自己的专业能力和资源为商家、主播提供支持。

数据营销服务商可以为品牌商和MCN机构提供筛选KOL、制定执行KOL直播带

货方案等数据营销服务，供应链服务商为主播提供稳定货源及选品服务，综合技术解决方案提供商则为直播电商平台提供直播技术及电商技术服务。

直播电商经过几年的发展，生态日趋完善，供应链、网店、MCN机构、主播、平台、用户、服务商以及政府等各类角色各司其职，进一步专业化和精细化，通过相互配合、相互合作，共同为用户提供更好的消费体验，形成一个快速发展、活力十足的新生态。但也应该注意到，直播电商生态系统是动态变化的，随着商业模式的不断创新，各角色和分工也会随之改变。

互动课堂4-1

在传统电商已经十分完善，线上线下渠道足够丰富的今天，直播电商为什么会成功？请从宏观背景、消费者、平台方、品牌方四个维度进行分析。

4.1.4　直播电商发展趋势

直播电商呈现"四新"发展趋势。

1）新业态

直播电商与短视频结合新业态势不可挡，优势互补。短视频与直播电商相结合，被品牌和主播整合应用，同时短视频种草、直播转化的模式也为越来越多的消费者所熟知和接受。具体的互补优势大致如图4-4所示。

图4-4　短视频和直播电商优势互补

2）新要求

监管规范与促进发展并重，使直播行业规范化、专业化。

（1）监管层面。2020年以来，国家多个监管部门在相关法律的基础上出台了20多部针对直播电商的规范性文件，国家网信办、公安部、商务部等七部门联合发布了

《网络直播营销管理办法（试行）》，对直播电商行业作出了全面具体的规范。除此之外，各行业团体及企业也纷纷出台自律规范，细化电商直播管理规则，形成了监管部门和行业协会的共治模式，直播电商监管与合规体系逐渐成型，如图4-5所示。

图4-5 直播电商监管&合规框架体系

（2）平台层面。各直播电商平台积极升级平台规则，完善直播电商的治理体系，推出管理规范、负面清单、处罚条例等细则来促进各方的合规经营，并针对性地开展了虚假宣传、恶俗炒作等违规行为的专项治理活动，对相关的违规商家与主播进行了严厉的处罚，加速了整个生态的规范化进程。图4-6为各平台治理规则。

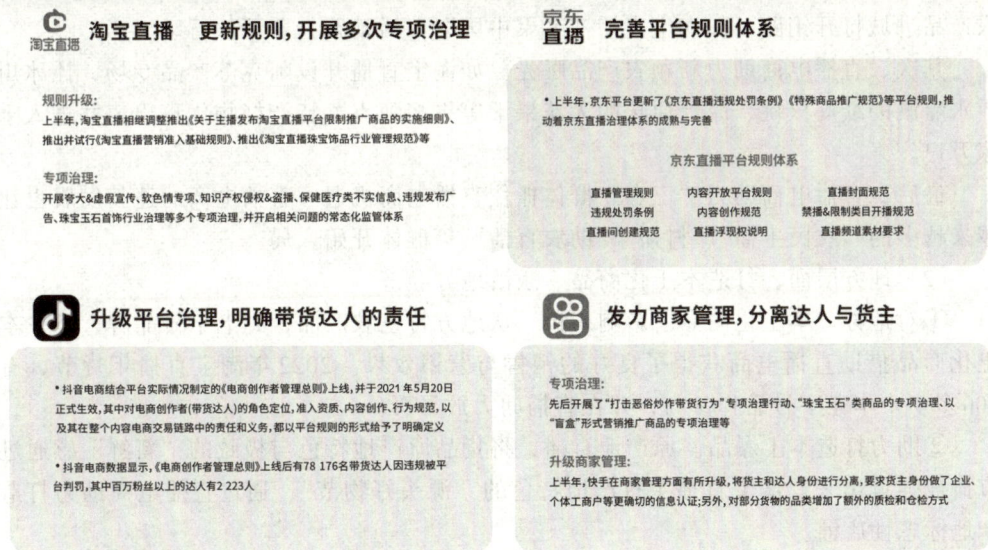

图4-6 各平台治理规则

（3）主播层面。2021年，人社部、中央网信办、国家广播电视总局发布的《互联网营销师国家职业技能标准》对互联网营销师—直播销售员新职业工种进行认证。为加强主播的合规意识,创新规范机制,建立主播信用评价体系"合规安全码",合规安全等级越高的主播,所获取的权益越全面,激励主播合规发展。头部机构严控直播品质,率先拥抱合规,推动行业自律。比如,直播机构美ONE推出了行业内首个企业管理标准《直播电商商品质量与合规管理规范》,通过严控选品、质检、宣传、售后等环节的质量,为用户提供安全可靠的购物体验,推动行业自律,如图4-7所示。

图4-7　直播选品商品质量与合规管理流程

3）新意义

（1）国家层面,直播助农,助力乡村振兴。

首先,直播电商助力农产品供应链升级。直播电商在各级政府的支持下,为乡村农产品进城打开销路。如淘宝直播"乡聚中国"等活动践行着帮扶行动。

其次,直播电商助力新颖农产品曝光。如淘宝直播开设阿克苏产品专场,让冰川雪水灌溉的纸皮核桃、原汁原味的无花果干等更多阿克苏特产好物优惠出售并进入千家万户。

最后,直播电商助力"三农"群体抓住直播电商机遇。直播电商的蓬勃发展也让越来越多的"农民主播""村播""助农直播"等群体开始入局。

（2）地方层面,打造本土化商品、激活地方经济。

①对地方"本土化商品"影响积极。从地方特色农产品,到老字号品牌,不少本土化商品借助直播电商获得了良好的销售与营销效果。2022年淘宝直播年货节,有400多个中华老字号品牌参与,并在直播间大放异彩。

②助力打造本土爆品。原产地直播,将货品原产地特色与极致的"新鲜"感通过直播被强调出来。淘宝直播主打产地特色的"源头好物节",通过直播电商助力打造产地标志性店铺。

③提升产地品牌形象。基地直播+IP赋能,提升产地品牌形象的同时,助力当地经济发展,创造就业岗位。

（3）个人层面，直播电商衍生出新角色，提供求职新机会。

直播电商衍生出特色新兴职业，包括主播、助播、选品、脚本策划、运营、场控等。在推动职业专业化的同时，有利于通过收入增加带动就业。

作为新型的电商销售方式，直播电商催生大量新型就业形态，如图4-8所示。

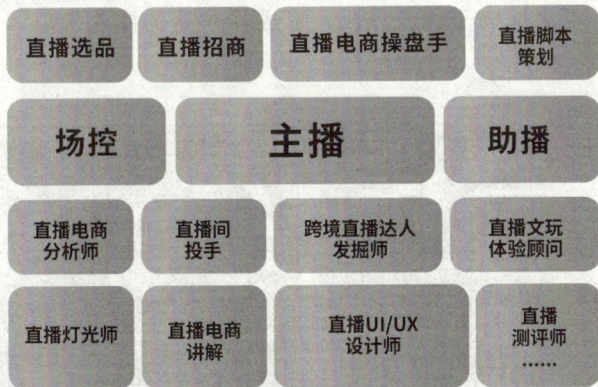

图4-8 直播电商新兴岗位示例

直播电商为跨界求职提供机会。直播行业领域划分更加精细，不再局限于"娱乐"与"带货"，服装、房地产、教育、平面设计等行业正向直播电商"转行"，从业者有了跨界求职的第二重职业选择。

4）新技术

新技术丰富了直播间场景和消费体验。3D、5G、VR虚拟现实、AR增强现实、AI人工智能等所带来的技术加持提升了消费者的观看体验，为品牌提供了更多创新营销想象力。在技术的加持下，企业直播对"人（虚拟主播）、货（数字商品）、场（现实增强、深度体验）"的重建，已经实现了元宇宙在直播间与人的交互与落地，如图4-9所示。

图4-9 新技术对直播的影响

（1）人的升级。

围绕虚拟数字人、虚拟场景等多元技术手段打造的虚拟直播逐渐成为一种常态。从直播辅助到直播主角，品牌虚拟形象主播、虚拟偶像主播等新型主播将会普及。

品牌虚拟形象主播：品牌自创形象经历了从最初的动画IP到二次元形象到AI虚拟形象的发展，承担了私域种草官、新品主理人、主播等多元角色。其外形和人设的打造与品牌自身基因高度契合，在运营层能够代替真人主播，持续24小时保持互动，输出专业性的内容，在品牌层又能很好地代表公司自身的品牌形象。

虚拟偶像主播：虚拟偶像趋近于真人KOL，高度活跃在各大社交平台，拥有自己的人设特点及粉丝群体。行业内通常分为二次元类和超写实类。它们并非某一个品牌主的虚拟形象，更多偏向于偶像养成，形成IP本身的商业价值，以实现营销变现，如图4-10所示。

代表人物：花西子形象代言人、屈臣氏形象代言人   代表人物：柳夜熙、龚俊虚拟形象、狐璃璃

图4-10 花西子、屈臣氏等品牌虚拟偶像

（2）货品升级。

直播电商的货品将更加多样，品质类商品、新产品、新品牌、新品类等占比增加，使得客单价持续提升、直播间爆品频出、新品牌借直播快速增长等，促进国内消费品牌的升级，如图4-11所示。

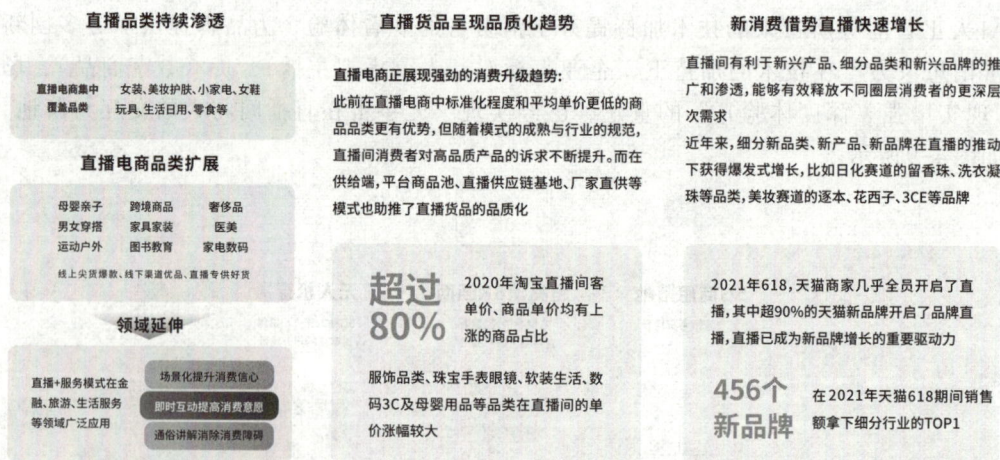

图4-11 直播货品升级

（3）场景升级。

高清视频技术、VR/AR技术等融入到直播带货中，将极大丰富直播电商服务场景，改进用户交互模式，优化直播消费体验，线下+线上打通、虚拟试装、虚拟逛街等黑科技也加入到直播带货中。未来，直播间将通过新技术进行感官互动，提升用户体验，如用户可以通过技术进行口红试色、产品试用等。直播间可能最终会成为"游戏间""互动放映间"，直播带货成为用户购物的互动游戏体验。淘宝、京东等平台已经尝试邀请洛天依、乐正绫等虚拟偶像开展直播。

证券业首个 AI 主播 "小田" 于 2020 年正式在广发证券上岗。她的主要工作任务是在广发证券易淘金 App 上播报每日的早盘视点、盘中热点和收盘点评等实时资讯。这也是整个证券行业首位以真人员工形象为原型合成的虚拟主播。AI 主播是使用 "自然交互+知识计算" 等多模态虚拟人物生成技术，模拟出一个类似人类的虚拟主播，来完成任意文本内容的视频播报或交互。

AI 主播上线，能极大提高视频生产效率。完成一场 AI 主播的华丽上线，只需要输入准备好的文字脚本，等待 2~3 分钟，即可生成一个精美的 AI 主播的视频资讯。

AI 主播的背后，有哪些 "黑科技" 加持呢？

AI 主播基于图像、视频、音频等多模态虚拟人物生成技术，通过整合人脸关键点检测、人脸特征提取、人脸重构、唇语识别、情感迁移等多项前沿技术，结合语音、图像等多模态信息进行联合建模训练，生成与真人无异的 AI 主播虚拟模型，背后涉及图像、语音、自然语言处理等人工智能技术的高度融合。

资料来源　李五强. 广发证券推出业内首位 AI 主播小田 金融科技赋能客户服务 [EB/OL]. [2020−12−15]. https://www.cnstock.com/v_company/scp_ggjd/tjd_bbdj/202012/4631306.htm.

从 2021 年年底开始，多起主播偷逃税事件被曝光，多位顶流主播告别直播带货行业甚至被全网封杀。作为直播从业人员，你认为应坚守哪些职业底线？

任务 4.2　直播策划

系统地对直播进行策划，可以整体把握直播间的状况，帮助直播按照预期进行。如何策划一场具有吸引力的直播呢？本任务以淘宝直播为例，从直播电商的两大主要业态——商家直播和达人直播——学习直播营销策划，介绍以下五部分内容：直播账号策划、直播团队策划、直播选品策划、直播脚本策划以及直播活动策划。

4.2.1　直播账号策划

直播账号包括两类：商家直播账号和达人直播账号。

1）商家直播账号策划

（1）直播账号开通。

通过以下三步开通商家直播账号：

第一步，下载淘宝主播 App，商家使用店铺主号登录。

第二步，勾选协议并根据提示进行实人认证。

第三步，实人认证通过即代表开通直播发布权限。

（2）直播账号定位。

商家直播可以参考以下六个维度对账号进行定位：

①店铺特点：主要包括店铺风格、商品类目、商品数量、店铺信誉等；

②行业地位：主要指行业知名度与影响力；

③用户受众：主要包括用户的性别、年龄、地域、职业、消费力等；

④货品类型：主要包括货品品类、客单价、销量、口碑等；

⑤人才优势：主要指企业是否有符合企业形象定位的出镜人员；

⑥硬件实力：主要包括企业的工厂、生产线、仓库、门店等硬件条件。

（3）直播账号人设策划。

通过以上六个维度的综合分析，企业根据自身优势进行直播账号人设策划，常见的账号人设有以下三种：

①强主播型。有身份优势的个人作为直播间的出镜主体（比如老板/老板娘），他们具有一定的公信力，对整个行业和产品非常熟悉，也能增强粉丝的信任感。

②强货品型。货品相较于竞品，具有明显的差异化或竞争力，直播间粉丝大多被货品吸引而下单。

③强资源型。通过原产地或生产场景等环境展示商家的实力与货品的真实度。

（4）企业账号人设强化。

账号人设确定之后，需要对账号人设持续强化，一般可以采取以下方法：

①服化道强化人设：通过直播人员着装、穿戴、配饰、道具等强化人设；

②货品强化人设：通过丰富的货品品类、货品数量、优惠的货品价格强化人设；

③场景强化人设：通过产品溯源、真实环境搭建等场景建设，增强用户代入感，强化账号人设。

2）达人直播账号策划

（1）直播账号注册。

第一步，在手机应用商店内下载淘宝主播App；

第二步，下载好淘宝主播App后，打开并使用淘宝账号或者支付宝账号登录，点击主播入驻，按步骤进行实名认证，完成后，可以修改昵称以及头像，达人账号注册完毕。

（2）达人主播人设。

主播是直播间流量承接的关键，很大程度上决定了停留时长、点击率、转化率等关键指标。主播能力的建设、主播人设的打造、主播与货品的适配都能够从不同维度提升直播间的留存能力和转化效率。

①主播人设类型。根据粉丝看待主播的视角差异，达人主播的人设通常分为两种类型：平势能人设和高势能人设。

平势能人设主播的粉丝对主播呈现平视状态，比较常见的人设是闺蜜/哥们、好友、兄弟/姐妹等，核心是拉近与粉丝的距离，从而带来种草分享式消费。做网络情景喜剧起家的"疯狂小杨哥"是典型的平势能人设代表。

高势能人设主播的粉丝对主播呈现仰视状态，常见的人设有老板、高管、创始人、专家、设计师等，核心是建立自己在某个领域中的专业性，获得粉丝信任，产生跟随式消费。"东方甄选"是高势能人设的典型代表，其"双语直播"的带货模式及主播丰富的知识储备奠定了较高的用户停留时长基础。

②达人主播人设定位。达人主播可以从以下六个维度进行人设定位：

第一，个人定位：根据个人性别、年龄、性格、身份等个人情况进行定位；

第二，用户定位：根据目标用户的性别、年龄、地域、消费力等进行定位；

第三，领域定位：通过美食、美妆、服饰、科技等擅长的细分领域进行定位；

第四，视觉定位：通过头像、背景图、服装造型、封面等视觉元素进行定位；

第五，内容定位：通过输出内容的娱乐价值、教育价值、情绪价值等进行定位；

第六，展现形式定位：通过剧情、段子、颜值、种草、Vlog等展现形式进行定位。

（3）主播能力的三步进阶。

①基础能力：懂商品、会表达，完成流量承接。对主播能力的基础要求是能够有效承接进入直播间的流量。有效承接指的是能够与进入直播间的消费者进行寒暄互动，让消费者有在直播间停留的意愿。主播对品牌和商品要有充分的了解，能够准确传递品牌和商品信息，并通过不同展示方式对商品进行种草，激发消费者的购买兴趣。另外，主播需要有促成转化成交的能力，对于产生兴趣的消费者，能够使用有效的话术，结合赠品和优惠力度促成销售。

②进阶能力：冲出屏幕的表现力，增加消费者喜爱度。对主播的进阶能力要求是具备充分的表现力。主播要有较强的情绪感染力，通过自身的阅历来延展话题，并结合语言、表情、肢体动作等来讲述故事并传递情绪，吸引消费者聆听，延长消费者在直播间的停留时间。此外，主播也需要有很好的镜头感，能够通过镜头和屏幕准确传达情绪，并带动消费者的情绪变化，让消费者随着直播间的氛围加入互动，调动直播间的气氛。具备进阶能力的主播不仅能够积累消费者的喜爱和信任，也可以建立消费者对于品牌的情感认同。

③突破性能力：读懂经营数据，实时调整直播节奏。对于主播的突破性能力要求是熟悉直播间运营的各项数据指标。主播需要有非常丰富的直播经验，充分理解直播间各项数据指标，能够洞察每种数据波动的原因，了解每种数据指标的优化方式，并能够快速调整直播状态、直播流程、商品讲解顺序、直播间互动玩法，来提升各项直播数据。

行业观察4-2 带货主播的责任和义务

一是对未成年人的保护。这主要体现在禁止未满十六周岁的未成年人成为主播或者直播间运营者。《网络直播营销管理办法（试行）》第十七条规定，直播营销人员或者直播间运营者为自然人的，应当年满十六周岁；十六周岁以上的未成年人申请成为直播营销人员或者直播间运营者的，应当经监护人同意。

二是直播内容要真实、准确、全面，不得有违反《网络信息内容生态治理规定》和违反《网络直播营销管理办法（试行）》等规定的行为。带货主播在直播过程中，一定要真实、准确、全面反映商品的信息，不得虚假宣传、夸大宣传等。例如，很多直播卖货大亏实为演戏，各种虚假宣传的手段层出不穷，均属于欺骗性销售诱导行为，以虚假或者引人误解的宣传方式误导消费者，触犯了《中华人民共和国消费者权益保护法》。

三是直播场所应该遵守相关规定。《网络直播营销管理办法（试行）》第二十条规定，直播营销人员不得在涉及国家安全、公共安全、影响他人及社会正常生产生活秩序的场所从事网络直播营销活动。在账号信息、直播间标题、封面、布景、道具、商品展示以及直播间人员着装、形象等易引起用户关注的重点环节，都不得含有违法和不良信息，不得以暗示等方式误导用户。

四是直播过程的互动信息要实时管理。首先，要依据平台服务协议对语音和视频连线、评论、弹幕等互动内容进行实时管理，避免信息违规。其次，在对互动信息管理的过程中，不得以删除、屏蔽相关不利评价等方式欺骗、误导用户。

五是不得有侵权行为。在虚拟形象使用和自然人声音使用方面，不得有侵权行为，主要是不得侵犯他人的肖像权，不得非法利用他人的声音等。对自然人声音的保护，是首次在直播相关法规中提出的，这是很多主播在直播时需要特别注意的。

3）直播账号装修

好的第一视觉是直播成功的一半，消费者通常会在进入直播间后的5秒钟内决定是否在直播间停留，因此直播间的第一视觉至关重要。受欢迎的直播间通常呈现出以下特点：

（1）和谐悦目的直播画面。

直播团队在开播前应该进行充分的灯光、设备和背景调试，确保画面清晰、明亮、配色和谐。

①装修主题明确易理解，让消费者迅速理解直播间销售的品类、品牌等。如将直播间搭建成海鲜档口的形式，可以明确地传递"新鲜海鲜源头发货"的信息，而把直播间布置成柜台形式，则传递了"正品货源"的信息。将品牌Logo设置在醒目的位置重点突出，让消费者对直播间销售的商品一目了然。

②重点信息突出，快速吸引注意力。以促销为重点信息的直播间，可以将促销主题和促销力度重点体现在背景墙上。以明星入驻为主要吸引力的直播间，则可以把明星入驻的字样或者明星形象照进行重点突出；以爆品、新品为主要吸引力的直播间，则可以把上新、爆款补货等信息在背景墙或者直播间桌面上突出展示。

（2）清晰选购信息，降低消费者决策成本。

直播间流量较大时，主播很难回复每位消费者的提问，因此为了减少主播承接的压力，可将更多标准话术和产品关键信息在屏幕上固定展示，从而节省消费者问询的环节。常见的信息包括以下几类：

①直播间及店铺信息，如开播下播时间、福利发放时间、发货时间、承运快递等；

②标品信息，如品牌信息、价格及折扣信息等；

③非标品信息，如服装、鞋履的尺码选购建议等。

（3）装修风格匹配品牌调性，强化品牌认知。

为了更好地匹配品牌调性，直播间的装修需注意以下几点：

①必要的品牌信息展示，如品牌Logo、品牌名称、品牌标语等；

②品牌设计风格和谐，如颜色搭配、图形元素等与品牌设计风格和谐；

③融入品牌其他标识，如品牌代言人、品牌IP形象、品牌吉祥物等。

（4）定期更新装修主题，满足看播用户新鲜感。

为避免粉丝审美疲劳，需要定期对装修主题进行更新。常见的装修主题更新思路有：

①换季更新：如服装、生鲜等季节性变化明显的直播间，按照最新季节进行装修陈列的更新，可以更好地适配当季的经营目标。

②新品更新：对于重要新品的上市直播，可以根据新品的视觉特点进行相应的直播间装修调整，以突出新品的特点，并营造尝新的氛围。

③营销活动：参加营销活动的商家，可以在直播间装修中突出活动的氛围感，如中秋节和春节的节庆风格、"双十一"的囤货抢购风格、明星入驻促进粉丝看播的应援风格等。

4）直播账号矩阵

除了提升单账号直播能力以外，商家通常会建立矩阵号。

（1）账号矩阵运营的原因。

第一，多账号矩阵可以增加生意机会点。更多账号意味着能通过更多内容的产出，打造更多的流量入口，带来更多的人群触达、互动积累、点击转化等。

第二，实现差异化的经营目标。单账号适合用风格一致的内容打造清晰形象，触达准确人群。而当商家拥有多账号时，就可以通过账号矩阵差异化的内容，触达不同类型的人群，或适配不同的经营场景，或传递不同的品牌、商品心智，以满足电商经营的不同要求，实现不同的经营目标。

第三，立体化的内容相互配合，可以实现"1+1＞2"的效果。通过不同账号的多个内容角度的触达，能够加深消费者印象，对品牌和商品产生更加具体的认知，增加消费者的认知度和喜爱度，并提高转化率。

（2）账号矩阵运营的条件。

优秀的主账号是进行矩阵式运营的基础。商家应先经营好主账号，积累账号运营经验，然后复制新账号，会增加成功率并提升效率。同时，一个成熟的主账号也能够带来稳定生意的保障，在稳定生意的基础上进行多账号的探索对商家而言也更加稳妥。

明确的多重经营目标是进行矩阵式经营的必要条件。商家需要对电商运营进行全局的考量，规划好不同阶段的不同经营目标，并根据不同目标配置不同账号的定位，并明确不同账号间的联动和促进方式。

（3）账号矩阵的布局思路。

布局矩阵账号的核心思路是围绕不同的目标用户打造不同的直播间方案，以货品和内容的差异化来提升目标人群的触达和转化效率。

首先，提取品牌DNA，统一品牌调性与视觉风格。矩阵账号虽然在内容设置上稍有区别，但是在品牌调性和视觉风格上应该延续统一，以便给消费者建立统一的品牌形象认知，起到内容互补共进的效果。

其次，围绕核心人群与核心商品进行拓展，让每个矩阵账号都有清晰的定位。核心人群与核心商品是品牌生意的立足之本，矩阵账号应该配合主账号的人群策略和货品策略进行适当的差异化延展，以在原有生意的稳固基础上创造增量。每一个矩阵账号相对于主账号的差异化定位和功能也要清晰和明确，比如子账号可以通过更年轻化的内容触达更年轻的人群，或者以高传播性内容增加品牌曝光度和知名度，或用子账号专门做大促活动的承接等。

（4）矩阵式账号组成。

矩阵式账号一般由四类账号组成：品牌主账号、品牌矩阵号、员工号/总裁号、经销商号/店铺号。

①品牌主账号。品牌主账号是代表品牌官方形象的主账号，通常是运营时间最长、粉丝数量最多的账号。

它代表品牌权威形象，进行品牌正面形象的曝光，同时能够通过长期运营和粉丝积累带来稳定的生意贡献。

②品牌矩阵号。品牌矩阵号是带有品牌官方标志，但服务于某个具体经营目标的子账号。

它围绕具体经营目标进行单独的内容制作和发布，精准定位目标人群，带动某个分类的商品进行销售，同时配合主账号进行内容传播和销售转化的提高。

品牌矩阵号分类依据：围绕目标人群进行分类，如性别、年龄、兴趣标签等；围绕品牌商品线进行分类，如入门款、专业款；围绕内容进行分类，如品牌宣传类内容、商品测试类内容、互动亲民类内容等。

③员工号/总裁号。员工号/总裁号是以员工、总裁、粉丝后援会等具体人设打造的个人账号。

它通过打造更加具象化的人设，借助人设形象拉近互动距离，加强粉丝黏性。

员工号/总裁号分类依据：围绕不同人设进行分类，如总裁发福利、设计师讲款式巧思、员工讲具体使用场景、工厂介绍生产流程的质量保障等。

④经销商号/店铺号。经销商号/店铺号是以经销商、线上分店、线下门店为人员班底运营的账号。

它通过经销商、合作商、门店等不同渠道的资源，同步运营多个平行账号，为品牌和商家打开更多的生意入口。

以国货美妆品牌花西子为例，品牌打造账号矩阵，每个账号有各自的品牌定位与内容调性，通过品牌账号矩阵进行差异化内容直播，实现种草与蓄水、转化与销量等不同营销目的，如图4-12所示。

5）直播间装修

直播间装修分为硬装和软装两部分。

硬装问题可以归纳为三大模块：采集设备、灯光方案、软件设置。

（1）采集设备判断及选择。

①基础直播。基础直播需配置手机摄像头、单机摄像头等硬件。

优点：成本低；上手简单易操作；随时随地可移动直播、自带美颜/声道。

缺点：成像画质有限，自动曝光，可调性差，无法根据直播内容针对性地进行调整；镜头角度有限，拍摄距离增加后质感下降明显，不适合大场景直播。

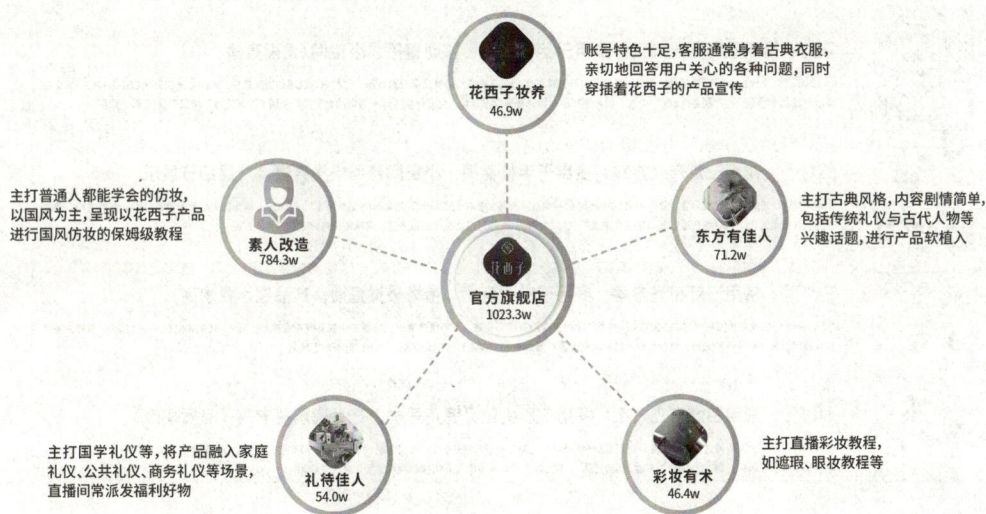

图4-12　花西子打造账号矩阵示例

②专业直播。专业直播一般配置摄像头/摄像机、采集卡和声卡（麦克风）、OBS直播推流控制台等硬件。

优点：高清素材；画面参数可调；从整体到局部细节都可实时观看。

缺点：需要采集卡、麦克风等配套附件搭配使用，需要专业能力优化细节。

基础直播和专业直播的硬件参数配置如图4-13所示。

图4-13　直播设备参数

（2）灯光方案及布光技巧。灯光方案及布光技巧如图4-14所示。

（3）软件设置及优化。

直播间软件常规设置包括：画面滤镜、直播间贴图、气氛道具和直播小助理。画面滤镜主要用于调色调、锐度、色温等；直播间贴图主要用于设计广告语、主推产品、3D创意、虚拟现实场景等；气氛道具主要用于营造节日氛围、产品系列元素等主题氛围；直播小助理主要用于增加销售氛围、承接实时抢购操作等。

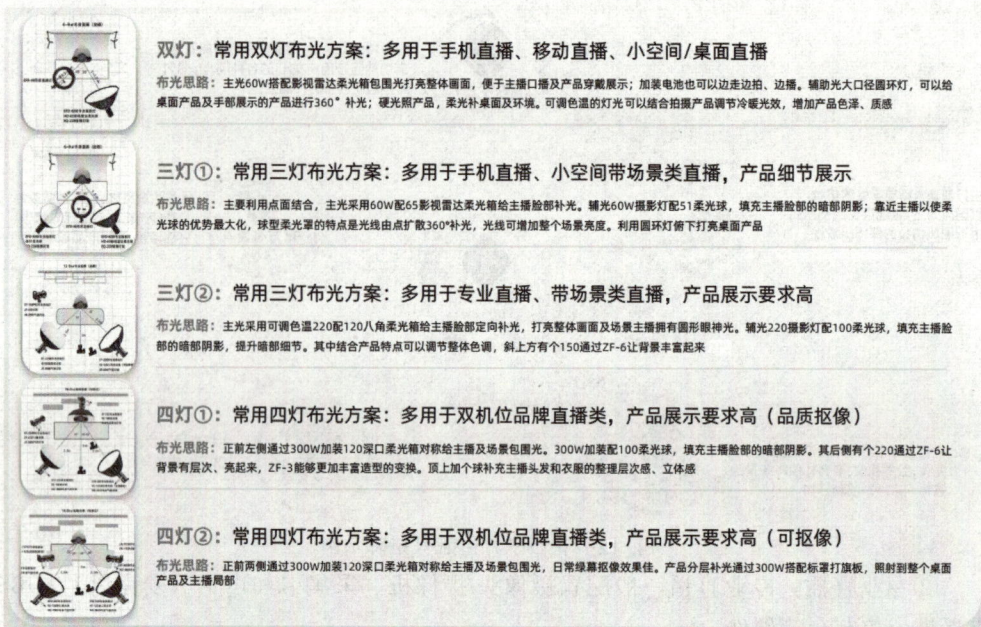

图4-14　灯光方案及布光技巧

4.2.2　直播团队策划

直播需要同时实现引流、种草、互动、转化等多个营销目标，因此需要建立分工协作的直播团队。一个成熟的直播间运营需要具备优质的主播、精细的直播节奏控制、灵活的商品调整、快速响应的广告投放等。

1）直播团队架构

直播团队一般包含直播运营、场控、主播三种核心岗位类型，不同岗位分担着不同的工作内容。直播间工作内容有统一标准，但一个完整的直播间需要多少人来工作是没有标准的，可以根据实际情况进行调整。根据团队所处的不同阶段，直播团队可以分为三种类型：初创团队、进阶团队和高阶团队。每个团队根据工作重点，可以细分为内容团队和运维团队。不同类型的直播团队架构可以按图4-15所示进行配置。

直播团队架构					
团队类型	内容团队		运维团队		人数
初创团队	主播		场控		1~2人
进阶团队	主播		场控	运营	3~5人
高阶团队	主播	副播/助理	场控	运营	策划	5人+

图4-15　直播团队架构

2）直播团队分工

直播团队不同工作岗位、不同工作阶段有不同的职责和分工。表4-5为直播间常见岗位的职责及要求。

表4-5 直播间常见岗位的职责及要求

岗位	职责描述	岗位要求
主播	1. 根据公司安排在淘宝直播平台直播带货；完成直播内容，引导粉丝关注直播间、收藏购买产品，达成粉丝关系及促进粉丝黏度；调动粉丝情绪，增加粉丝活跃度，确保直播热度和在线时长，促进转化 2. 参与公司直播复盘，不断根据数据反馈作出直播节奏调整，优化直播脚本与形式，从而达到提升直播间GMV的目标 3. 配合公司所提供的培训及其他活动，努力提高直播技巧，提炼产品卖点及产品专业知识，配合完成直播预热等视频的拍摄，以及其他直播相关工作安排	1. 普通话标准，形象气质佳 2. 具备直播活动策划能力，擅长活跃直播间气氛，有较强的控场能力，与粉丝互动性强 3. 有销售能力，能洞察客户心理需求，有系统性的销售策略和技巧更佳 4. 热爱直播行业，有强烈的个人价值实现需求，乐于接受压力和挑战
副播	1. 主播在直播间的搭档，配合主播完成产品卖点和优惠信息的口播，积极回答粉丝的现场问题 2. 协助主播在直播期间调动粉丝情绪，增加粉丝的活跃度，确保直播间热度 3. 必要时替主播直播，让主播有中场休息时间	1. 普通话标准，形象气质佳 2. 擅长活跃直播间气氛 3. 有销售能力，能洞察客户心理需求，有系统性的销售策略和技巧更佳 4. 热爱直播行业，有强烈的个人价值实现需求，乐于接受压力和挑战
场控	1. 直播现场的支持工作，配合主播活跃直播间气氛，辅助产品介绍及活动推送 2. 评论导向，在直播间散布需求旺盛讯息，并引导粉丝刷屏 3. 跟进主播的售卖节奏，充分执行脚本节奏要点，推进或舒缓关键节点	1. 具备良好的商业敏感度和用户同理心 2. 具备较好的沟通表达能力 3. 抗压能力强，能适当按直播需求调整工作时间 4. 学习能力强，没有经验也可以进行培养
助理	助理负责配合直播间内各种琐事，如传递接下来售卖的商品、准备直播过程需要的道具、优惠卡片、手稿、给主播提示等	1. 形象气质佳，谈吐高雅，亲和力强； 2. 普通话标准，工作细致，有较强的沟通能力和应变能力
运营	1. 人员统筹：统筹协调直播间人员岗位和工作，包括岗位的铺排、人员的系统配合、直播各项工作的分配，以及主播等核心岗位的把控 2. 货品统筹：梳理直播间货品结构，把控直播间货品质量，整合直播间货品类型，打造直播间货品梯度 3. 流量统筹：规划直播间各流量入口的预算，安排公、私域流量的承接方案，调整付费流量和免费流量的比例 4. 脚本统筹：整合直播间脚本，明确直播目的，规划直播呈现，确认直播话术，把控直播间执行的各个要素 5. 组织直播复盘，使直播工作持续改善	1. 了解直播规则、底层逻辑，以及直播间推流机制，能对店铺进行优化及问题整改 2. 能借助各种营销工具，制订推广计划及方案 3. 了解直播运营管理，能及时解决直播过程中遇到的问题，如设备、技术调试等 4. 优秀的沟通能力，执行力强，团队协作能力好

岗位	职责描述	岗位要求
中控	负责直播后台操作： 1.链接操作，配合直播间节奏进行产品上架、改价、库存调整等 2.活动操作，如优惠券、红包发放等 3.呈现设置，如氛围卡设置、视频插播、背景轮替等	1.会操作使用基本的办公软件 2.熟悉线上新媒体应用
导播	1.负责直播导播工作 2.操作切换台，并组织协调直播人员和技术工种完成直播 3.直播过程中保证直播画面切换质量，控制失误率，保证画面合理有效 4.负责直播系统的设备管理，监控直播信号传输通路，进行直播事故及应急处理，保障直播顺利进行	1.对机位布置、拍摄系统的分配、组建有足够的基础知识和实践能力，具备广播级视频、音频基础系统知识 2.对机位调整、画面配合音乐、画面配合舞美有良好的感知 3.熟悉导播设备，会使用调音台及多款专业音视频播放软件；熟练使用及设置淘宝直播软件 4.有摄像、摄影基础，会剪辑者更佳
投放/数据运营	1.根据直播规划建立相应的商业采买计划 2.主要负责商业广告投放（淘宝直播、爆品加热） 3.负责平台外渠道引流广告投放 4.分析每场直播的数据，根据数据提出直播间优化建议	1.熟悉淘宝及其他渠道投放平台，有成功的投放案例者优先 2.对数据敏感，具有较强的数据分析能力
客服	1.问题答疑：对客户提出的产品相关问题进行答疑回复 2.售后处理：处理订单的售后问题，包括退款换货、遗失补发、中差评、好评维护等 3.粉丝群维护：建立和维护粉丝群组，引导粉丝氛围，安抚和调动粉丝情绪，包括活动召集、福利发放、抽奖公示等	1.服务意识强，有耐心，擅长与人沟通 2.熟悉直播电商流程、玩法

4.2.3 直播选品策划

直播中选择对的商品对于直播的最终效果有着巨大影响，因此直播选品策划在直播策划中占有重要地位。本任务从以下三方面学习直播选品策划：

1) 直播选品策略

（1）直播间货品规划。

货品是直播的核心内容。直播的最终目的是卖货，第一步就是要有好货。

货品规划的主要意义就是清楚地了解直播间要卖什么、怎么卖。"卖什么"聚焦"我有什么货品？""粉丝需求什么？""什么东西好卖？"。"怎么卖"聚焦"优惠机制如何策划?""产品如何排列?""直播时间如何安排?"

货品规划一般经过以下三个步骤:

首先,根据直播定位进行选品;

其次,对所选商品进行直播测评;

最后,根据直播效果对产品进行优化。

(2) 直播间品类规划。

①直播间品类规划的依据。直播间品类规划可以参考以下四点:

第一,市场规律。每个季节、每个区域都有相应的热销产品,不同的节日前也会有流行产品,因此应根据季节、地域、流行趋势等指数进行选品。商家还应关注商品供需变化,也可通过内容供需变化洞察商品机会点。

第二,行业预测。查看并深入了解行业搜索词、行业爆款属性等信息,预测下一步可能流行的品类。

第三,渠道热点。根据活动氛围、大主播动向等渠道热点选品。

第四,粉丝偏好。直播间的主要客户群体是账号粉丝,因此应充分调研粉丝需求,按照粉丝偏好选品。

②直播间品类规划参考维度。直播选品可以根据4221维度进行:4是四高,即受众高、高转化、高咨询、高复购;2是两低,即低退款、低差评;2是两多,即多互动、多场景;1是直播间爆品。

2) 直播间货品结构

商品在不同场景中可以扮演不同的角色,在直播间中,商品能够起到吸引流量、引起互动、快速转化等不同的作用。将直播间中销售的所有货品按照"金额占比"和"数量占比"进行二维四象限划分,可以分为以下四种商品:引流款、承接款、利润款、测试款。

(1) 引流款。

引流款是配合主播话术和直播间活动,用于提升直播间人气、延长消费者看播停留时长,并增加直播间互动热度的产品。

挑选引流款需要遵循两个原则:第一,客单价低;第二,适用人群广。

在直播前段、直播过程中和直播结束前等不同直播阶段,引流款可以发挥不同作用。

直播前段:引流款可以用于直播间的冷启动,拉动直播间人气;

直播过程中:当直播间人气下滑明显和气氛不佳时,引流款可以用来提升人气;主推款或利润款出场前使用引流款,可以聚集人气;

直播结束前:引流款可以用于召回人气,为下一场开播做好准备。

(2) 承接款。

承接款是用于高效转化引流款人气,并自然过渡到利润款的产品。

承接款挑选需要遵循两个原则:第一,产品为受用户喜欢的热销产品;第二,产品为满足用户刚需的应季应节产品。

承接款通常用于引流款产品之后,利润款产品之前。

(3) 利润款。

利润款是在成交额和利润方面为直播间和商家带来贡献价值的产品。

利润款产品通常选择客单价高或者毛利润高的产品。这类产品通常具备以下特点：

第一，独特性，即在市场上缺少相似竞品，从而不会面临激烈的比价竞争，消费者也没有明确的价格预期。服装、鞋履等非标品更容易打出"独特性"。

第二，竞争优势，即跟竞品或者自身其他商品相比有明显的优势，能够带来体验上的明显升级，消费者认可这种优势并愿意支付更高的价格。在直播中，需要将该体验上的差异进行清晰展示，才能让消费者认可其优势。

第三，抢新心智。当消费者关注商品的新设计、新功效、新技术、新成分等新特性时，对于性价比的敏感度会相对降低，因此进行商品的定期升级更新，是商家维持利润款供给的重要方式。

第四，囤货心智。当消费者一次性购买更大包装的商品时，分摊在单件商品上的运营成本更低，也就为商家创造了更大的利润空间。对于转化情况好、商品需求度高、复购数据好的商品，商家可以尝试进行更大包装的囤货组合，在提高利润空间的同时增加了客单价，还有可能提升直播间GPM（直播间千次观看成交金额）。

利润款产品一般客单价较高，因此需要主播重点讲解产品的高价值感，不能只停留在"价格"层面，更应突出产品能够解决的问题、带来的益处。同时，利润款产品在讲解和展示上的时间占比、场景营造、附加活动，应更多与引流款和承接款相衔接。

（4）测试款。

对于商家直播而言，测试款一般是指店铺上新的产品或者虽然店铺销售数据少，但更利于在直播间展示的亮点产品。

对于达人直播而言，测试款是主播在扩充品类或提升客单上，用于转型初期测试的产品。

使用测试款时可以参考以下三点：

第一，增加陈列曝光度，例如，通过主播穿戴、手持或者摆放，使其在直播间处于长时间曝光状态，同时运营引导评论，主动对产品进行提问，观察其他用户对产品的兴趣；

第二，主播为该产品设计话题，通过话题讨论来测试用户接受此类产品的程度；

第三，上架在购物车靠后位置，观察商品的自然点击率，判断用户的感兴趣程度。

根据不同经营需求进行产品组货：

（1）根据库存情况安排组货。组货时，应该优先选择库存深度较大的商品作为一场直播的主推款，避免在直播当中出现断货下架的情况而导致流量的浪费。除了库存深度外，库存周转天数则会严重影响企业的资金压力和利润情况，对于库存周期较长、销售进度缓慢的产品，商家也可以在组货时以更多的组合优惠机制来使这类商品尽快销售。

（2）根据主题活动安排组货。在大促、品牌日等以销量为核心诉求的活动期间，商家可以充分进行承接款、利润款等产品的备货准备，利用消费者购物心智较强的活动窗口进行充分的转化，冲击高销售指标。在明星见面会等以曝光量为核心诉求的活动期间，商家可以通过引流款提升曝光量级，同时借助高流量机会，进行主力爆品的打造及潜力品的挖掘。对于以增强粉丝黏性为核心诉求的活动，商家可以以更多的福利款、实惠爆款来吸引粉丝参与，并以组合优惠撬动粉丝的囤货心智。

3）直播产品定价

直播产品定价是一项重要而复杂的工作。产品定价过高，影响产品销售转换；产品定价过低，减少企业利润。直播产品定价可以参考以下三种策略：

（1）主播人设定价。

一般来说，客单价分为高、中、低三个档次，专业人设主播在为商品定价时，价格以高客单价为主，中客单价为辅。"达人"人设主播在为商品定价时，价格要以中客单价为主，低客单价为辅。亲民人设主播和励志人设主播为商品定价时，要以低客单价为主，中客单价为辅，见表4-6。

表4-6   客单价档次分类

价格档次	价格范围	用户购买特征
高客单价	100元以上	看重质量和品牌，下单谨慎
中客单价	50~100元	充分考虑购买的必要性和商品的实用性
低客单价	50元以下	购买决策过程短，大多属于冲动式消费

（2）产品组合定价。

产品组合定价是指将互补产品或关联产品进行高价格和低价格的组合定价，从而促进各类产品销售量的增加。组合定价时，通常将用户不经常购买、价值又相对较大的商品的价格定得低一些，而对经常购买、价值又相对较小的商品的价格定得高一些，低价用于打开销路，高价用于传达商品的高质量，两者共同起到刺激需求的作用。

（3）阶梯定价。

直播间阶梯定价体现在两个方面：

首先，直播间产品有价格梯度，涵盖不同层次用户的需要。例如，客单价平均为500~600元的品牌直播间，设计相对低价的产品，如89元的产品，能帮助品牌拓展新用户；客单价平均为50~80元的直播间，设计一款相对高价的产品，如129元的产品，能帮助提升直播间的销售数据和品牌调性。

其次，购买同一品类产品时，阶梯定价通常表现为：购买一定数量之内，是一个价格，超过一定数量之后，又是另一个价格。例如，某件商品原价49.9元/件，在直播间内第一件29.9元，第二件19.9元，第三件9.9元，第四件免费。此种价格策略下，主播往往会引导直播间的用户："建议数量填4，4件一起拍更划算。"阶梯型的价格递减可以给用户带来巨大的冲击力，刺激用户很快产生下单购买的欲望。使用阶梯策略，主播要突出商品的价格优势，可利用小黑板等方式将原价标示出来，与直播间的价格形成清晰的对比展示；同时通过调整语速和音量向用户传达商品的优惠力度，提高用户的兴奋度，从而刺激他们下单购买，形成转化。

商品定价表模板见表4-7。

表4-7   商品定价表模板

商品定价表								
品牌	类别	名称	成品价	售卖规格	市场价	直播价	库存	加推数量 第二批返场

互动课堂4-3

　　近年来，越来越多的老年人走进直播间。一些主播通过打感情牌、利用老年人甄别能力弱的特点，诱导老年人盲目消费。中国社会科学院发布的《后疫情时代的互联网适老化研究》显示，老年人最大的非理性消费风险由2017年的线下购买保健品，变为了2021年的过度网络购物，其中最热衷购买的依然是保健品。老年人的消费风险以线上的新形式卷土重来，废寝忘食地守着直播间，不仅被收割了流量、金钱，也被收割了健康。

　　在强监管之下，网络直播收割老年人流量、实施营销诈骗的行为仍时有发生，应如何保护老年用户等网络社会弱势群体，引导老年人网络市场向健康方向发展？

4.2.4　直播脚本策划

　　脚本是指表演戏剧、拍摄电影等所依据的底本或者书稿的底本。直播脚本是直播所依据的底本，是通过文本形式梳理直播的流程和框架。

　　直播脚本一般分为单品直播脚本和整场直播脚本。

1）单品直播脚本

　　单品直播脚本是以单个产品讲解为单位，在产品讲解互动的同时完成有效性价值输出，快速帮助消费者提升主播认知、商品认知及信任感培养。

　　（1）单品直播脚本话术逻辑。

　　单品直播脚本可以参考马斯洛需求层次理论设计话术。

　　马斯洛需求层次理论是亚伯拉罕·马斯洛于1943年提出，其基本内容是将人的需求从低到高分为五个层次：生理需求、安全需求、社交需求、尊重需求和自我实现需求。

　　生理需求是指人类维持自身生存的最基本要求，包括饥、渴、衣、住、性、健康方面的需求。生理需求满足初级市场需求，在脚本设计时可突出对产品的一般性功能介绍。

　　安全需求指人对安全、秩序、稳定及免除恐惧、威胁与痛苦的需求。安全需求满足对"安全"有要求的市场，在脚本设计时可突出产品对身体的影响。

　　社交需求指人要求与他人建立情感联系，以及隶属于某一群体并在群体中享有地位的需要。社交需求满足对"交际"有要求的市场，在脚本设计时可突出对产品形象的提升。

尊重需求属于较高层次的需求，如成就、名声、地位和晋升机会等。尊重需求既包括对成就或自我价值的个人感觉，也包括他人对自己的认可与尊重。尊重需求满足对产品有与众不同要求的市场，在脚本设计时可突出产品的象征意义。

自我实现需求是最高层次的需求，指人希望最大限度地发挥自身潜能，不断完善自己，实现自己理想的需要。自我实现需求满足对产品有自我判断的市场，在脚本设计时可突出产品对消费者的特定意向。

基于马斯洛需求层次理论的单品话术逻辑如图4-16所示。

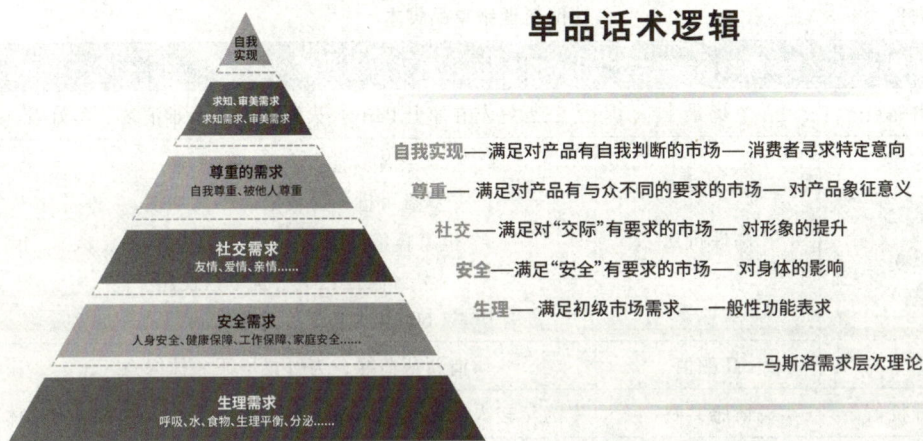

图4-16　基于马斯洛需求层次理论的单品话术逻辑

（2）单品直播脚本话术设计。

设计单品直播脚本可分为以下两步：

第一步，结合用户需求和产品使用场景分析，挖掘产品卖点。

用户需求包括生理、安全、社交、尊重、自我实现五个方面；产品使用场景可以归纳为 5W2H，即 Who（谁会买）、Why（为什么会买）、What（什么情绪下会买）、When（什么时候会买）、Where（在哪买）、How（什么方式买）、How Many（买多少）。

产品核心卖点可以从以下九个维度开展：价格、便利、实力、品质、效率、情感需求、服务、稀缺性、赠品。

第二步，围绕"提出痛点、输出卖点、提升价值、促销转化"，建立单品脚本的架构。

首先，通过价格引入、场景代入、知识讲解等提出痛点；

其次，通过品牌介绍、功能介绍、场景介绍等输出卖点；

再次，通过情感共鸣、价格反差、价格计算等提升价值；

最后，通过价格介绍、福利刺激、促单环节等促销转化。

基于 5W2H 的单品脚本设计如图4-17所示。

以多功能料理锅为例，简单设计单品脚本，见表4-8。

产品脚本

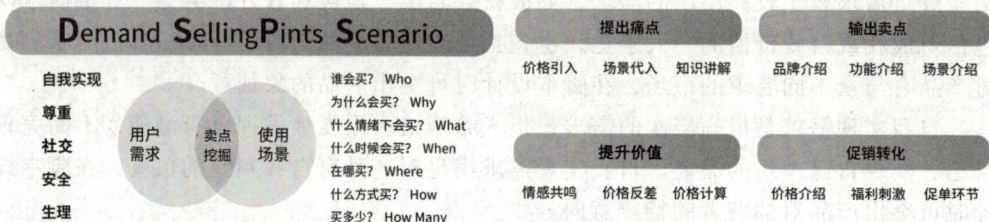

Demand SellingPints Scenario	**提出痛点**	**输出卖点**
自我实现 尊重 社交 安全 生理	价格引入　场景代入　知识讲解	品牌介绍　功能介绍　场景介绍
用户需求　卖点挖掘　使用场景	**提升价值**	**促销转化**
谁会买？Who 为什么会买？Why 什么情绪下会买？What 什么时候会买？When 在哪买？Where 什么方式买？How 买多少？How Many	情感共鸣　价格反差　价格计算	价格介绍　福利刺激　促单环节

图4-17　基于5W2H的单品脚本设计

表4-8　　　　　　　　　　多功能料理锅单品脚本

项目	商品宣传点	具体内容
提出痛点	场景	三五好友在家开Party，火锅功能少、难清洁、不好看
输出卖点	高性价比	一锅多能：煎/烤/涮/煮/焖 双盘可拆：易清洁，不藏油渍 全家容量：满足3~6人涮烤需求 分区温控：不干扰单盘使用 1 600瓦大功率：食物快速熟透
	高颜值	清新薄荷绿，为餐桌增添一抹绿意
提升价值	情感共鸣	专为年轻人设计的萌家电，将审美、功能、体验融为一体
促销转化	"双十一"特惠	"双十一"超级offer
直播时的注意事项		引导用户关注店铺 引导用户分享直播间 引导用户点赞 引导用户下单

2）整场直播脚本

整场直播脚本以整场直播为单位，规范正常直播节奏流程和内容，对整场直播活动进行规划与安排。

整场直播脚本框架要做到以下五点：

第一，制定直播主题。

直播主题关乎直播整个流程细节的设计，活动计划、直播话术等都围绕直播主题展开。

直播主题有多种选择，如节日主题、官方主题、店铺主题、大促主题等。企业制定直播主题时，可以制定日主题、周主题、月主题。日主题可以选择节庆日、官方活动、店铺活动；周主题可以设计上新、折扣、活动、促销等。月主题可设计开学季、年货节等。

确定主题后，围绕相关的主题来制定内容，内容可以结合热点获得较高关注度，也可以利用热搜话题，打造直播间的话题。直播主题选择与内容制定如图4-18所示。

第二，设定直播目标。

一场直播目标包括利润目标（相关指标有成交额、投资回报率、用户终身价值等）

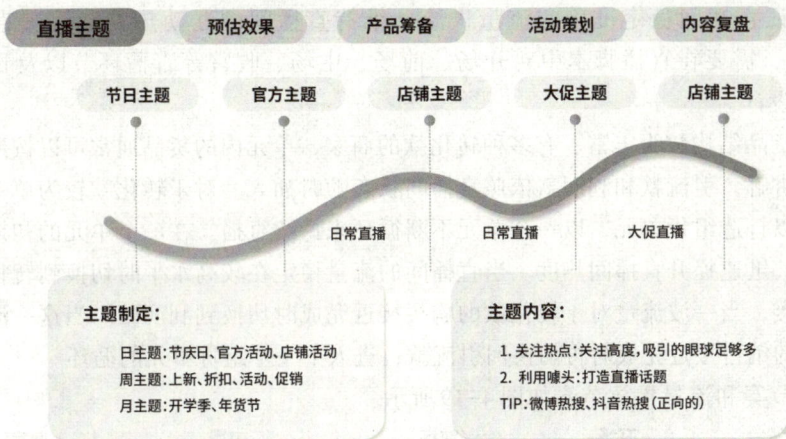

图4-18 直播主题选择与内容制定示意图

和过程目标（相关指标有在线人数、增粉数、转化率、互动量等）。品牌根据直播阶段直播设置合适的目标，并安排相应活动来促成指标达成。

第三，直播节奏控制。

设立直播目标后，将目标拆解并安排好整场节奏，包括货品讲解顺序、互动安排、投放时间等。品牌一天直播时长通常为 8~16 小时，主播一场直播通常为 2~4 小时，整个时间段都需要有内容支撑，避免冷场。直播将结束时还需要对本场直播进行感谢，并预告下场直播内容或者宝贝。整场脚本流程节奏见表4-9。

表4-9 　　　　　　　　　　　整场脚本流程节奏举例

暖场（5~15分钟）	
核心玩法	互动、提升下单（刷屏引导、点赞、转发引导）
售卖初期（1小时）	
商品特点	引流款，客单价逐步增加
核心玩法	1.抽奖、福利（约30分钟一次）：完成转、评、赞任务抽奖 2.互动、提示下单：下单流程教学、产品示范、介绍赠品及价值
售卖高峰期（1小时）	
商品特点	价格优势突出、大众化潜力爆款，客单价高低结合
核心玩法	1.抽奖、福利（约30分钟一次）：抽取高客单价热门商品免单、不定时发红包、商品大礼包 2.互动、提示下单：神秘嘉宾进直播间；根据前期下单数据/在线观众画像/在线观众要求安排商品返场
售卖结尾期（0.5~1小时）	
商品特点	客单价由高转低
核心玩法	1.抽奖、福利（约30分钟一次）：抽取高客单价热门商品免单、不定时发红包、商品大礼包 2.互动、提示下单：神秘嘉宾进直播间；根据前期下单数据/在线观众画像/在线观众要求安排商品返场
收尾（5~10分钟）	
核心玩法	抽奖、福利；下场直播预告；感谢粉丝支持

为保证直播间稳定准确的流量供给、维持直播间的互动热度、促进直播间的GPM提升，需要在直播脚本中对开场、前场、中场、收官等直播环节以及货品讲解顺序做好设计。

对于货品结构较为丰富、有多种转化款的商家，单元内的货品通常可以按照多种转化款顺序讲解，引流款和利润款依照直播间状态随时插入。对于转化款较为单一的商家来说，可以打造组货单元，以一个单元不断循环来持续直播。在一个单元的初期以引流款拉人气，迅速提升直播间热度。当直播间的流量稳定在较高水平时切换到转化款进行流量的承接，当一波流量对于转化款的购买接近完成时切换到利润款。当这一波流量对于利润款的销售接近完成时再切换回引流款，进入下一个组货单元的循环。

直播节奏和流量投放节奏如图4-19所示。

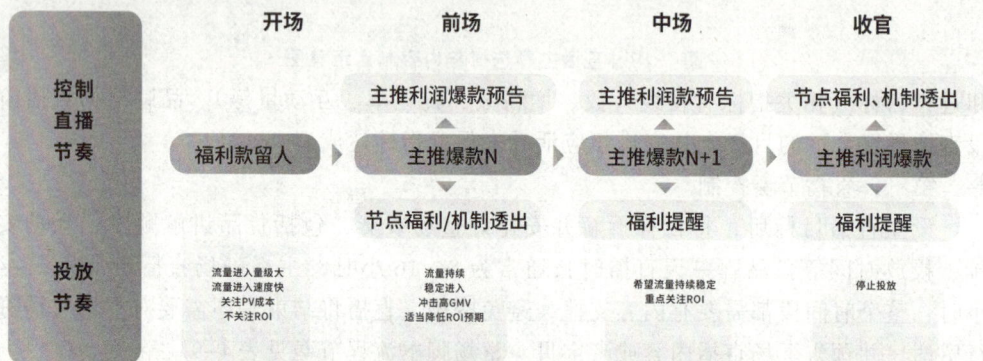

图4-19　直播节奏和流量投放节奏示意图

第四，明确直播时间和人员安排。

明确直播开始、结束的时间，确定直播的时间安排、各内容间的时间分配。一般情况下，主播应形成自己的时间规律，即每场直播时间大致上是固定的，同时，需要通过脚本明确不同直播工作人员的职位、工作分配、协调方式、沟通渠道等。

第五，注意事项。

说明直播中需要注意的事项，如流量的急剧变化、网络问题、平台链接问题、观众提出的特殊问题等。

整场直播的脚本设计是要不断通过调研、规划、设计、执行、复盘进行内容有效性提升的过程，可以站在用户的角度看待产品，站在营销的角度构建内容，站在需求的角度看待价值构建。

4.2.5　直播活动策划

目前，直播营销活动分为不同的类型，包含平台活动、行业活动、直播间活动等；不同类型的活动有不同的安排，要按照活动具体要求来制定营销策划，实现营销目标。

以下介绍两种常见的直播活动的策划：直播间活动策划和平台活动策划。

1）直播间活动策划

（1）直播活动的作用。

存在感：主播在直播间高频次点名粉丝，增加粉丝的存在感。

归属感：引导粉丝在直播间找到兴趣相投的朋友。

专属权益感：给予粉丝在其他直播间享受不到的特权。

（2）常见直播间活动类型。

常见的直播间活动类型有抽奖、优惠券、赠品、满减/送、红包、福袋等。

（3）不同层级客户活动适用类型。

①路人。

活动：店铺新人优惠券。

目的：引导关注/成交。

②新粉/钻粉。

活动：粉丝团专属优惠券/福利。

目的：引导加入粉丝团。

③忠诚粉。

活动：高级粉丝团专属礼品。

目的：维护客户、保持黏性。

④通用。

活动：满减/满送/赠品。

目的：增加关联购买率和下单率。

（4）不同直播阶段活动适用类型。

不同直播阶段适用的活动类型如图4-20所示。

| 粉丝点名互动
粉丝福利
抽奖活动
今日直播预告
私域粉丝通知 | 接触困惑
帮助决策
解决问题
建立关系 | 参与感
紧迫感
获得感
产品排列 |

开播预热　　**产品导入**　　**活动穿插**

| 价格对比:好物优惠在于对比
满赠活动:赠品吸人也是福利
稀缺促销节奏:限时限量
下单声音促氛围:氛围组倒计时等 | 通过下单操作步骤指引,迅速指引首次使用直播下单功能的粉丝,快速下单购买 | 氛围组营造活动主题氛围,如产品已经上架xx份,买xx送赠品 |

稀缺抢购氛围营造　　**购物袋操作**　　**助理氛围营造**

引导购物

核心:感恩回馈&设置下场悬念

| 可选择当天热卖款或之前直播热卖TOP返场
粉丝抽奖或才艺段子表演 | 对下场直播亮点进行剧透 | 感谢粉丝支持 |

热卖产品TOP返场　　**明日活动或上新剧透**　　**粉丝点名互动**

趣味收尾

图4-20 不同直播阶段活动适用类型

2）平台活动策划

平台活动对商家全年的销售额有着至关重要的影响。平台活动时间一般以月度为一个时间周期，不同类型的活动是混排在一个月度的，平台营销活动日历会同步更新最新的营销活动内容。图4-21以某平台2022年10月营销活动为例，包含国庆黄金周、秋冬大赏、"双十一"等不同活动内容。

图4-21　平台营销活动地图

活动策划可以分为三个阶段：活动前、活动中和活动后。

（1）活动前：制定并拆解目标。

首先，制定活动目标，可以分为三种场景：有历史同比直播数据参考、无历史同比直播数据参考和上级任务下达，具体可参考表4-10。

表4-10　　　　　　　　　　　　　　直播活动目标

活动目标类型	有同比数据参考	无同比数据参考	上级任务下达
策略思考	直接参考历史同比数据，再参考平台趋势、行业趋势，结合自己现状综合判定，制定一个科学比例	可以参考环比数据，如618可以参考38节、双十一参考618等，再参考平台趋势和行业趋势，结合自己现状综合判定，制定一个科学比例	拆解目标制定的合理性，参考平台趋势和行业趋势，结合自己现状综合判定，制定一个科学比例
自身参考	自身同比增长率为目标下线	自身同比增长率为目标下线	自身同比增长率为目标下线
行业参考	如果位于行业均值以下水平，那么行业均值为目标上线；如果位于行业均值以上水平，那么行业优秀值为目标上线	如果位于行业均值以下水平，那么行业均值为目标上线；如果位于行业均值以上水平，那么行业优秀值为目标上线	如果位于行业均值以下水平，那么行业均值为目标上线；如果位于行业均值以上水平，那么行业优秀值为目标上线
平台参考	如果位于行业优秀水平，参考平台增长率为上线	如果位于行业优秀水平，参考平台增长率为上线	如果位于行业优秀水平，参考平台增长率为上线

其次，结合活动目标拆解任务。拆解中最重要的元素就是盘货和流量。盘货品：首先调用历史直播商品成交数据，计算商品成交占比，然后匹配对应的相似活动做第二方案，来应付执行中的各种意外情况，可参考表4-11。

表4-11　　　　　　　　　　　　　　　　盘货表

历史品类占比			品类1 TOP10			品类2 TOP10		
	活动周		商品标题	销售额	占比	商品标题	销售额	占比
品类	销售额	销售占比	例：实际商品标题1	例：200万元	例：20%	例：实际商品标题1	例：200万元	例：20%
品类1	例：200万元	例：20%	例：实际商品标题2			例：实际商品标题2		
品类2			例：实际商品标题3			例：实际商品标题3		
品类3			例：实际商品标题4			例：实际商品标题4		
品类4			例：实际商品标题5			例：实际商品标题5		

盘流量：调用历史直播流量结构数据，计算流量占比，根据流量占比和大促目标等比放大流量比例，同样做好第二方案，预备异常状况，流量拆解分析见表4-12。

表4-12　　　　　　　　　　　　　　　　盘流量

活动目标类型					
流量性质	来源渠道	直播间UV	UV总计	细分渠道占比	公–私UV占比
公域流量	推荐	例：200万元		例：20%	
	其他				
	搜索				
	视频				
	活动奖励				
私域流量	宝贝详情页				
	直播—关注				
	店铺				
	订阅				
	主播主页				
	分享回流				
	淘金币				
	群				
付费流量	广告				
汇总					

最后，预定活动权益与内容。根据货品和流量情况等内容来综合制定活动权益，

辅助活动目标的完成，爆品对应成交权益，活动内容包括满减、优惠券、直降等；引流品对应流量深度转化权益，活动内容是把引流品和关联销售商品做组合，深度转化流量；福利品需要制定能打动消费者的价格等。

（2）活动中：实时监控并记录数据。

直播活动中，监控活动实时产出和流量情况，结合商品和流量的第二方案灵活调配，确保最大化完成活动目标，同时留档重要的活动数据，为复盘做准备。

（3）活动后：复盘评估。

活动结束后，需要对活动做整体评估，总结活动得失，并对活动进行复盘，比如进行货品复盘、流量复盘、营销复盘、呈现复盘、团队复盘、主播复盘等，复盘工作越详细，越有助于下次活动的顺利开展。

行业观察4-3　　直播行业的治理

1.联合行业发起治理自律倡议

2022年4月，抖音直播召开行业生态大会，面向行业和公会发起两项倡议，希望通过各方共同努力，推动直播行业健康持续发展。其中，抖音直播联合中国网络社会组织联合会、中国网络视听节目服务协会、中国演出行业协会发起《行业自律倡议》；联合全国千家直播行业公会代表，共同发起《公会自律倡议》。

2.联动打击黑灰产及违规打赏消费

在持续打击黑灰产系列行动中，2021年以来，抖音直播配合全国各地公安部门破获相关黑产案件7起，抓捕相关犯罪嫌疑人60余人。同时，抖音直播严禁用户使用挪用公款、贪污受贿等违法犯罪所得及其产生的收益进行打赏消费，依法积极配合司法机关侦查、查处违法犯罪行为及相关财产执行等事项。

3.联合直播反诈提升用户防骗意识

为了让广大网友更加直观地认清网络新型诈骗的套路，国家反诈中心、各地警方政务号和抖音创作者通过短视频和直播的形式宣传反诈，2021年，4 500多个账号参与反诈宣传的工作当中，直播场次达5 000多场，超过1.2亿的网友通过线上关注了抖音的反诈宣传。

任务4.3　直播引流

没有流量就没有转化，提升直播流量是所有商家的共同诉求。直播间流量从哪里来？商家又该如何提高直播间流量？本任务从抖音、快手、淘宝直播三大主流平台入手，学习直播引流。

4.3.1　抖音直播引流

抖音电商作为兴趣电商，以美好生活为核心价值观，主张"美好生活、触手可得"的价值理念，定位于全域兴趣电商，即基于人们对美好生活的向往，以优质内容主动挖掘用户潜在需求、满足用户潜在购物兴趣，进而提升消费者生活品质的电商模式。抖音电商的商业逻辑在于海量的用户需求+个性化的兴趣匹配，最终完成流量变现。

截至2022年3月，抖音DAU 4.18亿人，用户日均使用时长达109分钟，领先于其他电商及社交媒体平台。

1）抖音电商流量特征

（1）智能分发。

抖音以优质内容为核心的流量分发机制，在推荐算法中为内容质量高的视频/直播赋予更高的权重，从而保证消费者接收到更加精准优质的商品内容推荐。抖音的流量分发机制通过精准的兴趣匹配技术将内容质量好、反馈效果较好的短视频/直播分发到更大的具有相同兴趣标签的人群，进而使数据表现优秀的账号得以实现雪球式滚动增长，获得更多、更精准的自然流量。

按照关系链接强度，流量分发优先顺序依次为：关注粉丝→通讯录好友/可能认识的人→同城推荐→相关标签用户。

（2）流量池。

对于新发布的视频或直播间，平台会先提供一个基于标签的小流量池，把内容推荐给可能会感兴趣的人群进行测试。测试过程中，系统会根据视频或直播间在这个流量池内扩散产生的反馈数据进行评估，如果数据反馈良好，说明内容质量高，用户喜欢，接下来系统会将推荐的流量池扩大，内容也就能得到更多平台推荐的流量（如图4-22所示）。如果首轮流量池反馈的用户数据不佳，那么系统则不会继续下一轮流量的推荐。

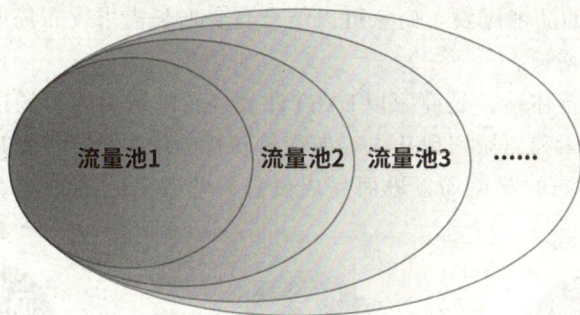

图4-22 抖音流量池推荐

流量池测试评估的数据维度主要包括点赞量、评论量、转发量、关注量、视频完播率、停留时长等。

（3）去中心化。

平台不希望流量集中在少数账号上，因此会限制新流量分配，将更多流量红利分到新的高质量账号上，吸引并推动入局者重视内容建设，确保高质量内容输出。

2）抖音直播流量来源

抖音电商流量来源有三类：公域流量、私域流量和商域流量。

（1）公域流量。

公域流量即商家直接从抖音平台获取的流量。

通过推广内容优质、极具热点的公域短视频或直播，迅速吸引公域流量，短时间内大面积触达用户，能够赋能商家、提高产品曝光度与传播度。

公域流量在抖音上的位置有：短视频推荐流、直播推荐流、直播广场、搜索栏、同城页、官方活动&话题。

（2）私域流量。

私域流量指沉淀至商家自身、可以反复触达和使用的流量。

私域流量的核心是真实用户关系。站内商家可通过粉丝关注信息流、头像呼吸灯、站外各平台的曝光方式触达私域粉丝，引发私域流量关注。

私域流量在抖音上的位置有：预热视频，群私聊，个人账号，关注页。

（3）商域流量。

商域流量指抖音内商家通过竞价广告、品牌广告、巨量星图、巨量千川等渠道获取的平台内精准流量。其中，巨量千川作为巨量引擎旗下的电商广告平台，为商家和创作者们提供抖音电商一体化营销解决方案。

商域流量能够帮助商家将内容精准推向目标人群，实现更高效地引流和转化。

对于商家而言，应该打通私域、公域和商域等三域流量，获取更加优质的流量，实现用户人群的高效率、多元、精准触达和转化。

3）抖音FACT+经营矩阵

FACT是商家在抖音电商的四大经营阵地，分别是：F（Field）是商家自播的阵地经营、A（Alliance）是海量达人的矩阵经营、C（Campaign）是营销活动的组合爆发、T（Top-KOL）头部大V的品销双赢。四大经营矩阵分别对应不同的经营目标和场景，整体上，商家自播和达人矩阵用于构建稳定的日常销量，而营销活动和头部大V用于实现规模化的品销爆发。商家可以结合自身增长需求，布局四大经营阵地，达成长期高效的销售增长。

FACT+全域经营体系，是商家以FACT四大经营阵地为内容场进行优质内容的输出，并结合通过搜索和商城实现从内容向交易转化的中心场，以及通过营销放大内容价值、实现品销协同的营销场，进而完成覆盖消费者全链路的全域经营，如图4-23所示。

图4-23　抖音FACT+经营矩阵

以"认养一头牛"为例，抖音电商帮助品牌以优质内容带动高效转化成交：首先，在抖音电商超级品牌日，将认养一头牛的牧场养殖元素搬进电梯，通过沉浸式、趣味性的内容互动实现品牌曝光；其次，协助品牌赴好奶诞生的源头进行直播，将牧场奶生产制造等多个环节零距离地向用户呈现，进而通过真实有力的直播内容吸引用户关注，建立消费者心智。

4）热点探测模型"火种"

"火种"是一种通过捕捉热点实现创作灵感捕捉和种草的营销工具，致力于帮助平台商家捕捉创作灵感、实现持续性的优质内容输出和内容化创新。"火种"主要为商家提供以下三个方面的赋能：（1）匹配行业追踪热点：经过对内容覆盖力、爆发力和达人吸引力的综合测算，制作出行业热点榜单，并引导内容创作者结合热门话题、巧用站内玩法来提高视频质量、获取更多关注，例如，与服饰行业高关联的热点#逆袭变装挑战引起了80.9亿次高关注度，及时跟拍热点有助于商家提升流量。（2）内容营销概念化：通过热点探测模型，挖掘出国潮、网红等新营销相关热点话题，帮助商家针对特定群体孵化个性化内容，实现精准营销。（3）打造节日氛围感：快速捕捉"520""春节"等节日场景下的热点，帮助商家结合节日及行业特性精准进行热点跟拍创作，集中性获取流量。

4.3.2　快手直播引流

快手以平等普惠为核心价值观，将电商定位为"新市井电商"，鼓励用户表达与分享内容。快手将产品价值定位为服务于普通人的记录与分享，以"算法平权、流量普惠"的原则让每位用户都拥有平等分享和被关注的权利，给予"看不到的世界"里的中长尾创作者70%的流量分配，降低用户生产内容的心智门槛，如图4-24所示。

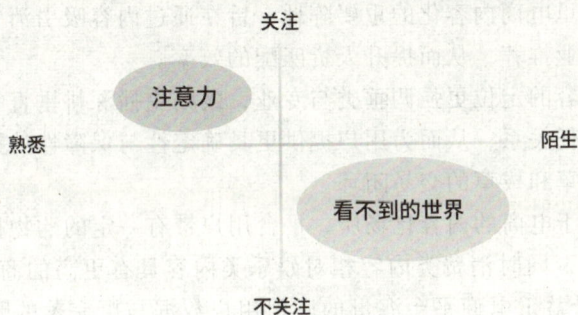

图4-24　快手的普惠算法

1）快手流量分发机制

快手的内容推荐机制以内容创作者为导向，采用重社交的推荐算法，将内容推向具有相似社交关系与相似兴趣标签的用户。创作者发布的内容有30%～40%的概率被粉丝看见，并赋予内容互动指标更高权重，流量向具备强社交关系的内容创作者倾斜。基于频繁互动，用户对创作者产生情感共鸣与认同感，创作者因此沉淀老铁粉丝，从而构建起高黏性社区氛围下的老铁经济。

快手电商延续老铁经济的逻辑，以信任为基础构建主播和商家私域流量池，引导用户复购，实现流量变现。相比抖音电商主打的兴趣概念由优质商品内容驱动的模式，快手电商主打的信任概念由优质主播驱动。主播和商家通过发布短视频内容树立人设，吸引感兴趣的用户关注，从而积累私域流量，产生信任关系。转换到商域中，当用户看到主播推荐商品且被商品种草时，就会基于对主播的信任直接下单购买商品，从而形成较高的用户黏性，大幅提升复购率，如图4-25所示。

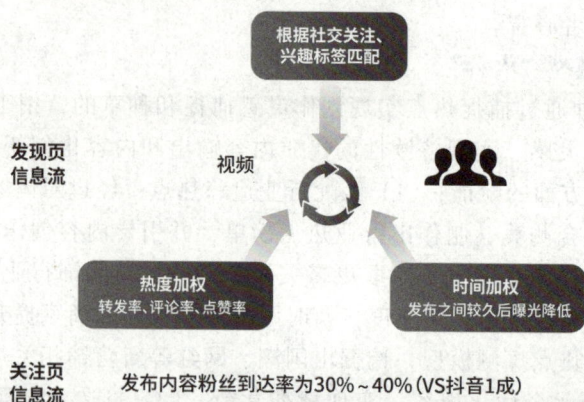

图4-25　快手内容分发逻辑

2）快手流量来源

快手电商私域流量由关注页引入、由达人主播转化，达人主播积累的高黏性用户群体加速私域流量变现。快手电商的关注页是私域流量的重要来源，而达人主播是将私域流量变现的重要渠道。

4.3.3　淘宝直播引流

1）淘宝直播介绍

微课 4-1

淘宝直播概述

淘宝直播是阿里电商内容化的重要阵地，旨在通过内容吸引消费者，为消费者提供主播和商家的专业推荐，从而提升人货匹配的效率。

淘宝直播对内容的定位更强调垂类与专业，鼓励主播深耕垂直领域，打造清晰的专业人设以构建信任关系，从而为用户提供更具确定性与保障性的推荐服务，吸引用户在直播间完成种草和拔草的交易闭环。

淘宝直播是基于电商的内容化场所，平台用户带有一定的购物目的，因此并不排斥观看消费类内容，同时消费类内容相对娱乐类内容具有更高的商品导向性。此外，如图4-26所示，受益于电商平台海量的底层用户数据与更完善的购物标签，淘宝直播的内容推荐精准度更高，因此其种草率与转化率高于内容电商平台。

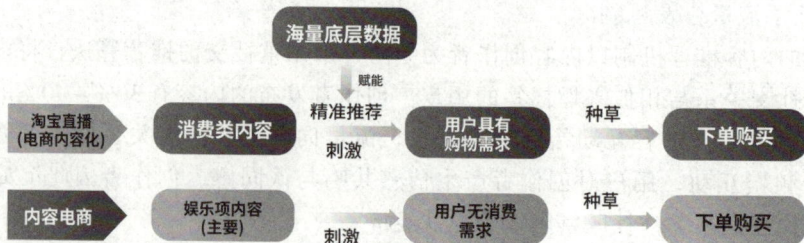

图4-26　淘宝直播VS内容电商的销量转化链条

2）淘宝直播流量入口

淘宝直播为商家提供公私域流量双入口。

公域流量入口在平台首页，赋能商家拉新获客；私域流量入口在商品详情页，辅助售前与运营私域。公域流量入口需要用户在首页主动点击进入直播流，此时用户具有一定的购物欲，但无明确的消费对象，商家直播间则作为承接这部分公域流量的场所，实现拉新获客。商家店铺有74%的流量来自公域，因此从直播域中拉新对商家而言是较为有效的方式。私域流量入口以浮动窗口形式出现在商品详情页中，用户主动搜索商品后点击进入直播间，此时用户有较明确的购物需求及交易对象，希望通过观看直播加大对商品的了解程度，从而更具确定性与保障性地完成交易；主播在这一过程中承担商品售前客服的角色，为用户讲解答疑，并通过多元的粉丝福利促进转化。淘宝直播设置不同流量入口的目的如图4-27所示。

呈现位置	首页	店铺/商品详情页
用户行为路径 用户消费需求	首页-点击淘宝直播-1)浏览已关注/推荐/同城的直播内容;2)用户主动搜索直播频道、网红与商品具有一定购物欲,但无明确的消费对象	主动搜索店铺/商品-点击直播间 具有消费需求,且有较明确的消费对象
用户点开 直播的目的	"逛"式浏览,看已关注/推荐店铺中有无心仪的商品;对消费类目有明确需求,希望主播能帮助决策	帮助了解商品详情,以便更高效决策
为店铺赋能	从公域场所拉新,通过自播承接公域流量	以直播形式完成售前的咨询解答服务,承担更高效的客服角色

图4-27 淘宝直播设置不同流量入口的目的

3）不同类型直播流量差异

（1）达人直播。

达人直播重点吸引公域流量，头部主播马太效应突出。淘宝直播的达人主播主要承担非经常性的品牌营销与短期冲榜角色。根据数据统计，在淘宝直播TOP100账号中，达人直播的场均观看次数、点赞次数、粉丝增长数均超过店铺主播数据的两倍，因此头腰部主播的带货影响力远高于商家自播。

（2）商家店播。

与达人直播相比，商家店播访客的目的性与需求更加明确，将公域流量转化为店铺私域流量的路径更短。商家店播目前已成为平台整体销售额的主力军。京东618和"双十一"期间，天猫商家开播率几乎达100%，其中新品牌开播比例超过90%。

综合来看，抖音电商、快手电商及淘宝直播均强调内容，以流量变现为主要目标，同时三者侧重有所差异，抖音电商定位于兴趣电商，以优质内容+精准推荐为核心驱动；快手电商定位于信任电商，重内容互动、重私域，以信任关系下的用户复购为核心驱动；淘宝直播本质上为电商平台的内容化渠道，具有更强的电商购物属性。三者战略定位不同，差异化发展，具体差异如图4-28所示。

4.3.4 不同人群引流的优先顺序

1）直播引流人群划分

直播引流有两个渠道：平台内部渠道和平台外部渠道。

平台内部渠道人群有两类：平台内的新人和平台内的粉丝。平台内的新人是指未关注直播间和账号平台内人群。平台内的粉丝又分为两类：显性粉丝和隐性粉丝。显性粉丝是已经做过关注操作的粉丝；隐性粉丝是指没有关注，但看过店铺多次直播或

	抖音电商	快手电商	淘宝直播
平台属性	媒体属性强	社交属性强	电商属性强
用户差异	高线城市为主; 娱乐需求强	中低线城市为主; 用户黏性高	用户黏性较高,具有相对较 强购物需求
创作者生态	爆款逻辑,突出优质视频	平等普惠,对长尾创作者友好	强调专业与垂类
流量机制	重内容质量,重推荐	重内容互动,重关注	首页入口:关注/推荐/同城
流量属性	公域流量为主	私域流量为主	公域流量为主(占74%)
电商定位	兴趣电商	信任电商	专业推荐
驱动逻辑	优质内容+精准推荐	优质内容+私域信任关系	专业内容+精准推荐
为商家赋能	品牌宣传、打爆品、寻增量, 提升流量效率	达人分销、直播转化、强复购, 提升匹配效率	拉新获客、售前客服, 提升流量效率
商家差异	品牌商家为主	产业带&中小商家为大盘, 品牌商家占比提升	天猫商家、新品牌的开播率 较高
商家自播渗透率	中等	低	高
主播差异	多元化身份(专业主播、明星、 企业家等)	家族系主播占据头部,马太效应强	头部主播带货能力强

图4-28　抖音电商、快手电商、淘宝直播差异总览

刷过多条视频的用户。隐性粉丝虽然未关注账号,但是被推送店铺相关直播或视频的机会会变大。不管是显性粉丝还是隐性粉丝,都属于店铺平台内的粉丝。

2)不同人群引流的优先顺序

从引流的效率上来讲,首先,关注平台内的粉丝,引流内容要让平台内的粉丝先感兴趣。平台内粉丝是最先看到内容的人群,对平台、品牌、短视频的风格,或者主播都有认知,不需要做过多用户教育。

其次,应该关注平台外的粉丝。平台外的粉丝已经知晓或关注了品牌,因此可以引导他们进入平台直播间观看直播,进而进行消费。

再次,应该关注的是平台内的新人或隐性粉丝。平台内的新人对平台有认知,但对品牌可能没有太多了解,粉丝画像不清晰,可以通过平台算法机制和工具,相对精准地触达这部分人群。

最后,引流效率最低的是对平台和品牌认知都缺乏的平台外的新人,需要进行双重认知教育。因此,在注重引流效率的前提下,应重点关注前三种人群。只有当品牌做大时,才可以去开拓平台外的人群引流。

4.3.5　直播流量分段引流

按照引流时段,直播引流可以分为直播前引流、直播中引流和直播后引流。

1)直播前引流

(1)直播前平台外引流。

以抖音为例,直播前可以通过个人号、微博、微信、知乎、小红书等线上触点,将品牌平台外的粉丝引入直播间。很多线上触点不具有很强的变现属性,但是触点内的用户活跃度比较高,很适合导入到直播间进行变现。以李佳琦直播间为例,在直播前会在公众号、微博等自有渠道进行曝光,曝光内容一般包括直播的时间、部分产品

的介绍，还有本次直播的亮点等。不同触点发布的类型是不一样的，同样的内容可以用文字实现、音频实现、视频实现，如图4-29所示。

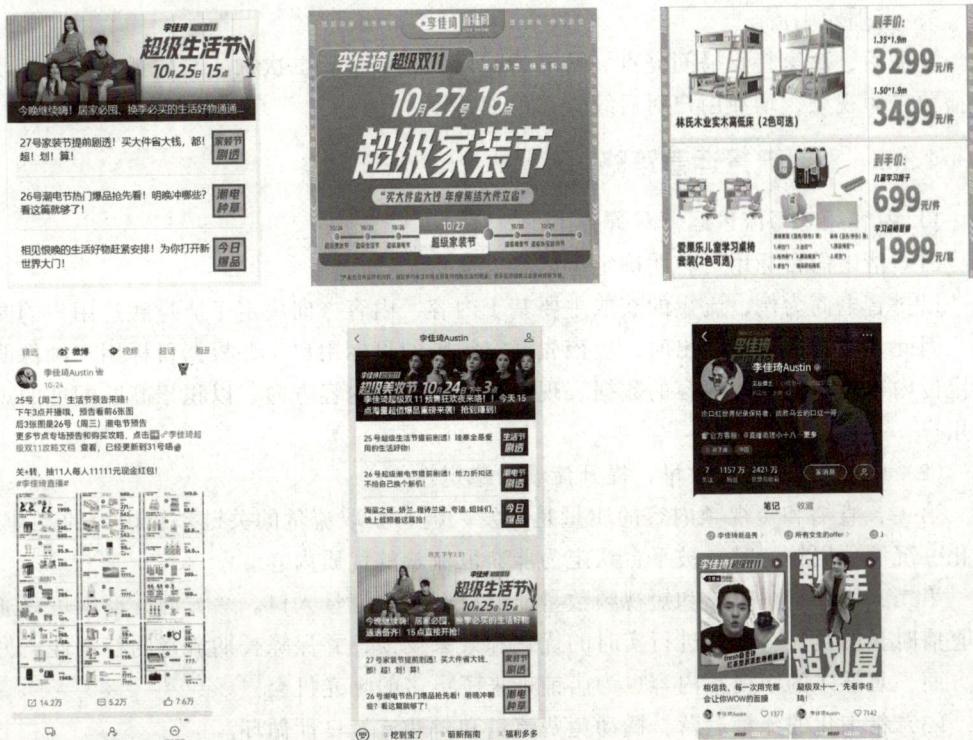

图4-29 直播前引流

（2）直播前平台内引流。

直播前平台内引流，短视频是比较好的选择。商家在直播前针对直播的主打产品做一系列视频，并在直播前集中发布。引流短视频的发布需坚持三个原则：第一，合理安排发布时间。如果是三小时内的短时间直播，至少要提前一个小时发布，否则平台很难分配到自然流量；如果是高峰时段开播，则至少需要提前两个小时发布引流短视频；如果直播时间足够长，可在直播前再次发布引流短视频。第二，视频内容相关。发布的短视频内容要与直播的内容相关，否则用户进入直播间后发现超出预期会迅速跳出，流失用户。第三，及时删减引流短视频。在直播结束后删除已经上线的短视频，因为引流短视频很多内容是简单且重复的，如果直播完不删除，会让自己账号内的视频列表无聊又冗长。

2）直播中引流

（1）直播中平台外引流。

直播中选择微博等不同渠道发布评论和互动内容，多回复评论，让消费者从侧面了解更多的直播间价值，比如独家产品或独家优惠，及时评论、互动、同步回复疑问，各渠道发布直播精彩瞬间，产生同步导流效果。

（2）直播中平台内引流。

直播中，主播可以通过直播间互动和奖励式转发等方式进行引流。直播间互动方式有"大家加关注""加入粉丝团""点亮粉丝灯牌"等。奖励式转发有开场公布直播间满多少人发红包；转发直播间后将转发内容截图给客服助理，会送优惠券；点亮粉丝灯牌成为粉丝团成员后得到会员福利等。

3）直播后引流

直播后，商家将直播间亮点、精彩瞬间回顾视频进行二次加工与传播；通过下次直播预告短视频，增加用户对后续直播的期待度。

4.3.6 直播流量运营策略

1）内容经营与流量运营双管齐下

（1）清晰的目标用户，明确定位内容方向。

以抖音电商为例，流量的获取主要基于内容，内容方向决定了流量触达用户的圈层。因此，在进行内容产出时，应该先确定清晰的目标用户，并根据目标用户画像明确定位内容方向，通过内容的数据表现不断优化校准内容方向，以积累高匹配度的忠实用户。

（2）内容质量×内容数量，提升流量的稳定性。

第一，直播和短视频内容的质量是激发兴趣、获取流量的关键。当内容的互动、转化、沉淀数据较好时，被平台认定为能获取流量的优质内容。

第二，增加直播时长和短视频数量能够打开更多流量入口。一方面，商家可以通过直播时长的延长对内容进行实时的优化和效果反馈，并保障长期流量的稳定性；另一方面，足够多的短视频内容也为店铺带来了更多的曝光机会。

（3）精细化的流量运营，撬动免费流量和付费流量良性循环。

一方面，付费流量可以撬动免费流量的推荐。比如，在抖音电商的运营初期，店铺的用户资产沉淀较少，缺乏清晰的人群画像，免费流量推荐的准确性和量级都相对较低，使店铺启动期遭遇增长瓶颈。此时，付费流量可以通过圈选目标人群，进行潜在用户的导入式投放。当付费流量的人群数据表现较好时，推荐技术会把内容分发给相似人群，促使免费流量效率获得提升，通过付费流量撬动免费流量，让商家获得整体流量的提升。

另一方面，免费流量可以帮助定位付费流量的准确度。通过免费流量带来的内容数据表现，可以优化付费流量触达的人群匹配度。当成熟的账号进行广告投放时，智能推荐人群的质量往往好于主动圈选的人群标签，其原因是免费流量通过不断测试不同人群的表现为账号找到了最佳的人群投放策略。

免费流量和付费流量的相互撬动如图4-30所示。

2）直播间流量提升方法

根据图4-31所示的直播间流量增长逻辑，提升直播间流量，需要从引流、留存和转化三个维度综合运营，具体可使用以下三种方法：

（1）唤醒私域流量。

私域流量可反复触达、使用，但存在活跃度及转化率低的问题。商家可以通过以下三个路径唤醒私域流量：

第一，养成用户固定观看直播的习惯。每周固定时间直播，并在直播前通过修改昵称等方式进行时间提示，吸引粉丝观看。

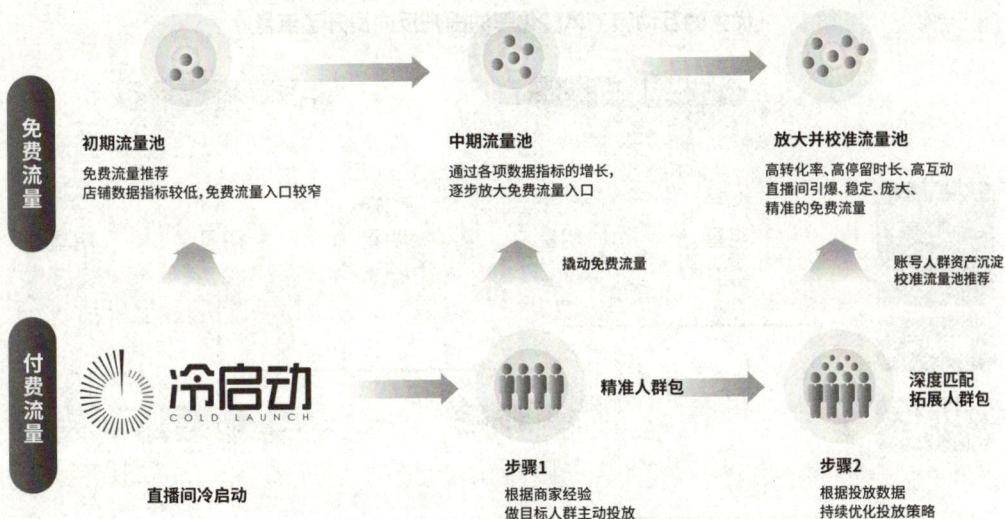

初期流量池
免费流量推荐
店铺数据指标较低,免费流量入口较窄

中期流量池
通过各项数据指标的增长,
逐步放大免费流量入口

放大并校准流量池
高转化率、高停留时长、高互动
直播间引爆、稳定、庞大、
精准的免费流量

撬动免费流量

账号人群资产沉淀
校准流量池推荐

冷启动
COLD LAUNCH

直播间冷启动

精准人群包

深度匹配
拓展人群包

步骤1
根据商家经验
做目标人群主动投放

步骤2
根据投放数据
持续优化投放策略

免费流量

付费流量

图4-30　免费流量和付费流量的相互撬动

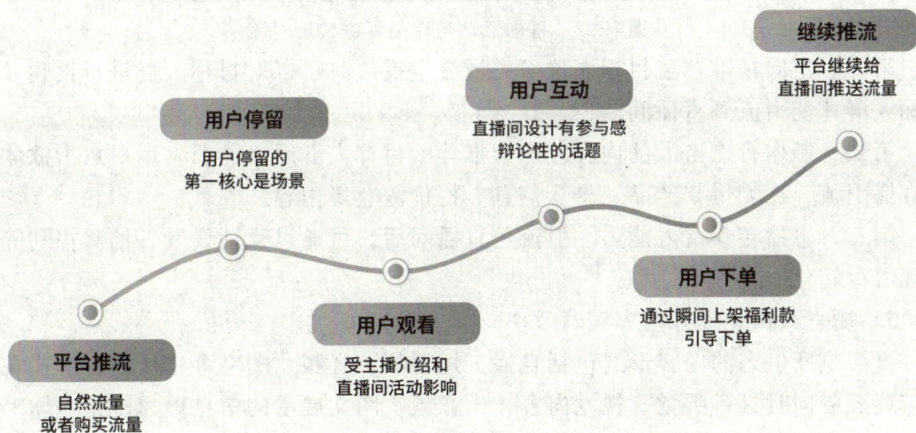

平台推流
自然流量
或者购买流量

用户停留
用户停留的
第一核心是场景

用户观看
受主播介绍和
直播间活动影响

用户互动
直播间设计有参与感
辩论性的话题

用户下单
通过瞬间上架福利款
引导下单

继续推流
平台继续给
直播间推送流量

图4-31　直播间流量增长逻辑

第二,高频的预告和花絮内容反复触达。在直播前进行直播预告,直播中发布花絮视频,反复触达粉丝,引流观看。

第三,将其他平台的私域流量导入。在商家官网、其他入驻平台进行预告、花絮引流,吸引其他平台粉丝观看。

（2）撬动公域流量。

撬动公域流量的关键是提升引流内容的互动行为数据,互动数据越高会被推荐给越多相关用户,从而实现公域引流,如图4-32所示。具体包括以下两点:

第一,如果通过短视频进行引流,短视频完播、点赞、评论、转发数据越高,越容易被推荐。

第二,通过直播间内容引流,直播互动、下单转化率、用户停留时长越高,越容易被推荐,从而实现引流。

（3）利用商域流量。

投放商域流量≠成功引流转化,想要提高商域流量投放效率,需要注意以下三个方面:

优秀的互动和下单转化率的提升反向提升了流量

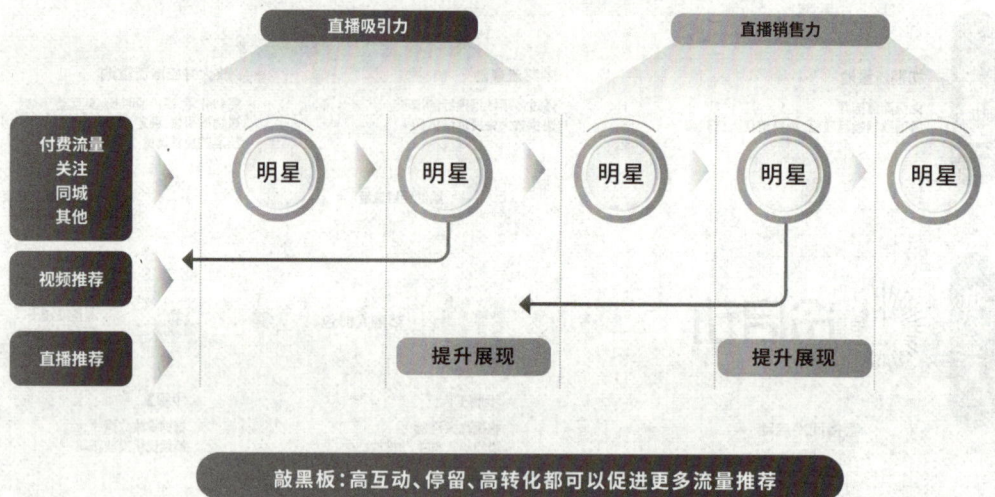

图4-32   直播互动与转化促进公域引流

第一，定向精准覆盖目标人群。商域流量投放时可以对目标人群进行设置，选对目标人群才能引流到直播间。

第二，制作有点击欲的内容。内容推荐给目标人群后，能引发用户点击欲才能实现直播引流，比如爆款产品、悬念信息、特价清仓等内容。

第三，直播转粉留人能力。引流至直播间后，可通过互动设置、抽奖福利等方式实现留存转化。

3）短直共振，提升内容运营效率

直播电商生态的内容形式包括直播、短视频、音频、图文等。从内容形式看，直播与短视频同时具备听觉、视觉内容，比音频、图文展示的信息更为多元立体，因此成为电商信息展示的热门工具。又由于直播与短视频在覆盖时间、内容、展示渠道、观看人群方面的差异性，使二者具备互补性。将二者恰当结合，形成"短直共振"，是提升内容经营效率的重要方式。

（1）直播电商中短视频的作用。

短视频对直播电商的促进效果明显，其作用主要体现在以下四个方面：

第一，帮助账号形成更完善的定位。例如，博主类账号通过短视频来塑造和完善人物设定，制作在一定垂直领域内对用户有价值的内容，常见的有知识技能分享、产品评测等，以此在用户心中建立相关领域意见领袖的印象，强化信任感。品牌类账号则通过短视频对品牌、产品相关信息进行多媒体形式的展现，常见的有产品使用演示或产品的开箱记录视频，来增加用户对品牌和产品的了解，抢占用户心智，影响消费者购买决策。

第二，完成粉丝的私域流量沉淀。短视频作为例行更新的内容，在垂直领域不断积累订阅用户，形成私域流量蓄水，同时，这种用户的积累可以是全网跨平台的。以淘宝某头部主播为例，直播是在淘宝直播平台进行，但通过短视频在抖音（4 400万）、快手（850万）、点淘（526万最爱粉）、微信公众号与视频号（1 000万）吸引了大量的订阅用户。

第三，直播预热与导流。在直播前1～3天在各个平台发布强导流型直播预告，提前锁定一部分的用户预定，结合各平台和第三方工具软件的开播提醒，在直播开始的初期锁定每场直播的初始用户群，而且也是较为忠诚的用户群。前期的忠实用户，对于每场直播初期的氛围和成交量都有比较大的助益，这也帮助直播间得到更好的平台算法评价，以获取更多的推荐流量支持。在直播的过程中，也可以将直播过程中的数据高光片段、趣味片段，或者名人互动片段等进行短视频剪辑后发布，通过短视频的自然流量和投放在短视频端的付费流量（在抖音是DOU+，在淘宝是阿里妈妈超级短视频），吸引更多的用户进入直播间。

第四，品牌商单和信息流投放引流。如果是品牌商家，还可以与其他达人进行短视频引流的商单合作，在全网进行达人视频的采买投放，同平台的达人视频都会将用户引导到商家店铺，淘宝直播时可以将达人的短视频观众进行强加权导流进入商家直播间，有点淘首页、发现好物等多个进入入口，也可以通过信息流广告渠道投放短视频切片素材，吸引用户进入直播间。

（2）直播、短视频协同玩法。

以点淘为例，2020年7月，淘宝直播开始加入短视频板块，2021年淘宝直播官方App正式改名点淘App，短视频是App的主页三大tab页之一，是开屏后的默认页。当前，点淘短视频渗透率为40%～60%，成为淘宝直播的重要部分。点淘将短视频内容分为种草类、人设类、泛娱乐类，其中种草类、人设类为主，泛娱乐类为辅。

种草内容即通过短视频推荐商品，引导用户关注购买，通常商家使用较多。人设内容即将形象、声音、故事、知识等做成个性化内容，用来打造主播、账号或品牌"人设"，通常达人主播使用较多。泛娱乐内容通常是通过抓住娱乐热点，将商品与热点链接，并借势营销。

在直播、短视频协同玩法上，在点淘App还需重点关注以下三点内容：

第一，短视频预告。淘宝直播平台提供预告功能，其中包含短视频预告，可通过发布预告短视频让用户提前了解淘宝直播内容，并能有效地引流，助力开播。此外，淘宝直播推出了达人定制短视频服务，帮助品牌商家获取更大流量资源。达人包括点淘达人和站外达人，如抖音达人。商家可通过定制短视频将商品或直播预告等植入达人短视频内容，为直播间引流。

第二，直播看点剪辑。直播看点是淘宝提供的剪辑直播内容的简易工具，在直播中、直播后都能对直播内容剪辑形成单品讲解、有趣片段、高光片段等内容。这为商家生产内容降低了成本。内容同样可在站内、站外发布引流。

第三，短直即时互动。除了短视频开播预告，直播团队还可以在直播的同时发布短视频，这对具备一定基础流量的账号尤为重要。比如，一个服装账号直播时会讲解十多款甚至几十款产品，在开播前，准备各个产品的介绍视频或相关视频，在直播讲解某产品前十多分钟将提前准备的相关短视频发布。此种做法有以下几个好处：一是为直播间获得精准流量。看到短视频的用户，如果对内容有兴趣，将可能进入直播间，直播间此时较大概率正在讲解其感兴趣的产品。二是为账号带来更多的免费流量。直播间用户有较大概率看到发布的短视频，从而使得短视频具备一定的基础播放量，有助于平台算法为账号推荐更多的免费流量。

<h1 style="text-align:center">任务 4.4　直播执行</h1>

直播执行，就是将企业"获取感知、提升兴趣、促成接受"的营销目的友好地植入直播过程，从而达到预期效果。本任务以淘宝直播为例，介绍直播执行。

4.4.1　直播开播

目前，直播开播涉及使用的后台包括淘宝主播 App、淘宝直播 PC 客户端、直播中控台等。使用者可通过淘宝直播官方门户网站获得最新客户端的下载更新方式及各直播相关平台的快捷入口。

1）淘宝主播 App 发布直播预告并开播

（1）发布直播预告。

淘宝主播 App 首页—【底部直播 Logo 左侧发预告 tab—上传封面图—设置直播时间—填入直播标题—设置对应的频道栏目—点击添加宝贝，可以从多渠道添加直播商品（选填）—点击发布预告】，即可完成一场直播的发布预告。

在创建预告时，若勾选了"开播自动把预告商品发布到直播间"，在直播时预告商品将直接进入宝贝口袋；若没有勾选，可在直播中将预告商品从"待直播商品"列表中推送至宝贝口袋。

（2）开播。

淘宝主播 App 首页—【底部直播 Logo—开直播上传封面图—确认/修改直播标题—设置当前开播地址—设置对应的频道栏目，点击开始直播】，即可完成一场直播的发布和开播的步骤。同时，在淘宝主播 App 首页—【全部工具—我的直播】中可查看所有状态的直播列表，包括直播预告、直播回放、正在直播中的场次，可选择对应的直播预告开始直播。

2）直播中控台发布直播预告并开播

（1）发布直播预告。

中控台首页—【创建直播—上传封面图—填写直播标题—选择直播时间—设置开播地址—设置对应频道栏目—点击添加宝贝，可以从 v 任务、最近发布、带货车等各渠道添加直播商品（选填）】，即完成创建直播。在创建预告时，若勾选了"开播自动把预告商品发布到直播间"，在直播时预告商品将直接进入宝贝口袋；若没有勾选，可在直播中将预告商品从"待直播商品"列表中推送至宝贝口袋。

（2）开播。

中控台首页—【左侧导航栏—直播管理】中可查看所有状态的直播列表，包括直播预告、直播回放、正在直播中的场次，可选择对应的直播预告开始直播。

3）淘宝直播 PC 客户端发布直播预告并开播

淘宝直播 PC 客户端首页—【页面上方点击我要开播—选择已有的场次/创建新直播预告】，选择好后点击开始直播，当页面显示推流成功，说明已开播。

4.4.2 直播过程

根据直播所处的时间阶段,直播过程可以大致分为开场、过程、收尾三个阶段。每个阶段都有自身的特点和需要重点注意的事项。

1) 直播开场

好的开场能够让用户获取感知,快速引入,促进观众留存。

(1) 直播开场设计的五大要素。

直播活动的开场设计需要从五个层面出发。

①引发观众兴趣:主播需要利用语言、道具等,激发观众兴趣。

②促进观众推荐:主动引导观众邀请自己的朋友加入直播间,促进直播间的持续火爆。

③带入直播场景:观众所处环境各不相同,主播需要利用开场,第一时间将不同环境下的观众带入直播所需的场景。

④渗透营销目的:主播可以通过三种形式渗透营销目的。第一,将企业广告语、产品名称、销售口号等穿插植入台词中;第二,充分利用现场的产品、旗帜、玩具、吉祥物等道具对企业品牌进行展示;第三,提前声明特价、新品首发等利他的营销信息,促成销售。

⑤平台资源支持:直播平台通常会配备运营人员,对资源位置进行监控与设置,主播应通过开场设计获取更多资源位。

(2) 直播开场形式。

①直白介绍:开场直接告诉观众直播相关信息,包括主持人自我介绍、直播大约时长、本次直播流程等。一些吸引人的环节如抽奖、彩蛋、发红包等也可以在开场中提前介绍,促进观众留存。

②提出问题:开场提问是制造参与感的好方法。一方面,开场提问可以引导观众思考与直播相关的问题;另一方面,开场提问也可以让主播更快地了解本次观众的基本情况,如观众所处地区、爱好、对于本次直播的期待等,便于在后续直播中随机应变。

③抛出数据:主播可以提前提炼本次直播要素中的关键数据,开场时直接展示给观众,用数据说话,特别是专业性较强的直播活动,可以充分利用数据开场,第一时间令观众信服。

④故事开场:相对于比较枯燥的介绍、分析,故事更容易让不同年龄段、不同教育层次的观众产生兴趣。通过一个开场故事,带着听众进入直播所需场景,能更好地开展接下来的环节。

⑤道具开场:根据直播的主题和内容,借助道具来辅助开场。开场道具包括企业产品、热门卡通人物、场景工具等。

⑥借助热点:直播开场可以借助热点,拉近与观众之间的心理距离。

2) 直播过程

根据直播过程中的工作分工,直播过程包含了前台讲解和后台运营两部分。

(1) 直播前台讲解。

直播间的商品讲解，是直播营销变现的重要手段。商品讲解并不是简单地介绍商品是什么，而是需要根据用户的心理需求，使用一定的话术打动用户，促成交易。

①直播商品讲解策略。主播进行商品介绍时需要遵循一定的策略。在此，主要介绍"FAB法则"。

FAB对应的是三个英文单词：Feature（属性）、Advantage（作用）和Benefit（益处），主播按照这样的顺序来介绍商品，对说话内容进行排序，让用户信任主播介绍的商品并达成交易。在FAB法则中，商品的"属性"和"作用"往往是固定的，而"益处"则往往因人而异。表4-13以某款手机为例介绍FAB法则的应用。

表4-13   FAB法则的应用

法则	介绍要点	举例
属性	该商品本身所具备的客观事实	手机在外观设计、屏幕、电池、处理器、摄像头等方面的配置
作用	基于属性，该商品能够给用户带来的用处	外观设计：手感好；屏幕：清晰度高、护眼；电池：容量大、充电快；处理器好：手机运行快；摄像头：拍照清晰
益处	该商品给用户带来的利益	隐私安全；"美出天际"

②直播商品讲解逻辑。在直播间，主播需要依据用户的心理需求有逻辑地进行商品介绍，在实际操作中，可以参考以下四个步骤：

第一步，需求引导。

需求引导主要是通过挖掘用户需求为引出商品做准备。主播要围绕商品的特点，找出用户购买该商品之后能解决的最核心的问题，然后以自己的亲身经历或朋友的经历为例，叙述用户可能会遇到的问题，这样可以拉近主播与用户之间的距离。

需求引导的关键点是用户深受困扰、迫切需要解决的痛点。这时推荐一款商品，正好可以解决用户的燃眉之急。

第二步，引入商品。

完成需求引导后，主播接下来就要引入商品，围绕商品的卖点、使用感受等进行描述，让用户通过各个感官体验感受商品的特色，从而让其内心感觉值得购买，激发其购买欲望。

在此环节，主播要重点描绘商品的使用场景，把使用体验说清楚，激发用户的感性思维，从而刺激用户做出冲动消费。

第三步，赢得信任。

赢得用户信任也是直播营销的关键点。赢得信任的方式主要有三种：权威背书、数据证明和现场体验。

首先，权威背书。权威人物或机构来为商品背书，会极大地增加商品在用户心中的好感度。主播在介绍商品的权威背书内容时，不能影响商品讲解信息的传播和理解，要使用用户普遍可以理解的话来介绍商品的权威背书内容。例如，"世界500强公司的高管层，如财务总监、销售总监都在穿的牌子"。

其次，数据证明。主播可以用具体的销量、顾客评分、好评率、回购率等数据来证明商品的优质及受欢迎度。

最后，现场体验。主播最好在直播间现场试用推荐的商品，并且分享使用的体验与效果，验证商品的功能和特色，这样对用户更有说服力。

第四步，促成下单。

在经过以上三个步骤的铺垫后，主播可以使用以下技巧来促成用户下单。

首先，展现价格优势。主播可以展示商品的官方旗舰店价格或市场价，与直播间的价格进行对比，营造价格优势。

其次，限时限量。主播可以通过限时限量话术完成对用户的催单，用具体的数据营造直播间"秒杀"、狂欢的气氛，让用户跟着完成冲动购买行为。

四步营销法举例见表4-14。

表4-14　　　　　　　　　　　　　四步营销法举例

四步营销法	介绍内容
需求引导	有没有女生脸部红血丝严重，一用大牌养肤效果强的精华面霜，皮肤就红肿，脸上常常长痘痘，而且容易留下粉丝痘印
引入商品	给大家推荐一款自用的修护精华液，只要你的肌肤"闹情绪"，这一瓶就可以稳住你的肌肤
赢得信任	坦诚说，它有点儿小贵，但是它真的好用，为什么？××是某集团下面专门做芳疗的护肤品牌。这款精华能帮你镇定、修复和维稳，让你的皮肤不过敏，让你肌肤的"小情绪"都舒缓下来。有经济条件的女生，买它！把你的肌肤状况调整好之后，再去用大牌化妆品，才会被更好地吸收
促成下单	今天给大家带来的是限量包装组合，精华大瓶50ml，附赠它们家的亮灯化妆镜，还会送4ml它们家最有名的橙花精露和5ml的舒缓面霜，然后直播间加赠5ml的舒缓精华，再加两个50ml的洗面奶。这么多到手，只要680元，今天直播间1 600套。喜欢的朋友直接小黄车购买！

③直播讲解话术。话术是主播可调用的工具，在直播间中节奏快、流程紧，主播不仅需要快速的应变能力，而且需要提前做好话术的准备，以应对不同情景。

以下从直播讲解话术原则和不同类型直播话术应用技巧两个方面进行学习。

首先，直播讲解话术原则。直播讲解话术要遵循三个基本原则：第一，讲清楚。直播人员能准确客观地介绍清楚产品及相关资料。第二，听明白。产品的使用场景描述和痛点介绍能让用户一听就懂。第三，记得住。使用简洁有特点的语言表达和贴近生活的场景创设，增加用户对产品的印象。直播过程中合理使用商品、KT板、实验测试等辅助道具资料，提升直播讲解效果。

其次，不同类型直播话术应用技巧。常用直播话术有四种类型：第一，商品讲解话术。商品讲解话术是主播对商品进行种草的主要工具。主播应总结商品优势卖点，并根据优势卖点总结讲解话术。另外，在选品、测品及实际销售中，主播和选品团队可以根据数据表现对商品讲解话术进行调整，从而沉淀出不同销售场景下行之有效的话术。第二，销售转化话术。销售转化话术是主播引导消费者点击下单并支付的话术工具。在完成了商品的种草以后，主播还需要引导消费者在此时此刻完成转化购买。

常用的方式有突出优惠力度、强调直播间活动的稀缺性等。第三，消费者互动话术。消费者互动话术是主播增加直播间人气与热度的工具。主播需要提前准备好各种消费者互动话术，以配合调整直播间的人气与热度。第四，情感沟通话术。情感沟通话术是主播与粉丝建立长期信任关系的工具。观众对于账号的关注很多时候是源于对主播的喜爱，主播可以通过情感沟通的话术来拉近与粉丝的距离，并养成粉丝的看播和购物习惯。一方面，主播需要通过话术提升自身形象的亲和力；另一方面，主播需要展示自身的专业性，让粉丝愿意主动向主播提问互动，并信任主播给出的专业建议。图4-33以东方甄选直播间为例，展示主播用具体、鲜活、感性、有画面感的场景描述，给用户传递了情绪价值。

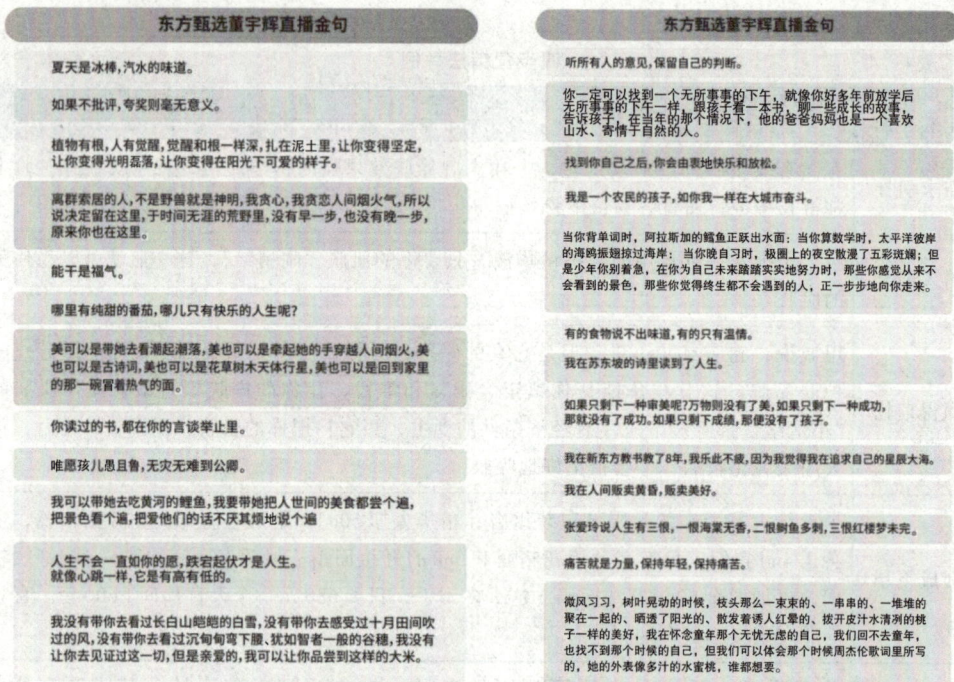

图4-33　直播话术技巧举例

（2）直播后台运营。

①运营配合。后台运营人员在直播过程中需要整体配合的工作事项主要有两点：第一，场控配合，包含直播过程中的讲解配合、产品样品展示配合、话术配合等，增加直播间氛围。第二，节奏提醒，包含主播直播过程中的讲解、展示、福利发放的提醒，达到直播间节奏紧凑的效果。

②前台推送。为提升直播效果，直播中商家需要安排人员配合主播讲解，推送相关信息，主要推送的内容包括：第一，产品信息标注。在直播过程中，后台可增加产品信息或准确福利，方便消费者第一时间查看。第二，主播样品展示。在直播过程中，需要展示产品完整样品，包含SKU内的所有产品及赠品，如SKU产品数量为拍1份到手2份，样品展示需表述清晰，展示2份完整样品，以此告知消费者。第三，产品链接推送。在直播过程中，可以推送产品链接置顶，方便用户找到对应的产品链接。第四，用户问题答疑及互动。在直播过程中，主播可引导用户提问并答疑，以增

加直播间的互动。

③后台操作。运营需要配合直播间情况进行后台操作，观测直播间实时表现，主要注意事项如下：第一，开播推送。开播时后台可推送直播间给已关注并且打开开播提醒的用户。第二，产品优惠券推送。优惠券的领取方式包含页面领取、客服领取、直播间领取，可以根据直播效果安排优惠券的推送方式，直播时提醒粉丝及时领取优惠券，方便选购。第三，公告栏推送。直播过程中需要整体提醒用户的事项，可在后台操作中控台选取"公告"进行小广播，届时会显示在直播间顶端左侧公告栏位置，更好地告知用户相关信息。第四，提问回复。直播过程中在评论区回复用户的提问，提升用户的观看体验。第五，讲解录制。直播过程中可以打开产品的讲解录制，将产品的重要信息讲解做好录制，方便用户后续查找，或将直播切片进行二次传播。第六，观测实时数据大屏。直播过程中，运营需要观测实时数据大屏中的直播间表现数据，做相应的运营动作，有针对性地提高直播间数据。

（3）直播进行中重点注意事项。

①反复强调营销重点：直播随时会有新人进入，主播需要在直播进行中反复强调营销重点。

②减少自娱自乐、增加互动：直播是双向沟通过程，对于用户关注的问题，主播应及时给予回应。需注意的是，直播进行中，主播要有选择性地与网友互动：对于表扬或点赞，可以积极回应；对于善意的建议，可以酌情采纳；对于正面的批评，可以幽默化解或坦荡认错；对于恶意谩骂，可以不予理会。

③注意把控节奏：主播直播中要把控好直播节奏，避免被弹幕影响，特别需要避免与部分观众现场争执而影响直播进度。

3）直播收尾

直播现场的营销效果取决于直播开场的吸引程度和直播进行中的互动程度；直播结束后的营销效果则取决于直播收尾过程中主播对用户的引导程度。直播收尾的核心思路如下：

（1）销售转化。通常留在直播间直到结束的观众，对直播都比较感兴趣，对于这类观众，主播可以充当售前顾问的角色，在结尾时引导观众购买产品。不过需要注意的是，销售转化要有利他性；否则，直播结尾植入太过生硬的广告，会引起用户反感。

（2）引导关注。在直播结束时，主播可将企业的自媒体账号及关注方式告诉观众，以便直播后继续向本次直播观众传达企业信息。

（3）邀请报名。在同一场直播中积极互动的网友，通常比其他网友更同频，更容易与主播或主办单位"玩"起来，也更容易参加后续的直播。对于这类观众，可以在直播收尾时邀请入群，结束后通过运营该群，逐渐将直播观众转化成忠实粉丝。

4.4.3　直播氛围影响因素和直播控场技巧

1）直播氛围影响因素

影响直播氛围因素包括用户的视觉因素、听觉因素和感知因素。具体的因素拆解见表 4-15。

表4-15　　　　　　　　　　　　**影响直播氛围因素拆解**

用户视觉因素	直播布景	色调搭配：色彩鲜明、主色清晰、主图突出； 商品陈列：桌面摆放、置物架/柜
	直播贴片	权益展示：购物满减、爆款折扣、抽奖时段等； 活动指引：分时段活动力度、主推款式等； 其他：购物建议，如尺码、色号等
	常见辅助物料	气氛烘托：桌面小摆件、手牌； 促进销售：比价图、计算器、小黑板
用户听觉因素	背景音乐	主题呼应：新年、欢乐购、生日会、宠粉节等； 音量设置：不喧宾夺主、点到为止； 注重版权
	主播口播	标签话术：围绕人设进行口头禅设计； 突出利益：福利简述、稀缺营造、群策群力
	活动节奏/力度	心智形成：时间固定、规则简单； 提升活跃：阶梯活动、门槛设置、奖品差异化
用户感知因素	互动反馈	客服设置：有效问题答复、带节奏、需求收集； 实时交互：老粉互动、话题发起、点名互动

2）直播控场技巧

（1）直播不同环节控场技巧（见表4-16）。

表4-16　　　　　　　　　　　　**直播不同环节控场技巧**

直播环节	控场技巧	示例
直播预告	说明直播主题、直播时间、直播中的利益点	母亲节来啦！明天晚上8点，一定要锁定××直播间，福利已经为你们准备好啦！转发并关注直播间，抽出100位观众平分10 000元现金红包
开播欢迎	直播开场破冰	欢迎××来到我的直播间，喜欢我可以点个关注哦！（简洁型） 欢迎××来到我的直播间，这名字好有意思/很好听（套近乎）
	介绍直播商品情况，介绍优惠或折扣力度	嗨，大家好，欢迎大家来到××直播间，我是你们的老朋友××。今天是"618"年中大促，为大家带来了超多福利
	介绍直播商品情况，介绍优惠或折扣力度	嗨，大家好，欢迎大家来到××直播间，我是你们的老朋友××。今天是"618"年中大促，为大家带来了超多福利
	制造直播稀缺感	今天晚上的直播有超多的惊喜等着你，超高品质的商品都是超低价"秒杀"，机会难得，大家一定不要错过哦

直播环节	控场技巧	示例
开播欢迎	引导用户互动留言，激发用户的参与感	大家今天晚上有没有特别想实现的愿望啊？大家可以在评论区分享哦，万一我一不小心就帮你实现了呢
	引导新用户关注	欢迎新进直播间的朋友们，没有关注主播的麻烦点击屏幕上方的"关注"按钮
开播暖场	设置抽奖活动，引导用户参与互动	话不多说，正式开播前先来一波抽奖，今天是母亲节，在公屏输入"妈妈我爱你"，主播会随机截屏5次，每屏的第一位朋友将获得80元现金红包
激发用户对商品的兴趣	提高商品的价值感	当你想要秒杀全场的时候，就涂这款口红出门
	打破传统认知	这支唇膏会在嘴巴上面跳舞
	构建商品的使用场景	这款香水，非常适合穿着白纱裙，在海边漫步的女生，非常干净的感觉
	强调商品的细节、优点	接触到你嘴巴上，它就变成了水，这是我用过的最薄的口红
引导用户下单	强调售后服务	直播间的商品都支持7天无理由退货，购买后如果对商品不满意是可以退货的，大家放心购买
	与原价进行对比	商品原价是××元，为了回馈大家的厚爱，现在只要××元，喜欢这款商品的朋友请不要再犹豫了
	限时、限量、限购，制造紧张感	最后50件，大家抓紧时间下单吧； 这款商品今天商家只给了××件，今后再也不会按这个价格卖了； 福利价购买的名额仅有××个，赶快点击左下角的购物袋按钮抢购哦
	偷换心理账户，强调价格优惠	这个真的很划算，3包方便面的钱就能买到；这款液体眼线笔真的值得买，一支能用一年，算下来一天不到3毛钱
	引导查看商品链接	大家如果想要了解更多的优惠信息，一定要点击"关注"按钮关注主播，或直接点击商品链接查看商品详情
	引导加入购物车	如果大家还没有想清楚要不要下单，什么时候下单，完全可以先将商品加入购物车，或先提交订单抢占优惠名额

直播环节	控场技巧	示例
下播	表达感谢，引导关注	谢谢大家的陪伴，希望大家都在我的直播间买到了称心的商品，点击"关注"按钮，明天我们继续哦
	引导转发，表达感谢	请大家点击一下右下角的转发链接，和好朋友分享我们的直播间，谢谢
	强调直播间的价值观	我们的直播间给大家选择的都是性价比超高的商品，直播间里的所有商品都是经过我们团队严格筛选、经过主播亲自试用的，请大家放心购买
	商品预告	大家想要什么产品，可以在交流群里留言，我们会非常认真地为大家选品，下次直播推荐给大家
	预告直播利益点	还有××分钟就要下播了，最后再和大家说一下，下次直播有非常受欢迎的产品，优惠力度非常大，大家一定要记得来哦
其他	遇到黑粉，保持好心态	非常感谢您百忙之中来到我的直播间，对我提出宝贵的意见，我是一个新主播，确实有很多不足，还在学习，望见谅，您若是实在看不下去可以换个直播间哦

（2）直播粉丝运营。

直播粉丝运营可以根据粉丝的运营动线来设定，包括拉新、留存、促活、转化、召回，做好粉丝运营的闭环（如图4-34所示）。

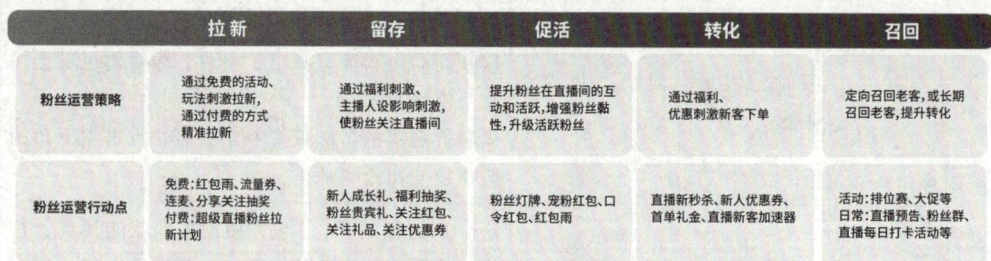

	拉新	留存	促活	转化	召回
粉丝运营策略	通过免费的活动、玩法刺激拉新，通过付费的方式精准拉新	通过福利刺激、主播人设影响刺激，使粉丝关注直播间	提升粉丝在直播间的互动和活跃，增强粉丝黏性，升级活跃粉丝	通过福利、优惠刺激新客下单	定向召回老客，或长期召回老客，提升转化
粉丝运营行动点	免费：红包雨、流量券、连麦、分享关注抽奖 付费：超级直播粉丝拉新计划	新人成长礼、福利抽奖、粉丝贵宾礼、关注红包、关注礼品、关注优惠券	粉丝灯牌、宠粉红包、口令红包、红包雨	直播新秒杀、新人优惠券、首单礼金、直播新客加速器	活动：排位赛、大促等 日常：直播预告、粉丝群、直播每日打卡活动等

图4-34　直播粉丝运营闭环

直播过程中想要达到良好控场，除掌握直播控场相关技巧外，直播营销人员还需要具备良好的心态。合格的直播心态应该做到以下三点：

第一，无人在线或在线人数较少时，依然能够保持良好的情绪状态；

第二，直播间人数大量减少时，情绪不受到影响；

第三，直播时，能够合理把控节奏。

（3）直播间互动技巧。

常见的直播间互动技巧包括弹幕互动、直播红包、礼物打赏等。

①弹幕互动：弹幕是以大量字幕弹出形式显示的评论，这些评论在屏幕上飘过，

所有参与直播的观众都可以看到。

②直播红包：可以利用第三方平台发放红包或礼品，与更多的观众进行互动。

③礼物打赏：在直播过程中，出于对主播的喜爱，观众会进行礼物赠送或打赏，同时为维护企业形象，主播应在第一时间读出对方昵称并予以感谢。

互动课堂4-4

"我想把天空大海给你，把大江大河给你。没办法，好的东西就是想分享予你。譬如朝露，譬如晚霞，譬如三月的风和六月的雨，譬如九月的天和十二月的雪……"这是东方甄选主播诸多"现场经典小作文"中的一个。东方甄选直播间里，主播们直播带货的同时，会把人文地理、历史哲学的知识讲解融入其中。能说会道的双语主播、知识性极强的产品介绍、和缓的直播节奏让习惯了主播卖力呼喊、直播间喧嚣不断的观众耳目一新，也让东方甄选直播间形成了自己的独特竞争力。其"知识带货"模式也给直播电商行业带来了更多的可能性。

讨论：

（1）东方甄选成功破圈的原因有哪些？

（2）谈谈你对企业自播和达人带货的认识。

任务4.5 直播复盘

4.5.1 直播复盘的概念及路径

1）直播复盘的概念

直播复盘是指直播完成后通过对直播过程的梳理，运用一定的方法和工具对直播结果和预期目标进行比较，从中得出直播的优点与缺点，总结经验为下次直播活动做好准备。

直播复盘的核心包括数据分析与经验总结两部分。其中，数据分析主要是利用客观数据进行复盘分析，经验总结主要是在主观层面对直播过程进行剖析与总结，如图4-35所示。

2）直播复盘的路径

直播复盘一般分为四个步骤：直播回顾、数据分析、直播间优化、粉丝需求反馈。

（1）直播回顾。

想要更好地去复盘一场直播，可以使用直播录屏工具录屏每场直播。回看录屏的时候主播才能更加清楚地从观众的角度发现自己的不足，梳理出本场直播的优点和犯错点。

（2）数据分析。

直播间内所有的行为都会产生数据，复盘重点分析数据，包括用户停留时长、互动率、商品点击与转化率等。

（3）直播间优化。

找出问题之后，接下来要做的就是直播间的优化。直播间优化可以从商品、主播、流量三个方面进行改进。

图4-35　直播复盘

（4）粉丝需求反馈。

复盘最后一个环节，应当尽可能多地收集粉丝观众的反馈信息。反馈的渠道来源可以通过直播时的评论、私信以及客服收集的粉丝问题等。这些内容不仅有利于解决问题，而且包含了用户对直播或者对商品的需求。

4.5.2　关键直播复盘指标

直播间数据分析的常用指标包括流量数据指标、电商数据指标、直播数据指标三大类。直播电商的核心公式：GMV（销售总额）=UV（观看用户数）×转化率×客单价，等式右边是核心要素。在实际运用中将要素细化成流量、用户停留、关注、分享、转化、复购等指标。

1）流量数据指标

（1）直播观众总数。

直播观众总数即每场直播的总观看人次，是非常重要的直播数据指标。通过分析可以查看渠道流量并统计其引流效果，用于优化下次直播引流计划。

（2）人气峰值和平均在线人数。

人气峰值和平均在线人数决定了直播间的人气。分析的维度主要有两个：

①在线人数的变化曲线：代表直播间的内容质量。

②在线人数的稳定程度：代表直播间的用户黏性。

2）电商数据指标

（1）转化率。

转化率类型有很多，主要有商品点击曝光率、商品点击付款率、带货转化率。

①商品点击曝光率=直播间用户实际点击商品的次数/直播间所有观众数量，并点击进入商品详情页面。商品点击曝光率代表主播的引导能力和货品的吸引力。

②商品点击付款率=直播间用户实际点击付款商品的次数/直播间观众点击商品的

次数，是用户点击商品然后付款的概率。当点击率和付款率之间存在明显差异时，可能是产品 SKU 不丰富、产品价格缺少优势、主播的销售话术还需优化。

③带货转化率＝下单人数/总场观人数，该数据可以衡量直播间的真实购买力，也反映主播的带货能力。

（2）直播销售额。

销售额是最能体现直播带货能力的数据指标，但是需要综合分析一段时间内的数据走向，才能更真实地反映直播的带货能力。通过观察近 7 天的直播带货数据，从每场直播的预估销量和销售额可以看出一段时间内的直播带货效果是否稳定，一旦出现数据下滑的趋势，就要找出原因，尽快调整策略，才能保证直播数据的稳定性。

（3）UV 价值。

UV 价值＝成交额/总场观人数，代表每个观众对直播间的贡献值，高 UV 价值表示粉丝拥有极强的购买能力，可以用更好的高利润产品深挖粉丝的消费潜力。

直播间中位数的 UV 价值在 1 左右，好的直播间的 UV 价值可以达到 3～5，甚至达到 10。精准粉丝的引入是实现直播间高 UV 价值的决定性因素。

3）直播数据指标

（1）平均停留时长。

平均停留时长是内容吸引力指标里最重要的一项。停留时长数据越好，说明观众对直播间的兴趣越大，主播的留人技巧和选品都较好。

（2）粉丝互动率。

粉丝互动率，即粉丝互动人数与粉丝 UV 之比。

通过直播观众的互动数据可以看出用户的购买倾向和主要需求，最主要的互动方式是弹幕词。通过弹幕词数据，可以了解粉丝喜好，下次直播的时候就可以多准备一些相关的话题，调动直播间气氛，也可以了解到观众对哪些商品感兴趣，在之后的直播中可以持续进行推广。

（3）转粉率。

转粉率，即新增粉丝数与路人观看数（观看人数减去粉丝回访数）之比。

4.5.3　直播复盘工具

以抖音平台为例，平台自带分析工具包括手机端主播中心、电脑端企业服务中心、抖店后台 PC 端、抖音电商罗盘。

1）手机端主播中心

手机端打开抖音 App—创作者服务中心—主播中心，可以查看直播的数据。直播的基础数据包括观众总数、新增粉丝、付费人数、评论人数、本场直播的关注来源等。

2）电脑端企业服务中心

除了手机端直播数据以外，PC 端数据还包括：

（1）商品展示次数：商品展示给用户的次数，包括直播间内的弹窗、用户点进购物袋浏览商品的次数等。

（2）商品点击次数：用户实际点击商品的次数，点击进入商品详情页面。

（3）引导转化数据：商品详情页访问次数，可以看到有多少人访问了橱窗。

通过PC端还可以看到直播次数、直播时长、用户观看次数、总时长、用户平均观看时长等数据。

3）抖店后台PC端

抖店是抖音电商商家实现一站式经营的平台。商家可以通过抖店开启直播间带货及短视频带货，同时通过订单管理完成发货履约，并且在后台可看到所有商品的销售数量。

4）抖音电商罗盘

抖音电商罗盘是一个数据融合平台，旨在为商家、达人和机构提供数据诊断，支持经营决策。其数据分析范围覆盖了整体店铺经营分析、直播分析、短视频分析、商品分析、达人分析、服务分析等。

4.5.4　直播间数据指标分析与归因

1）直播间整体数据指标与归因

直播间整体数据指标包括GMV和人群画像两大模块，也对应着商家经营中两大核心目标，即销售指标的达成及人群资产的积累。在销售情况的复盘中，商家可以拆分成流量（PV）和千次曝光价值（GPM）两大维度进行分析。在人群画像的分析中，商家可以关注看播人群与购买人群的画像差异及非粉人群与粉丝人群的画像差异。

（1）直播间GMV。

在对直播间GMV进行诊断时，核心的数据指标维度为GMV=PV×GPM。其中，GMV是直播间的实际销售金额，它取决于直播间的看播次数（即流量），以及千次曝光带来的转化金额（即流量转化效率）。这样定义核心数据指标是基于抖音电商经营的特殊性，即前文中提到的对直播内容价值的判断：一是为账号带来曝光能力的品宣价值，主要影响看播次数（PV）；二是为账号带来转化能力的转化价值，主要影响流量转化效率（GPM）。

① 直播间流量来源分析：

一方面，要考虑几个主要渠道的流量大小，判断其是否达成直播的流量目标，并对未达成的渠道进行复盘总结，对流量超过预期的渠道进行成功要素的提炼，以改进未来的直播间流量获取方式。

另一方面，要考虑整体流量结构的健康程度，在直播间运营撬动的流量、广告投放买到的流量、短视频投放增加的流量和品牌知名度撬动的搜索流量四者之间找到平衡点，以保证流量的稳定性并持续提供流量增长的动力。

直播间流量来源见表4-17。

②直播间流量转化效率及常见归因。直播间的流量转化效率，指的是从流量进入直播间到成交的转化效率。通过对每个步骤的转化率分析，我们能够大概推测出每个转化率背后对应的运营问题是什么，以及对应的优化方案，见表4-18。

（2）直播间人群画像。

以抖音为例，抖音电商罗盘中，可以看到每场直播的人群画像。人群画像的划分包括两个维度：看播人群和购买人群；粉丝人群和非粉丝人群。一般情况下各种维度的人群画像会比较相似，说明直播间在长期精确吸引同一批人群。

表4-17 流量来源分类

一级分类	二级分类	解释	主要流量来源的优化目标
付费流量	品牌广告–其他	通过投放的品牌广告入口进入直播间	付费流量是商家通过广告投放带来的看播流量，其中以巨量千川为抖音电商商家的主要投放平台。在付费流量优化中，商家一方面需要关注付费流量占比，以合理的广告费比带来最可观的总流量；另一方面需要关注广告的成本及跑量情况，以及通过看播、点击、转化等指标判断付费流量的质量
	品牌广告–toplive	通过投放的 toplive 渠道进入直播间	
	DOU+广告	通过 DOU+加热直播间、DOU+视频加热直播间渠道进入直播间	
	千川竞价广告	通过千川 PC 版、千川极速版、小店随心推的广告进入直播间	
	其他竞价广告	通过其他广告来源进入直播间	
自然流量	直播推荐–推荐 Feed	用户通过 App 首页的推荐页面进入直播间的入口，即用户最常使用的"刷视频"位置。此处的流量入口较大，用户来源也最丰富，是直播间的主要流量入口之一。其推荐机制正是前文中所讲到的，根据直播间内数据进行自然流量的分发，会影响此处的流量推荐	推荐 Feed 的流量是商家通过直播间经营的优秀数据指标撬动的流量推荐，商家可以通过优化直播间运营，提升直播间停留、互动、转化指标来优化这部分的流量来源
	直播推荐–同城推荐	用户通过 App 首页的同城页下的入口进入直播间	
	直播推荐–直播广场	用户通过 App 首页的直播广场中的入口进入直播间	
	直播推荐–其他	其他受直播个性化推荐机制控制的入口	
	短视频引流	用户从 App 首页的推荐页面刷到正在开播账号的短视频内容，通过点击主播头像进入直播间，此处的流量入口较大，用户来源也最丰富，也是直播间的主要流量入口之一。其引流逻辑正是前文中提到的短视频为直播间引流的入口	短视频引流是商家可以主动利用的低成本引流工具。商家可以通过比较不同短视频的引流效果，沉淀出引流短视频的最佳内容形式，并通过增加短视频投放数量来提高短视频引流

续表

一级分类	二级分类	解释	主要流量来源的优化目标
自然流量	关注 tab	用户从 App 首页的关注页下的入口进入直播间。当用户关注了账号时，账号的短视频或者直播内容就有可能在关注 tab 中被刷到，因此从这个位置进入直播间的人群都是账号的粉丝人群	关注 tab 是商家对粉丝引流的主要方式。通过长期积累粉丝数量，并以固定频率与粉丝长期互动预热，可以让粉丝更容易在关注 tab 中刷到商家内容
	搜索	用户通过 App 首页右上角的搜索框中主动搜索账号名称并进入直播间。当用户主动对商家账号进行搜索时，说明在其他内容中获知了商家信息或者直播信息，并主动搜索进入直播间，这部分用户的购买意愿最强	搜索是品牌在站内拥有一定知名度的体现。借助品牌账号和达人账号长期对品牌曝光和爆品种草进行内容铺垫，可以增加消费者主动想起并搜索的概率，从而触发主动搜索路径
	个人主页	用户通过查看商家个人主页并进入直播间	
	订单中心	从我的订单下方推荐位置进入直播间	
	其他入口	其他自然流量入口，主要包括从榜单页面、活动页面、商品详情页、订单详情页等位置进入直播间的流量	

当看播人群与购买人群的画像有较大差异时，可能是因为直播间的引流玩法或者引流工具使用不当，导致看播人群中符合购买目标人群的占比不高。比如通过直播间抽奖吸引看播的人群，其观看动力是抽奖而非购物，也就难以带来销售转化。再比如通过广告主动圈选的触达人群与实际购买人群出现偏差，导致这部分人群未产生购买行为。

当粉丝人群与非粉丝人群的画像有较大差异时，可能是因为直播间的商品、主播风格、直播间玩法等与往期直播出现了比较大的改变，导致进入直播间的人群与往期积累的粉丝人群不同。站在账号长期成长的角度，商家应该尽量保证不同直播场次吸引的人群画像一致，以保证账号能够持续稳定地进行精准粉丝人群的积累。

2）直播间实时数据与核心影响因子

除了可以看到整场直播间的总数据以外，抖音电商罗盘还支持对一场直播按分钟级进行数据趋势呈现，能够帮助商家从数据变化趋势中找到偏高或者偏低的特殊值，并根据时间轴回溯直播间当时的情况，进行直播细节的准确归因。

表4-18 直播间流量转化效率

转化率指标	解释	常见归因
进入-成交转化率	直播间成交人数/进入直播间人数	进入-成交转化率是从第一步到最后一步的总转化率，可以用来横向比较直播间对比往期的总体情况，具体的归因还是要看每一步的转化率
进入-曝光转化率	直播间商品曝光人数/进入直播间人数	该转化率偏低的主要原因可能是内容本身对于用户停留的吸引力不够，导致很多用户进入直播间后还没有等到商品上架就退出了，从而没有获得对商品的有效曝光。一方面，主播可以改善对商品的讲解方式，更加凸显商品的吸引力，以增加用户的期待感；另一方面，主播也可以对用户加强引导，对即将上架的商品进行预告，并避免让用户等待时间过长
曝光-点击转化率	直播间商品点击人数/直播间商品曝光人数	该转化率偏低的主要原因可能是商品的卖点呈现不够吸引人，导致用户看到商品链接后没有点击的意愿。改善该指标的主要方法是改善商品的呈现方式，在镜头前可视化突出商品优势卖点，并改善主播的介绍话术，唤起用户的需求。此外，主播还需要回答好"为什么用户应该在此刻下单"的问题，通过介绍商品的优惠信息、稀缺性、抢新应季等时效性来增强用户的购买意愿
点击-创单转化率	直播间创建订单人数/直播间商品点击人数	用户决定在直播间中点击商品链接，说明主播的介绍已经触动了用户的购买意愿，但最终的创单转化率偏低可能是因为商品详情页不吸引人，或者客户接待的质量和效率不高。在商品详情页中，商品的评价和打分是最能影响用户决策的信息；同时，详情页中的商品优惠需要与主播口述的优惠信息一致，避免为用户带来困扰。当用户主动咨询客服时，说明用户未被解决的问题是他未下单的主要原因，此时客服的响应程度和对问题的解答率就显著影响了这部分用户下单的概率
创单-成交转化率	直播间成交人数/直播间创建订单人数	该转化率偏低可能是因为价格过高而导致的用户购买力不匹配。另外，也可能是由于抢购心智过强，导致用户先进行下单确保抢到了商品，再重新决定是否真的需要购买

（1）直播间实时数据指标。

直播间实时数据指标有人气、互动、商品、订单四个维度，四个维度的数据波动均对应着不同时间直播间内的运营状况，商家可以通过数据的波动对运营状况进行归因（见表4-19）。另外，所有数据指标的波动都是相互影响的，通过将不同数据的曲线图放到一起进行趋势分析，商家很容易看出不同数据之间的关联程度，从而判断出直播中需要配合的节点。

表4-19 直播指标

指标类型	数据维度	解释
人气指标	实时在线人数、进入直播间人数、离开直播间人数	实时在线人数是直播间人气的直观数据，由进入人数和离开人数同时决定，提升实时在线人数的方法即前面提到过的"开源节流"。进入直播间的人数代表着直播间引流的能力，通常可以归因到该时间点的直播间商品转化、互动玩法、广告投放等方面。离开直播间人数代表着直播间留人的能力，可以归因到主播的话术和互动玩法是否成功吸引了用户停留观看
互动指标	新增粉丝数、新加粉丝团人数、评论次数、点赞次数	在直播间里往往会出现一些互动指数的高峰值，这些互动高峰往往对应着当时直播间里的互动玩法，商家可以根据几个互动峰值的对比来比较不同玩法对互动的促进效果
商品指标	商品曝光人数、商品点击人数	在直播间里也会出现商品曝光与点击的高峰，一般对应着商品上架的时间，商家通过比较不同商品的曝光和点击数的峰值，可以判断不同商品的吸引力大小
订单指标	成交订单数、成交人数、成交金额	同样，直播间出现的订单成交高峰也可以与商品过款顺序对应，商家可以找到每款商品的订单成交情况

（2）商品归因。

根据直播间实时数据与商品的过款顺序，我们可以大致了解不同商品对直播间数据的影响。除此以外，商家还能看到具体不同商品在直播期间的数据表现，包括各个商品在直播间的曝光数据、点击数据、成交数据、退款数据等。

（3）广告归因。

在巨量千川中，商家可以查看每条推广计划在每小时的消耗、展示次数、点击率、成交单数和成交金额。通过对照广告跑量数据与直播间实时数据，商家可以量化分析广告效果，对相应广告计划进行调整。

（4）直播间运营归因。

在复盘过商品和广告投放两大主因后，商家还可以对直播间的主播状态、互动等运营细节进行复盘，根据数据变化趋势推测每一个数据突变背后的运营逻辑，其主要指标如图4-36所示。

（5）主播状态。

主播状态是影响观众情绪的主要因素，当主播充满热情时，屏幕前的观众也更容易受主播的情绪感染而加入直播间的互动和下单；相反，当主播出现疲态时，也会让屏幕前的观众情绪低落。商家可以重点关注主播交接的时间点，以判断不同主播风格和状态对直播间数据的影响。同时，商家也可以加强对主播积极状态的引导，并设置合理的工作时长，让主播及团队拥有充分的休息时间。

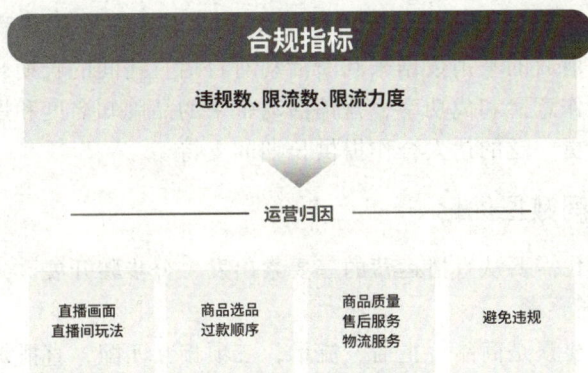

图4-36　合规指标归因

（6）互动优化。

在整场直播中，有非常多的互动玩法穿插其中，一方面，商家可以在直播进行的同时对红包、福袋、抽奖等关键时间点进行记录，在直播复盘时再对应具体时间点进行数据的检查，从而判断几种重要互动方式的效果以及改进方式；另一方面，商家也可以从直播间实时趋势图入手，找到数据明显下滑的时间段并对照直播录像，找到该时间段的互动方式，并挖掘当时的互动没有带动数据增长的原因。

4.5.5　营销活动的复盘

1）销售指标的达成

销售指标的达成是商家主要的收益，一方面，商家可以按照商品维度进行销售指标达成率的核算，以验证不同商品在活动期间的爆发力；另一方面，商家可以按照账号维度进行核算，包括商家自营的矩阵账号和达人代播账号，以判断不同账号及不同达人在活动期间的爆发力。

2）传播价值的收益

营销活动是商家品销合一的综合场景，商家可以获得品牌曝光度和用户互动数的积累。在复盘时，通常考虑以短视频播放量和直播观看数为主的曝光数据，以及点赞、评论、加粉为主的互动数据。对于传播价值的收益会按照不同来源进行区分，比如从时间上按照预热期和活动期两个时间维度进行统计，以及按照矩阵账号和达人账号进行统计，以判断不同内容渠道带来的传播价值。

3）人群资产的沉淀

人群资产的沉淀是营销活动为商家带来的直观收益，商家可以通过新客数据和涨粉数据直观地判断一场活动带来的人群资产增量。同时，商家也可以通过巨量云图对品牌的成长有更全面的考核。

4）投入产出比的核算

在进行收益衡量时，一定要结合投入产出比进行综合考量。一方面，商家可以对活动的总费用投入，结合总销售额、总曝光互动值、总人群资产沉淀、总利润情况等收益进行整体考量。另一方面，对于投入产出比测算较为独立的资源投入，如广告投入、达人合作等，商家可以进行单独的测算，以调整未来的投入计划。

此外，一场大型活动也可以带来长远的收益，商家也需要判断一场活动的长期投产比。在活动后的一段时间内，商家可以持续关注自播账号的自然流量和 GPM 的增长情况，对比活动前后的平销数据来判断活动对自播直播间的长期影响；商家也可以持续关注达人的合作意愿和成功率，营销活动带来的品牌知名度和爆品知名度的提升也能够为商家进行更广泛的达人合作提供长期的支持。

4.5.6　直播间数据优化

直播间数据优化需要从直播运营的三要素出发，分步骤开展。

1）直播运营三要素

直播运营的三要素是商品、主播、流量，三项相互匹配，直播效果才会好。

商品要素主要包括直播选品、商品陈列和商品排布。

主播要素主要包括主播话术、直播节奏和专业解读。

流量要素主要包括流量精准度、大小度和节奏度。

2）直播运营数据优化

如果直播效果不好，需要读取数据，分步解决问题。

第一步，读取在线人数、活跃度、实时评论等数据，检查流量量级和流量精度。

第二步，读取商品点击、商品库存、成交金额等数据，检查商品的陈列排布和直播选品。

第三步，读取实时成交、实时粉丝、周期报表等数据，检查主播的专业节奏和直播话术。

解决问题过程中需要先解决在线问题，再解决互动问题，最后解决成交问题（如图 4-37 所示）。

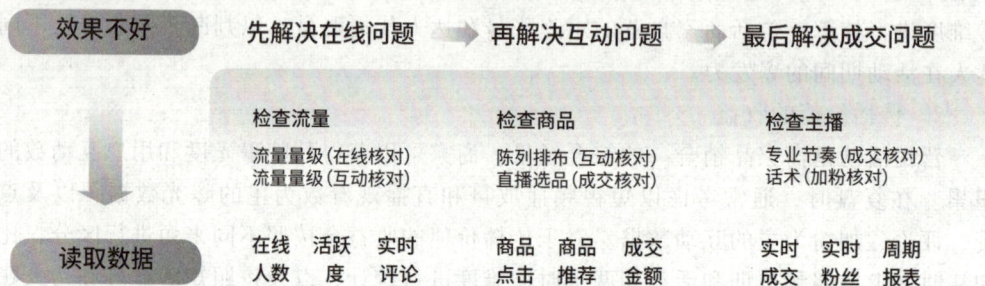

图4-37　直播运营数据优化路径

3）主流量直播间运营策略

主流量直播间运营策略分为两种情况（如图 4-38 所示）。

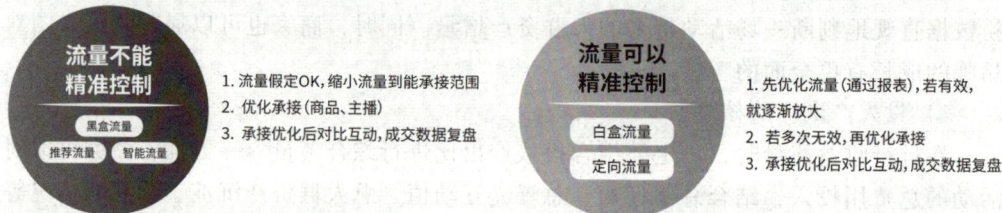

图4-38　主流量直播间运营策略

第一，流量不能精准控制。假定流量正常，首先应缩小流量到能承接的范围；然后优化商品和主播等承接要素；承接优化后对比互动，对成交数据复盘。

第二，流量可以精准控制。首先通过报表优化流量，如果有效，就逐渐放大；如果多次无效，再优化承接；承接优化后对比互动，对成交数据复盘。

4）数据优化维度

可以从以下五个维度开展自查，提出优化建议：

（1）直播人员分工。

①主播、助播、场控、客服等直播团队分工是否合理。

②团队各个职位分工是否明确，各成员能否负责各自的分工内容。明确的人员分工有助于更有效率地开展直播，同时避免部分工作未能及时处理影响直播效果。

（2）直播间氛围。

良好的直播间氛围有助于提升用户的体验感，提升用户直播间内停留时长以及购买意愿。直播间氛围优化内容如下：

①直播间营造亲切感，如欢迎新进入直播间的用户，感谢下单用户；

②直播间内营造热闹的氛围感，如直播间内各工作人员之间的互动，提升观众的陪伴感，增加留存时长；

③直播评论区营造热闹的氛围感，如较多人提问商品问题、表明已下单，营造出较多人有意愿购买的氛围，促成用户下单；

④直播间营造疯抢的氛围，如后台人员提示"已抢光"，表明直播间购买人数多，购买意愿强，促进观众停留时长增加与下单。

（3）直播商品展示。

对商品全貌、细节以及实际使用的展示，有助于用户更加了解商品，产生信任度，增强购买意愿。直播商品展示技巧优化路径如下：

①主播对于商品全貌的展示，应完整露出商品；

②主播对于商品细节的展示，应尽可能靠近镜头，清晰展示细节内容；

③可对商品进行试用/试穿/试吃等使用展示；

④对产品镜头的展示，可切换到近景机位，更直观。

（4）直播产品讲解。

良好的产品讲解有助于用户更好地代入到实际的体验过程中，同时增强用户对产品的了解，提升购买意愿。

①对商品的使用场景/特点（如材质、设计思路等）/优惠力度进行讲解，使观众了解产品，增强购买欲；

②主播依据个人感受向用户讲解产品的实际使用体验。

（5）直播互动。

直播间内强互动有助于提升直播间的活跃度，有机会带来更多的自然流量，同时有助于提升用户对直播间的好感度，增加停留时长与购买意愿。直播互动的优化内容如下：

①对于观众的问题，应尽可能做到有问必答，如主播不能及时回复，可由助播代为回复；

②对观众态度良好，回答有耐心；

③引导观众点击关注、评论留言、加入粉丝团、点赞等，提升直播间活跃度。

| 思政园地 | 《网络主播行为规范》解读 |

国家广播电视总局、文化和旅游部联合发布《网络主播行为规范》（以下简称《行为规范》），国家广播电视总局人事司负责人就相关问题回答记者提问。

一、《行为规范》出台的背景和目的是什么？

答：近年来，网络直播节目大量涌现，网络主播数量快速增长，在传播科学文化知识、丰富精神文化生活、促进经济社会发展等方面，发挥了重要作用。同时，网络主播队伍素质良莠不齐，进入门槛低，部分网络主播法律意识淡薄、价值观念扭曲，传播低俗庸俗内容、散布虚假信息、诱导非理性消费和大额打赏、炒作炫富拜金、偷逃税、损害未成年人身心健康等违法违规问题时有发生，严重扰乱行业秩序，污染社会风气，人民群众反映强烈，亟须对网络主播行为予以规范、加强监管。为加强规范管理，国家广播电视总局在广泛开展专题调研的基础上，会同文化和旅游部共同起草形成了《网络主播行为规范》。

二、《行为规范》所指的"网络主播"主要包括哪些人员？

答：《行为规范》中的"网络主播"是指通过互联网提供网络表演、视听节目服务的主播人员，包括在网络平台直播、与用户进行实时交流互动、以上传音视频节目形式发声出镜等人员。此外，结合当前新技术发展，《行为规范》还将利用人工智能技术合成的虚拟主播列入了参照执行的范围。

三、《行为规范》对网络主播提出了哪些要求？

答：《行为规范》规定了网络主播应当坚持的正向行为规范和要求，包括遵守宪法和法律法规规范，维护国家利益、公共利益和他人合法权益；遵守网络实名制注册账号有关规定，实名注册并规范使用账号名称；坚持正确政治方向、舆论导向和价值取向，树立正确的世界观、人生观、价值观，积极践行社会主义核心价值观；坚持以人民为中心的创作导向，反映时代新气象、讴歌人民新创造；坚持健康的格调品味，自觉摒弃低俗庸俗媚俗，抵制破坏网络表演、网络视听生态的不良行为；引导用户文明互动、理性表达、合理消费；保持良好声屏形象，表演、服饰、妆容、语言、行为、肢体动作及画面展示等要符合大众审美情趣和欣赏习惯；尊重公民和法人的合法权益；遵守知识产权相关法律法规；依法履行纳税义务；规范使用国家通用语言文字；学习掌握从事主播工作所必需的知识技能，从事如医疗卫生、财经金融、法律、教育等需要较高专业水平直播的网络主播，应取得相应执业资质。

四、针对保护未成年人合法权益和身心健康，《行为规范》对网络主播提出了哪些具体要求？

答：针对社会广泛关切的未成年人合法权益和身心健康保护问题，《行为规范》在第十四条中进行了多处强化，积极为未成年人成长营造更加健康的网络环境。一是不得介绍或者展示自杀、自残、暴力血腥、高危动作和其他易引发未成年人模仿的危险行为，表现吸烟、酗酒等诱导未成年人不良嗜好的内容；二是不得利用未成年人或未成年人角色进行非广告类的商业宣传、表演或作为噱头获取商业或不正当利益，指引错误价值观、人生观和道德观的内容；三是不得通过有组织炒作、雇用水军刷礼物、宣传"刷礼物抽奖"等手段，暗示、诱惑、鼓励用户大额"打赏"，引诱未成年用户"打赏"或以虚假身份信息"打赏"。

五、针对网络表演、网络视听节目服务中存在的"饭圈"乱象，《行为规范》对网络主播提出了哪些具体要求？

答：为落实文娱领域综合治理部署安排，整治"饭圈"乱象，《行为规范》第六条明确要求网络主播应当坚持健康的格调品位，自觉摒弃低俗、庸俗、媚俗等低级趣味，自觉反对流量至上、畸形审美、"饭圈"乱象、拜金主义等不良现象；《行为规范》第七条明确要求网络主播应当引导用户文明互动、理性表达、合理消费，共建文明健康的网络表演、网络视听生态环境。此外，《行为规范》第十四条还明确规定网络主播不得引导用户低俗互动，组织煽动粉丝互撕谩骂、拉踩引战、造谣攻击，实施网络暴力。

六、当前，网络主播在直播带货中违法违规情况时有发生，对此，《行为规范》提出了哪些具体要求？

答：针对公众反映强烈的虚假宣传、销售假冒伪劣商品、数据造假等损害消费者权益的问题，《行为规范》第十四条对网络主播直播带货行为做出了明确规定。一是不得营销假冒伪劣、侵犯知识产权或不符合保障人身、财产安全要求的商品，虚构或者篡改交易、关注度、浏览量、点赞量等数据流量造假；二是不得夸张宣传误导消费者，通过虚假承诺诱骗消费者，使用绝对化用语，违反广告相关法律法规未经许可直播销售专营、专卖物品等；三是不得通过"弹幕"、直播间名称、公告、语音等传播虚假、骚扰广告。对于此前社会关注的个别网络主播偷逃税现象，《行为规范》第十一条明确要求网络主播应当如实申报收入，依法履行纳税义务。

七、根据《行为规范》有关规定，网络主播出现违规行为将会受到何种处理？

答：《行为规范》明确，网络表演、网络视听平台和经纪机构要严格落实对网络主播管理的主体责任，建立健全网络主播入驻、培训、日常管理、业务评分档案和"红黄牌"管理等内部制度规范。对出现违规行为的网络主播，要强化警示和约束；对问题性质严重、多次出现问题且屡教不改的网络主播，应当封禁账号，将相关网络主播纳入"黑名单"或"警示名单"，不允许以更换账号或更换平台等形式再度开播。对构成犯罪的网络主播，依法追究刑事责任。对违法失德艺人不得提供公开进行文艺表演、发声出镜机会，防止转移阵地复出。有关行业协会对违法违规、失德失范、造成恶劣社会影响的网络主播要定期公布，引导各平台联合抵制、严肃惩戒。同时，对向上向善、模范遵守行为规范的网络主播，我们鼓励网络表演、网络视听平台和经纪机构对其进行正向激励。

八、为确保《行为规范》有效落实，对行业主管部门、平台和经纪机构以及行业协会分别做出了哪些规定？

答：《行为规范》明确了各级文化和旅游行政部门、广播电视行政部门、文化市场综合执法机构、网络表演和网络视听平台及经纪机构、有关行业协会在加强网络主播教育引导、监督管理、违规行为处理等方面的职责，促进形成合力。

　　资料来源　新京报.国家广播电视总局人事司负责人就《网络主播行为规范》答记者问 [EB/OL].［2022-06-22］. https://news.sina.com.cn/o/2022-06-22/doc-imizirau9952990.shtml.经 节选。

　　思政关键词：合规意识、守法意识

⟩ 基础训练 ⟩

一、单项选择题

1. 标志着直播电商进入快速发展阶段的是（　　）。

A. 探索期（2017年）　　　　　　　　B. 拓展期（2018年）

C. 爆发期（2019—2020年）　　　　　D. 规范期（2020年至今）

2. 通过对商品进行立体化描述与展示，构建商品与消费者、商家与用户连接的是（　　）。

A. MCN机构　　　　B. 主播　　　　　　C. 直播电商平台　　　D. 服务商

3. 对主播的（　　）要求是具备充分的表现力。

A. 基础能力　　　　B. 进阶能力　　　　C. 突破性能力　　　D. 创新能力

4. （　　）是直播的核心内容。

A. 货品　　　　　　B. 品牌　　　　　　C. 信誉　　　　　　D. 流量

5. 配合主播话术和直播间活动，用于提升直播间人气、延长消费者看播停留时长，并增加直播间互动热度的产品的是（　　）。

A. 引流款　　　　　B. 承接款　　　　　C. 利润款　　　　　D. 测试款

二、多项选择题

1. 平台主导权体现在（　　）方面。

A. 流量分配　　　　B. 制定规则　　　　C. 场景服务　　　　D. 产品品牌

2. 根据主营业务差异，直播电商平台可以分为（　　）三类。

A. 传统电商平台　　B. 内容平台　　　　C. 社交平台　　　　D. 融媒体平台

3. 企业根据自身优势进行直播账号人设策划，常见的账号人设有（　　）三种。

A. 强主播型　　　　B. 强货品型　　　　C. 强流量型　　　　D. 强资源型

4. 货品规划一般经过以下（　　）三个步骤。

A. 根据直播定位进行选品　　　　　　B. 对所选商品进行直播测评

C. 对产品进行推广　　　　　　　　　D. 根据直播效果对产品进行优化

5. 直播团队一般包含（　　）三种核心岗位类型。

A. 直播运营　　　　B. 场控　　　　　　C. 文案策划　　　　D. 主播

⟩ 综合应用 ⟩

一、案例分析

全息投影虚拟人"趣"报两会

2023年全国两会期间，中央广播电视总台的超仿真主播"AI王冠"再次与"本尊"携手，在视频中，用全新方式对热点话题进行报道。

在虚拟主播央小新的串联下，两会特别节目探索AIGC的"超能力"，带观众看未来农业、感受从田间走到舌尖的"新科技"，穿越至2035年，俯瞰未来的中国生态画卷。第二年"参加"两会的SMG融媒体中心虚拟主播申苏雅，2023年也继续担任"出镜记者"，与平台记者冷炜跨次元联手带来两会观察。

山东广电超写实数字主持人"海蓝"也亮相2023年全国两会。站在融媒体演播室的一块绿幕前，便可在虚拟空间实现与海蓝"面对面"对话。

以全息投影、AI、5G等前沿科技为依托，媒体不断升级系列融媒体产品，对接虚拟与现实，与受众深互动。浙江广电也利用虚拟演播室、数字前景等虚拟技术，集纳国内外主流媒体对2023年全国两会相关热点话题、政府工作报告中的新提法等信息，进行图文并茂式的解说。

资料来源　圆子，萧烨. 一大波创意赶来！全息投影虚拟人"趣"报两会［EB/OL］.［2023-03-10］. https://www.sohu.com/a/652184812_585248.

问题：虚拟人正在向越来越多的行业渗透，对此你是如何评价的？

二、实践应用

以团队为单位，为山东日照御园春茶叶有限公司设计直播营销策划方案，开展为期一个月的直播带货实战，并对直播活动进行复盘，填写表4-20。

表4-20　　　　　山东日照御园春茶叶有限公司直播账号策划与实施

直播账号策划		
直播间装修		
直播账号定位		
直播账号矩阵		
直播人员分工		
单场直播脚本策划		
商品讲解四步法	商品宣传点	具体内容
提出痛点		
输出卖点		
提升价值		
促销转化		
整场脚本策划		
直播时间		
直播主题		
直播目标		

续表

直播产品和价格		
直播互动环节和玩法		
直播人员分工		
其他注意事项		

双十一直播活动策划		
商品所属类目		
直播目标		
直播前活动策划		
直播中活动策划		
直播后活动策划		
活动预算		

直播复盘表

数据概览	账号		开播日期		开播时长		直播时段	
	观众总数		付款总人数		付款订单数		销售额	

直播内容质量分析

直播吸引力指标	关联因素	问题记录	复盘结论
最高在线人数			
平均停留时长		流量精准度 选品吸引力 产品展现力 营销活动力 主播引导力 ……	
新增粉丝数量			
转粉率			
评论人数			
互动率			

直播销售效率分析			
销售效率指标	关联因素	问题记录	复盘结论
转化率		流量精准 产品给力 关联销售 直播展示 主播引导 ……	
订单转化率			
客单价			
客单件			
UV价值			

直播流量优化分析				
流量来源	占比	人数	问题记录	复盘结论
视频推荐				
直播推荐				
其他				
关注				
同城				
付费流量总数				
Dou+短视频				
Dou+直播间				
千川直播间				
自然流量总数				

短视频内容优化分析						
视频链接	完播率	播放量/获赞/评论/分享	总播放量	视频导流人数	视频点击进入率	分析与建议

单品销售数据分析								
品名	购物车序号	直播间浏览量	直播间点击量	单品点击率	支付订单数	单品转化率	支付GMV	单品UV价值

续表

单品分析与建议

项目 5
实施内容社区营销

学习目标

知识目标：

- 了解内容社区营销发展状况
- 掌握 IDEA 社区内容策划方法和技巧
- 掌握小红书、知乎、B 站等常见内容社区的内容创作和推广技巧
- 掌握内容社区的评估指标和数据分析方法

技能目标：

- 能应用 IDEA 方法开展内容社区营销策划
- 能应用 KFS 内容营销组合策略进行内容生产、分发和推广
- 能创作符合平台要求的小红书笔记等社区内容
- 能应用分析工具分析内容指标和优化内容营销效果

素养目标：

- 遵守社区规范、履行社区公约，提升遵规守法意识
- 坚持真诚分享、提供内容价值，培养用户服务意识
- 传播积极健康向上的时代风尚和生活方式，展现正能量

【引导案例】

大疆：社区+电商，打造科技潮品

1. 课前思考

以小组为单位，讨论以下问题：

（1）计划购买某个产品时，你通常通过哪些平台了解相关信息？

（2）以下哪些内容更容易激发你的购买意愿：品牌介绍、场景化产品推荐、明星推荐、优惠购买方式？

2. 案例介绍

深圳市大疆创新科技有限公司（以下简称"大疆"）成立于2006年，是无人机、手持影像系统等领域的全球领先品牌。大疆在全球无人机市场所占份额已超80%，位居全球民用无人机企业第一位，以一流的技术产品重新定义"中国智造"内涵。

作为无人机行业的领头羊，大疆的产品技术在专业消费者核心圈子里大受认可，然而无人机产品作为有一定门槛的专业产品，如何从专业消费者圈层扩展到大众零售消费者圈层，尤其是如何在新生代消费者心中塑造品牌形象，快速进行市场教育成为大疆的关键诉求。

为解决这一问题，大疆推出一系列有针对性的优质社区内容。品牌在知乎社区发布540个作品，讨论量24.4万、浏览量4.7亿次；在B站发布700多个视频；在小红书分享最新产品资讯、使用技巧、实用摄影教程等笔记200余篇，与用户一起玩转生活。大疆通过社区活动，发动社区广大素人用户发布摄影作品、无人机教学视频等内容，在社区沉淀了高质量用户内容，实现了市场教育、双向反馈和需求刺激，成功打造科技潮品的品牌心智。

在海外市场推广方面，大疆在海外社交媒体上的累计粉丝量已经超过1 000万。同时，大疆与KOL合作，比如，邀请在YouTube上拥有1 200万粉丝的电影制作人Casey Neistat、苹果产品的测评网红Jonathan Morrison等对大疆产品进行解说和分享，取得了良好的推广效果。

3. 案例讨论

以小组为单位讨论案例中给出的材料，并根据讨论结果填写表5-1。

表5-1　　　　　　　　　　　　　　　大疆内容营销

项目	内容
大疆是如何利用内容社区开展营销的？	
如何评价大疆的宣传效果？	

任务 5.1　认识内容社区营销

微课 5-1

内容社区营销

5.1.1　内容社区营销的相关概念

1）内容社区的概念

内容社区是以用户创造内容为核心的网络交流平台。同一社区生态下，消费者与有共同兴趣、爱好、价值观的人群形成独特的社交圈，以低成本沉淀内容池。内容是内容社区的主体和核心，内容社区通过沉淀的内容创造出社区特有的文化氛围，如图5-1所示。

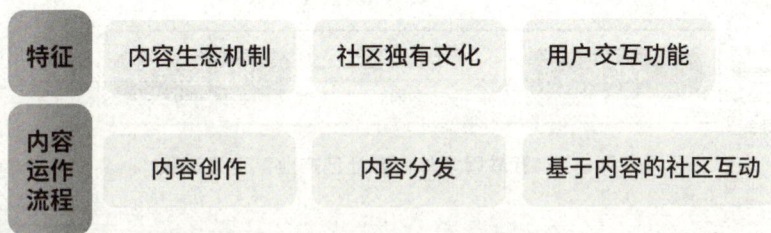

特征	内容生态机制	社区独有文化	用户交互功能
内容运作流程	内容创作	内容分发	基于内容的社区互动

图5-1　互联网媒体内容社区

2）内容社区的特点

内容社区需要持续提供可供消费的内容。

从内容供需链条看，内容社区的特性在于，供需两端都是以用户为主体，用户既是内容的消费者，也是内容的生产者。平台如果要持续满足用户内容消费的需求，提升用户活跃度和黏性，就需要激发更多用户加入平台自发创作，建立内容供需两端的"UGC生产—内容消费—UGC再生产"循环。

3）内容社区营销

内容社区营销是通过内容平台创作者生产的优质内容引发用户兴趣和关注，进而促成商业转化。

当前，内容社区营销已形成完善的产业链条，如图5-2和图5-3所示。从产业链横向运作来看，内容社区将品牌主和用户连接起来，既满足了品牌主对内容化品牌曝光和商品销售的渠道寻找需求，也为用户提供了高质量内容的集中展现渠道。在产业链的横向联动中，内容社区增强了B端和C端的商业变现能力。从产业链的纵向运作来看，创作者在为内容社区增加内容产能的同时，平台社区中便捷的内容创作工具、多元的内容展示途径、庞大的流量池以及系统化的内容变现渠道也反哺着创作者内容生产能力的提升。

从内容流通视角看，内容社区营销经过以下路径实现内容信息流通：第一步，广告主基于创作者受众的规模与调性选取创作者；第二步，创作者在内容社区进行营销内容创作；第三步，内容社区将创作者内容分发给社区用户。

从内容消费视角看，内容社区通过以下路径实现内容变现：首先，社区用户对创作者创作的内容进行内容互动和消费；其次，广告主按照商品销售额和成交额支付创作者和社区平台佣金。

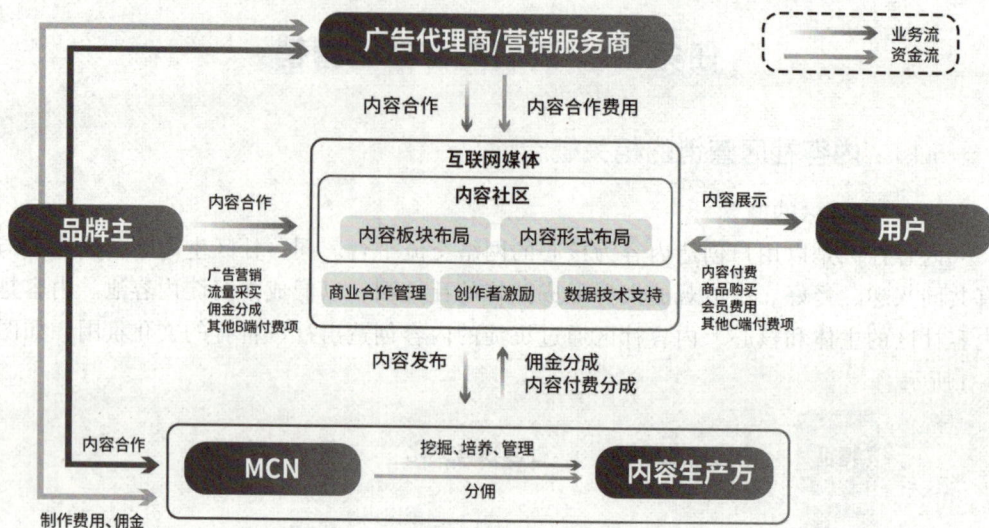

图5-2　互联网媒体内容社区产业链运作流程

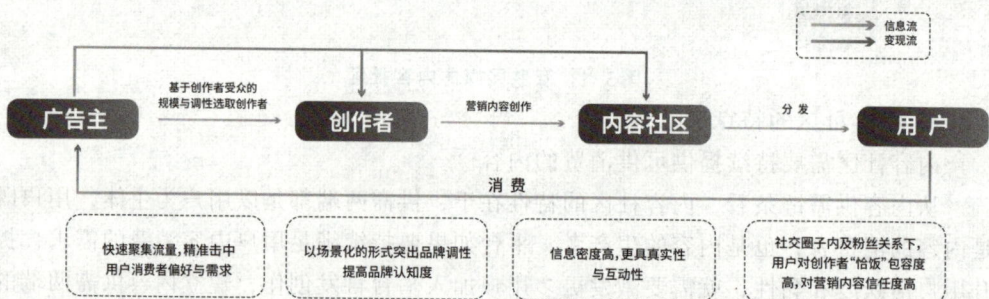

图5-3　内容营销模式

在内容流通和内容消费过程中，内容营销呈现以下特点：

第一，快速聚集流量，精准击中用户消费偏好与需求；

第二，以场景化的形式突出品牌调性，提高品牌认知度；

第三，信息密度高，更具真实性与互动性；

第四，社交圈子内及粉丝关系下，用户对创作者"恰饭"包容度高，对营销内容信任度高。

5.1.2　内容社区的分类与形式

1）内容社区分类

根据内容属性和用户画像的不同，内容社区可大致分为四种类型：文娱类、生活方式类、消费类和知识类。不同内容社区有各自差异化的优势，为品牌主和用户带来独特的价值。

（1）文娱类内容社区。此类社区涵盖多种兴趣类型，内容可拓展领域更广，可以吸引大范围的用户。典型的文娱类内容社区有豆瓣、虎扑、B站等，每个社区有其不同的特点。如豆瓣的用户自主性和文艺特征更明显，平台重视用户体验，赋予用户更大自主权；虎扑用户主体为男性，对体育赛事和男性话题有强需求；B站用户以Z世代人群为主，平台更强化PUGC内容生产，在动漫、游戏等二次元内容基础上逐步扩充生活区、知识区等多元化内容。

（2）生活方式类内容社区。此类内容社区围绕消费者多元生活方式布局，满足用户对不同生活方式的分享和探索需求。小红书是典型的生活方式类内容社区。小红书主要用户为年轻女性，对美妆、时尚穿搭等话题更感兴趣。社区围绕以上核心内容以"美好生活"为主旨进行内容搭建。

（3）消费类内容社区。此类社区作为消费决策平台，品效合一特征强，主要功能是有效促进消费信息高效流通，引导用户完成购买，因此具有强烈的商业和工具性属性，其社区功能容易被弱化。此类代表社区有大众点评、什么值得买等。

（4）知识类内容社区。此类社区通过用户分享知识与经验，满足用户的求知欲。典型的知识类内容社区是知乎。其用户多为高学历、高收入人群，用户对内容专业度和深度的需求更高。知识类内容社区的专业和学习导向特征，为品牌方提供以深度内容触达用户的路径。

中国典型互联网媒体内容社区模式对比如图 5-4 所示。

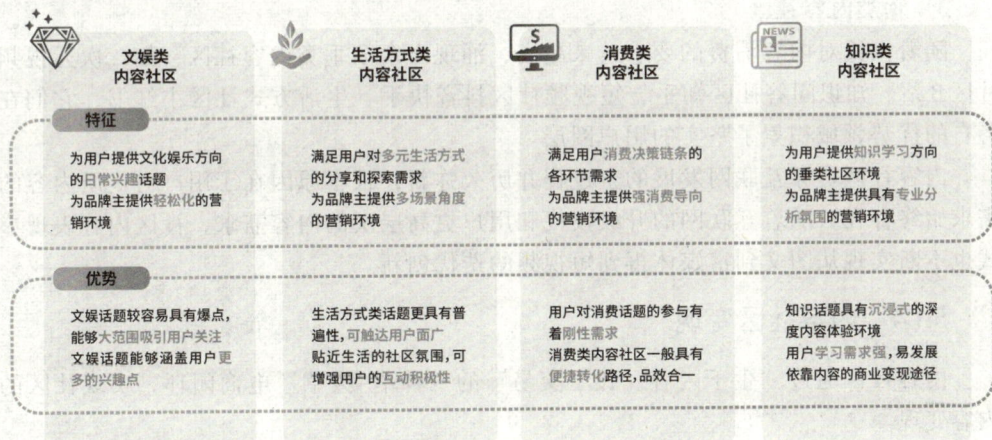

文娱类 内容社区	生活方式类 内容社区	消费类 内容社区	知识类 内容社区
特征			
为用户提供文化娱乐方向的日常兴趣话题 为品牌主提供轻松化的营销环境	满足用户对多元生活方式的分享和探索需求 为品牌主提供多场景角度的营销环境	满足用户消费决策链条的各环节需求 为品牌主提供强消费导向的营销环境	为用户提供知识学习方向的垂直社区环境 为品牌主提供具有专业分析氛围的营销环境
优势			
文娱话题较容易具有爆点，能够大范围吸引用户关注 文娱话题能够涵盖用户更多的兴趣点	生活方式类话题更具有普遍性，可触达用户面广 贴近生活的社区氛围，可增强用户的互动积极性	用户对消费话题的参与有着刚性需求 消费类内容社区一般具有便捷转化路径，品效合一	知识话题具有沉浸式的深度内容体验环境 用户学习需求强，易发展 依靠内容的商业变现途径

图 5-4　中国典型互联网媒体内容社区模式对比

2）社区平台内容形式

以三大主流社区平台小红书、哔哩哔哩和知乎为例，它们的内容形式分别是笔记、视频和问答，侧重呈现生活是怎样的（How）、现象或事物是什么（What）、行为或事件发生的原因（Why）方面的问题，三者差异化的调性定位抢占了不同的用户群体。

5.1.3　内容社区的发展

内容社区平台贯穿了中国互联网从 PC 时代到移动互联网时代发展的全过程，其重点影响事件如图 5-5 所示。

1）PC 互联网时代

1995 年水木清华社区创立，成为当时最有人气的 BBS 社区。1998 年西祠胡同社区创立，成为第一个真正意义上的网络社区。随后，天涯社区、大众点评、虎扑、豆瓣等相继创立。这一阶段，以强社交关系的图文类社区为主流。

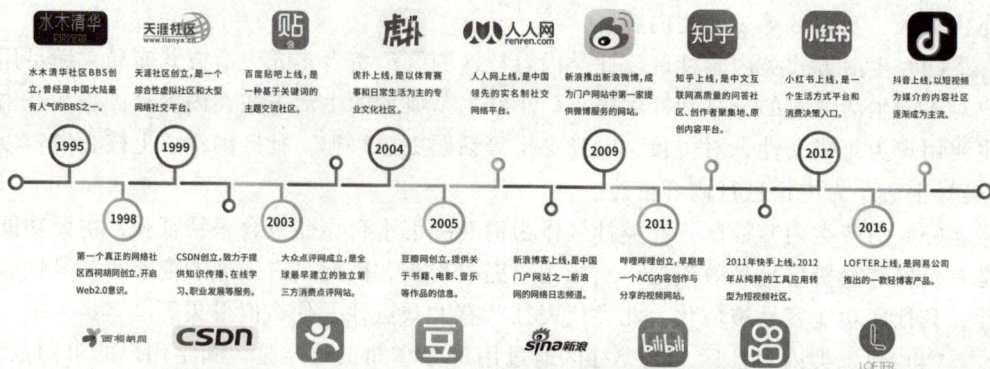

图5-5　内容社区发展大事记

2）移动互联网时代

2009年，新浪微博上线，逐渐发展成为中国最大的泛类互联网内容社区。随着移动端应用的普及，快手、B站等娱乐化、视频化的社区平台乘风而起。

3）垂类内容社区

随着网民对内容消费的要求越来越高，涌现出众多垂类内容社区，如二次元视频社区B站、知识问答社区知乎、短视频社区抖音快手、生活方式社区小红书，它们在各自的优势领域积累了坚实的用户圈层。

内容社区贯穿互联网发展的全过程并历久弥新，根本原因在于用户对优质内容的需求始终存在。随着互联网的升级换代和用户更高层次的内容需求，社区内容表现形式也不断实现从图文到富媒体再到短视频的迭代创新。

微课5-2

内容社区变现

5.1.4　内容社区变现

内容社区通过"生于内容、长于交易"的"种草–拔草"电商闭环，实现社区的内容变现。

1）内容社区用户"种草–拔草"流量漏斗模型

内容社区用户"种草–拔草"三层漏斗模型对应了从"种草"到"拔草"的三个环节，如图5-6所示。

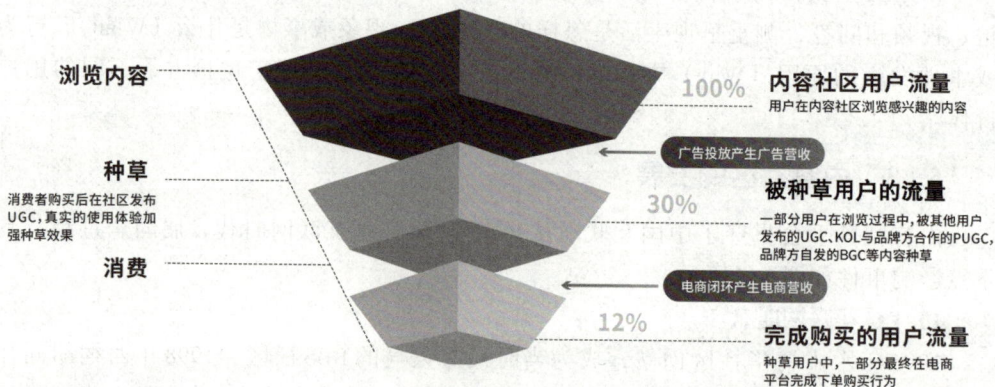

图5-6　内容社区用户"种草–拔草"流量漏斗模型

第一层是社区用户构成的基本流量池。用户在内容社区浏览感兴趣的内容。

第二层是被种草用户的流量。用户在浏览内容过程中，被其他用户发布的UGC内容、KOL与品牌方合作的PUGC内容、品牌方自发的BGC内容等种草。

第三层是完成购买的用户流量。这部分流量是种草用户中，最终在电商平台完成下单购买行为的流量。

通过三层漏斗转化，实现从内容生成到交易完成的"种草-拔草"电商闭环。

值得注意的是，内容社区消费者在消费后还可以在社区发布UGC，分享使用感受，促进内容生态的正循环。

2）内容社区用户消费决策路径

相较于"发现需求—寻找比较—评估选择—决定购买"的一般消费者决策路径，内容社区平台用户消费决策路径一般为通过内容社区消费场景完成从发现需求到购买转化的过程，即"发现需求—内容社区消费场—决定购买"，消费决策链路变短，如图5-7所示。因此，对于内容社区平台而言，优质内容精准触达用户成为营销关键。

一般消费决策路径

流失率高

内容社区消费场域决策路径

流失率低

图5-7　一般消费路径与内容社区用户消费决策路径对比

首先，注重用户群体选择，提升平台用户的圈层化、精细化运营，为每个垂直细分圈层打造符合其消费习惯的营销方案。

其次，提供优质内容，通过有情、有趣、有用、有品的内容降低购买决策过程中的用户流失率。

3）内容社区商业变现模式

小红书、哔哩哔哩和知乎等内容社区平台主要功能以种草为主，为第三方平台引流，站外完成转化。但各平台也开设自营电商，期望通过内容种草，形成用户刚需之外的消费增量，构建发现—购买—分享的商业闭环和内容变现。

（1）知乎电商。

知乎作为互联网知名的可信赖问答社区，用户通过知识建立信任和连接，对热点事件或话题进行理性、深度、多维度的讨论，分享专业、有趣、多元的高质量内容，打造和提升个人品牌价值。

知乎的商业变现模式主要有两种：

第一种是种草带货。知乎种草带货呈现"一个问题一条街，一个回答一家店"的独特内容电商生态，用户的一切问题都可以在平台提问，由分散在各个领域的专业人士进行回答，以专业的回答影响消费决策，实现从种草到拔草转化的营销闭环。

第二种是自营电商。基于知乎社区自身的专业性调性，平台官方推出知乎知物、盐选好物等选品标签，打造信任经济。

在商品品类方面，由于自身调性偏专业、严肃，用户画像以高学历精英为主，且理工科男生比例较高，因此实用价值高、知识属性强、科技感强的商品更具优势。

（2）B站电商。

B站的电商模式可以分为"自营+带货"两类，其业务发展历程如图5-8所示。

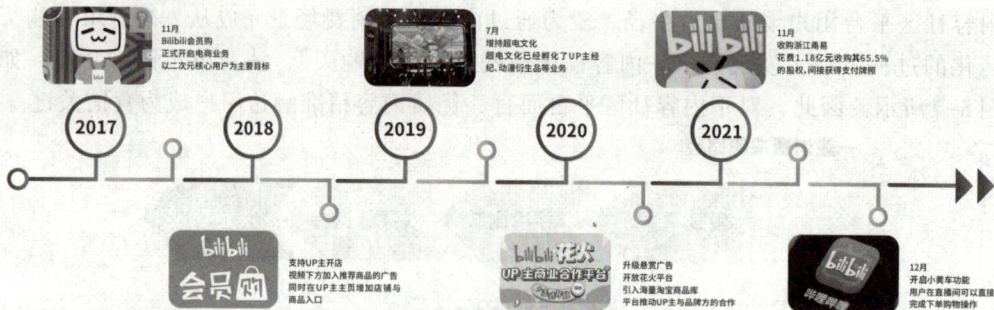

图5-8　B站电商业务发展历程

首先，围绕"二次元、电竞、动漫"等用户画像标签，打造周边产品，以社区氛围为切入口，提供ACG相关手办、图书漫画、潮玩、门票等商品售卖，支持UP主开店。

其次，对于B站破圈后涌入的新用户，B站建立符合非核心用户的电商模式，上线直播带货"小黄车"功能，用户在直播间可以直接完成下单。

（3）小红书电商。

小红书是一个生活方式社区平台，用户以年轻女性为主体，社区内容板块以"美好生活"为主旨，涵盖美妆、穿搭、美食、情感、旅行、健身等多元生活方式，成为当代互联网年轻人的"百科全书"。

为满足社区用户对生活方式的分享、探索以及相关信息的获取需求，小红书平台开设话题和地点链接，搭建商城，布局图文、短视频等直播内容形式，按照兴趣板块分类笔记等，不断满足用户对生活方式内容的需求，完善用户对美好生活相关探索的链路。

作为"种草"属性突出的内容社区，小红书用户习惯在购买产品前，在社区进行搜索，看其他消费者的真实消费体验。种草笔记内容一般重点聚焦产品的测评及使用体验，而非品牌知名度，为新消费品牌提供机会。通过产品质量打动用户，再结合与达人、素人或明星的合作，从而获得良好口碑。为实现商业化快速转变，小红书推行"号店一体"机制，降低博主开店门槛，引导商家通过内容吸引用户交易，实现平台倡导的"生于内容，长于交易"。

综上所述，知乎、B站、小红书积极布局电商赛道，受社区调性的影响，各自的切入点不同。知乎以专业性标签为切入点，发挥自营电商在实用性商品等品类的种草优势；B站以二次元标签为切入点，以特有的社区氛围构建独特的电商生态；小红书以种草标签为切入点，努力搭建电商闭环。内容社区做电商的切入点都是社区最原始的核心调性，无论是用户破圈还是商业化，社区调性需要保持稳定，实现"用户规模－社区调性"和"社区调性－商业化"两大平衡。小红书、哔哩哔哩、知乎的内容及转化特征对比如图5-9所示。

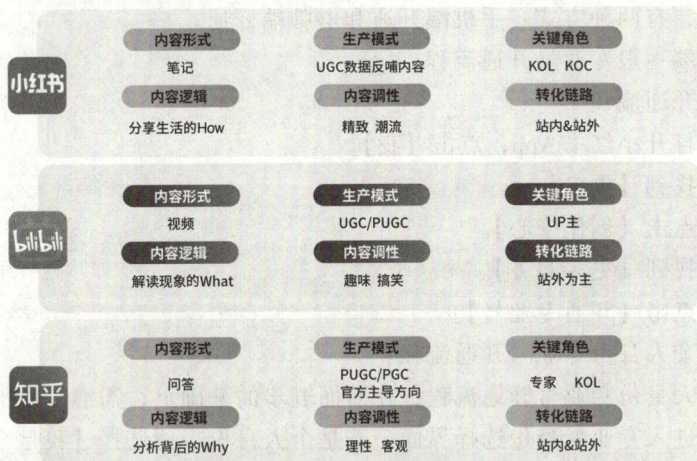

小红书	**内容形式**	**生产模式**	**关键角色**
	笔记	UGC数据反哺内容	KOL KOC
	内容逻辑	**内容调性**	**转化链路**
	分享生活的How	精致 潮流	站内&站外
bilibili	**内容形式**	**生产模式**	**关键角色**
	视频	UGC/PUGC	UP主
	内容逻辑	**内容调性**	**转化链路**
	解读现象的What	趣味 搞笑	站外为主
知乎	**内容形式**	**生产模式**	**关键角色**
	问答	PUGC/PGC 官方主导方向	专家 KOL
	内容逻辑	**内容调性**	**转化链路**
	分析背后的Why	理性 客观	站内&站外

图5-9　小红书、哔哩哔哩、知乎的内容及转化特征对比

任务5.2　内容社区营销策划

　　本任务以小红书为例，围绕账号策划、店铺策划、营销策划三个方面学习内容社区营销策划。

　　作为当下年轻人分享生活方式、了解潮流动态的渠道入口，小红书内容营销已经从品牌营销的"可选项"逐渐成为"必选项"。越来越多的新消费品牌借助小红书脱颖而出，成为"网红爆品"。企业如何利用内容社区实现"种草"甚至更长远的商业增长呢？

微课 5-3

内容社区营销策划

5.2.1　小红书账号策划

1）小红书账号简介

　　目前，小红书的账号有两类：专业号和非专业号。小红书专业号是账号拥有者的一种身份或者行业认证。开通专业号就可以给自己打上一个身份标签，只有成为专业号，才能在小红书上进行后续的商业行为，才可以拥有商业合作相关行为，以及获得包括粉丝互动、品牌合作、广告投放等商业转化能力。

　　专业号认证身份大致有三种：

　　（1）大中小商家和品牌身份的企业，例如：咖啡店、水果店、美妆品牌、服装品牌等；企业类型的认证费用为600元/年。

　　（2）具备职业资格的权威性身份，例如律师、医生、教师等；权威性职业身份认证费用为300元/年，需要提供相应的资料，例如律师需要提供律师证等。

　　（3）兴趣导向的身份，例如美食博主、健身博主、美妆博主等；兴趣导向的博主类型认证零费用，并且无须提供任何证明资料。

小红书专业号功能跟企业号类似，主要适用于在小红书上做企业营销的用户。认证后可以在小红书上发布广告内容，还有一些特有的广告营销权限。对于在小红书上做推广的用户，还有防止限流、封号的作用。

2）小红书专业号开通流程

开通账号，有两种方式：手机端开通和电脑端开通。

（1）手机端一般专业号开通流程。

①手机端开通流程。

第一步：打开小红书App，点击【我】。

第二步：找到【更多】。

第三步：点击【创作中心】。

第四步：找到【更多服务】。

第五步：点击【开通专业号】。

②手机端个人身份专业号开通流程。

手机端个人身份专业号开通流程，在前面五步的基础上，需继续以下操作步骤：

第六步：进入专业号身份选择界面，若是个人身份，请选择【我是个人】。

第七步：实名认证。个人身份专业号开通需要实名认证，实名认证分为大陆居民和非大陆居民。

大陆居民需要填写身份证信息，并进行人脸识别。

非大陆居民可以选择以下三种证件类型：港澳居民来往内地通行证、台湾居民来往大陆通行证、国外护照。非大陆居民需要上传手持证件照的照片并确保证件照上的姓名及证件号清晰可见。

第八步：账号实名认证成功后，即可选择相符的身份。

通过以上八步手机端操作，成功完成个人身份的专业号认证。

③手机端企业身份专业号开通流程。

手机端企业身份专业号开通流程，在前面五步的基础上，需继续以下操作步骤：

第六步：进入专业号身份选择界面，若是企业身份，请选择【我是企业】。

第七步：选择相符的身份。

第八步：进行专业账号身份审核。

第九步：在基础信息中上传账号头像、账号名称。

第十步：主体信息。上传营业执照/组织机构代码证、主体名称、社会信用代码、证件有效期、所在地、邀请码（选填）。

第十一步：认证资质。法人身份验证、人脸识别、上传行业资质、商标及商标授权。

第十二步：在运营人信息中填写运营人姓名、联系邮箱、联系电话、发票接收邮箱。

第十三步：审核费用支付完成后，提交企业专业号审核。

审核结果有三种：审核通过，审核不通过、资质不完整、请补充资料。

审核通过，企业身份专业号开通成功。

（2）电脑端专业号开通流程。

个人身份专业号只能使用手机端开通，电脑端只能开通企业身份专业号。开通流程分为以下步骤：

第一步：打开小红书专业号后台，登录小红书账号。

第二步：点击【专业号认证/年审】。

第三步：选择相符的身份。

第四步：上传账号名称、账号头像。

第五步：选择主体信息。若是大陆的企业身份，请选择【大陆企业】或【大陆个体】。若是境外的企业身份，请选择【境外及港澳台】。

第六步：上传营业执照、填写主体名称。

第七步：身份验证。可以选择【法人人脸识别】和【提交申请公函】两种身份验证方式。若在主体归属地选择了【境外及港澳台】，则这一步无法选择【法人人脸识别】。

第八步：其他资料。上传行业资质、商标及商标授权书。

第九步：运营人信息。填写运营人姓名、联系邮箱、联系电话、发票接收邮箱、身份证号码（申请提交公函的商家才需填写身份证号）。

第十步：运营人身份认证，进行人脸识别（申请提交公函的商家才需要进行此步骤）。

第十一步：若已有认证服务商，填写该服务商的邀请码后，提交申请资料。

第十二步：支付认证费用，提交审核。审核结果有三种：审核中，审核失败，资质不完整、请补充资料。

审核通过，认证成功。

3）小红书账号打造

（1）小红书账号定位。

账号定位关系到账号的内容规划、运营方式和转化效率。小红书账号定位有四个原则：垂直、价值、变现、持续。

第一，垂直。垂直即细分品类。明确账号所处的行业赛道和目标人群，有利于内容的精细化运营。

第二，价值。价值是指内容价值。有价值的账号，用户才会自发关注。价值可以是情绪价值、娱乐价值、视觉价值等。内容输出可以是好看的、好玩的、实用的等，但必须能给用户提供价值。

第三，变现。变现是指变现模式。小红书运营者在账号定位之初就需要考虑好变现模式，比如通过广告变现还是知识变现。

第四，持续。内容发布要持续且稳定，否则账号的权重就会下降，粉丝也会流失。

以教育/职场赛道为例，可以通过以下形式完成账号定位：

在账号细分品类中，可以选择以下细分垂直领域，例如，职场行业、生活科普、科学科普、艺术教育、大学教育、职场干货、外国教育、小学教育、中学教育、学前教育、教育日常、教育培训等。

（2）小红书账号内容规划。

如果账号是新号，前期的内容应减少营销笔记占比。前期发文的主要目的是打造账号的真实性、提高账号权重、拉低生态违规率，因此除了要选择让用户产生兴趣的图片以外，也要聚焦具有情感价值和收藏价值的内容，通过数据来提升笔记权重，利用多篇高权重的笔记来巩固和提升账号的权重。

（3）小红书账号维护。

维护小红书账号，要聚焦以下三点：

第一，打造优质团队。围绕平台规则解读、笔记内容创作技巧、团队矩阵打造，持续提升团队的可持续发展能力。

第二，坚持"真实分享、友好互动"。"真实分享、友好互动"是社区公约的核心。真实性是目前平台90%以上审核环节都注重的。

第三，无论是新账号还是老账号、原创形式还是模仿借鉴形式，内容一定要围绕平台的规则和品牌定位持续打造和优化。

5.2.2　小红书店铺策划

1）小红书店铺类型

小红书目前主要有五大类型的店铺：个人店、个体工商店、普通企业店、专卖店和旗舰店。

根据主体资质类型和品牌授权类型两个方面，不同的店铺类型有不同的入驻条件（见表5-2）。个人和商家可以根据以下标准及实际经营情况，自行选择开店类型。

表5-2　　　　　　　　　　　　　小红书店铺类型

店铺类型	主体资质类型	境内/境外主体	品牌要求
个人店	身份证	境内	无需求
个体工商店	个体工商户营业执照	境内	无需求
企业店	企业营业执照	境内	无需求
专卖店	企业营业执照	境外、境内	自有品牌，非独占授权品牌独占授权品牌
官方旗舰/旗舰店	企业营业执照	境外、境内	自有品牌，独占授权品牌

商家根据实际经营情况，可自行选择售卖类目，不同店铺类型入驻经营类目可通过以下路径查看：【小红书商家课堂】—【规则中心】—【招商入驻】—【入驻要求】—【小红书经营大类一览表】。

比如：【家用电器】【大家电】【烘干机】【电热水器】等类目，仅限个体工商户/普通企业店/专卖店/旗舰店选择，个人店无法选择此类目。小红书店铺类目见表5-3。

表5-3　　　　　　　　　　　　　　　　　小红书店铺类目表

一级类目	二级类目	三级类目	个人店	个体工商户	普通企业店	专卖店/旗舰店
家用电器	影音电器	家庭影院	—	√	√	√
家用电器	影音电器	其他影音产品	—	√	√	√
家用电器	大家电	电视机	—	√	√	√
家用电器	大家电	烘干机	—	√	√	√
家用电器	大家电	电热水器	—	√	√	√

2）不同类型店铺入驻事项

（1）个人店。

个人店是指境内以基础资质开设且经营单/多个品牌的店，偏零星小额交易。

个人店可售卖类目包括：食品、3C数码、家居百货、服饰鞋包、母婴用品、汽车用品/配件、生活服务、文化办公/玩乐/宠物用品、运动户外、户外服务、票务。

个人店入驻要求：须持有个人身份证明，但无品牌授权要求。

个人店铺命名规则：个人店的名称=专业号昵称+的店。如需要更改店铺名称，可以前往专业号中心（pro.xiaohongshu.com）的【昵称】进行修改。

（2）个体工商店。

个体工商店是指境内以基础资质开设且经营单/多个品牌的店。

个体工商店可售卖类目有：家用电器、食品、3C数码、家居百货、服饰鞋包、美妆个护、母婴用品、家具建材、汽车用品/配件、生活服务、文化办公/玩乐/宠物用品、运动户外、珠宝玉石、二手奢侈品、O2O类商品、票务。

个体工商店入驻要求：须持有个体工商户营业执照，但无品牌授权要求。

个体工商店命名规则：个体工商店的名称=专业号昵称+的店。如需要更改店铺名称，可以前往专业号中心（pro.xiaohongshu.com）的【昵称】进行修改。

（3）普通企业店。

普通企业店是指境内以基础资质开设且经营单/多个品牌的店。

普通企业店可售卖类目有：家用电器、食品、3C数码、家居百货、服饰鞋包、美妆个护、母婴用品、家具建材、汽车用品/配件、生活服务、文化办公/玩乐/宠物用品、运动户外、珠宝玉石、二手奢侈品、O2O类商品、票务。

入驻要求：申请主体应为企业，个人/个体工商户不得申请；须持有营业执照，无品牌授权要求。

普通企业店命名规则：普通企业店的名称=专业号昵称+的店。如需要更改店铺名称，可以前往专业号中心（pro.xiaohongshu.com）的【昵称】进行修改。

（4）专卖店。

专卖店是境内/外商标权人提供普通授权的品牌入驻小红书开设的单品牌店铺。

专卖店可售卖类目有：家用电器、食品、3C数码、家居百货、服饰鞋包、美妆个护、母婴用品、家具建材、汽车用品/配件、生活服务、文化办公/玩乐/宠物用品、运动户外、珠宝玉石、二手奢侈品、保健品及医药、O2O类商品。

专卖店入驻要求：须持有营业执照、品牌授权书；品牌类型可选择自有品牌、非独占授权品牌或独占授权品牌。

专卖店命名规则：专卖店的名称=专业号昵称+专卖店。如需要更改店铺名称，可以前往专业号中心（pro.xiaohongshu.com）的【昵称】进行修改。

（5）旗舰店。

旗舰店是境内/外自有品牌或由商标权人提供独占授权的品牌，入驻小红书开设的单品牌店铺。

旗舰店可售卖类目有：家用电器、食品、3C数码、家居百货、服饰鞋包、美妆个护、母婴用品、家具建材、汽车用品/配件、生活服务、文化办公/玩乐/宠物用品、运动户外、珠宝玉石、二手奢侈品、保健品及医药、O2O类商品。

旗舰店入驻要求：须持有营业执照、品牌授权书；品牌类型可选择自有品牌、独占授权品牌。

旗舰店命名规则：旗舰店的名称=专业号昵称+旗舰店。如需要更改店铺名称，可以前往专业号中心（pro.xiaohongshu.com）的【昵称】进行修改。

3）不同店铺类型入驻资质差异

不同类型店铺入驻资质差异见表5-4。

表5-4　　　　　　　　　　　　不同店铺类型入驻资质差异

店铺类型	个人店	个体工商店	普通企业店	专卖店	旗舰店
入驻资质	1. 身份证正反面 2. 手持身份证照片	1. 营业执照 2. 店铺运营授权 3. 店铺经营类目对应的资质（根据资质）		普通代理： 以商标权人为源头的普通授权书（需加盖品牌方公章）且授权链路需完整，并且不超过三级（美妆品牌不能超过二级） 由国家知识产权局商标局颁发的商标注册证或商标受理通知书 请注意：若商标持有者为个人且与公司法人相同，无须提供授权证明； 若商标权人为自然人，申请开设专卖店与旗舰店，需提供身份信息原件或复印件（身份证/护照）及商标使用独占授权书； 若商标权人为自然人，申请开设专卖店，需提供身份信息原件或复印件（身份证/护照）及商标使用授权书	品牌自营： 商标权人签署的入驻申请书（需要加盖入驻公司的公章） 由国家知识产权局商标局颁发的商标注册证或商标受理通知书 品牌一级独家授权： 商标权人提供的一级品牌授权书，并限定在小红书或全网独家授权（需加盖品牌方公章） 由国家知识产权局商标局颁发的商标注册证或商标受理通知书

4）不同店铺类型入驻权益差异

不同店铺类型入驻权益差异见表5-5。

表5-5　　　　　　　　　　　　　　　不同店铺类型入驻权益差异

项目 ＼ 店铺类型	个人店	个体工商店	普通企业店	专卖店	旗舰店
店铺介绍	经营单/多个品牌的店 注：个人店偏零星小额交易	经营单/多个品牌的店 注：跨境店铺不能申请	商标权人提供普通授权（最多三级）的非自有品牌；经营单个品牌的专卖店	自有品牌或由商标权人提供独家授权的品牌；经营单个品牌的旗舰店	
店铺名称	专业号名称+的店			专业号名称+专卖店 专业号名称+旗舰店 专业号名称+海外店 注：跨境贸易商家后级自动为海外专卖店/海外旗舰店	
店铺保证金	1. 按照不同经营类目缴存保证金 2. 按照近上个自然月的销售额，最低¥1 000		按照不同经营类目缴存保证金 境内最低¥20 000，境外最低US$3 500		
店铺佣金	1. 一个自然单结算额小于1万元时，平台免收技术服务费 2. 结算额超过1万元的部分，平台收取5%作为技术服务费，1万元的订单结算额已减去退款金额 技术服务费小于5%的店铺，不享受万元以下免佣规则				
薯条权限 （分为：内容加热版、营销推广版）	两种薯条满足条件都可以申请： 内容加热版： 粉丝数量≥500，近28天笔记数量≥2；近期内账号无违规行为 营销推广版： 进行专业号企业身份认证的用户；在小红书内开店铺的用户；入驻蒲公英平台的用户；开通直播选品权限的用户；开设专栏的用户		两种薯条都可以申请，自动开放无须满足条件		
笔记标记功能	可使用标记功能，但若要标记商品需要绑定店铺，只能标记自己店铺内的商品（不可标记其他店铺的商品）				
品牌合作后台	不能登录品牌合作后台，需要满足账号粉丝达到5 000个，且具有品牌合作权限方可登录		可登录		
竞价广告权限	不能申请		可申请		
品牌广告资格	无资格		可购买品牌广告资格		

项目　　　　店铺类型	个人店	个体工商店	普通企业店	专卖店	旗舰店
售卖类目	食品、3C数码、家居百货、服饰鞋包、母婴用品、汽车用品/配件、生活服务、文化办公/玩乐/宠物用品、运动户外、户外服务、票务	家用电器、食品、3C数码、家居百货、服饰鞋包、美妆个护、母婴用品、家具建材、汽车用品/配件、生活服务、文化办公/玩乐/宠物用品、运动户外、珠宝玉石、二手奢侈品、O2O类商品、票务	家用电器、食品、3C数码、家居百货、服饰鞋包、美妆个护、母婴用品、家具建材、汽车用品/配件、生活服务、文化办公/玩乐/宠物用品、运动户外、珠宝玉石、二手奢侈品、O2O类商品、票务	家用电器、食品、3C数码、家居百货、服饰鞋包、美妆个护、母婴用品、家具建材、汽车用品/配件、生活服务、文化办公/玩乐/宠物用品、运动户外、珠宝玉石、二手奢侈品、保健品及医药、O2O类商品	
店铺直播带货网址	请前往下方链接查看 https://school.xiaohongshu.com/rule/detail/5d69348600000000000000016298352826803400198760 58？jum pFrom=customer				
店铺直播带货资格	可申请				
达人分销权限	个人店没有达人分销权限（这里的分销带货是指找达人带货；若自己账号粉丝>1 000可在App中申请好物推荐的权限，可卖其他品牌的商品）	个体工商店（专业号对应个人身份）没有达人分销权限（这里的分销带货是指找达人带货；若自己账号粉丝>1 000可在App中申请好物推荐的权限，可卖其他品牌的商品）	可申请		

5.2.3　IDEA营销策划

　　IDEA是Insight、Define、Expand、Advocate四个英文单词的缩略词，代表营销全链路的四个核心节点：洞察产品机会（Insight）、定义产品策略（Define）、击穿品类

赛道（Expand）和沉淀品牌资产（Advocate）。

在IDEA方法的指导下，品牌应如何借力小红书的潮流趋势、利用优质内容与消费者进行更有效的沟通，并进一步影响他们的消费决策呢？下面对图5-10所示的四个环节进行分析。

微课5-4

IDEA营销
策划

Insight	**D**efine	**E**xpand	**A**dvocate
洞察产品机会	定义产品策略	击穿品类赛道	沉淀品牌资产

图5-10　IDEA营销策划

1）Insight（洞察产品机会）

洞察产品机会是指利用小红书数据、算法和分析工具等诊断品牌营销问题，定位产品痛点，找到营销机会，落地种草方案。产品机会洞察可以通过以下三步实现：行业分析、竞争格局分析、竞品分析。

（1）行业分析。

行业分析是从市场规模、行业增长、用户红利、平台流量四个方面洞悉市场情况，发现更多市场红利，可以用于指导新品开发，选择主推商品，制定品牌多产品联合推广策略等。

市场规模和行业增长洞察可以通过小红书笔记的规模和增长情况实现；用户红利洞察可以通过素人笔记的占比实现，当一个品牌或一个行业素人笔记很多时，说明有很好的群众基础，种草效果往往也会比较好；平台流量取决于平台算法的流量倾斜，平台认为某一个品牌和行业很热时，会有较多的流量导入。

以腮红为例，虽然彩妆行业各品类中，腮红的行业占比低于口红/唇膏，用户红利不及底妆，但在行业趋势和平台流量方面表现突出，所以综合评分较高（见表5-6）。

表5-6　　　　　　　　　　　　　　腮红的行业分析

排名	类目名称	行业占比	行业趋势	用户红利	平台流量	总分
1	腮红	★★☽☆☆	★★★★★	★★☆☆☆	★★★★★	29
2	眼影	★★★★☆	★★★★☆	★☽☆☆☆	★★★★☆	27
3	口红/唇膏	★★★★★	★★☆☆☆	★★★☽☆	★★☽☆☆	26
4	底妆	★★★★☽	★★★☆☆	★★★★★	☽☆☆☆☆	26
5	唇蜜/唇彩	★★★☽☆	★★★☽☆	★★★☆☆	★★☆☆☆	24

（2）竞争格局分析。

从价格角度，商品可以分为平价商品和高价商品，两者的"拔草"逻辑具有差异性。平价商品的拔草逻辑是冲动消费，用户在发现页刷到产品就比较容易下单，而贵价商品用户更倾向于搜索后反复比价，再决定下单。因此，如果品牌产品偏于平价，更多需要关注互动指标；如果品牌产品偏于贵价，则更多需要关注搜索指标。

小红书约60%的流量来自发现页，约40%的流量来自搜索页。品牌可以从互动和搜索两个维度分析竞争情况，评估如何优化营销布局和营销预算。

（3）竞品分析。

竞品分析是对竞品一段时间内所有营销数据进行归纳和总结，通过赛马机制看竞品一段时间内的投放量、投放节奏、达人选择、笔记类目等。如果竞品投放的效果好，可以通过数据分析，学习竞品的投放节奏、爆文特点、达人选择、笔记类型等各方面的经验；如果竞品投放的效果差，则可以精准避雷，吸取教训。此外，竞品分析也可以用于品牌投放预算的预估，以及指导具体投放策略的制定。

通过以上三步洞察，品牌能够明确产品痛点、确定定位表达。此处的定位表达并非品牌创立时的自身定位，也不仅仅是品牌原本定位的阐述扩散，而是适合平台的品牌或产品的定位表达。

以国际彩妆品牌Bobbi Brown为例，其妆前橘子霜，通过小红书的数据反馈，重新进行了产品定位。市场上多数妆前产品聚焦控油、修饰等卖点，而小红书站内大量笔记则是围绕"如何让底妆更服帖"进行。通过数据反馈分析，"服帖"这个关键词成为用户在底妆上的新诉求。因此，品牌将产品卖点定为"服帖王者"，切入新的细分赛道，加上用户的笔记中多次提及的"刚打开是一股橘子的味道""有点甜的又很清新的橘子系味道""味道像酸酸的橘子"等内容，小红书由此向品牌建议将产品的昵称取为"橘子霜"。Bobbi Brown采纳了该建议，并将"橘子霜"推向更大的市场。据小红书官方数据显示，橘子霜在小红书营销后，电商平台搜索同比增长1 000倍，销量同比增加900倍。

Bobbi Brown利用平台真实数据洞察，突破传统单一营销维度的局限，以"护肤+妆前二合一的橘子霜"的全新产品定位，实现换道超车，为成熟产品重新找到了更适合、更广阔的场景。

在洞察产品机会环节，产品应该如何创新、成熟品牌如何找到新营销场景，是每个品牌方都会面对的问题，而科学把握消费心理则是解决问题的关键。真实、前瞻的消费者洞察，能够让产品创新不再盲目，让回报更具可预测性。

2）Define（定义产品策略）

小红书是一个内容平台，品牌营销最后落脚在内容上。定义产品策略最主要的任务是确定营销的内容策略，尤其是将平台选品、内容选题、卖点梳理、关键词挑选、达人匹配等进行系统化串联。内容策略的确定可以参考以下三点：5A模型、笔记关键词、达人选择。

（1）5A模型。

5A模型也被称为内容营销模型，是由现代营销学之父菲利普·科特勒提出的。5A模型由Aware（了解）、Appeal（吸引）、Ask（问询）、Act（行动）、Advocate（拥护）这五个元素组成。这5个环节路径，一方面让用户记住品牌的同时实现消费转化，并主动进行二次传播；另一方面品牌可据此追踪不同阶段的营销效果，进行营销内容优化，如图5-11所示。

营销5A模型关键:营销核心是让对方主动

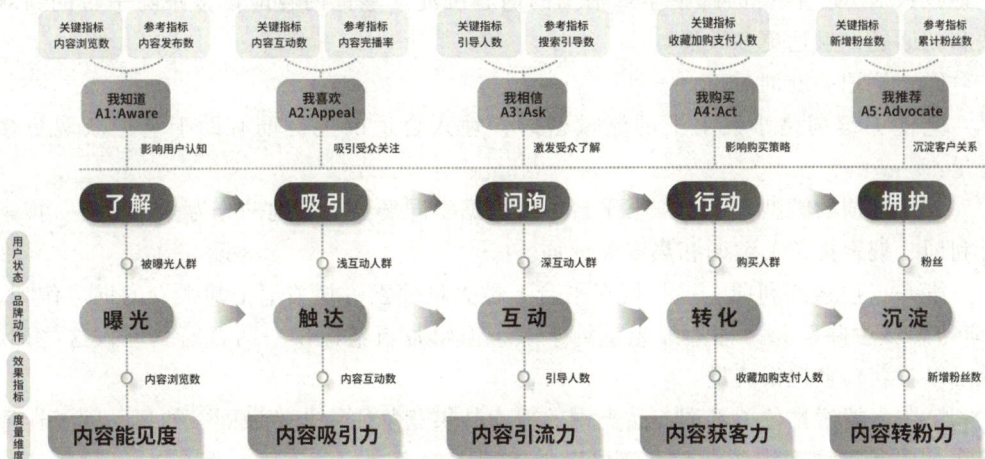

图5-11　营销5A模型

根据5A模型理论,从认知到信任品牌的每个环节,用户行为的变化都与产品内容紧密相关。而内容的背后,数据是关键,因此首先要明确目标潜在用户以及与其适配的内容,找到合适的形式、素材来表达;其次要让广告内容最快被最多的潜在用户看到。5A理论模型下,相关维度的关键衡量指标如下:

①了解(Aware):内容能见度。

了解(Aware)代表内容覆盖用户的广度,可用于衡量内容营销的第一重效力,其关键衡量指标为内容浏览人数。在此环节,品牌可以参考性价比,择优选择KOC或KOL。笔记内容上应以合集内容为主,多与知名品牌合集,以便获取更多流量。

②吸引(Appeal):内容吸引力。

吸引(Appeal)代表内容吸引用户关注的能力,是品牌抓住用户记忆的重要手段,其衡量指标为内容互动人数,包括评论、点赞、分享三种行为,此环节要让用户反复看到大量不同角度的内容,吸引用户互动。达人选择应以KOC和素人为主,同样以性价比优先。笔记内容建议紧跟平台热度,结合热门话题,大量场景化种草。

③问询(Ask):内容引流力。

问询(Ask)代表内容激发用户"主动了解品牌"的能力,对用户行为产生明显影响,其衡量指标为引导进店人数。此环节要让用户在主动关注和搜索时看到优质内容,增加信任度。在达人投放方面需要投放一些高粉达人,注重企业账号内容运营,笔记内容以专家科普、测评,高质量单篇以及企业账号笔记等为主。

④行动(Act):内容获客力。

行动(Act)代表内容对用户购买行为产生引导转化的能力,其衡量指标为引导收藏、加购、支付人数的数量。此环节重点在于挖掘用户心智,着力解决用户购买决策面临的问题。在达人投放方面,如果从小红书到天猫的转化已经稳定,可以考虑减少KOL的投入,笔记内容以单篇和一些场景化种草为主,加强评论的维护。

⑤拥护(Advocate):内容转粉力。

拥护(Advocate)代表内容为品牌沉淀用户资产的能力,其衡量指标为新增粉丝数。用户在购买产品后，不断受到优质内容激发，自愿创作内容。此阶段可以少量稳定地投放KOC，保持品牌在小红书上的内容沉淀。笔记内容应该多跟随平台的新玩法和新话题，触达更多人群。

（2）笔记关键词。

笔记关键词是小红书上的流量密码，埋入合适的关键词有助于笔记获取更多流量。

①关键词的类型。在小红书平台上，根据不同场景，关键词分为三种类型：搜索红利词、搜索排位关键词和热度关键词。

第一，搜索红利词。这是指在平台上被大量搜索，相关笔记却很少的词。例如，"痘印怎么去除"每月搜索曝光量约千万，但每月新笔记仅一两百篇。埋入这些词，就可以收获较多搜索流量。

第二，搜索排位关键词。品类词的搜索结果竞争往往非常激烈，如果品牌想让笔记在某些品类词下排名靠前，就可以考虑埋入搜索排位关键词。图5-12以粉底液笔记为例，展示搜索排位关键词的计算模型。

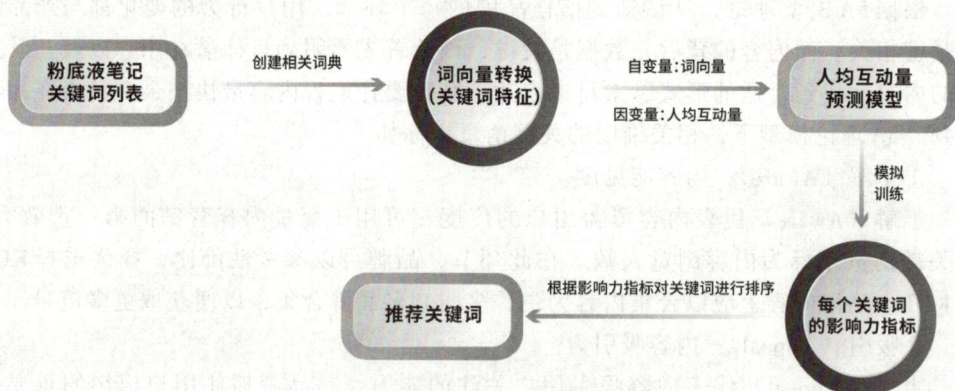

图5-12　搜索排位关键词计算模型

第三，热度关键词。通过模型计算得到目前平台热度较高的关键词和话题，在笔记中埋入这些热度关键词，可以提升笔记的曝光率。

②关键词策略。关键词既可以作为笔记的切入方向，又可以直接埋入，能够大幅提高笔记的搜索和推荐流量。以下以某词典笔为例，学习小红书关键词抓词策略和埋词策略。

第一，抓词策略。小红书笔记关键词抓取可以通过以下三个步骤实现：第一步，看品类；第二步，看竞品；第三步，定本品。

首先，看品类。由品类词云中的主要品牌锁定竞品。通过搜索关键词"词典笔"，得到图5-13所示结果，其中讨论度较高的是××词典笔。

其次，看竞品。通过查看竞品相关的笔记数、笔记预估阅读量、笔记互动总量等数据，分析竞品种草内容关键词的分布和评论词云分布，如词典、孩子、学习、词典笔、学英语、宝宝等。

最后，定本品。由竞品种草词推导出本品的关键词，选择高热度+低笔记的潜力词埋入笔记，如英语、学习、背单词、阅读、翻译软件、翻译笔、词典笔等。

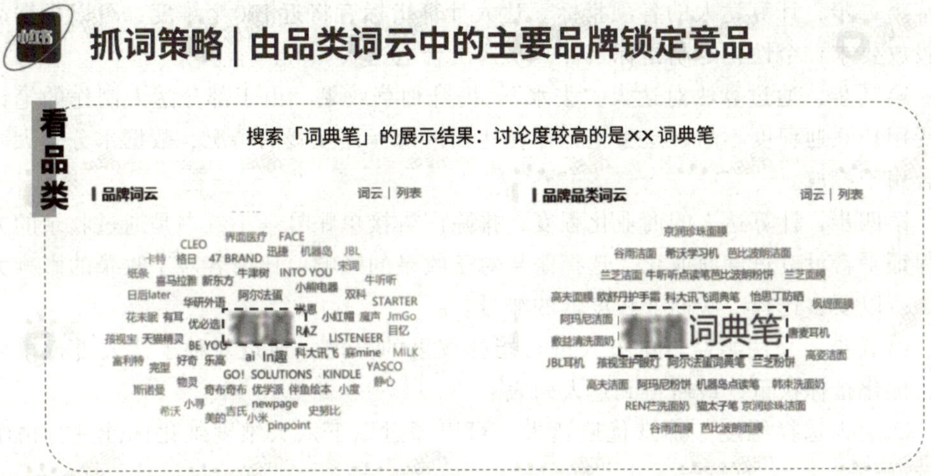

抓词策略 | 由品类词云中的主要品牌锁定竞品

图5-13　品类词云抓取示例

第二，埋词策略。小红书笔记埋词可以通过以下路径实现：

首先，以核心种草词匹配内容角度完成内容触达。以××词典笔为例，核心种草词可以设定为：词典笔、背单词、英语学习；从匹配的内容角度可以分别进行如下对应：词典笔匹配"学习日常、开学礼物、学生党、提分神器"等；背单词匹配"大学教育、背单词技巧、考研"等；英语学习匹配"懒人必备、打卡自律、职场提升"等。

其次，确立品牌核心关键词，指导品牌主动搜索。品牌核心关键词包括三个层次：品牌词，如××品牌词典笔；品类词，如词典笔；其他关键词，包括功能词、场景词、平台热搜词、竞品词等。如果目标是拦截主动搜索的种子用户，关键词可以设定以品类词+功能词+场景词为主，弱化品牌词，适当增强热门词进行曝光，则能卡位站内赛道，截流强需求用户。如果目标是影响潜在用户，则以品牌词、功能词、场景词硬性曝光，辐射拓宽受众范围，激发潜在用户，如图5-14所示。

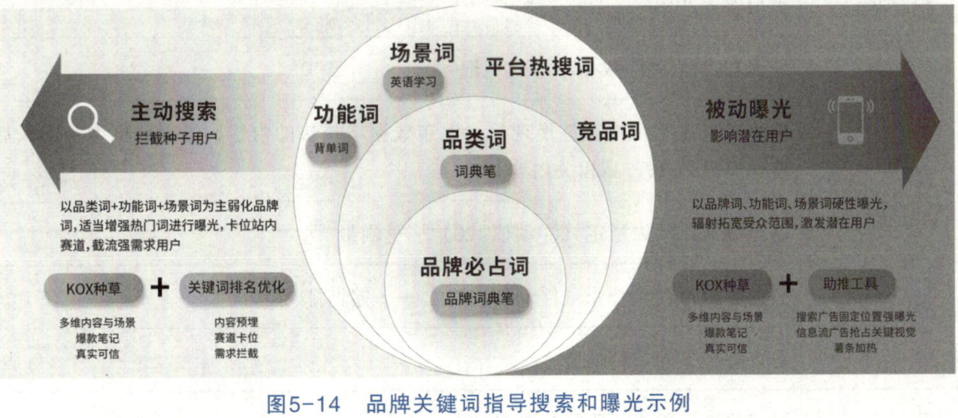

图5-14　品牌关键词指导搜索和曝光示例

（3）达人选择。

①达人选择过程。

第一步，从达人库中实时筛选出某个行业活跃达人。达人的活跃程度具有阶段性，可能之前更新频率较高的达人，近期活跃度有所下降，因此需要实时筛选。

第二步，计算达人的各项指标。达人计算指标有将近100个维度，可以根据品牌的投放要求，个性化定制指标条件，筛选出合适达人。

第三步，通过算法对达人"去水"，提升种草效果。由于部分达人制作的笔记内容受用户欢迎程度不高，这类笔记存在达人内部互评互暖的情况，数据水分较大，不适合用于投放。

第四步，计算达人的商业化程度，排除广告接单账号。小红书是通过收录的方式来保证平台没有过度商业化，选择账号对于收录的影响要比内容对于收录的影响大得多，所以要多选择一些商业程度低的账号。

第五步，采用半监督的方式进行指标权重的分配，通过对种子达人进行排名校验，优化指标权重，最后得到达人列表。

②达人选择维度。筛选优质达人，可以通过以下六大维度细化标准进行精细化筛选。

六大维度分别是：基础数据、匹配度、内容质量、商业质量、成长质量、性价比。基础数据是账号精细标签、匹配度是受众偏好评估、内容质量是影响力评估、商业质量是转化力评估、成长质量是健康力评估、性价比是执行力评估。

六大维度具体指标见表5-7至表5-12。

表5-7 　　　　　　　　　　　　　　　　　达人基础数据

细分维度	详细指标
粉互比	粉互比=粉丝量/赞藏数（点赞+收藏）
	粉丝量<赞藏数，粉丝量与赞藏数的比例应不低于1∶1.5，但也不能太高，太高则代表账号有爆文、内容不错，但转粉率低，且不稳定
粉丝黏性	活跃用户占比>70%
粉丝水分	水粉丝<20%
数据真实性	是否有隐藏/删除数据不好的笔记
	是否出现过笔记内容替换现象（发布数据增长快的内容，等待数据增长起来后，再替换成品牌/产品相关内容）
	笔记数据浮动太稳定（浮动值<20）——刷量
	笔记数据浮动太夸张（浮动值>100）——赌博账号
	是否有高频的福利抽奖
笔记数量	笔记数量一般小于账号粉丝量的1%
	粉丝量在1万以下的账号，笔记数量则不超过粉丝量的3%
笔记更新稳定性	至少保持周更，但日更笔记数量不要大于3篇

表5-8 　　　　　　　　　　　　　　　　　达人匹配度

细分维度	详细指标
人设/内容匹配度	账号人设、内容风格/调性是否与品牌/产品调性相符，这是品牌信息能够传播的基础
	是否是用户在品牌/产品的帮助下想要达成的理想状态
	通过账号内容判断品牌/产品是否好植入，植入后是否会显得突兀
	博主自己是否是产品的受众，是否用得上
粉丝匹配度	粉丝画像与品牌/产品用户画像是否一致，粉丝性别、年龄、区域、关注焦点、人群标签等
消费水平匹配度	账号过往所提及产品的客单价与产品客单价是否接近

表5-9 　　　　　　　　　　　　　　　　　达人内容质量

细分维度	详细指标
近期笔记数据	近60天笔记数，平均点赞、平均收藏、平均评论数据
爆文率	爆文率=近30天爆文数量/近30天笔记数量
	爆文=互动（点赞+评论+收藏）1 000+的笔记没有硬性指标，有则最佳
内容真实性	内容是否是同一个人出镜
	是否出现过笔记内容前后文不符，或者前后篇笔记内容不符的现象
正文质量	文案是否真实自然
	看完正文后是否有被种草的感觉
	是否有自己的真实感受，而不是产品关键词、卖点的堆砌
图片质量	图片美观程度
	贴纸/文字/滤镜美化

表5-10 　　　　　　　　　　　　　　　　　达人商业质量

细分维度	详细指标
商单数	商业报备笔记数量
商单数据	商单数据与常规笔记数据/相近笔记平均数据对比
排他期	近期是否有竞品露出
	是否处于竞品排他期
商单配合度	过往合作过的品牌/行业：与品牌是否相关，以及客户口碑
种草转化率	评论导向是否在产品上，评论区是否有真实询问链接、问尺码、问地方、问感受等

表5-11　　　　　　　　　　　　　　　达人成长质量

细分维度	详细指标
粉丝增长趋势	处于类线性增长曲线，允许小幅度波动
	是否存在掉粉现象
	没有异常增长情况
月涨粉率	月涨粉率=本月涨粉量/上月涨粉量，粉丝量在0~5 000的账号，月涨粉率>30%；粉丝量在5 000~10 000的账号，月涨粉率>20%；粉丝量在10 000以上的账号，保持粉丝稳定增长即可
舆情健康度	粉丝对于博主口碑及态度，讨论关键词，正向舆情是赢得粉丝信任的重要保证

表5-12　　　　　　　　　　　　　　　达人性价比

细分维度	详细指标
合作费用	博主合作报价一般根据博主粉丝量的一定比例，优质账号合作费用可能会更高
CPE	点赞的1.5倍≈互动量，而互动量的10倍≈阅读量；博主合作报价/近期笔记平均点赞量≈单次互动成本（CPE）；预估互动成本是否在品牌接受范围内

在定义产品时，需要做好以上三个部分，并非简单地从卖点出发设计内容，更多地需要使用赛马机制，充分利用平台红利，顺应用户需求，进行内容迭代。

3）Expand（击穿品类赛道）

击穿品类赛道的核心是提升效率和性价比，即要在最短时间或者最高性价比前提下，充分发挥内容、流量效能，让优质内容借势商业产品，更精准地触达用户、影响决策、卡位转化。KFS营销策略可以助力企业击穿品类赛道。

（1）KFS营销策略简介。

KFS是一个缩略词，分别指代KOL（达人）、FEEDS（信息流广告）、SEARCH（搜索页）。

K（KOL）代表以KOL达人为核心的内容策略。借助数据洞察，发现站内机会，选品并确定营销场景，然后找到合适的达人，搭建内容矩阵，全面输出内容。

F（FEEDS）代表信息流投放策略。通过兴趣、行为等的精准定向，分析出精准人群，快速打造高赞笔记，并延长笔记的生命周期。

S（SEARCH）代表搜索卡位策略。根据用户搜索结果，对消费者行为、层级等进行拆分，通过关键词卡位实现进一步心智种草，并指导内容策略、投放策略，触发用户购买意向。

KFS营销组合策略，通过KOL优质内容引爆+FEEDS精准触达提效+SEARCH强化搜索拦截的组合，帮助品牌实现低成本、高确定性、高精准度的新品营销，成功抢占品类赛道，如图5-15所示。

（2）KFS营销策略应用。

以下以每日黑巧为例，介绍KFS的具体应用。

充分发挥内容、流量效能,影响用户站内决策全流程

KOL 搭建内容策略并生产内容 **+** **FEEDS** 科学测试&定向放大内容覆盖度 **+** **SEARCH** 卡位需求&抢占赛道

图5-15　KFS营销策略

案例简介:每日黑巧定位为国内首创健康巧克力品牌,产品亮点主要为成分创新,鉴于消费者对于"黑巧=减脂、健康、办公室零食"已有基础认知,每日黑巧持续发挥优势,对"减脂期可以吃的巧克力"这一内容进行精耕细作,并借助小红书平台的营销策略,在赛道中实现弯道超车,领先同类产品。

痛点解析:如何提前占位蓝海赛道,找寻增量场景,实现降本增效。

洞察选品:核心思路是选择具有成长性、天花板高、有势能的机会赛道弯道超车。通过前期洞察,最终确定主赛道为"减脂",围绕减脂餐、减脂好物、运动充能等场景搭建内容体系。辅赛道为"健康""办公室零食"。

①K:围绕CP(消费意向次数)指标开展KOL筛选和内容创作。

基于品牌词、品类词、场景词、卖点词获取过高CP(消费意向次数)笔记的达人,结合曝光量、CP转化率进行筛选,再人工校对达人的标签、常规内容等,判断是否符合主题需求,最终确认KOL。

从笔记类型、标题、头图等维度分析总结该产品、品类的"高CP笔记创作公式",KOL在撰写笔记时,可参考其中主推的笔记类型、封面图、标题等。

②F+S:综合CP指标、CTR等维度数据,筛选优质内容进行流量投放。

测试期,所有笔记进行信息流小流量测试,定向食品大盘&智能定向,基于CPP/CTR/CP转化率筛选笔记→部分笔记信息流放量且加上关键词定向+加投搜索点位。

蓄水期,信息流投放智能定向、高净值人群包和食品人群两种方式;搜索卡位关键词,根据关键词效果以周为单位进行优化。

转化期,信息流DMP人群包加投4I人群、电商人群、高净值人群和食品人群,搜索卡位增加投放量,增加"双11"相关关键词。

效果总结:"每日黑巧"相关关键词搜索指数环比增长58.4%。CTR超大盘30%,曝光成本仅为大盘51%,CPE仅为大盘45%,淘宝下单新客占比85%。

在实操过程中,KFS内容营销组合策略以搭建内容体系核心、高效率投放方式、搜索卡位赛道抢占等操作,提高了品牌的点击率CTR、互动率、内容渗透率、人群渗透率、"购买意向"人群,整体提高从种草到实际到店用户的转化。

品牌抢占赛道的核心不仅是销量提升,更是用户心智提升,小红书营销需要种草和拔草平衡,通过达人、信息流进行种草,然后通过搜索和直播间、外溢进行收割。

4) Advocate(沉淀品牌资产)

沉淀品牌资产是将单品认知沉淀为品牌认知,进一步导向转化购买。通过持续种草,反复触达用户,加强用户复购,通过优质种草可以带来用户自发的二次分享,产生更多品牌内容沉淀。

如果说前3个阶段的核心是让用户购买，此阶段的核心则是与用户进行更多互动，产生二次分享，品牌也进行内容沉淀。此阶段产品，多借用品牌广告如火焰话题、开屏广告、商业话题等工具，聚集品牌内容，聚拢产品认知，和用户有更多互动。

IDEA方法针对不同阶段客户，使用洞察产品机会、定义产品策略、击穿品类赛道和沉淀品牌资产四种方法，在不同客户阶段，侧重点具有差异性。种子客户侧重商业模式测试，抢占用户心智侧重心智和销量，人群破圈侧重于曝光，让更多用户看到品牌，唤醒沉睡客户，让老客户重新看到品牌。

未来品牌需要与用户共创价值，小红书的平台属性天然具有更懂用户、更懂生活方式的优势，可以帮助品牌走近用户。IDEA方法作为官方营销理论，运用好这一理论，可以让品牌更好地理解用户的需求，产生更多高质量受用户喜欢的内容，和平台一起成长，实现共赢。

任务 5.3　社区内容创作

微课 5-5

小红书笔记
类型与创作

本任务以小红书笔记创作为例，介绍社区内容创作。

小红书用户可以在社区分享美好生活，社区每天产生超过70亿次的笔记曝光，其中超过95%为UGC内容。用户发文时要遵守哪些规范？怎样的笔记内容符合小红书要求？小红书的审核逻辑是什么？

5.3.1　小红书笔记类型

1）图文笔记和视频笔记

根据内容呈现形式，小红书笔记主要包括两类：图文笔记和视频笔记。每类笔记都有自己的特点和优势，如图5-16所示。

类型	图文笔记	视频笔记
特点	<ul><li>图片+文字</li><li>最多可9张图片轮播</li><li>可挂靠文内推荐产品</li><li>可增添商品标签和话题</li></ul>	<ul><li>视频+文字</li><li>最长60s视频</li><li>可增加标签/贴纸/文字/滤镜美颜</li><li>可增添商品标签和话题</li></ul>
优势	✓ 方便阅读 ✓ 信息丰富 ✓ 方便撰写和修改	✓ 阅读体验好 ✓ 用户吸引力强 ✓ 可以生动展示产品信息

图5-16　图文笔记和视频笔记

2）行业型笔记和通用型笔记

根据服务所属行业类型，小红书笔记大致可以划分为行业型笔记和通用型笔记。

（1）行业型笔记。

行业型笔记主要包括彩妆试色、探店、仿妆、ootd、成分解析 5 种类型，行业型笔记更适合某一行业商业内容创作，比如彩妆试色适合美妆行业、ootd 适合服饰穿搭行业，成分解析则多为护肤行业。

行业型笔记一般聚焦细分品类、品牌以及具体功效，内容垂直度更高，能够获得更加精准的搜索流量。

（2）通用型笔记。

通用型笔记适用于多个行业，主要包括教程、开箱、测评、plog、vlog、合集、沉浸式等形式。

通用型笔记的内容关键词多为行业、时间节点、人群、效果、价格、生活方式等，覆盖小红书用户高频搜索词，能够获得更加广泛的搜索流量。

不同笔记形式也有不同的侧重点，比如测评类笔记一般都是垂类内容，专业性更强，对博主的专业要求也更高，能辅助用户决策；干货分享/攻略类内容一般由博主分享真实感受，更能看出博主对产品的了解程度和亲身体验的感受。

3）普通笔记、品牌合作笔记和商业笔记

根据分享人、分享方式和分享目的差异，小红书笔记可以划分为普通笔记、品牌合作笔记和商业笔记。

（1）普通笔记。

普通笔记是小红书达人以个人名义发布的笔记。普通笔记的发布没有限制，每个用户都可以注册成为小红书达人，进行笔记的发布。笔记分享内容多为生活中的美好事物。

（2）品牌合作笔记。

品牌合作笔记来自品牌方，笔记的内容更加注重产品种草和品牌曝光。

（3）商业笔记。

商业笔记是带有商业属性，以带货为主要目的的笔记。

5.3.2　小红书笔记创作

从笔记创作流程看，小红书笔记创作基本包括三个过程：笔记选题、笔记创作和笔记维护。

1）笔记选题

（1）选题目的。

笔记选题就是选择一个好的切入点，不要大而全，这是优质笔记的前提条件。

品牌要利用笔记实现以下两个基本目的：

第一，展示产品、促进交易。此时需要突出产品特色，激发用户的购买欲望。比较常见的主题有以下几类：产品推荐类，即针对单款或多款产品的介绍；攻略教程类，如产品评测、使用教程、使用前后效果对比等；节令促销类，如节假日促销优惠等。

第二，粉丝互动、吸引用户。此时需要拉动用户活跃度，促进用户积极参与互动。常见的主题有：知识分享类，如相关行业知识干货，促进用户评论和收藏；分析

延伸阅读 5-1

齿说 IDEA
营销

活动类，如新用户体验活动、空瓶再利用活动、宠粉福利等。

（2）选题技巧。

小红书笔记是否有价值取决于是否解决了用户痛点，是否具有情感价值和收藏价值。因此，在确定选题内容时，应聚焦用户痛点为其提供解决方案。如何了解用户痛点呢？可以充分利用社区内容作为参考，提前做好调研。

可以使用以下三种方法来找到真实用户所需要的产品的痛点：

第一，在淘宝等电商平台销量高的同类产品的评论中，收集并合并用户关心的问题。

第二，在淘宝竞品"问大家"里，查看有购买欲望的用户提出的问题和疑虑，了解用户群体的需求。

第三，在小红书竞品爆文评论中，查看点赞高的热点评论和问题，找到精准的真实用户，观察用户关注最多的问题。

下面以口红日记为例，介绍小红书笔记选题方法。

方法1：查看"口红"相关热搜词和热门话题，指导选题。

方法2：搜索热搜词，查看排名靠前的优质笔记，参考笔记内容。

方法3：搜索同类品牌的企业号，查看高点赞量的优质笔记，参考笔记内容。

2）笔记创作

对于品牌而言，优质的笔记一定要符合品牌账号定位，且在以下两方面表现突出：第一，点击率高，能够吸引更多流量；第二，互动性强，有更多关注/点赞/评论，促进商品更多转化。简单来说，优质的笔记=更好的点击率+更多用户在笔记中的互动。

如何创作出优质笔记呢？小红书平台优秀笔记的核心特征：真诚分享，内容利他实用。可以根据以下步骤创作笔记内容。

（1）笔记规划。

第一步，明确目标用户画像，内容精准触达用户。目标用户画像是精致妈妈、备考学生、职场白领还是银发老人？要将笔记内容锁定一类用户，而非多个群体。

第二步，拆解产品功能用途，锁定一个场景。用户在使用任何一件产品时，都会有与其相对应的需求场景和使用场景，在平台的内容输出中，要根据目标用户的兴趣偏好等特点，将产品植入用户可能感兴趣或需要使用产品的应用场景，并与用户产生共情共鸣的目标。

新锐国货品牌Lofree洛斐抓住颜值经济，将产品的场景聚焦于办公桌前、咖啡厅里、飞机上、地铁里等人们生活中每个触手可及的2㎡空间，设计出一批具有高颜值且兼具实用性的产品。摩飞抓住颜值经济和懒人经济，围绕用户的家庭饮食场景，将厨电从单纯的硬核功能转变成高质量、高颜值、高趣味度的家庭软装产品。

第三步，解决真实痛点，坚持真诚分享。真诚分享相关经验，为用户创造价值。内容提供的价值解决了越多人的痛点，内容传播范围也就越广。

以新消费品牌蕉内为例，蕉内是以"没有缝制标签的内衣"构思而诞生的无感标签内衣品牌。大多数人都不喜欢贴身衣物里扎人的标签，为了舒适性，用户一般采用自行剪掉的方式来解决这一问题。蕉内则是通过将标签信息直接印在内衣上的形式，一举击中了消费者的心理痛点。品牌初始爆品无标签内衣经过品牌自身的不断升级选代，如今已演变成了蕉内的经典招牌。

（2）笔记规范要求。

图文笔记和视频笔记有不同的规范要求，笔记内容创作要根据规范创作，并注意创作要点，具体见表5-13。

表5-13　　　　　　　　　　　图文笔记和视频笔记基本规范

笔记类型	基本规范
图文笔记	1. 文字数量在1 000字以内，也不宜过少，最好在600字左右。 2. 图片尺寸在1：1到3：4之间，分辨率为1 280p左右；格式为JPG、PNG。 3. 图片数量一般不少于6张；图片内容需匹配正文描写维度，且主题清晰突出；图片不要引起用户不适；图片不能带其他平台水印。 4. 笔记文案：不得单独使用汉语拼音或文字拼音夹杂；不能有错别字；文案敏感词汇参考"广告违禁词"
视频笔记	1. 视频长度在5分钟以内，格式为MP4、MOV（注：超过1分钟的视频目前仅支持上传，无法直接拍摄） 2. 视频尺寸为9：16、3：4或1：1，分辨率为720p左右，视频画面、音质清晰 3. 视频帧率为25~30帧，编码格式为H264 4. 笔记文案：不得单独使用汉语拼音或文字拼音夹杂；不能有错别字；文案敏感词汇参考"广告违禁词"

（3）图文笔记创作要点。

封面和标题是用户对笔记的第一印象，直接影响笔记的点击量。

①图文笔记的封面。封面设计有三个要点：

第一，图文有设计感、有亮点，且主题突出，可采用拼图排版提升丰富度，可选用高颜值产品外观/高颜值人物形象等图片；

第二，有真实感，真实人、物、场景出镜；

第三，风格与创作者人设或品牌调性保持一致，形成长期识别符号。

②图文笔记的标题。笔记标题应注意以下五点：

第一，明确主题，突出用户的真实使用场景和痛点，拉近与用户的距离，吸引用户点击；

第二，字数控制在15~20个，避免因过长而被隐藏；

第三，通过设置悬念、巧用类比等方式，引发用户好奇心和兴趣；

第四，强调效果和便捷性，激发用户尝试；

第五，放大KOL/明星效应，或在节令热点期间，采用与品牌相关的热点话题作为标题，但不能盲目蹭与自己无关的热点，不能虚假宣传。

③图文笔记的图片详情。笔记图片应注意以下四点：

第一，通过图片提升内容丰富度，图片数量以6~9张为宜；

第二，图片比例尽量采用3：4，竖版图片可以展示更多信息；

第三，按照排比顺序或时间顺序排放多张图片，图片之间需要内容相关，设计风格搭配和谐；

第四，每张图片需要突出内容主题，可采用小标题分别标记特点。

④图文笔记的正文详情。正文撰写需要注意以下五点：

第一，字数一般在800字以内，但也不宜过少，采用总-分-总的结构，开头和结尾突出要点，详细内容在中间展开，文字表述真实自然；

第二，每个区块要有明显的区分，可利用小标题、空行、emoji/薯队长表情；要重复强化内容关键词，一般为3次；

第三，围绕小红书主流话题延伸内容，如测评类、体验类、教程类等；

第四，添加与主题相关且有热度的话题，同时@达人或品牌，提升曝光与互动；

第五，关联推荐的商品，可以在文案中添加商品标签，与商品标签进行互动，吸引用户了解产品。

（4）视频笔记创作要点。

①封面。优质的封面是笔记的门面，可以代表创作者或品牌独有的创作风格和魅力。其设计要点：第一，最好有真实鲜活的人物主体；第二，封面背景干净清晰；第三，有核心关键文案；第四，封面元素简单不杂乱。

创作者可以从"人物居中"+"核心文案"的简单封面开始，逐步进行优化升级，制作高点击率的封面。

②标题。

标题技巧如下：

第一，封面标题应直戳痛点，善用疑问句。例如，"'一般般'用英语怎么说？""中考最后10天应该注意什么？""如何背书才能过目不忘？"此类标题都是找出用户痛点，给出解决方案。这类标题会增加目标用户打开笔记的概率。

第二，标题描述过程，吸引用户好奇心。例如，"未来10年教育巨变，教育行业将迎来大变革，这些内容和你有关"，此类标题紧扣视频内容，但只展示部分事情经过或实验过程，引发用户继续探究的欲望。

第三，巧用数字营造反差或权益感。例如，"90秒完美英文自我介绍""27岁，从零到千万店主，我的一点点创业思路"，时间数字化、企业数字化、效果数字化会让读者有更强的收获感。真诚将自己所知所会总结成系统全面的干货文，体现在标题上能给用户有用、有价值、有收获的权益感。

第四，借力热点，标题中点出关键词。例如，"应付内卷我们该怎么办""选择躺平是一场大型骗局"，这两个标题就借用了社会上比较关注的"内卷"和"躺平"的话题。再如，"疫情里的毕业礼"让疫情下的毕业礼有了特殊的意义。

第五，戳中用户情绪，引发共鸣。例如，教育领域的标题"我们初中12点睡觉5点刷题，每天三支笔"，很容易勾起用户当初刻苦学习时的场景和心情。再比如，"生于非典，考于新冠，你们注定不会平凡"，这篇讲述高考相关的内容笔记，标题很容易戳中经历时代特定背景考生的内心感受，引起考生注意。

第六，巧妙运用对比和转折。例如，"专四Talk从1.5分到8分的反转之路"，标题通过对比转折引发的矛盾，引起用户的好奇心和探索欲，为作品吸引更多观看量。

但需要注意的是，掌握提炼标题的方法和技巧，并非鼓励大家做标题党。诸如"史上最全""全网最干货""某领域第一"等绝对或过度夸张的标题，以及"3天学会""5小时速成"等过分夸大学习效果的笔记标题,都是不被小红书鼓励的。因此标题创作,要在运用技巧的同时,保持真诚分享的初心。

图5-17为小红书优质标题示例。

图5-17   小红书优质标题示例

③视频风格。视频风格应符合品牌定位。视频内容可添加字幕,突出特点,方便用户观赏;视频内如有人物出现,人物的语气、神态应生动活泼,可添加背景音乐或特效音乐,以提升吸引力。

④ 产品卖点。要突出产品卖点,在视频前60秒内应突出1~2个产品特点,激发用户的种草需求;推荐商品需要在视频中绑定商品。

3)笔记维护

笔记维护就是笔记已经发布之后,进行后续跟进。笔记维护可以参考以下三种方法:

第一,追踪数据,调整笔记头图。首先,在发布次日查看笔记点击率,及时调整笔记头图/标题;其次,根据用户点赞、收藏、评论情况调整笔记的内容,比如笔记点击率较低,更换其他亮眼的图片。

第二,追踪热点,调整笔记内容。首先,追踪当天热搜话题,可参与与笔记内容相关的社区自然话题;其次,追近期相关的热点话题,可及时更改头图、标题和内容;再次,追明星热度,如品牌代言人发生热点事件,建议可在笔记头图标题内容中提及。

第三，追踪、回复及调整评论。回复出现频率较高的评论。

4）笔记转载

小红书每天有大量用户在体验和分享生活，发布各种各样真实内容。因此，进行品牌营销时，除自己创作笔记外，也可转载优质笔记。通过企业号转载用户的真实体验反馈，可以吸引更多用户对品牌的关注，也更具说服力。

企业如何转载用户笔记呢？

首先，搜索品牌词或产品词，定位与品牌相关的用户笔记。

其次，筛选出内容质量高、点赞收藏多、用户评论好的优质用户笔记。

再次，私信/邮件联系作者，获取用户同意转载授权。

最后，用企业号转载用户的笔记。

微课5-6

小红书发文
规范

5.3.3 小红书社区发文规范

1）小红书发文基本规范

首先，也是最重要的，内容要符合社会主流价值观，如遵守各项法律法规、传播正确的价值观、弘扬爱国主义精神、遵守公序良俗、倡导积极向上的生活方式等。反之，如果违反法律法规或有危害国家或社会安全的行为，平台将严格处理。

其次，内容要重视保护未成年人合法权益，禁止出现不利于未成年人身心健康的内容，如涉及未成年人暴力欺凌、披露未成年人个人隐私、色情低俗等。

2）交易及导流行为规范

除蒲公英平台官方的笔记合作以及薯店内容外，平台内禁止以下售卖和引流的行为和内容：

（1）平台禁止出现售卖内容。

（2）不鼓励用户发布代购、转卖、拼单等包含营销性的内容，而是要分享真实的好物使用心得。

（3）不要有发布网页链接、二维码、水印等导流到其他平台的行为。

（4）避免出现导流到个人的联系方式如手机号、微信号、邮箱地址等。

3）"不当行为"范畴内容相关规范

发文尽量避免出现以下几类内容：

（1）不友好的内容，如辱骂、嘲讽、威胁等人身攻击或者多次恶意@其他用户的骚扰行为。

（2）随意吐痰、破坏公共设施等不文明行为。

（3）会引人产生不适的画面、标题党、图文不符等影响用户观看体验的内容。

（4）违背科学常理、编造公众人物谣言等带有欺骗行为的内容，或者含有危险驾驶车辆、不当使用明火等存在危险行为的内容。

4）避免出现一切侵权行为

以下几类行为均属于侵权行为，会受到平台抵制或惩罚：未经授权发布他人信息、冒充他人、侵犯他人名誉权或隐私权等行为；盗用他人笔记、搬运他人的内容或披露保密信息等侵犯他人知识产权的内容。

5）违规处罚规范

出现违规行为，平台会根据违规程度进行处罚，如情节严重，会对笔记下架甚至追究相关法律责任。账号如果多次出现违规情况，平台会进行禁言等相关处理。

目前的笔记中违规的原因有很多，常见如下：

（1）表达个人强烈意愿时，出现绝对化用语。例如：这款香到家的身体乳你一定没用过/打赌！这是我遇到的最好用的身体乳！

（2）通过夸张、猎奇的语言内容吸引眼球。例如：妈生皮/亮到发光/人间发光体/白到发光。

（3）题文不符式标题党。例如：我后悔买×××/曝光这个×××，让我×天白×度，但正文内容为产品推荐，而非吐槽。

（4）蹭名人热点。例如：×××太会了！这方法真的能生发/×××分享的瘦身食谱让我重拾自信。

（5）利用未经科学证明有效的方式或违背常识的功能宣传进行功效产品的推广。例如：7天瘦身10斤/10分钟让你的皮肤又白又嫩。

（6）通过前后对比，直接或间接夸大和暗示产品功效。例如，保湿、美白、祛痘、生发、减肥瘦身等产品的多图对比展示，且有大面积皮肤裸露和令人反感的效果画面。

（7）过度美化图片。例如，通过滤镜（美白磨皮）、特效（瘦身瘦脸）等方式展现产品效果。

5.3.4　行业优秀案例解读

1）美妆个护行业：高颜值产品推荐类（如图5-18所示）

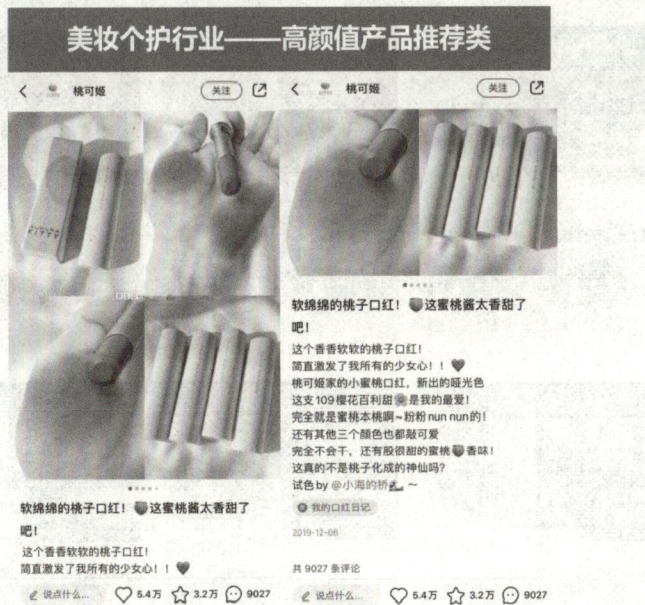

图5-18　美妆个护行业：高颜值产品推荐类

案例解读：

·选取高颜值产品，形象化包装成水果形状，让用户快速感知到产品特点。

- 四宫格图+多角度介绍+口红试色，放大局部亮点。
- 重点要学习标题："软绵绵""蜜桃酱""香甜"活灵活现地展示了产品特点。
- 可转载真实用户笔记内容，@用户表明获得授权，突出真实评测感。

2）美妆个护行业：攻略教程类（如图5-19所示）

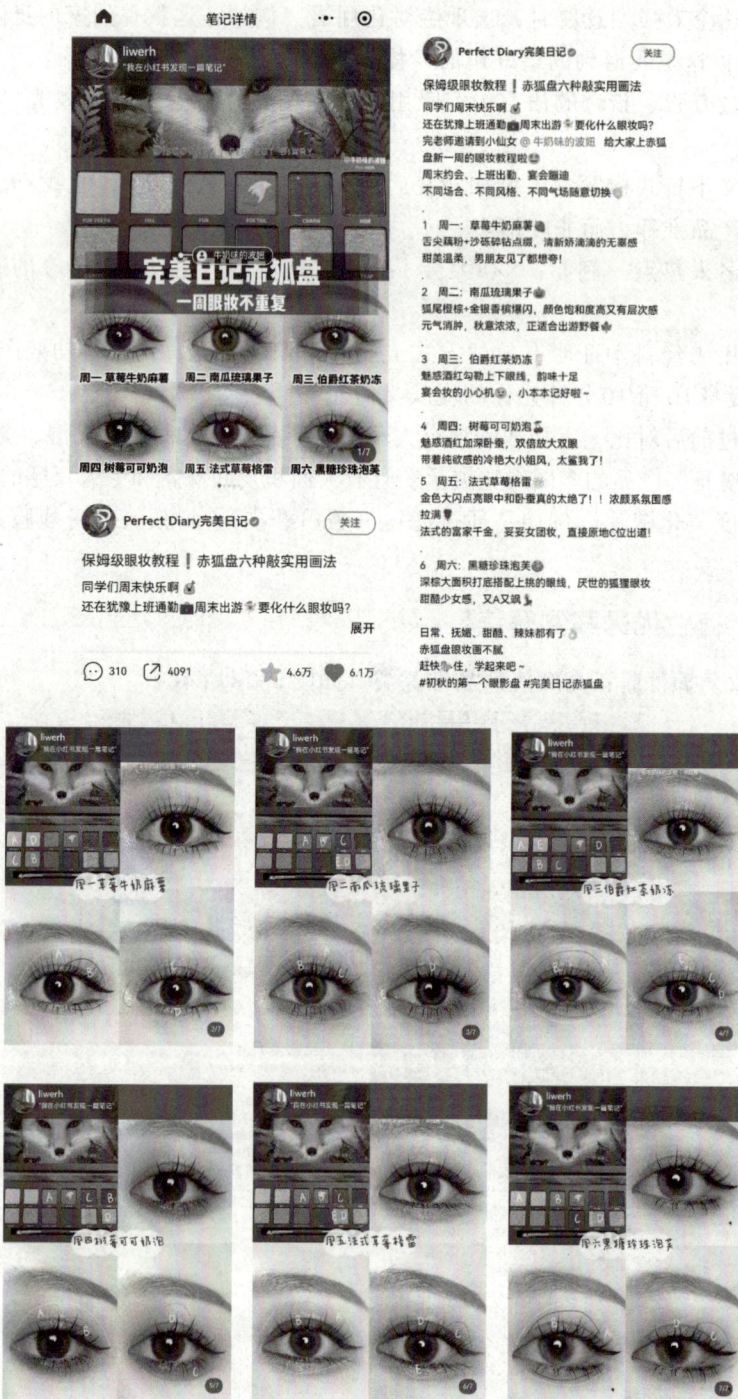

图5-19　美妆个护行业：攻略教程类

案例解读：

•攻略教程类笔记要突出真实的使用场景，避免生搬硬套。

•采用拼图头图展示多样妆面，让用户快速感知到易用性。

•口语化标题+搭配 emoji 表情+数字，突出攻略感。

•每个妆容根据色彩搭配命名。

•正文按步骤、风格详细描述，让用户轻松了解如何使用，激发对产品的兴趣。

3）时尚行业：节令穿搭分享类（如图 5-20 所示）

图 5-20　时尚行业：节令穿搭分享类

案例解读：

•选取适合当季的产品展示穿搭效果，集合介绍多款穿搭，避免生搬硬套。

•头图采用拼图推荐多款产品，按照色系/风格分类。

•标题明确描述了穿搭场景，可增加用户的穿搭心情，搭配 emoji 表情更加俏皮。

•正文采用总-分-总结构，在中部分段描述心得，搭配 emoji 表情突出用户的搭配整体感。

4）食品行业：功效对比攻略类（如图 5-21 所示）

案例解读：

•选取真实用户的抗老成功案例，为用户提供有价值的建议参考。

•口语化的标题搭配 emoji 表情，吸引用户点击。

图5-21　食品行业：功效对比攻略类

·正文采用总-分-总结构，中间段落详细描述多个要点，不急于推荐产品，搭配emoji表情来明确段落。

5）3C电器行业：攻略教程类（如图5-22所示）

图5-22　3C电器行业：攻略教程类

案例解读：

• 使用前后进行对比，让用户感受到明确的产品特点。

• 约会场景+10分钟，主题明确快速让用户了解产品特点。

• 详情图片搭配爱心贴图来烘托气氛。

• 正文分步骤分区域展开描述，搭配emoji表情明确段落。

• 采用真实用户的使用效果超有说服力。

6）3C电器行业：高颜值产品推荐类（如图5-23所示）

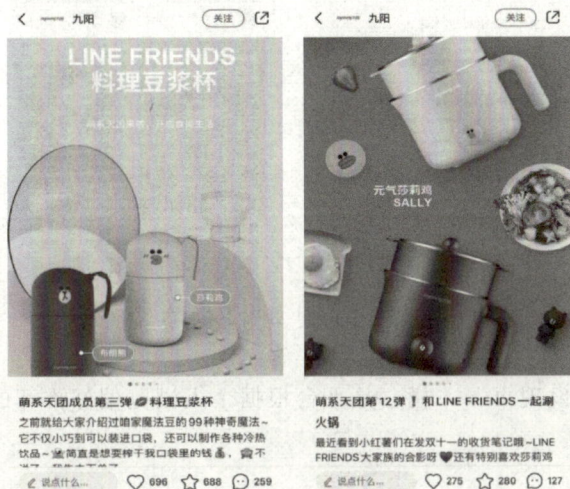

图5-23　3C电器行业：高颜值产品推荐类

案例解读：

• 适用于高颜值有特色的产品，让用户快速感知到特点。

• 头图采用拼图多角度地进行产品介绍，例如产品外观+试用效果图。

• 口语化的标题搭配emoji表情，活灵活现地展示产品的特点。

• 正文口语化地描述产品功能和使用教程。

延伸阅读5-2

小红书社区
规范

任务5.4　内容社区营销推广

本任务以小红书为例，从四个方面介绍小红书内容推广：小红书流量来源及分发机制、小红书营销推广工具、小红书达人投放、小红书营销推广效果评估。

5.4.1　小红书流量来源及分发机制

1）小红书流量来源

小红书平台上有5个主要流量入口，分别是：搜索页、发现页、关注页、个人页和附近页，其中，搜索页和发现页是两个最主要的流量入口。小红书的笔记发布后，如通过审核，笔记会被平台收录，用户可以通过以下五个页面（搜索页、发现页、关注页、个人页和附近页）看到笔记。

（1）搜索页。

搜索页是在小红书App上主动搜索后出现的页面，如图5-24所示。

微课5-7

小红书营销
推广

图5-24　小红书搜索页

（2）发现页。

小红书顶部"发现页"一栏，是平台根据个人浏览偏好推荐的内容页，如图5-25所示。

（3）关注页。

小红书顶部"关注页"一栏，显示个人已关注的博主更新页面，如图5-26所示。

图5-25　小红书发现页

图5-26　小红书关注页

（4）个人页。

个人页是某博主的个人主页，可以浏览该博主所有已发布内容，如图5-27所示。

（5）附近页。

小红书顶部"附近页"一栏，显示的是个人所在城市相关的本地生活内容，浏览此页面一般会要求打开定位，如图5-28所示。

图5-27 小红书个人页

图5-28 小红书附近页

2）小红书流量分配逻辑

小红书采取"去中心化"的流量分配方式，"重内容、轻达人"，鼓励优质内容生根发芽。对内容、博主、用户进行标签化分类，实现更精准的内容推荐；采用CES评分机制，根据用户互动效果评分，高得分笔记进入更大流量池，增加了普通人被看见的机会。

以下主要介绍发现页和搜索页的流量分配逻辑。

（1）发现页的推荐逻辑。

发现页上，笔记按照信息流的形式呈现，用户每次下拉刷新都会出现一批新的笔记，这些笔记主要是通过推荐算法展现的。

从笔记发布到最终数据稳定，小红书笔记推荐过程大致可以分为四个步骤：第一步，笔记发布，如果符合平台规范，会被平台收录；第二步，根据过往用户数据对笔记预先评分；第三步，根据用户标签，精准匹配用户进行推荐；第四步，系统根据用户互动效果评分高低，将笔记放入更大的流量池或减少推荐，如图5-29所示。

①推荐系统"打分"。推荐系统"打分"过程如下：首先，系统从过往的笔记数据库里找出类似的笔记；然后，系统根据类似笔记获得的点击、点赞、收藏等互动数据，预测该笔记发布后可能接收到用户互动行为的概率，来为该笔记"打分"。

通过对类似笔记的分析，系统能预测笔记发出后是否会被用户喜欢。在预估评分的算法中，用户点击的概率对评分影响最大，其他互动行为的概率都被赋予了一个权重，最终计算出笔记的评分。

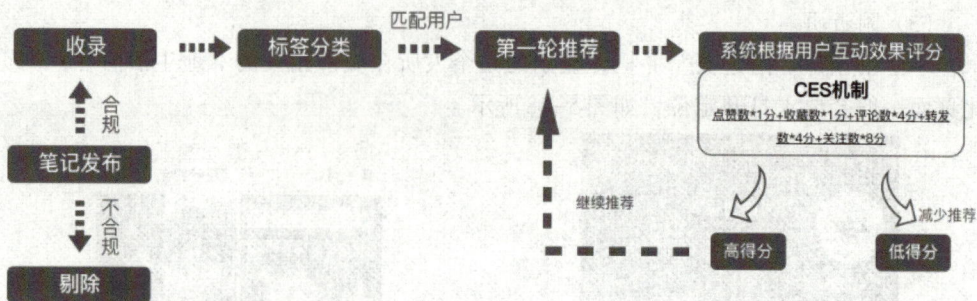

图5-29　小红书发现页的推荐逻辑

一般来说，评分高的笔记在信息流中的位置会靠前，获得更多的曝光，评分低则位置靠后，曝光较少。

②按用户偏好匹配分发内容。当笔记投入线上推荐时，小红书会将笔记的内容标签和用户偏好的内容标签进行匹配，将内容推荐到可能对其感兴趣的用户首页上。根据用户账号的行为，小红书的推荐和搜索数据也是互通的：用户搜索"××"关键词后，系统就会认为用户需要了解"××"，在发现页上也会推送相关内容。比如搜索"元宵节"，首页就会推荐"汤圆"。

但如果用户没有持续浏览相关内容，系统的推荐也会停止。小红书主要是按照用户偏好进行推荐，但同时也会尽量保证结果的多样性，给用户推荐一些其并不偏好，但评分较高的笔记。

③互动数据决定是否推荐。小红书按照用户偏好，将笔记推送给初始的一批用户后，就有了初始流量，平台通过这一部分用户的互动数据，比如点赞、收藏、评论、视频完播率等，来判断笔记的质量，决定是否将它推荐给更多的人。互动数据好，笔记就会获得更多的推荐，进入递增扩大的流量池。否则，系统就会停止推荐该笔记。

（2）搜索页的排序逻辑。

除了发现页之外，搜索页也是一个较大的流量入口。在发现页，小红书主要采用推荐逻辑，而在搜索页，小红书则是按照排序逻辑分配流量，在页面中越靠上的笔记，获得的曝光量也就越大。但这个排序并不是固定的，笔记的排序也在随着算法的实时演算而不断变化。

影响搜索页排序结果的因素主要有两点：关键词匹配程度和短时间内互动量。

①关键词匹配程度。小红书搜索中，笔记核心关键词和用户搜索结果与需求的匹配程度，会很大程度上影响搜索结果页中笔记的排序位置。当用户搜索关键词时，系统优先呈现与关键词高度匹配的笔记。比如，以"Vlog相机推荐"作为搜索关键词，搜索页排名靠前的笔记虽然互动量可能没有其他笔记多，但笔记内容是和"Vlog相机推荐"匹配的，所以也会被优先展现。

如何布局关键词，才能让笔记的排序靠前呢？

需要分析产品、品牌、行业、上下游词等关键信息，在笔记的标题、正文、tag中进行关键词嵌入。同时善用搜索出现的词汇如场景词、长尾词、热词推荐等找到笔记核心词，以便能让系统识别并推荐给对应用户，从而完成布局。另外，在标题和内容中提及近期较为热门的关键词，或者相关赛道领域中用户会关注的词语，会增加笔记被搜索到的概率。

②短时间内互动量。另一个影响笔记在搜索结果页排序的因素，是笔记在发布后短时间内获得的互动量。笔记如果能在发布后的短时间内获得较多的互动量（点赞、收藏、评论等），说明有成为爆文的潜质，那么在搜索结果页中也会排名较前。

5.4.2　小红书营销推广工具

目前小红书营销推广路径一般如下：通过运营品牌专业号打造品牌的初始印象，通过与博主的品牌合作沉淀种草笔记，通过薯条及信息流广告放大投放效果，通过搜索展示、薯店等进行转化，通过官方联合、赞助活动进行品牌宣传及转化等。

在小红书营销推广过程中，应用到不同的营销推广工具。根据目的和用途的差异，小红书营销工具可以分为四大类：品牌营销的自有阵地、品牌的商业推广工具、品牌广告及活动工具、针对不同行业的其他工具。

品牌营销的自有阵地主要包括：专业号、品牌合作和商业话题；品牌的商业推广工具主要包括：薯条、信息流广告和搜索广告；品牌广告及活动工具主要包括：开屏广告、小红屏、惊喜盒子、定制贴纸、品牌专区、火焰话题、搜索彩蛋；针对不同行业的其他工具主要包括：小程序、留资页、活动 H5、原生落地页、私信和短信提醒工具。

1）品牌营销的自有阵地

（1）专业号。

专业号是品牌在小红书的专属阵地，聚合了多种运营及营销工具，可以通过专业号官方发布笔记，展示小红书店铺、线下门店，进行群聊等。专业号的主要作用是官方信息展示，是品牌与用户沟通的主要窗口，也是薯条推广、品牌合作、效果广告等商业推广的入场券。

（2）品牌合作。

品牌合作主要是指商家对达人的投放。商家与小红书达人的合作，分为非报备合作和报备合作。非报备合作通过联系博主私下进行，报备合作指的是通过小红书官方品牌合作后台——蒲公英平台进行的合作。

蒲公英上的合作模式有三大类，分别是定制合作、共创合作和招募合作。

①定制合作即品牌通过平台筛选、邀请到特定博主，博主按品牌需求创作笔记的商业合作模式。预算金额可自由确定，不设上限和下限。

②共创合作是小红书蒲公英平台推出的效果化内容交易模式，旨在通过平台智能推荐博主包及一站式赋能内容生产，按效果进行结算，保障品牌流量成本可控。品牌下单时设置总预算和单个阅读成本，并表达合作需求，平台智能测算可匹配博主数量区间，生成博主包。品牌寄送产品后，博主进行体验并创作笔记，最终按效果进行结算。

③招募合作是小红书蒲公英平台在一口价合作模式基础上，推出的提升博主合作能力产品，旨在服务品牌更高效开放地找到主动意愿强、内容灵感多的优质博主。招募合作属于品牌一个需求面向多个博主高效合作的模式。品牌发布招募需求，平台智能匹配博主，意向博主主动报名并提供合作优势、内容构思及联系方式等，品牌对报名博主进行反选，最终确定合作，按照一口价进行结算。招募合作模式的优势在于，

能够突破现有博主筛选的瓶颈，通过平台可实现快速优选性价比高的博主。

（3）商业话题。

开通了专业号的品牌，可在App端申请一个免费商业话题，该话题与专业号绑定，将展示在专业号页面。

用专业号登录小红书App后，在【我】—【专业号中心】—【商业话题】中申请。需要注意的是，每个账号仅能免费申请一个商业话题；申请成功后，可在此入口查看话题页数据、话题笔记数据；话题上线后，不支持修改名称或取消话题。此外，也可以付费开设更多话题。对于产品系列较多的品牌，可以利用好这个话题。但这个话题展示位置有限，因此作用也比较有限。

2）品牌的商业推广工具

（1）薯条。

薯条是一种笔记发布后给笔记加热的付费推广工具。

①薯条的功能。薯条主要有两个功能，内容加热和营销推广。内容加热支持推广非营销笔记，如日常生活、经验分享笔记等，笔记需要符合小红书的内容规范。营销推广支持以广告形式推广营销笔记，如商品卡片笔记，笔记需要符合内容规范及广告法。

内容加热和营销推广的适用范围有所差异。内容加热适用于发布时间在90天内、笔记内容符合内容加热推广规范的公开笔记。营销推广可以投放历史的所有笔记、广告类内容，可以添加营销组件。一旦使用了营销推广模式，笔记右下角将被打上"赞助"标志。

要使用薯条的营销推广功能，还需要账号有以下经营行为：

第一，进行企业号企业身份认证；第二，在小红书内开设店铺；第三，入驻蒲公英平台；第四，开通直播选品权限；第五，开设专栏。

②薯条的应用场景。薯条的应用场景使用应注意以下四点：

第一，使用薯条测试内容是否被限流，如果内容有违规，则无法投放薯条；第二，使用薯条测试受欢迎的笔记内容类型，帮助品牌进行内容运营调整，找到合适的内容表达；第三，使用薯条加热非广告类优质笔记，打造爆文；第四，使用薯条延长优质笔记的生命周期。

薯条投放的核心指标是点击率，一般行业的均值是10%，若点击率超过15%，则被认为是比较受欢迎的内容，互动成本在可接受范围内的话，可以持续优化加量；若点击率高于20%，互动率在8%~10%，就可以加大投放量。

关于薯条投放的更多技巧，可以关注"薯条小助手"官方薯。

（2）信息流广告。

信息流广告是指在社交媒体用户好友动态或者资讯媒体、视听媒体内容流中的广告。小红书信息流是小红书平台中主要售卖产品之一，是出现在首页信息流中的带有"赞助"和"广告"字样的笔记或商品内容，可以实现品牌商家的产品种草、商品销售、客资收集、直播带货等营销诉求，是品牌高效种草的必备利器。

信息流广告比较适合品牌前期种草，让更多的用户先了解品牌，积累品牌势能。信息流广告最大的作用是对优质笔记进行放量投放，通过前期品牌合作创作出一些具有爆文潜质的笔记后，计算其相应指标，比如CPM成本、CPE互动成本、ROI等指标达到一定标准，即可进行信息流放量投放。投放时，可定向用户性别、年龄、地域、兴趣等标签，获得精准人群。

信息流广告位：发现页频道，信息流广告随机出现在发现页从6起顺位+10依次递增。

信息流产品操作后台：聚光平台。

信息流广告适用的场景：第一，希望有精准曝光和触达；第二，希望提升曝光、持续种草、沉淀口碑、培养用户心智。

（3）搜索广告。

搜索广告是指广告主根据自己的产品或服务的内容、特点等，确定相关的关键词，撰写广告内容并自主定价投放的广告。

搜索广告对于企业的价值主要体现在以下两点。第一，锁定高消费意愿用户：精准获取主动搜索品牌、品类，商品相关信息的用户；第二，实现关键词卡位与拦截：锁定企业品牌关键词、品类关键词的同时拦截竞品流量。

搜索广告位：搜索广告出现在社区搜索结果页从3起顺位+10依次递增，在商城搜索结果页从1起顺位+5依次递增。

3）品牌广告及活动工具

（1）开屏广告。

开屏广告会在用户打开小红书App时进行全屏展现，整屏曝光带来的沉浸式视觉体验，能够高效帮助品牌和产品提升用户认知。小红书开屏广告有三种：常规开屏、上划开屏和互动开屏，其中常规开屏支持静态、动态、视频三种形式。

（2）小红屏。

小红书特色开屏，覆盖第一视觉黄金点位开屏曝光，同时联动首页信息流第二位持续展示，快速实现品牌曝光。

（3）惊喜盒子。

在用户互动时掉落品牌好礼，提升用户好感度，帮助品牌推广新品。品牌商家可以把惊喜盒子当作一个活动流量端口来利用，和普通活动的方式一致。

用户按照要求，搜索指定关键词浏览笔记，或者浏览相关话题的笔记，与话题页笔记进行互动，就有机会触发平台的惊喜盒子，获得品牌派送的好礼，例如新品小样、优惠券等。惊喜盒子的活动信息，将由官方薯"惊喜盒子"发布。

（4）定制贴纸。

小红书为品牌定制创意贴纸，凸显品牌调性，支持绑定话题，提升内容传播度。

（5）品牌专区。

在用户搜索品牌词或者品牌种草词后展示。

（6）火焰话题。

在搜索场景下推荐品牌话题，引导用户搜索，支持多种搜索结果页或话题形式落地。

（7）搜索彩蛋。

搜索结果页全屏展示彩蛋，以趣味互动和视觉创意传递品牌价值，吸引用户注意力。属于定制广告，根据品牌定价，一般在线时长不超过7天。

4）其他工具

针对不同行业的其他工具主要包括小程序、留资页、活动H5、原生落地页、私信、短信提醒工具等。这些都是可接入的定制化功能，跟其他平台的类似，不再具体介绍。

5.4.3　小红书达人投放

在投放的过程中，选择什么样的达人也是很重要的一部分，好的达人可以与品牌共创，生产出更多优质的内容。

如何选择小红书达人？如何让达人营销效果最大化？以下介绍小红书达人营销四步法，全链路展示小红书投放实操攻略。

1）明确营销目标，规划投放策略

（1）明确投放目标。

根据服务品牌以及品牌所处阶段的不同，首先进行品牌自我诊断，明确此次传播的核心目标。

传播学上，一个成熟的传统品牌传播路径一般为："知名度—美誉度—忠诚度"，而一个小众新消费品牌，则需要先找小部分圈层人群培养初步忠诚度，再通过头部KOL、名人的辐射形成品牌美誉度，最后扩大知名度，传播路径也随之变为："忠诚度初显—美誉度加持—知名度扩大"。

（2）制定投放策略。

确定本次投放目标之后，下一步需要制定相应投放策略，我们还是以新消费品牌和成熟品牌为例说明。

①新消费品牌：以货推品。优质产品种草驱动形成品牌影响力。通过性价比高、新奇、有创意的产品，让圈层内垂直达人与粉丝熟知，并建立品牌记忆，以产品功能、功效和使用场景作为营销的核心点。

②成熟品牌：以品带货。通过积累的品牌力驱动新品打爆或者爆品热销。

这类种草方向偏向于品牌势能的建设，通过名人背书、KOL造势等手段，凭借母品牌的营销力带火新产品上市，或者塑造王牌爆品。

（3）建立投放模型。

小红书平台达人分布呈现金字塔结构，如图5-30所示。头、腰、尾达人和KOC优势区隔明显，头部账号具备高爆款、高互动、高营销等特性，更适合品牌打造影响力；中长尾账号具备高触达、更真实、高关联性、高性价比等特性，展示出更高的复投价值。

一般来说，小红书达人投放常使用五角星、金字塔和橄榄型三种投放模型。

①五角星投放模型又称目标驱动型模型，其不拘泥于达人层级，以垂直内容为主，精准触达用户，如图5-31所示。

五角星投放模型主要适合种草期的新消费品牌，或中小品牌的起步阶段。

②金字塔投放模型符合传播扩散原理，通过名人、头部达人的示范效应带动各层级达人自上而下形成完整的传播链路，引发站内声量传播最大化，如图5-32所示。

小红书平权的话语体系形成"去头部化"的创作者结构，给予中长尾内容更多曝光机会，据第三方平台账号统计，尾部KOL及KOC、素人合计占比超九成，大体量的尾部达人和KOC多角度反馈，构成小红书品牌口碑坚固地基。

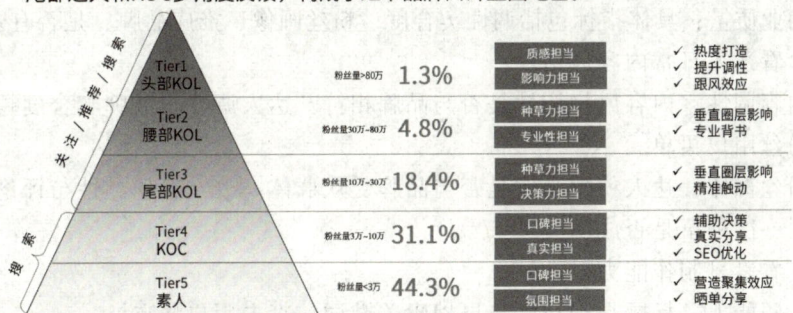

图5-30 小红书金字塔达人分布及其特点

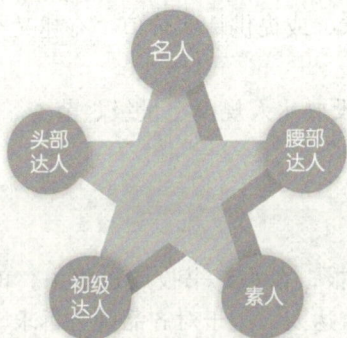

图5-31 五角星投放模型

图5-32 金字塔投放模型

金字塔投放模型主要适合成长型品牌、成熟品牌的品宣期。

③橄榄型投放模型符合小红书平台流量机制，是注重高性价比的投放模型，重点投放流量性价比最高的腰部达人，如图5-33所示。

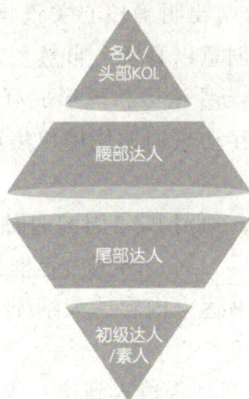

图5-33 橄榄型投放模型

橄榄型投放模型主要适合成熟期品牌追求ROI的投放矩阵。

2）基于品牌调性，匹配种草达人

对达人基础数据、商业质量、种草质量三个维度进行全面评估。

（1）看流量基础数据。

①基础数据：日常数据均值，如粉丝平均赞藏比、粉丝活跃度、更新频率、数据

真实度、是否处于上升期等。

②种草质量：具体指标包括爆文率、KOL舆情、长尾流量等。

③商业质量：具体指标包括调性契合度、粉丝画像、推广品牌、是否有效种草等。

（2）看达人日常内容风格。

①内容调性：内容风格调性是否与品牌相符？达人调性与品牌契合度越高，则越容易让粉丝用户买单。

②粉丝群体：达人粉丝画像是否与品牌受众群体一致？粉丝黏性与评论区关注点也决定了一次种草是否成功。

（3）看素材制作能力。

①标题能力：标题是否巧妙布局搜索关键词、直击用户痛点？

②视频/图片质量：视频/图片是否美观、吸引眼球、令人眼前一亮？

③文案能力：正文内容是否能够解决用户需求，或提供情绪价值，有趣又有料？

（4）优秀竞品投放参考。

可以适当参考对标竞品的小红书投放情况：投放达人规模、量级、节奏、类型、内容形式等。

3）多场景融合创作，持续爆发

（1）Brief沟通。

Brief在广告业中泛指工作简报，也叫创意简报；在小红书投放过程中，Brief指的是品牌具体的投放需求，由品牌方输出，传递给达人，用于对齐品牌方诉求。达人根据Brief展开创作，将品牌理念、产品卖点等传递给消费者。

一份专业的Brief，必须满足以下两点：第一，让达人可以第一时间清楚地了解品牌故事、产品核心卖点及推广重点；第二，让消费者可以通过达人的内容输出，解决消费痛点并产生对品牌的消费需求（完成种草目标）。

①明确卖点与创意建议。卖点要明确核心关键词，尽量使用社交化、生活化语言，尽量凸显与竞品的差异化；创意以真实、自然、贴近生活效果更佳。

②巧妙利用评论区。内容要与评论区粉丝形成有效互动，达成良好互信关系。

③抓住长尾流量。通过内容互动热词抓住用户焦点，进行评论区的预埋创作。

（2）达人对接。

①沟通合作：提前确认档期，预留1~2周沟通时间。

②样品寄送：寄样确认收货后一周，给到内容框架/初稿。

③确认内容形式：确认小红书达人内容的大纲/脚本/素材形式。

（3）成稿审核。

①关键词/敏感词审核：关键词是否植入到位？内容是否含有敏感词或违禁词？

②标题/首图优化：在尊重达人想法的基础上，优化标题/首图更符合小红书的流量逻辑。

③卖点检查：检查利益点植入是否自然，避免长篇大论。

4）进行效果复盘与舆情监测

（1）效果复盘。

①营销整体投放费用、CPE、CPM以及爆文率是衡量投放成本的重要参考因素。

②关键词搜索结果排名及 TOP100 覆盖率，电商搜索量和销量是评估小红书达人种草效果和转化效果的两大指标。

③优化内容场景和核心关键词。

（2）舆情监测。

①监测评论正向内容占比。

②监测评论内容与产品关联性。

③观察评论内容是否对本次推广产品产生讨论。

5.4.4　小红书营销推广效果评估

1）小红书营销评估指标

从内容种草再到消费者购买转化，衡量小红书营销效果的数据指标一般包含以下几类：

（1）内容成本表现。

①CPM：千人展现成本，可以通过（KOL 报价÷曝光数）×1 000 计算获得。

②CPC：点击成本，可以通过 KOL 报价÷阅读数计算获得。

③CPE：互动成本，可以通过 KOL 报价÷互动数计算获得。

（2）内容互动表现。

①CTR：点击率，可以通过小眼睛÷曝光计算获得，大盘点击率在 10% 左右。

②Vol：互动率，可以通过（赞+藏+评）÷小眼睛计算获得，大盘点击率在 3% ~ 5%。

③爆文率：爆文数占单次投放整体的比例，行业平均水平在 5% ~ 8%。

（3）投后的"自来水"增长比例。

①收录率。

②单篇笔记的真实评论率。

（4）转化数据维度。

①直接转化效果。主要包括 4 个指标：薯店进店量、薯店商品链接点击率、GMV（总成交额）、ROI（成本回报率）。

②间接转化效果举例。淘系搜索：每日平均 2 000，在没有其他渠道推广的情况下，搜索量数据上扬，可间接说明小红书投放效果。日访客量：每日平均 2 000，在没有其他渠道推广的情况下，访客量数据上扬，可间接说明小红书投放效果。关键词访客量：如果小红书投放相关词在淘内访客量激增，可间接说明小红书投放效果。

（5）品牌/品类数据维度。

内容投放一定周期内关键词变化趋势，用户评论、分享中对品牌的提及情况。

①品类词搜索占位。

②品牌词搜索占位。

③关键词关联笔记数。

④下拉词生成数。

2）小红书 KOC 价值评估

KOC（Key Opinion Consumer）即关键意见消费者，主要是指能够影响自己的朋友、粉丝，产生消费行为的消费者，KOC也常被称作素人博主，粉丝量一般小于10万。

相比于KOL（关键意见领袖），KOC粉丝较少，但消费者属性更强。换句话说，KOC的带货效果更强，营销的性价比更高，这也是大量品牌选择素人铺量的原因之一。

KOC价值评估模型，从超额互动、种草效果和转化效果三个角度综合评估KOC的商业价值。

（1）超额互动。品牌投放KOC最重要的原因是高性价比，企业能够获得超额互动的达人，更值得投放。

（2）种草效果。KOC具有更加真实、接地气的身份。选择KOC主要创作的领域进行种草投放，更能兼具真诚和专业的内容特征，而且更加精准。

（3）转化效果。评论区用户的意向是评估笔记转化效果的一个关键指标。

思政园地　有规范才有好未来

近日，国家互联网信息办公室就《生成式人工智能服务管理办法（征求意见稿）》公开征求意见，引起业界关注。生成式人工智能，即AIGC，是指基于算法、模型、规则生成文本、图片、声音、视频、代码等内容的技术。近来火爆出圈的ChatGPT等应用就属于AIGC范畴。对希望加入AIGC大潮的企业来说，征求意见稿透露了哪些玄机？

首先是明确了发展前景。AIGC争议颇多。人工智能生成的各种假新闻照片在网上流传，人们一边惊诧于AIGC技术的进步之快，一边担心这些过于逼真的假照片、假视频会让人真假难辨。对于AIGC这样快速发展的新技术新应用来说，各类风险显而易见，入局企业尤其担心重金投入后遭遇政策风险导致投资损失。首个AIGC管理办法公开征求意见，本身就是一个重大信号，说明我国非常重视此轮AI发展所引领的科技变革，期待促进AIGC技术的健康发展。

其次是明确了合规重点。目前中国市场上多家科技巨头企业正相继入局AIGC，选择此时发出规范管理的信号，体现了政府提前研判介入监管、防患于未然的工作思路，有助于企业及早构建合规解决方案、布局必要的合规机制和工具，可以有效降低内容生成领域"先污染后治理"的社会风险。

此外，征求意见稿中也明确了相关法律权益。比如，AIGC令人惊叹的内容生成能力是被海量人类作品"喂养"出来的，过去这些训练数据很多都未经原创者授权，侵犯了他们的知识产权。征求意见稿要求提供者对AIGC产品的预训练数据、优化训练数据来源的合法性负责，明确了版权方内容资源在AIGC产品训练中的法律权益，显然是对版权方的重大利好，IP及内容、数据产业将获得分享AIGC红利的机遇。

当然，与新技术开发几乎同步的监管规范，必将随着技术发展和时代变迁而更新调整。此次AIGC管理办法的征求意见稿是开局的第一步，它将促进AIGC产业健康可持续发展。无规矩不成方圆，AIGC有规范才有美好未来。

资料来源　佘惠敏.有规范才有好未来［N］.经济日报，2023-04-16（5）.经节选。

思政关键词：守法意识、规范意识

━ 基础训练 ━➡

一、单项选择题

1. （　　）是典型的生活方式内容社区。

A. 小红书　　　　　B. 豆瓣　　　　　C. 虎扑　　　　　D. B站

2. （　　）是境内/外自有品牌或由商标权人提供独占授权的品牌，入驻小红书开设的单品牌店铺。

A. 个人店　　　　　B. 个体工商店　　　C. 普通企业店　　　D. 旗舰店

3. KFS营销组合策略中S代表的是（　　）。

A. 达人　　　　　B. 信息流发现页　　C. 搜索页　　　　D. 用户

4. 5A模型中用于衡量内容营销的第一重效力，其关键衡量指标为内容浏览人数的是（　　）。

A. Aware（了解）　　　　　　　　B. Appeal（吸引）

C. Ask（问询）　　　　　　　　　D. Act（行动）

5. 对竞品一段时间内所有营销数据进行归纳和总结，通过赛马机制看竞品一段时间内的投放量、投放节奏、达人选择、笔记类目等的是（　　）。

A. 竞争格局分析　　　　　　　　　B. 行业分析

C. 竞品分析　　　　　　　　　　　D. 市场规模

二、多项选择题

1. 根据内容属性和用户画像的不同，内容社区可大致分为（　　）。

A. 文娱类　　　　　B. 生活类　　　　C. 知识类　　　　D. 消费类

2. 行业分析是从（　　）方面洞悉市场情况。

A. 市场规模　　　　B. 行业增长　　　C. 用户红利　　　D. 平台流量

3. 在小红书平台上，根据不同场景，关键词分为（　　）类型。

A. 搜索红利词　　　　　　　　　　B. 搜索排位关键词

C. 核心关键词　　　　　　　　　　D. 热度关键词

4. IDEA营销策略的核心节点包括（　　）。

A. 洞察产品机会　　　　　　　　　B. 定义产品策略

C. 击穿品类赛道　　　　　　　　　D. 沉淀品牌资产

5. 以下属于侵权行为的有（　　）。

A. 未经授权发布他人信息　　　　　B. 盗用他人笔记

C. 侵犯他人名誉权　　　　　　　　D. 披露保密信息

━ 综合应用 ━➡

一、案例分析

戴森吸尘器小红书营销

1. 笔记总览

戴森吸尘器近一年共有1.35万篇笔记，其中素人笔记8 209篇，占比60.4%，说明戴森吸尘器自发笔记多，用户认知度较高。戴森吸尘器视频笔记占比相比一般水平

（10%）较高，为16%。在近一年中，戴森吸尘器的报备笔记共有68篇，其中2020年5月（9篇）、12月（8篇）和2021年2月（14篇）三个月份的报备笔记数量较多。

2.爆文分析

戴森吸尘器爆文中有27%的文章和装修相关，并且75%的笔记以合集测评笔记为主。从达人粉丝量级分布来看，素人共发布了89篇爆文，但都是科普类文章，80%爆文笔记来自万粉以上达人。从爆文的笔记类型来看，90%的笔记集中在家居类，另外2%的笔记是宠物类笔记。

3.投放趋势及效果分析

戴森吸尘器平均每个月投放400篇笔记，投放体量较大，其中2020年10月投放量最大，为700多篇，其中提到"双11"话题的笔记有近300条，所以10月主要是品牌为"双11"活动提前做的投放；2021年2月笔记投放量紧随其后，达到600多篇，其中新年7天假期投放量达到每天25篇。

从互动情况来看，近一年互动量最高峰（5.4万互动量）出现在2020年9月，且9月互动量过万的笔记有5篇，其他月份过万的笔记最高不超过3篇。戴森吸尘器笔记的投放量较大，投放预算也较高，其中2021年2月投放预算最高，主要是2月报备笔记最多，达到14篇。

问题：

（1）戴森吸尘器小红书笔记爆火的原因有哪些？

（2）企业进行小红书投放过程中应注意哪些问题？

二、实践应用

在小红书搜索茶叶相关笔记，并分析优秀笔记特点，为山东日照御园春茶叶有限公司创作一篇小红书笔记。

项目 6
创作新媒体文案

学习目标

知识目标:

- 了解新媒体文案的概念、类型和特点
- 了解新媒体文案的创意策略
- 掌握常见的新媒体文案标题、开头、正文和结尾创作方法
- 掌握常见的新媒体销售文案的创作方法

技能目标:

- 能根据不同文案的特点对新媒体文案进行归类
- 能系统阐述新媒体文案的创意
- 能应用技巧撰写新媒体文案标题、开头、正文和结尾
- 能应用技巧撰写新媒体销售文案

素养目标:

- 培养守法合规意识
- 坚定文化自信
- 培养团队合作意识和与时俱进的创新精神
- 培养服务行业的使命感和责任感

【引导案例】

京东618"寻老味 焕新厨"

1. 课前思考

以小组为单位，讨论以下问题：

（1）什么是新媒体文案？其作用是什么？

（2）新媒体文案有什么特点？可以分为哪些类型？

2. 案例介绍

厨房，对每个中国人来说，不仅意味着锅碗瓢盆，更代表了一个家独一无二的味道，尤其是疫情期间，居家做饭的人越来越多，大家对厨房的需求也逐渐上升。

这个618，京东想通过一次厨房大家电推广活动，唤起用户对味道的回忆和对厨房的向往，进而产生品牌好感度。

但如何在厨房这个老话题上讲出新情绪，是本次创意的重点。

洞察：

想要唤起大家对厨房的向往，就要找到人们与厨房的连接点，我们认为，这个连接点就是"味道"。

我们发现，每个人的一生都在不断地离开家的路上，对于每一个离开家的游子，在提到家乡时，总会忍不住先想到熟悉的家乡味，也总是在吃到一口家的老味道的时候，感受到与故乡的羁绊。

我们离开家乡时，能带走的最显著的家乡印记，就是熟悉的味道；而当我们在新的地方落地生根，再次走进厨房，做出那道属于自己家的老味道时，就会发现，似乎家乡并没有走远，它在新厨房里发芽了。

新家的科技厨电和老家的烟火袅袅，通过老味道连接了起来，因此，#寻老味，焕新厨#的概念应运而生。

策略：

如何把"寻老味，焕新厨"这个概念变成一次受众有感知的事件？

我们利用京东厨房大家电的平台优势，诚邀50家厨电品牌联合发起，打造微博话题事件，以新厨电为奖励，一起找用户要你家的老菜谱。同时在京东站内打造"要菜谱H5"，将用户行为引流至站内，形成闭环。

我们以"老味道"作为厨房与用户的连接点，打造一支情感向TVC，同时为使片子的美食属性更强，特意邀请《舌尖上的中国》解说李立宏老师为TVC进行配音。

场景选择上，通过选择真实的人家进行拍摄，来塑造新老厨房场景的对比和延伸，更深层地体现老味道在新厨房中延续生机的主题。

文案上，以洞察向、情感向的文案内容打动用户，金句"当我们提到家乡，流的眼泪远没有咽的口水多"，深切共情了远在异地的游子的心情，十分动人。

同时，我们以中国风工笔画的视觉风格，打造一套KV和KA海报，为视觉定调。

最后，为连接线上和线下，我们制作了一套只在"深夜上线的美食广告"，在深夜的写字楼广告屏幕上投放，给深夜下班分外想家的用户一点安慰，并号召他们走进厨房，给自己做一顿家的老味道。

TVC上线后，在各平台收获了许多感人至深的真实评价和情真意切的留言。

文案"当我们提到家乡，流的眼泪远没有咽的口水多"，受到了4A广告网、数英网等多个方案榜单的收录。

最终，项目以较小成本的传播预算，达到总曝光量1.5亿次，总互动量7.67万次，TVC总播放量143万次，站内H5浏览量6.4万次，收获真实用户上传菜谱3 300余个，远超此类征集类H5数据。

资料来源　你说的都对. 京东厨房大家电饭点上映：寻老味，焕新厨［EB/OL］.［2022-12-15］. https：//www.digitaling.com/projects/210748.html.

3.案例讨论

以小组为单位讨论案例中给出的材料，并根据讨论结果填写表6-1。

表6-1　　　　　　　　**《京东618"寻老味 焕新厨"》文案分析**

项目	内容
与传统电视广告相比较，《京东618"寻老味 焕新厨"》体现了哪些新媒体营销文案的特点？	
《京东618"寻老味 焕新厨"》文案的作用是什么？	

视频6-1

寻老味
焕新厨

任务6.1　新媒体文案的概念、类型和特点

随着4G、5G等信息技术的发展和成熟，移动互联网、人工智能、大数据等新技术融入人们的日常生活，催化了媒介形态的变化和迭代，传统媒体的传播内容也随之植入到新的传播媒介中，刷微博、看短视频、读自媒体文章……成为人们日常生活的一部分。广大机构、商家和企业纷纷借助新媒体文案进行推广与营销，使企业的产品或服务实现最大限度的变现，新媒体文案成为互联网运营的重要组成部分，新媒体文案人员也成为行业紧缺人才。

微课6-1

新媒体文案
概念及特点

6.1.1　新媒体文案概念

1）文案

《说文解字》中有："案，几属。"就是说"案"是几的一种，是指木质的几类家具。文案在古代原指放书的桌子，后来指在桌子上写字的人。在古代，文案可以指公文案卷，又指负责掌管档案、起草文书的幕僚。到了现代，文案主要来源于广告行业，是广告文案的简称，又可以指专门从事广告创作的人。可见，从古至今，文案，既可以指物，又可以指人。

今天，很多人认为只要是与文字相关的内容就是文案。需要澄清的一点是，文案的本质是广告。文案的所有工作的核心都逃不过三个目的：认知、情感和行动。其中认知是让受众认识我们、认识品牌、认识产品，情感上信任我们，行动上做出我们预期的行为，如下单购买、参与活动、评论转发等。知名广告学家史载平斯曾说，文案是广告的核心，其本质是传递信息。

2）新媒体文案

按照文案的内涵，既可以指物，又可以指人。新媒体文案也可以界定为两个方面。

（1）作为内容呈现。

新媒体文案的关键在于一个"新"字，新在哪里呢？过去我们主要通过电视、广播、报刊和杂志传统的四大媒体传递信息。新媒体文案新在传递信息的渠道上，其前提是随着移动互联技术的发展出现了新兴的媒体，但其本质仍然是广告。概括来说，新媒体文案就是借助新兴的媒体平台，如微博、微信、抖音、知乎等，利用图片、文字、音视频、超链接等元素进行有创意的广告内容输出，用于辅助商家或企业实现某种营销目标的文案。

（2）作为职业称呼。

新媒体文案还可以指在新媒体平台从事文案创作的从业人员，其核心工作是利用新兴的传播媒介，进行有创意的内容输出，达到广泛传播的目的。

6.1.2　新媒体文案类型

微课6-2

新媒体文案的
类型

新媒体文案人员要区分不同类型的新媒体文案，进而更好地认识新媒体文案，并能根据不同平台的要求，站在用户的角度写出更加符合受众需求的文案，最终达到促进销售、传播品牌、推广等目的。分类标准不同，划分的文案类型也不同。通常来说，我们可以按照文案表现形式、文案目的、文案篇幅、广告植入方式等标准进行划分。

1）根据文案表现形式

新媒体文案可以借助图片、文字、音视频、超链接等多种元素来呈现内容，因此，根据文案不同的表现形式，可以将新媒体文案分为纯文字文案、图片文案、图文结合文案、视频文案等。图6-1和图6-2为图文结合文案和视频文案示例。

图6-1　图文结合文案[①]

图6-2　视频文案[②]

---

① 图片摘自故宫博物院文化创意馆公众号。
② 图片截取自易公子视频号。

不同的新媒体平台，新媒体文案有不同的表现形式，如公众号文案、朋友圈文案、微博文案可以是纯文字文案或图文结合文案，以图文结合的文案类型为主；而视频类的新媒体平台，如抖音、快手、视频号等则主要是视频类文案。

2）根据文案目的

按写作目的不同，新媒体文案可分为销售文案和传播文案。销售文案是以能带来直接销售转化为目的的文案，如商品的促销海报文案、电商的详情页文案等。销售文案一定要打动人，说服受众，激发受众购买的欲望，并引导其做出购买行为。传播文案主要是用来进行品牌推广、树立品牌形象和扩大影响力，如品牌故事文案、节假日文案等。传播文案的重要作用是引起受众的情感共鸣，引发受众自主的传播行为。

图6-3和图6-4为销售文案和传播文案示例。

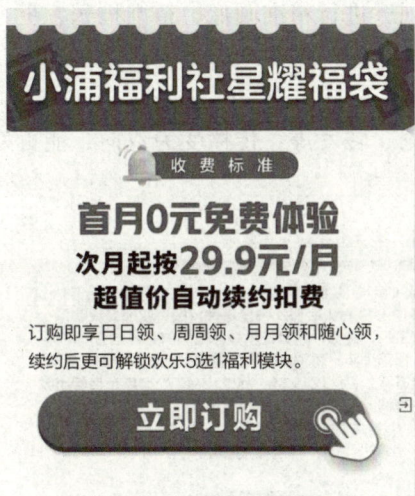

图6-3 销售文案[1]

图6-4 传播文案[2]

3）根据文案篇幅

文案还可以根据篇幅的长短分为长文案和短文案，以1 000字为界，超过1 000字的为长文案，反之为短文案。奥美广告在天下文化出版公司25周年庆时为其创作了一篇经典文案，标题为《我害怕阅读的人》，获业界创意大奖。该文案全文1 184个字，堪称一篇经典长文案。长文案多见于微信公众号，短文案则多出现在微信朋友圈、微博、抖音等平台。

4）根据广告植入方式

按广告植入方式不同可将新媒体文案分为硬广和软文。硬广是指直截了当地进行宣传，比如直接介绍产品或服务的广告。

单纯的硬广虽然能高强度地曝光、宣传产品，但往往容易引起受众的反感；如果使用软文，则可能达到出其不意的效果。软文就是巧妙地将广告植入文案内容中，达到"润物细无声"的营销效果，如脑白金的经典系列软文——《两颗生物原子弹》《人类可以长生不老？》等。

---

① 图片摘自浦发银行信用卡公众号。
② 图片摘自浦发银行信用卡公众号。

6.1.3　新媒体文案特点

与传统媒体文案相比，新媒体文案主要有以下几个特点：

1）内容和形式更加多元化

新媒体文案可以采用图片、文字、音视频、超链接等多种元素进行内容传播，表现形式更丰富。

2）成本更低

新媒体文案只需借助网络就可完成文案的发布和传播。创意独特的文案，还会引发受众的主动转发分享，推广成本低。

3）转化率更高

不同的新媒体平台文案根据平台受众的不同，进行精准画像，精准推送，更容易实现转化。

4）互动性更强

新媒体文案可以实现与受众的互动，如评论、转发等，传播变为双向，能更好地吸引受众的参与，如图6-5所示。

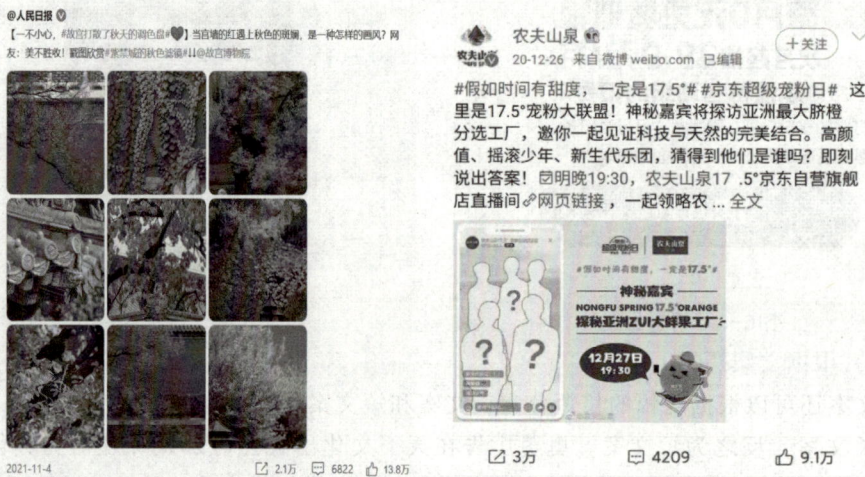

图6-5　互动性文案示例[①]

5）推广力度更大

得益于网络的便捷性与传播的多元性，一篇有创意、受众定位准确的新媒体文案短时间内即可突破10W+的阅读量，成为爆款。

行业观察6-1	AI智能文案

　　阿里妈妈在戛纳国际创意节上正式发布"AI智能文案"产品，结合淘宝、天猫的海量优质内容与自然语言算法，可基于商品以1秒钟20 000条的速度自动生成文案。这是阿里妈妈在人工智能领域的又一新进展，目前主要聚焦于商品文案，可实现三种核心能力——高度模拟人写文案、自由定义字数、实时在线样本学习。

---

① 图片摘自《人民日报》和农夫山泉官方微博账号。

AI还可提供描述型、特价型、功效型、逗趣型、古诗词型等多种写作风格，并且风格类型在不断扩充中。阿里妈妈AI智能文案保持实时在线学习，通过不断增加的优秀文案样本量，来提升自身的文案产出能力，满足用户的需求。文案长短可选，无论是几个字的短标题，还是60字左右的商品描述AI广告文案，都可以一键生成。

新华社发布了媒体大脑2.0 "MAGIC" 智能生产平台，这款人工智能是专门生产短视频新闻的。2022年大热的国际足联世界杯就由 "MAGIC" 报道事件，在短短7天时间里，"MAGIC" 光是世界杯短视频的产量就突破了万条。

任务6.2　新媒体文案的创意策略

"绿蚁新醅酒，红泥小火炉"，1 200年前的古诗，让你记忆犹新；"当你写PPT时，阿拉斯加的鳕鱼正跃出水面"，这句优美的文案打动无数文艺青年的心，支撑起了一个年销量过千万的淘品牌。

从古代先贤名作到现代商业竞争，独特新颖的创意总是恒久流传，广为传颂。

互联网时代信息高速传播并且迭代迅速，平淡无奇的文案很难吸引到受众的注意，而创意意味着让文案更有吸引力、更妙趣横生、更有感染力，更能吸引用户，从而促进品牌的传播和转化，所有的文案人员都想创作出让受众眼前一亮的文案。

一般来说，有创意的文案通常具备三个特点：一是独创性。它跟其他普通的文案不太一样，或者跟人们所预期的有所不同，这就意味着读者会注意到这个不同，从而记住这个文案。二是风趣。受众读到妙趣横生的文案，会想要了解更多的信息，而不再是被填鸭式地塞入信息。三是感染力。它让受众感受到某种情绪，比如兴奋、安全、同情等，受众的感情越强烈，他们就越有可能理解并记住你的信息，也就越有可能把他们的感情和产品联系起来。

微课6-3

新媒体文案
创意策略

创意需要天赋或者灵感吗？其实不然。创意是可以通过后天习得的。创意的产出方法因人而异，新媒体文案创作中经常使用的创意策略有：头脑风暴法、九宫格思考法、元素组合法和多维度思维法。

6.2.1　头脑风暴法

头脑风暴法又称智力激励法、自由思考法，是指刺激并鼓励参加讨论的人员畅所欲言，开展集体讨论的方法，每位人员的发言没有对错之分，在发言中寻找创意。它是现代创造学奠基人美国学者阿历克斯·奥斯本提出的一种针对创造能力的集体训练方法，他鼓励人们打破常规思维无拘束地思考问题，以在短时间内产生大量的灵感，甚至有意想不到的收获。

在开展头脑风暴时，最先要做的是审查文案的主题，确认文案关键字。关键字的设想必须保持在主题的范围内，可根据文案描述主体的每个不同特点和不同思考方向，罗列出相应的关键字，以产生较多的可供选择的点。

关键字罗列出来后，文案写作人员还可以对关键字进行随意组合搭配，再对搭配出来的关键字进行画面联想，甚至可以用笔在纸上将画面勾勒出来，随意表达对这些内容的想法。

可采用5W1H的思考方法加深对主题的理解，即 What、Who、Where、Why、When 和 How，分别表示：该事物是什么？使用的主体是谁？在哪里使用？为什么主体会选择使用它？什么时间点主体使用得较多？使用效果如何？当文案写作人员思考完这些问题并给出答案后，就代表他对这篇文案已经有了比较明确的想法了，至少可以抓住文案的主题思想。

6.2.2　九宫格思考法

九宫格思考法是强制创造性的简单练习法，如图6-6所示。具体操作步骤是：

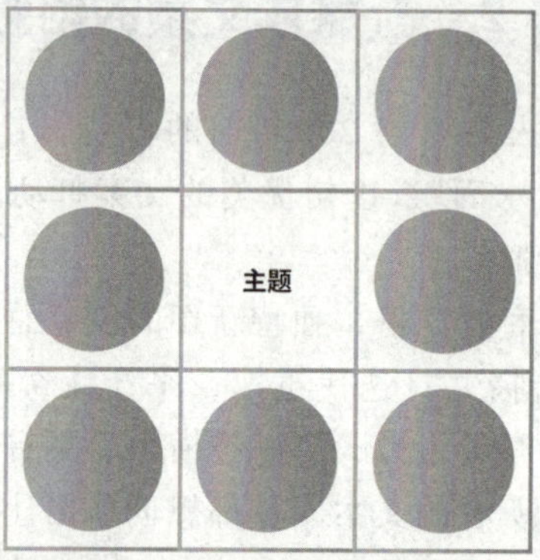

图6-6　九宫格思考法

步骤1：拿着白纸，用笔先画出九宫格，把主题（产品名称等）写在中间。

步骤2：将与主题相关的联想任意写在旁边的8个网格中，尽量用直觉思考，不要故意寻求正确的答案。

步骤3：尽量扩展8个网格的内容，反复思考，鼓励自我辨证，以前写的内容也可以修改。

按什么顺序把自己想到的一切都填入九宫格图？一般来说，可以采用以下两种填写方法。

方法1：按顺时针的方向填写。按顺时针的方向填写自己想到的要点，在填写表格的过程中，可以知道自己内心的想法。

方法2：从四面八方填写。任意填写自己想到的要点，不必考虑这些要点之间有什么关系。

6.2.3　元素组合法

元素组合法是指将不同的元素叠加起来创造出新的物品，不同元素的组合常常能带来意想不到的创意。元素组合法可以是旧元素的新组合，或者加入新的元素。比如带着橡皮的铅笔，现在看起来是再普通不过的一种东西，但是当一个美国画家发明这种铅笔的时候，这项专利就卖了55万美元，被看作一个伟大的创造，这就是元素组合的结果。

创意思想家爱德华·德·博诺发明了一个8英寸的智囊球，通过一扇小窗户，可以看见在塑料片上印着被选出来的14 000个词语。摇动这个智囊球，写下最先看到的3个词。接着，把这3个词与问题联系起来，最终提出一个解决问题的全新思路。文案的创意同样可以运用元素组合法，任意给出3个关键词，围绕主题联想，给出创意文案，如图6-7所示。

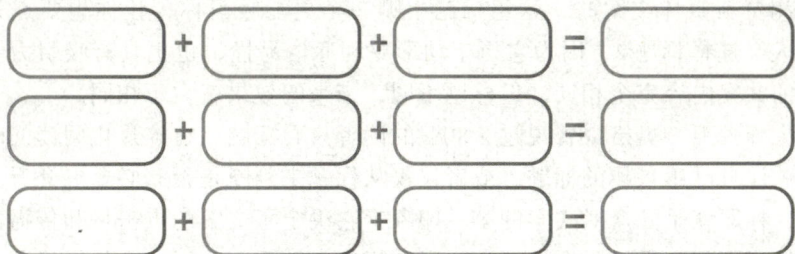

图6-7　元素组合法

6.2.4　多维度思维法

文案创作过程中经常用到4种思维模式：横向思维、逆向思维、发散思维和辐合思维。

横向思维：逻辑思维的思考形态是垂直纵向走向，而横向思维则可以多点切入，甚至可以从终点返回起点，最常见的表现形式就是换位思考。如解决痛点型文案，不是从产品的卖点说起，而是从受众的痛点分析说起，吸引受众注意。

逆向思维：也叫求异思维，就是突破常规或反其道而行，找出新创意和新想法。如长文案《我害怕阅读的人》，就是正话反说，说害怕，实为敬佩、鼓励，影响更多的年轻人热爱阅读。

发散思维：又称扩散思维、辐射思维，是从已有的信息出发，尽可能向各个方向扩散，以寻求不同的解决方法和创意。如便携式榨汁机的文案，可以从产品不同的使用场景的角度撰写故事型文案，也可以从受众的报酬心理出发，撰写情感类文案。

辐合思维：又称求同思维和聚合思维，是从已知信息中得出结论。它与发散思维正好相反。电商详情页文案中对核心卖点的提炼就经常使用辐合思维。

互动课堂6-1

新媒体文案创作如何以中国优秀传统文化为基本元素，融合市场商业化需求，讲好中国品牌故事？

任务6.3　新媒体文案的创作方法

新媒体文案是当今广告的重要表现形式，一篇优秀的新媒体文案可以为商家带来难以估量的经济利益。受众阅读新媒体文案时一般会按照标题、开头、正文和结尾的顺序，文案创作也常以此结构进行设计。用标题激发受众的欲望，提高点击率；用开头吸引受众阅读，降低跳出率；用正文说服受众；用结尾引导受众采取相应的行动。

6.3.1   新媒体文案标题

标题1：这款手机采用优质感光元件，夜拍能力超强

标题2：哇哦！一款可以拍星星的手机！

在你浏览新媒体文案时，这组标题中哪一个更能吸引你，让你想要点开看一看呢？很多人会选择标题2，因为它更生动形象和通俗易懂，也更具有吸引力。这两条标题对应的文案内容完全相同，但标题不同，带来的效果就大不相同。

文案大师大卫·奥格威曾说过，80%的读者只看标题。在碎片化阅读的时代，受众往往仅关注自己感兴趣的标题，或者仅仅从标题来判断是否有必要点开看文案的内容。因此，标题就是受众对文案的第一印象，它决定了文案的点击量和传播力。如果标题创作恰当，就能吸引受众注意，文案内容就会被看到，反之，如果标题没有吸引到受众，那创作出来的文案也就失去了意义。

1）新媒体文案标题命名方法

看一看故宫文创馆官方公众号里的文案标题，你知道它们属于哪种标题命名方法吗？

标题3：故宫口红抢到了吗？别急，这里还有故宫美人面膜！

标题4：官宣！久等了，荷包口红来啦！

标题5：新品！给自己一炷香时间，你会……

（1）提问式。通过问题来吸引受众，使受众产生思考或好奇，想去阅读全文一探究竟。提问式标题可以使用疑问、设问或反问。需要注意的是，在提问题时需要从受众关心的利益点出发，这样才能引起他们的兴趣。标题3就采用了提问式。

（2）悬念式。借助某个点制造悬念，引起人们的好奇和思考。悬念式标题往往给受众话没说完、意犹未尽的感觉。标题5采用了悬念式。

（3）宣事式。开门见山、直截了当地告诉受众即将发生的事情。通常用于产品促销、上新、推广活动，用利益直接吸引受众注意。标题4采用了宣事式。

（4）恐吓式。通过恐吓的手段，让受众看到标题后产生害怕、担忧的情绪，引起危机感。如这条标题："端午吃粽，务必警惕这种粽叶！铜含量恐超标！"

使用恐吓式方法命名标题时，可以有夸张的成分，但不能歪曲事实，要在陈述事实的基础上使受众产生危机感。

（5）话题式。借助话题命名标题。话题是在一段时间内用户讨论最多也最容易引起传播的，它和网络热搜及热门影视等联系在一起。如这条标题："《满庭芳·国色》藏着哪42种传统颜色？"

（6）证明式。以见证人的身份阐述产品或品牌的好处，增强受众的信任感，既可以是自证也可以是他证。如这条标题："据说，这是女生之间最流行的'打招呼'方式"就使用了他证的命名方法。这条标题："亲测，这种衣服，7岁以下孩子千万别穿！"则是使用了自证的命名方法。证明式的标题命名方法能够增强标题的信任力。

标题6：究竟是什么纹饰，至今能在故宫延绵不息。

标题6除了使用了提问式外，还制造了一种悬念，这就说明，在进行标题命名时，可以综合运用多种命名方法。

2）新媒体文案标题创作技巧

微课6-4

标题的重要作用就在于吸引受众注意。在创作文案标题时，除了使用标题命名方法外，还可以使用一些创作技巧，让标题更"吸睛"。

（1）用亮点词。亮点词就是能快速吸引读者眼球、产生点击欲望的词，如常见的震惊、干货、福利、紧急、重磅等，都是亮点词。如："预购福利花开年年，'糕'升步步"。

（2）用数字。有时数字比文字更具有吸引力和说服力，因此标题中常使用数字来吸引受众，如："限时8折！7折！还有1元购！"

新媒体文案
创作技巧

（3）用符号。常见的符号有标点符号、数字符号、程度符号、特殊符号。符号能给受众带来强烈的感官刺激，促使读者产生点击的欲望。使用符号可以增强视觉冲击力，也是加强标题吸引力的常用方法，如："@搬砖人，速进自测你的早餐人设！""8.8元=41元！速来，别纠结！"，这两条标题分别采用了标点符号和运算符号。

（4）用谐音。使用了谐音技巧的标题富有幽默感和趣味性，能轻松吸引受众注意。如："6元早餐，get新年诸事'粥'全"。

（5）用热点。新闻、突发事件、节假日、体育赛事、娱乐活动、影视节目、热销书籍等都会在一段时间里成为话题，登上热搜榜，这就是热点。如果文案标题能借助热点词，就可以提高曝光率，抓住受众的眼球。如："遇到红包雨！新年新气象！"

新媒体文案标题的创作方法和技巧有很多，有的标题会综合运用多种创作方法和技巧来达到"吸睛"的目的，文案创作人员需要多学习、多模仿、多创作，才能创作出吸引受众眼球的标题。

6.3.2 新媒体文案开头

新媒体文案开头的重要性仅次于标题，它起到承上启下的作用，如果开头与标题不搭，很容易成为"标题党"，如果开头不够吸引人，又很容易导致受众跳出，失去文案的价值。因此，文案人员要设计一个精彩的开头，努力吸引受众继续读下去。

微课6-5

1）提问开头

疑问句、反问句、设问句，是常见的文案开头模板。文案开头抛出问题，让读者用1秒去注意、去思考，紧接着会想了解接下来文案要说什么，如图6-8所示。问题总是容易引起人思考，因此用提问开头，受众会不自觉地被吸引，产生阅读兴趣。文案一旦让用户思考，产生互动，吸引受众继续读下去的目的就达到了。

新媒体文案开
头、结尾创作

还有不到一周就过年啦，

各位都准备了什么年货？

不要忘记囤书哦~

来看看当当给大家准备了什么福利吧~

图6-8 提问开头文案示例[①]

2）利益开头

开头抛出利益，如满减、打折、优惠券等，利用利益诱惑吸引受众关注，如图6-9所示。

---

① 图片摘自当当网公众号。

今天就是双十二

当当为您送福利

百万图书 5折包邮

！！！

多种礼券定时领

叠券最高满300-140

0点开启爆品限时秒杀

低至1.7折

还有5.5元特价好书

参与世界杯有奖答题活动等

下滑查看更多优惠攻略

↓↓↓

图6-9　利益开头文案示例①

3）热点开头

热点开头是指新媒体文案借助社会热点、网络热点作为话题切入点，然后逐步展开文案主题，如图6-10所示。人们对新发生的或广受关注的事有较高的兴趣，文案开头可以借助热点来吸引受众注意，如借助节假日、节气、影视剧、热点新闻等。如图6-9的利益开头形式中，当当图书的文案开头还借助"双十二"和"世界杯"两个热点来吸引受众。

2017年11月3日，国务院通过了国家卫计委（今卫健委）关于设立"中国医师节"的申请，同意自2018年起，将每年的8月19日设立为"中国医师节"。

2022年8月19日"中国医师节"来临，当当邀请了众多优秀的医生、教授：杨秉辉、于康、谭先杰、吕帆、顾晋、仝彤、田艳涛、宋刚、周海斌、朱慧娟……为大家辨清养生谣言，科普医学知识，推荐好书，守护健康。

图6-10　热点开头文案示例②

4）名言开头

文章开头引用名人名言、诗词、警句等概括文案内容，增强文案风采和吸引力，如图6-11所示。名言警句通常简练且内涵深刻，加之出自名人之口，更具有权威性。如一篇推荐古诗词书籍的文案，在开头引入古诗词，然后顺理成章地引出正文。

人世有悲欢离合，

如诗人所说：

不如意事常八九，可与语人无二三。

坎坷心酸，思恋不得，

人世间的种种沧桑都在诗词里了，

纵隔千载，也能契合心声。

图6-11　名言开头文案示例③

---

① 图片摘自当当网公众号。
② 图片摘自当当网公众号。
③ 图片摘自为你读诗公众号。

5）悬念开头

悬念开头是指不直接把答案告诉消费者。文案开头设置悬念，一方面，可以使消费者保持耐心，从而能接收更多的营销信息；另一方面，能继续延展消费者的好奇心，从而产生强烈的阅读欲望，想从文章中找寻答案。如："大多数夫妻，为'谁洗碗'吵个不停，却不知道，人类早已经不需要洗碗了"。这个文案开头就成功制造了悬念，引发了受众的好奇心和探索欲。然后在下文中告诉受众解决方案，吸引受众一直看下去。

6）修辞开头

利用比喻、排比、夸张、拟人等修辞手法，让文案开头变得更加生动，如图6-12所示。

当孩子还没开始学语文，就学过这个词：

中国；

当孩子初学英语时，就念过这个单词：

China；

孩子刚学会100以上的数字，就知道

960万平方千米；

孩子还没开始学地理，就已经知道

地图上的雄鸡……

图6-12　修辞开头文案示例[1]

7）对话开头

把亮眼的对话放在开头，让受众产生一种"身临其境"的感觉，如图6-13所示。

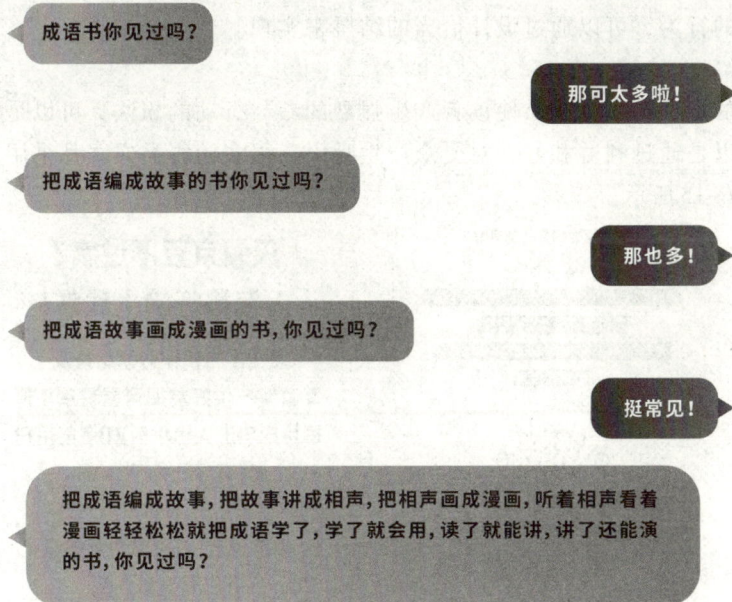

成语书你见过吗？

那可太多啦！

把成语编成故事的书你见过吗？

那也多！

把成语故事画成漫画的书，你见过吗？

挺常见！

把成语编成故事，把故事讲成相声，把相声画成漫画，听着相声看着漫画轻轻松松就把成语学了，学了就会用，读了就能讲，讲了还能演的书，你见过吗？

图6-13　对话开头文案示例[2]

---

① 图片摘自十点读书公众号。
② 图片摘自当当网公众号。

8）故事开头

故事开头是指新媒体文案的开头借助一个故事，引导受众继续阅读，如图 6-14 所示。一个与文章相关的小故事能让人立刻产生代入感，这份代入感会促使受众对接下来的内容产生兴趣。讲故事是吸引受众阅读的有效方式之一，几乎适用于各种类型的文章，值得注意的是，应当根据实际需要来进行故事的编排。

曾经，你有过一个梦。

2002年，
陈安妮，10岁，喜欢画画。

但那个梦，
一定跟我一样破碎过。

图6-14　故事开头文案示例①

6.3.3　新媒体文案结尾

让受众读完一篇文章并不是我们创作文案的最终目的，真正的目的是引导受众做出我们期待的行为，可以通过设计恰当的结尾来实现。

1）引导行动结尾

用号召的方式结束全文，使读者产生强烈的参与行动的想法。可以是情感上打动受众，也可以是通过利益和好处对受众产生吸引。很多销售类文案都采用了引导行动结尾，如图 6-15 所示。

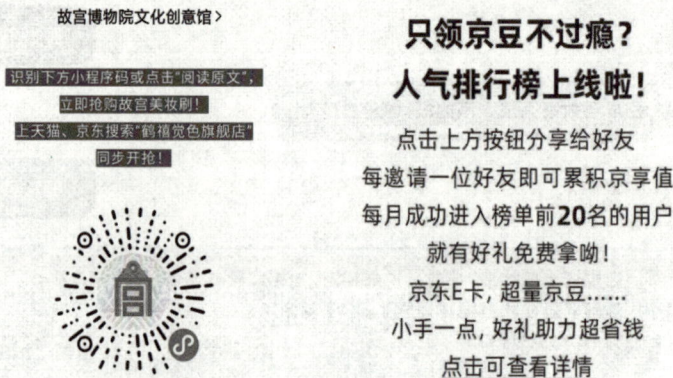

故宫博物院文化创意馆 ›

识别下方小程序码或点击"阅读原文"，
立即抢购故宫美妆刷！
上天猫、京东搜索"鹤禧觉色旗舰店"
同步开抢！

只领京豆不过瘾？
人气排行榜上线啦！

点击上方按钮分享给好友
每邀请一位好友即可累积京享值
每月成功进入榜单前**20**名的用户
就有好礼免费拿呦！
京东E卡，超量京豆……
小手一点，好礼助力超省钱
点击可查看详情

图6-15　引导行动结尾文案示例②

---

① 图片摘自伟大的安妮微博账号。
② 图片摘自故宫博物院文化创意馆公众号和京东商城公众号。

2）神转折结尾

这种结尾与前边的内容无关，营造出一种出其不意的氛围，通常会让受众产生强烈的反差感，感叹不已，从而很容易产生深刻的印象，如图6-16所示。很多爆款软文的结尾就是用了神转折。如联想笔记本电脑爆款文案《中国史上最悲催的职业是什么》，文章正文论述历史上最悲催的职业不是刺客而是皇帝，最后笔锋一转，带出产品——超薄笔记本电脑。

而生在科技发达的现代
你完全可以比皇帝过得好

"太厚"让你悲催？赶紧换！

联想Lenovo
焕新季 薄出位
超薄笔记本，告别太厚！

联想 YOGA 4 Pro 笔记本
领衔焕新季全线促销

图6-16 神转折结尾文案示例[①]

3）话题讨论结尾

通过提问的方式，引发读者的思考与互动，提高受众的参与感，如以下话题讨论结尾：

#话题互动#
《三体》电视剧你有看吗？评价如何？欢迎评论分享喔。

4）总结结尾

文案通篇论证了某种观点或者表达了某种情感后，再一次进行总结，加强情感表达的同时也能加深读者的印象，让读者吸收更多的内容。比如一篇盘点2022年各出版机构年度好书的文案，在最后就用了总结结尾：

以上就是22家出版社的全部书单啦，在接下来的2023年，祝大家都能获得身体与心灵的健康与愉悦！

5）场景结尾

设计场景更容易让受众产生画面感，带动受众的情绪，如一篇关于PPT技巧的文案结尾就设计了不会技巧的职场人在办公室加班做PPT的场景：

以上PPT技巧，千万不要只是看过，而不去练习。否则，原本3个快捷键就能解决的问题，你需要加班去完成。凌晨一两点，大家都在呼呼大睡，而你却一个人在空荡荡的办公室里做PPT，何必呢？

---

① 图片摘自数英网。

互动课堂6-2

> 互联网时代，由于创作门槛的降低，人人都可以成为新媒体文案创作人员。创作人员自身的文化水平和价值观的参差不齐导致新媒体文案领域出现了一些不和谐的音符。有些文案人员单纯地追求经济效益，为了获取流量，在标题中不惜用庸俗、敏感甚至违法的内容来吸引受众。受众被标题吸引，迫不及待地点开看，却发现文不对题。
>
> 作为新媒体文案人员，你如何看待标题党？

任务6.4　新媒体销售文案写作

微课6-6

新媒体销售
文案创作

销售文案是营销文案中比重较大的一类，目的是促进直接销售，如产品促销文案、详情页文案、横幅广告文案。这类文案的特点就是要直接展示产品卖点，说服受众并引导受众下单实现高转化。

6.4.1　新媒体销售文案的特点

1）为受众提供立刻购买的理由

文案创作人员在新媒体销售文案创作中要为受众提供一个立刻购买的理由，这样才能激发受众的购买欲望。这个立刻购买的理由可以是利益诱惑，也可以是帮助受众解决相应的问题，如图6-17所示。

2）制造紧张感或稀缺感

通过限制活动时间或购买数量、购买条件等，为受众营造出紧张感或稀缺感，催促受众迅速下单。例如文案中经常见到的仅限1天、仅限前2个小时、仅限前200名、新会员专享，以及使用倒计时方式等，如图6-18所示。

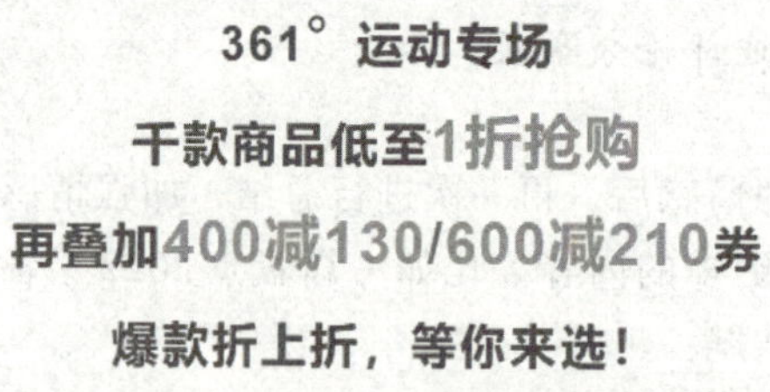

361° 运动专场

千款商品低至1折抢购

再叠加400减130/600减210券

爆款折上折，等你来选！

图6-17　提供购买理由文案示例[1]

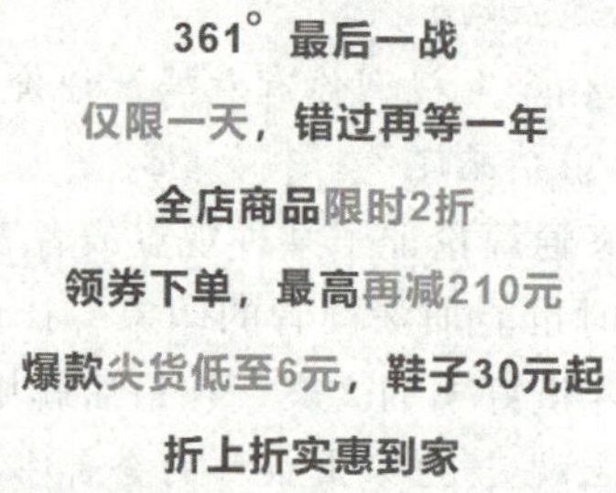

361° 最后一战

仅限一天，错过再等一年

全店商品限时2折

领券下单，最高再减210元

爆款尖货低至6元，鞋子30元起

折上折实惠到家

图6-18　制造紧张感或稀缺感文案示例[2]

3）有明确的购买引导

海报文案中的"立即购买""点击进入"，公众号文案中的"点击阅读原文""打开小程序"等引导性文字有利于引导受众产生下意识的动作，能促进购买行为的发生，如图6-19所示。

---

① 图片摘自361度公众号。
② 图片摘自361度公众号。

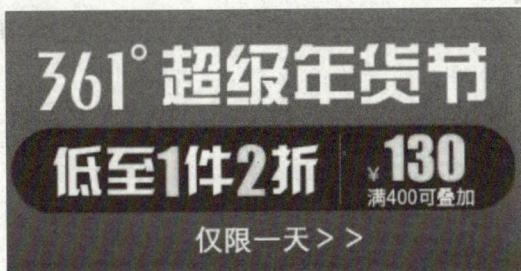

图6-19　有明确的购买引导文案示例①

6.4.2　新媒体销售文案的写作框架

新媒体销售文案的撰写可以遵循一定的写作框架，更有利于销售目标的实现。最常见的是借助 AITDA 模型进行内容构建，这一模型也被称为撰写销售文案的5步黄金公式。

AITDA 分别是抓住注意力，激发兴趣、建立信任、刺激欲望和催促行动。这5步也就是一个顾客从发现到购买，一共需要经历的5个阶段，一步接着一步，一环扣着一环，如图6-20所示。

成交五步方程式：AITDA

- 注意 —— 抓住注意力(Attention)
- 兴趣 —— 激发兴趣(Interest)
- 信任 —— 建立信任(Trust)
- 欲望 —— 刺激欲望(Desire)
- 行动 —— 催促行动(Action)

图6-20　AITDA销售文案黄金公式

十点读书公众号推送过一篇名为《一位老师的忠告：孩子15岁前，家长千万别在这件事上偷懒》的广告推文，主要是销售《地图上的全景中国地理》这套书。下面以此公众号销售文案为例讲解如何运用 AITDA 模型构建新媒体销售文案内容。

1）A：Attention 抓住注意力

在新媒体平台上，必须在5秒钟内告诉受众，这是他想要的、需要的，这样受众才能注意到你而不是其他人。为此文案的标题至关重要，可以说，标题决定了销售文案能否成功的80%的因素。

抓住注意力有两个方法：第1个方法，与受众相关。很多标题和销售广告都会体现人群标签，如年龄标签、身份标签等，如图6-21所示。第2个方法是体现新奇、与众不同的信息。

---

① 图片摘自361度公众号。

一位老师的忠告：孩子15岁前，家长千万别在这件事上偷懒

十点课堂 2022-09-22 21:00 发表于北京

图6-21　抓住注意力文案示例

　　该文案标题采用了悬念式，没有直接点明是什么事，这是常见的新媒体文案标题创作方法，能很好地吸引受众的注意。而且标题直达教育痛点，引发家长的担忧情绪和好奇心，体现出与受众相关。15岁以下的孩子家长看到标题后很容易产生点击的欲望。

2）I：Interest 激发兴趣

　　激发兴趣很重要，因为没有兴趣就等于没有下文。如果标题已经抓住受众的注意力了，那文案的开头千万不要跑题，要和标题有强烈的一致性。

　　激发兴趣同样有两种方法：保持悬念和滑梯效应。一是保持悬念，人都是很容易产生好奇心的，受众看到一个问题，或者说跟他有关的问题，就会想知道后面会发生什么，常用的一个方法就是讲故事。二是滑梯效应。滑梯效应最早是由美国文案大师约瑟夫·休格曼提出的。滑梯效应是指销售文案的每个元素都必须非常引人入胜，这样读者在阅读文案时仿佛从一个滑梯上滑下，无法停住，只能一滑到底。这种"滑梯效应"也可以叫作"阅读重力"。

　　如图6-22所示，这篇文案开头很有创意，以书信的形式，通过一名地理老师的宝妈的口吻告诉我们让小孩学好地理是一辈子的财富这个观点。这个观点很容易激起家长的兴趣。开头一句扣一句，一整套说服逻辑下来，家长已经非常有兴趣，甚至还会产生一定的焦虑情绪。

朋友们好哇：

我是静子，中学地理老师一枚，也是一个六岁孩子的妈妈。

当老师10年，工作前在师范大学，本科+研究生研究地理6年。地理是我的毕生所爱。

这些年，我一直想让更多孩子知道，地理是多么炫酷、有趣，又是多么辽阔和实用。

你随便说一个事物、一个现象，我都能告诉你，它和地理之间千丝万缕的联系。

你就比如：

为什么神州13号的回收场会选在内蒙古？
为什么说江西"肥水不流外人田"？
重庆的轻轨穿楼而过，为什么不扰民？

这些全部，和地理有着紧密的关系。

毫不夸张地说，生活中处处有地理！

我们总是用"上知天文，下知地理"夸赞一个人的才学，我们也总会教育孩子要"读万卷书，行万里路"。

我一直觉得，学地理对于一个人知识体系的构建、眼界的开阔，特别有帮助的。

学好地理，是一辈子的财富。

经常有家长问我，孩子地理就是学不好，静子老师有没有什么好办法，或者好书推荐，可以提升孩子地理学习兴趣呀？

图6-22　激发兴趣文案示例

3）T：Trust 建立信任

没有信任就等于没有成交。在客户对我们产生浓厚兴趣后，就会开始更深层次的了解，这时候我们就要想办法与客户建立信任。建立信任的方法有：口碑信任、顾客证言即买家秀的好评、权威专家、获得奖项、名人大咖、艺人选择、超级平台等背书、免费体验、售后保证等。

文案正文用了多种方法增强文案内容的可信度，打消受众对产品的顾虑。

（1）注重细节。

具体的细节更容易让人产生信任感。文案正文在展示产品卖点时，通过细节的展示，更具体更形象。

如图 6-23 所示，文案中介绍了产品的 4 个卖点，继续以"地理老师"的口吻来讲述地理的重要性，并配有图片证明，显得更真实。书本中最精华部分为【地图篇、全景篇、文史篇、专题篇】，通过数据和图片为家长详细科普了这套书的价值，突出其优势。

"地图篇"由点到面，培养孩子地理思维；
"全景篇"身临其境般全方位丰富知识；
"文史篇"提升孩子多学科能力和大语文素养；
"专题篇"挖掘事物背后的原理，让孩子知其然，更知其所以然。

这套书融入了超过1000个地理知识点，230多位名人介绍，270多个重大历史事件，100条与当地自然人文风貌紧密相关的著名诗词！

全世界一万多个城市，北京凭啥能成为唯一的双奥之城？

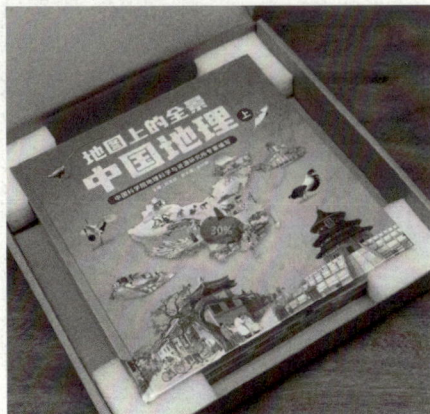

不过，完全不必担心它和教材重合。

教材的系统性更强，而这套书的**趣味性更强**，涉猎的角度更广，二者可以相辅相成。

我一直觉得，一套书有趣又有料，孩子能愉快地收获知识，这才是创作者和父母该追求的目标。

孩子读不进去的书，再专业严谨，买时都是需要慎重的。

有多少大部头的书，在家里默默接着灰？（千万别问我怎么知道的）

这套书的装帧设计上，也是细节到位。

北斗童书向来在纸张，包装，封面等方面毫不吝啬。

图6-23　注重细节增强信任文案示例

讲完这套书的好处后，又站在家长的角度来写，有很多书孩子学不进去或者买了放在家里落灰，除写出了家长的痛点外，也间接说明这套书的好，让家长对这套书的好感度进一步提高。

　　文案继续讲述这套书的包装——有质感，送礼或者自用都非常大气，打消受众顾虑。

　　（2）突出数据。

　　数据比文字更有说服力，如空调文案的"1晚只要1度电"，就比说"省电"更让人信服。如图6-24所示，在文案中介绍这套书时，使用了具体的数据，形象地说明了产品的卖点。

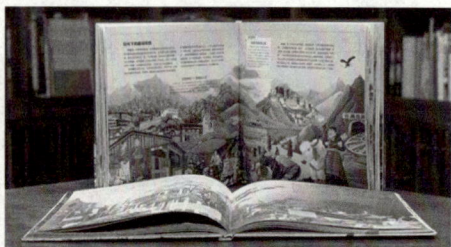
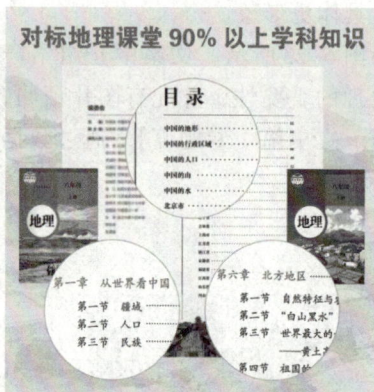

图6-24　突出数据增强信任文案示例

　　（3）凸显权威。

　　可以借助权威组织、权威人士、权威认证等增强读者对文案的信任感。如图6-25所示，文案除讲述了本套书中使用的是北斗团队的地图，由专业团队打造外，还介绍了书本内容的权威性和严谨性。

图6-25　凸显权威增强信任文案示例

（4）强调用户。

用客户真实的故事或评价，让客户来证明产品或服务好，给受众提供更客观的感受，如图6-26所示。

> （真的累，也真的快乐。一想到，能让孩子们学到更广阔实用的知识，破除大家对地理的误解，就觉得这件事儿太有意义！而且好几位妈妈都跟我说，这是第一部她们能读下去的地理科普，大人孩子都喜欢！开心~）

图6-26 强调用户增强信任文案示例

4）D：Desire 激发购买欲望

没有欲望就没有动机。一个人做出某个行为的心理动机可分为两个部分，即：理性和感性。从理性角度来说，要跟受众算一笔账，让他看见实际的利益，也就是他买了你的产品，使用你的产品，他能得到什么？从感性角度来说，就是成功描绘出一个让受众非常憧憬的画面，让他真实感觉听到看到摸到闻到，好像已经拿到这个产品了，如图6-27所示。

> 希望这套书能成为一个媒介，帮孩子们推开地理世界的那扇大门，感受地理到底多么有趣与实用。
>
> **让我们从这里启程，一起来领略祖国960万平方千米的辽阔吧！** 愿它不负所托，愿所有的读者朋友们，能享受这段知识的时光之旅。
>
> 我始终相信，**唯有对知识和生活的热爱，可陪伴一个孩子走过人生中每一个至暗时刻，点亮心中的信仰。**
>
> 《地图上的全景中国地理》**定价316元，** 现在特惠价，**只需99元！直降200余元！** 不到一张火车票钱，看遍中国大好河山。

图6-27 激发购买欲望文案示例

经过前面几步，受众基本上被文案说服了，这时文案又接着给受众描绘了一个让人非常憧憬的画面，描述了读完这本书的理想场景，让家长心动不已。

5）A：Action 催促行动

行动是5个阶段里面最重要的一环，因为没有行动就没有购买，文案全部努力都会白费。客户被激发欲望后，还会有所犹豫是否要购买。这时候要利用超级赠品和厌恶损失来催促他们行动。超级赠品是指在主要销售的产品里面，再放入一个看起来非常有价值的赠品。厌恶损失是指人们对损失和获得的敏感程度是不对称的，损失的痛苦感要大大超过获得的快乐感。常见的方法就是用限时优惠、限制名额等营造出稀缺感和紧张感，进而唤起他们厌恶损失的心理，以此催促他们行动，如图6-28所示。

> **小编的话：**
>
> 《**地图上的全景中国地理**》**原价316元，**
>
> 十点限时特惠价，**只需99元！**
>
> **直降200余元！**
>
> 不到一张火车票钱，看遍中国大好山河
>
> **点击下图，马上购买▼**

图6-28 催促行动文案示例

讲完理想场景后，开始进入敦促受众下单的步骤了，这也是非常关键的一步。很多受众下单前比较关注价格、物流等问题，如有没有优惠，有没有其他礼物赠送，包不包邮等。文案结尾显示课程原价316元，在平台特惠期间直降200余元，只需99元。这里使用了销售文案中非常常见的结尾方式——"价格锚点"，商品价值体现的参照物。当顾客对一件商品的价值感知不明显的时候，可以通过价格参照物让其具象可感。如某商品原价500元，现价只要199元。这里的500元就是一个锚定价格，它直接影响了消费者对于这个商品的价值感知，潜意识里会认为它值500元。这里文案还把火车票的钱作为这套书的价格参照，"不到一张火车票钱，看遍中国大好河山"让受众感觉现在通过这个平台购买这套书非常划算。

思政园地	三星堆"上新"受关注，媒体该如何讲好考古故事

金面具、青铜人像、大量象牙……三星堆遗址新出土的一大批珍贵文物受到文博界高度关注，也成为各大媒体争相报道的热点话题。云直播、三维动画、H5交互动画、微视频、VR、智能摄像机等新媒体新技术的广泛运用，让出土文物仿佛还带着"呼吸"，不仅把大众"带"到现场，还生动形象地普及了不少文物修复的知识，令网友大呼过瘾。但同时，也有人发现，在媒体直播连线中出现了网络盗墓小说作家的身影。对此，一些网友质疑：考古和盗墓有着云泥之别，二者能相提并论吗？

考古工作是一项重要的文化事业，是展示和建构中华民族历史、中华文明瑰宝的重要工作。几代考古人筚路蓝缕，他们"择一事终一生"，长期奋战在中国考古的第一线，为这项事业做出了巨大贡献。尤其是党的十八大以来，文化自信更加深入人心，一系列的国家政策为考古文博事业的高质量发展提供了强劲动力。做好考古工作、讲好考古故事，是弘扬中华优秀传统文化、不断汇聚中华民族伟大复兴精神力量的坚强支撑。这不仅是文博界的职责使命，也是摆在新闻媒体面前的一项重要课题。

考古本身是一个严肃的专业话题，门槛比较高，往往是"内行"看门道、"外行"只能看热闹，这对讲好考古故事提出了不小的要求。特别是全媒体时代，舆论生态、媒体格局、传播方式已经发生了深刻变化。新传播环境下，如何搭建起文博事业、文博人物走向社会、走近大众的桥梁，让博物馆里的文物、古籍里的文字"活起来""动起来"，以更好地丰富全社会历史文化滋养，需要媒体多花心思、多想办法。

近年来，不少媒体在实践中已经做出了积极有益的探索。比如备受好评的文化节目《国家宝藏》，借助艺人影响力来表现文物魅力、吸引大众的关注，让古老的文物成功"涨了一波粉"。除了表现形式上的创新，"文物+技术"也是一种全新的尝试。河南春晚舞蹈节目《唐宫夜宴》就是通过传统文化和融媒体技术的融合，将大唐盛世和文物的美丽呈现给观众。纪录片《如果国宝会说话》则充分适应互联网时代碎片化的信息传播方式，以每集五分钟左右的时长，在确保重要内容不缺失的情况下，让繁忙的现代人快速了解文物背后的重要文化内涵和历史意义。当然，这也并不意味着传统的长篇纪录片就没有创新的余地，之前爆火的《我在故宫修文物》就开创性地把文物修复工作定为拍摄的主题，找到了讲述文物故事的全新角度。这些创新赋予了优质内容更大的话题性，做到了品质和流量的双赢，也充分说明严肃话题与鲜活表达并不冲突，专业内容也可以易懂有趣。

守正创新，守正是根本，关键在创新。媒体的创新表达是对严肃话题大众化传播的积极探索，一定会出现很多打破常规、出人意料的动作，我们不妨对这些新尝试新探索报以包容的心态。借助公众人物热度、流量讲好考古故事，是提高内容传播力、影响力的重要手段，本身不必过分苛责。关键在于媒体要在这个过程中注意把握好尺度节奏，既不能只注重话题的专业性而枯燥说教，使得大众兴趣寥寥；也不能一味博取眼球追求流量而忽略了新闻报道的严肃性专业性，模糊了报道的主旨。如何实现新闻报道专业性和创新话语表达的有机融合，推动专业话题报道润物无声、春风化雨地"飞入寻常百姓家"，真正让"热度"沉淀为"深度"，还需要媒体持续努力、久久为功。

资料来源 崔若凡，李笑萌. 祈年文潭：三星堆"上新"受关注，媒体该如何讲好考古故事［EB/OL］.［2022-02-14］. https：//m.gmw.cn/baijia/2021-04/01/34734388.html.

思政关键词：文化自信、守正创新

⬤ 基础训练 ➡

一、单项选择题

1.按文案的不同目的，新媒体文案可分为（　　　）。

A.销售文案和传播文案　　　　　　B.图文结合文案和视频文案

C.长文案和短文案　　　　　　　　D.硬广和软文

2.新媒体文案创作中经常使用的创意策略中刺激并鼓励参加讨论的人员畅所欲言，开展集体讨论，每位人员的发言没有对错之分，在发言中寻找创意的方法是（　　　）。

A.头脑风暴法　　　　　　　　　　B.九宫格思考法

C.元素组合法　　　　　　　　　　D.多维度思维法

3.某营销文章以电影《当幸福来敲门》中的一段经典桥段开头，这种开头方式属于（　　　）。

A.开门见山　　　　B.引用名言　　　　C.利用故事　　　　D.新闻热点

4.美的空调的"1晚1度电"使用了（　　　）产生信任感。

A.用权威　　　　B.用细节　　　　C.用数据　　　　D.用客户

5.海尔+海信=国际品牌，这条标题使用了（　　　）的标题技巧。

A.亮点词　　　　B.修辞　　　　C.标点符号　　　　D.借力借势

二、多项选择题

1.文案创作过程中经常用到的思维模式包括（　　　）。

A.横向思维　　　　B.逆向思维　　　　C.发散思维　　　　D.辐合思维

2.新媒体文案标题命名方法有（　　　）。

A. 提问式   B. 悬念式   C. 宣事式   D. 话题式

3. 新媒体文案创作中经常使用的创意策略有（   ）。

A. 头脑风暴法   B. 九宫格思考法   C. 元素组合法   D. 多维度思维法

4. 下面属于用数字进行标题命名的有（   ）。

A. "10个容易被忽略的Excel小技巧，超实用！"

B. "如何快速读书，消化这5条就够了！"

C. "读书PPT：向杰克·韦尔奇学商业管理"

D. "4个微信小技巧，职场人一定要学好"

5. 以下说法中正确的有（   ）。

A. 广义的媒体泛指人们借助用来传递信息与获取信息的工具、渠道、中介物或技术手段

B. 文案是广告的核心

C. 新媒体文案主要基于新型的媒体而重点输出广告的内容和创意

D. 文案是广告的一种表现形式，而非一种职业的称呼

➡️ 综合应用 ➡️

一、案例分析

香甜多汁！这颗"软脆两吃"的桃子，很多人都没吃过

夏天是吃桃的季节！

一入夏，各种桃子就轮番登场：水蜜桃、黄桃、油桃、蟠桃……

桃子香，可谓是夏天最诱人的那一抹香甜。

今天给大家带来山东蒙阴的黄金油桃，一桃两吃，不论你是脆桃党还是软桃党，都能尽情享受盛夏的甜蜜！

皮薄肉厚，香甜多汁
这颗黄金油桃太太太好吃了

这颗桃子真的吃一口就爱上！

刚拿到它，这黄灿灿的颜色，叠加上沁鼻桃香，已经把人的食欲充分地勾起来。

一入口，牙齿轻咬，桃香立马就在口腔中炸裂开来，舌头上的每个味蕾都被这浓郁桃香浸润。

香甜又多汁，水水润润，每吃一口，都很想感谢大自然的美好馈赠。

最棒的是，它是一颗没有桃毛的油桃！

如果你是一碰到桃子毛茸茸的表皮，就浑身痒痒的桃毛过敏者，那这颗桃就是为你量身打造的。

黄金油桃表皮光滑得像开了磨皮滤镜，没有任何会扎人的绒毛，黄灿灿的表皮，闪着油润的光泽，用水洗一下就能直接啃吃。

桃毛过敏或者懒得剥皮的朋友一定不要错过这款黄金油桃！

这次给大家挑选的都是单果重量在150克以上的中大果，个大饱满，拿在手上，沉甸甸的，满满桃香。

网上买水果，包装和物流相当重要。

咱们这次给每个桃子都做了三层防护：单独的泡网膜＋泡沫隔间＋多层纸箱，承诺坏果包赔，大家请放心下单！

一桃两吃，可脆可软
产自"蜜桃之都"的盛夏甜蜜

吃豆腐脑，有甜党和咸党；吃桃子，也有爱吃脆桃的和爱吃软桃的，谁都说服不了谁。

不过，今天脆桃党和软桃党不需要再"打架"啦，两种喜好黄金油桃都可以满足。

刚收到的黄金油桃果肉稍硬，咬一口，果肉紧实。

如果你不喜欢脆脆的硬桃口感，可以收到后，把桃子在常温（25摄氏度左右）下放几天，待果肉慢慢变软后，再尽情开吃。

放软后的黄金油桃，只需轻轻一咬，汁水就像瀑布一样流出来。

果肉香软、细嫩，桃香越发浓郁，绝对是软桃党的心头好。

特别适合家里咀嚼能力没那么好的小朋友和老人，轻轻嘬一口，不用费力咬，柔软的果肉裹着香甜满满的桃汁，就滑进了肚子里。

这次带给大家的黄金油桃，产自山东省中南部的蒙阴县，这里有上千年的蜜桃栽培历史，还有"中国蜜桃之都"的称号。

悠久的栽培技术传承，加上得天独厚的气候及地理优势，蒙阴出产的桃子品质都很高。

优质产区出品的好桃子，品质当然更佳！

今天，还给大家带来了超划算的开团价，一箱4.5~5斤，10~15个，日常价45元，活动价仅需39.9元！

点击图片，立即购买
坏果包赔，放心下单

香甜多汁，自然晚熟的黄金油桃真的能让人一口沦陷，爱吃桃的朋友快快行动吧！

问题：

分析此爆款文案是如何应用AITDA模型构建文案内容的？

二、实践应用

利用网站、企业介绍和其他公开资源查找相关文献，为山东日照御园春茶叶有限公司生产的绿茶撰写一篇在抖音投放的销售文案。

项目 7
评估新媒体营销

学习目标

知识目标：

- 掌握新媒体数据分析的定义、意义、数据分析的步骤
- 掌握数据分析工具的分类
- 掌握常见的自媒体数据分析工具，了解其功能
- 掌握四种常见的第三方分析工具，了解各大平台的功能
- 了解 Excel 数据分析的基本功能
- 掌握常见的数据分析方法

技能目标：

- 能够用 Excel 对新媒体营销效果进行数据分析
- 能够用数据分析方法对抖音、微博、知乎、微信等新媒体数据进行迁移分析
- 能够对用户进行分析
- 能够对微信公众平台全部图文进行分析
- 能够对公众号单篇图文进行分析

素养目标：

- 培养守法合规意识
- 培养数据思维和逻辑思维
- 培养服务行业的使命感和责任感

【引导案例】

卡姿兰：老牌国货的逆袭

1.课前思考

以小组为单位，讨论以下问题：

（1）数据分析的价值是什么？

（2）数据分析方法有哪些？

2.案例介绍

卡姿兰成立于2001年，是专研彩妆20多年的国货彩妆品牌。公司从专注眼唇产品的产品定位转为底妆产品，打造符合消费需求的优质产品。产品价格在100元以下的占比最大，为69.5%。在销售渠道方面，致力于电商平台销售，抖音、淘系、京东等多平台推进，提高市场渗透力。

卡姿兰从眼唇赛道转为底妆，单品销售额同比增长312%。2020年，卡姿兰延续传统销售模式，重心为金致唇膏和十色眼影盘。2021年，选择更偏向吸引年轻群体关注的代言人，小奶猫粉底液成功出圈，成为卡姿兰品牌爆品。2022年，卡姿兰在面部底妆产品上获得市场认可，深耕此分类，致力于产生新款爆品。底妆产品增长势头迅猛，完成从眼唇品牌到全品类品牌的漂亮转身。2020—2022年卡姿兰小夜猫粉底液总成交额情况如图7-1所示。

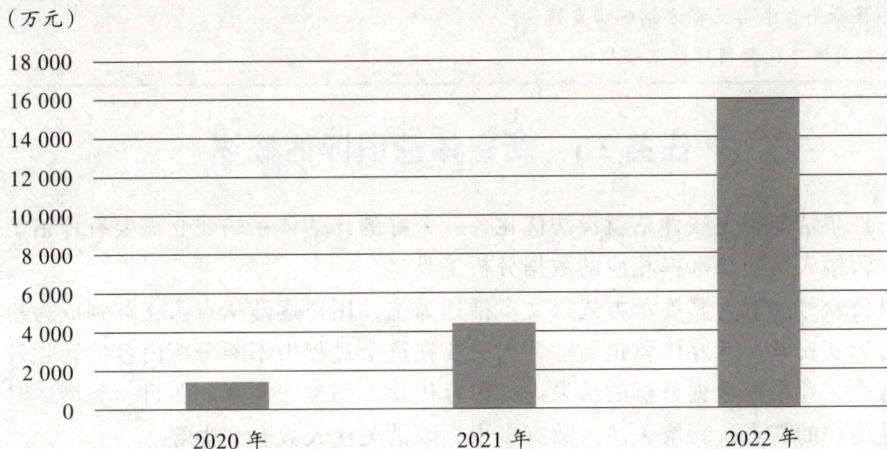

（万元）

图7-1　2020—2022年卡姿兰小夜猫粉底液总成交额

卡姿兰以自播运营为主，占比达77%。运营策略为孵化自播矩阵号，矩阵账号同步运营。卡姿兰官方旗舰店品牌号2022年直播总成交额破亿元，45个品牌自播号总成交额达3.4亿元。

目前双平台共运营45个品牌自播号，其中以抖音平台卡姿兰官方旗舰店表现最为突出（见表7-1）。

3.案例讨论

以小组为单位讨论案例中给出的材料，并根据讨论结果填写表7-2。

表7-1　　　　　抖音平台卡姿兰官方旗舰店2022年直播数据

月份	1月	2月	3月	4月	5月	6月	7月	8月	9月	10月	11月	12月
场次	55	44	63	80	73	56	59	57	54	55	58	59
平均直播时长	9小时 10分	8小时 50分	8小时 5分	7小时 1分	8小时 57分	11小时 12分	11小时 16分	11小时 23分	12小时 5分	11小时 47分	11小时 7分	9小时 59分
场均销售指数	9.04	8.77	4.81	5.67	10.08	17.2	17.26	25.15	22.78	23.25	28.79	16.65
观看人次	415万	298万	250万	302万	418万	564.33万	690万	697万	531.62万	524万	685万	375万
平均在线人数	107人	156人	69人	86人	118人	187人	256人	241人	151人	155人	265人	109人
人均停留时长	43秒	51秒	51秒	58秒	1分11秒	1分24秒	1分36秒	1分27秒	1分14秒	1分17秒	1分21秒	1分9秒

资料来源　摘自《2022年彩妆行业社媒电商报告》。

表7-2　　　　　　　　　　　卡姿兰直播运营评估

项目	内容
描述2020—2022年卡姿兰小夜猫粉底液总成交额的变化趋势，并计算2021年、2022年的增长率	
2022年抖音平台卡姿兰官方旗舰店直播数据指标有哪些？如何评价这些指标？	

任务7.1　新媒体营销评估概述

　　一件事情如果没法评估就没法优化，一个好的评估体系的建立需要有评估工具的使用，营销人员应该选择相应的数据分析工具。

　　以公众号为例，其展示方式以文章推送为主，用户逐渐从点击文章到成为粉丝再到变为忠实粉丝。新媒体营销与运营人员要在这个过程中不断分析内容的转化效果与用户行为，并根据数据分析的结果进行内容优化，如推送文章的题目、类型、时间是否满足用户的需求，新增关注人数有多少，取消关注人数有多少等。

　　新媒体数据分析是指运用有效的方法，对新媒体进行工具收集、数据处理并获取信息的过程。随着互联网的专业化和普及化，数据分析已经成为新媒体营销和运营必不可少的环节。通过新媒体数据分析能够分析评估新媒体的营销效果，对新媒体营销进行科学指导。

　　总的来说，通过数据分析能够全面掌握企业和产品的运行动态和发展变化情况，新媒体数据分析的意义主要包括以下两方面：

　　第一，检测和诊断。新媒体营销的平台众多，不同的平台具有不同的数据评判标准，如微信公众号推广、微博文章、今日头条推送、微信朋友圈转发、视频推广、粉丝维护、社群运营、微店运营、线下活动组织等都需要通过数据的分析得知其运营的效果，通过对效果的分析，判断营销质量是否达标。其中，网站流量数据、粉丝数量、阅读数量、转发数量和评论数量等是各大平台都很关注的数据，这些数据可以直观地反映新媒体的营销效果。

　　第二，调整和优化。新媒体时代是大数据时代，营销人员借助大数据预测并调整营销方向。营销人员在开展新媒体营销前期都会制订相应的营销方案，在实施的过程中可能会因为某些因素的变化而产生偏差，营销人员运用数据结果就能够调整方案、优化运营策略，如分析用户的活跃时间点、竞争对手发布视频的活跃点、用户喜欢的内容，以及进行用户画像等。

7.1.1　数据分析的步骤

1）明确目的

根据数据分析的目标，选择需要分析的数据，明确数据分析想要达到什么样的效果，带着一个清晰的目的进行数据分析，才不会偏离方向，才能为营销者提供有意义的指导意见，这是确保数据分析过程有序进行的先决条件，同时也为后续的数据采集、处理、分析提供清晰的方向指引。

微课7-1

新媒体数据分析的概念、意义及步骤

2）数据采集

数据采集分为直接采集和间接采集。直接采集是指通过统计调查或科学实验得到第一手或企业内部直接的统计数据。间接采集是指通过查阅资料、数据统计工具等获取数据。

3）数据处理

对采集到的数据进行加工整理，目的是从大量的、可能杂乱无章、难以理解的数据中抽取并推导出对解决问题有价值的数据，并根据数据分析目标加工整理，形成适合数据分析的样式，保证数据的一致性和有效性。它是数据分析前必不可少的阶段。数据处理一般分为数据清洗、数据转化、数据提取、数据计算等。

4）数据分析

数据分析是用适当的分析方法及工具，对处理过的数据进行分析，提取有价值的信息，形成有效结论的过程。通过对数据进行探索式分析，能够对整个数据集有个全面的认识，以便后续选择恰当的分析策略。

5）数据展现

数据可视化是把数据观点展示出来的过程，数据展现除遵循各企业已有的规范原则外，具体形式还要根据实际需求和场景而定。

6）撰写数据分析报告

数据分析报告是对整个数据分析过程的一个总结与呈现。通过报告，把数据分析的思路、过程、得出的结论及建议完整呈现出来，供决策者参考。

7.1.2　数据分析的常用工具

在新媒体数据分析过程中，离不开数据工具的使用。数据工具能够帮助使用者获取、整理相应数据，从而为决策提供服务与支持。新媒体数据分析的常用工具包括自媒体分析工具、第三方分析工具以及 Excel 工具。

微课7-2

自媒体分析工具

1）自媒体分析工具

自媒体分析工具是指各个新媒体平台自带的数据分析功能。无论微博、微信公众号、抖音、知乎，还是今日头条等，都有其自身完整的统计分析工具，通过自媒体分析工具，用户可以直观地看到平台运营数据的概况。其优点在于数据图表清晰明了、及时更新，另外通过一键下载可将数据源导出到Excel表中，简单快捷。其缺点是图表类型单一化，有时数据不能交互分析。

（1）微博。

微博的管理后台提供了丰富的数据分析模块，用户登录个人微博主页，点击"管理中心"—"数据助手"即可登录微博数据管理分析模块。微博数据分析平台如图7-2所示。

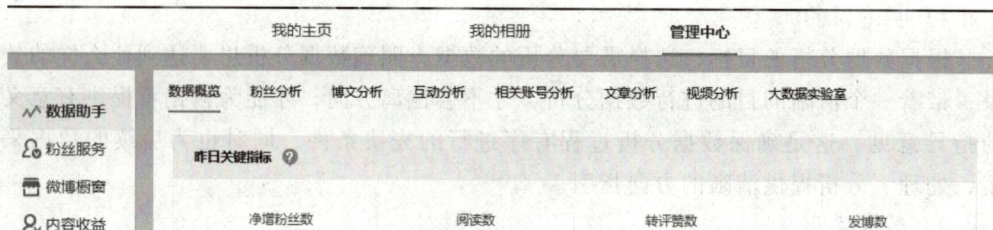

图7-2 微博数据分析平台

微博数据分析包含的板块有数据概览、粉丝分析、博文分析、互动分析、相关账号分析、文章分析、视频分析等。其中除了数据概览以外的板块都需要付费使用。

微博数据概览如图7-3所示。

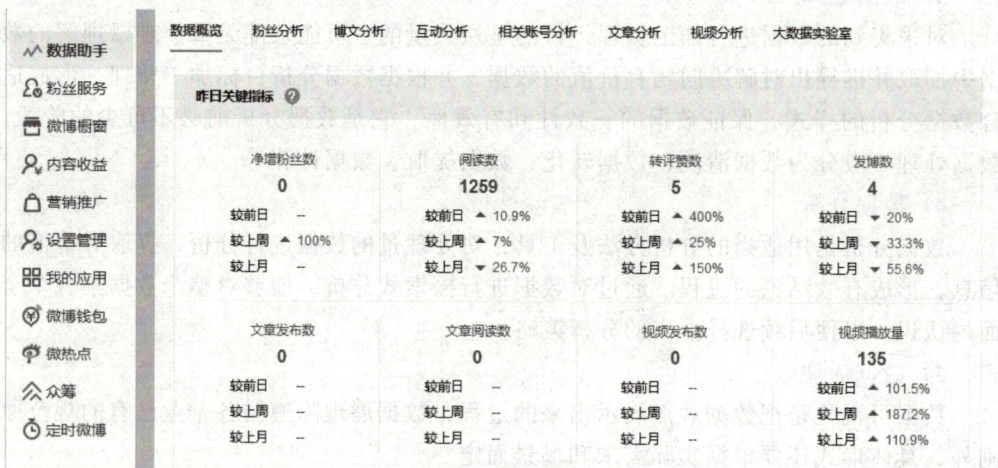

图7-3 微博数据概览

在数据概览模块，用户可以大致了解昨日关键指标，如净增粉丝数、阅读数、转评赞数、发博数等。

粉丝分析模块包括粉丝趋势、活跃分布、画像分析等。

博文分析模块包括微博阅读趋势、微博阅读人数、微博转发评论和点赞量、点击趋势分析、单条微博分析等。

互动分析模块包括近7天账号互动TOP10、我的影响力、我发出的评论等。

相关账号分析用户可以添加5个对比账号，用于日常运营竞争情况分析等。

文章分析模块包括文章阅读趋势、文章转发评论和点赞量、单篇文章分析等。

视频分析模块包括视频播放趋势、视频播放数、视频转发评论和点赞量、单条视频分析。

（2）微信公众号。

登录网页版微信公众平台，点击最左侧"统计"，显示六个数据分析模块，包括用户分析、图文分析、菜单分析、消息分析，以及接口分析和网页分析，其中接口分析和网页分析是针对公众号二次开发后的数据分析。

用户分析模块包括用户增长、用户属性等。通过用户分析可以了解用户增长趋势以及用户属性的特征，勾勒出粉丝群体画像。微信用户分析如图7-4所示。

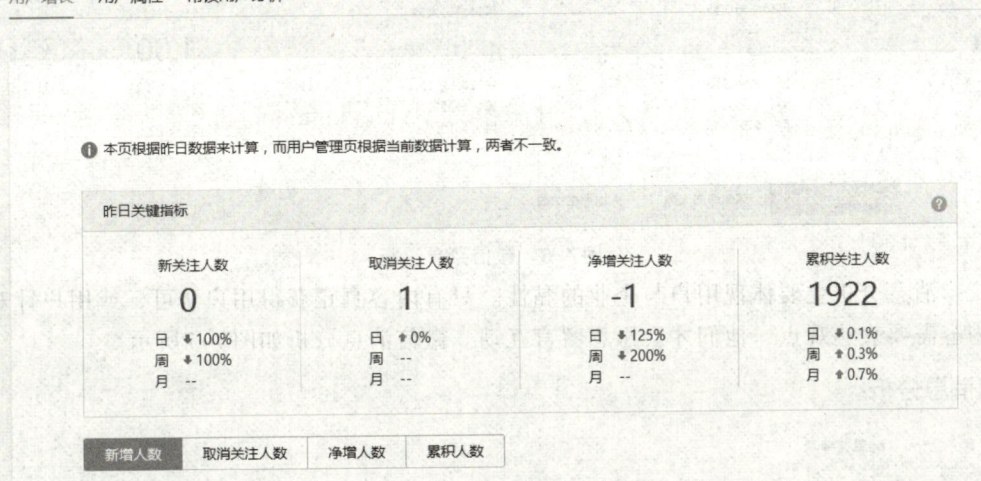

图7-4　微信用户分析

图文分析模块包括全部图文和单篇图文分析。通过图文数据分析，可以了解文章的阅读量变化、粉丝的喜好，从而更精准地推送相关内容。微信内容分析如图7-5所示。

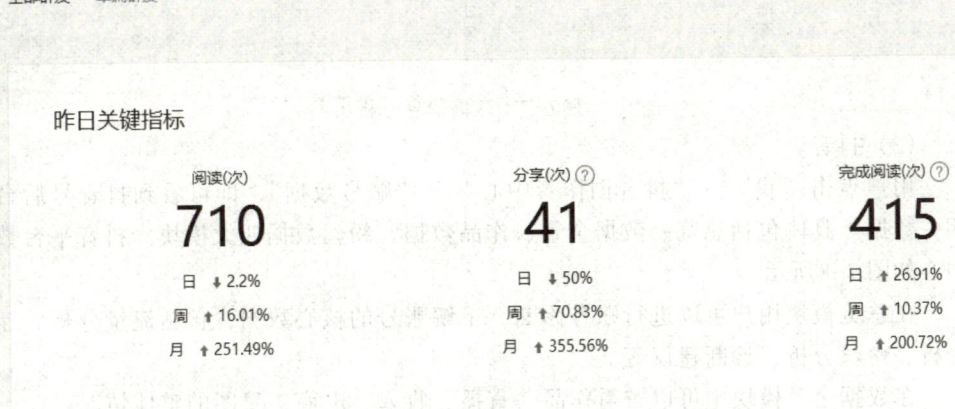

图7-5　微信内容分析

菜单分析主要分析用户菜单点击量是否达到了预期以及每个菜单模块点击数据如

何分布等，并依次对菜单内容进行调整修改。通过菜单分析可以看出用户对哪方面更感兴趣及其想了解的信息。微信菜单分析如图7-6所示。

菜单分析

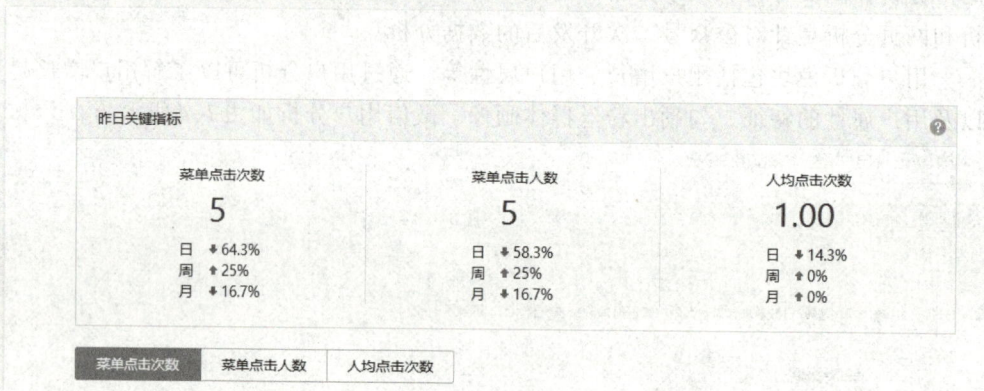

图7-6　微信菜单分析

消息分析主要体现用户与企业的黏性。只有内容真正获得用户认可，或用户针对内容需要表达观点，他们才会愿意留言互动。微信消息分析如图7-7所示。

消息分析

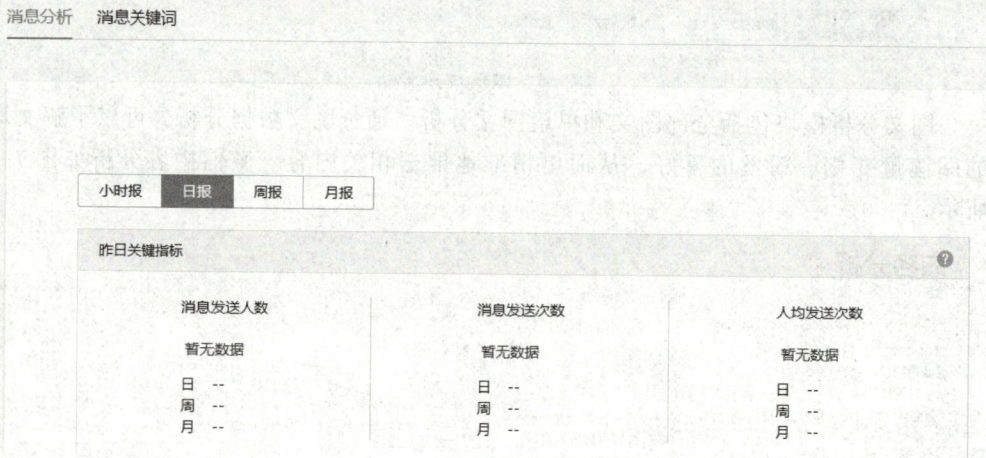

图7-7　微信消息分析

（3）抖音。

用户点击"我"—"抖音创作者中心"—"账号数据"，即可看到抖音号后台的相关数据。具体包括总览、数据全景、作品数据、粉丝数据四大模块。抖音平台数据中心如图7-8所示。

在总览模块用户可以进行账号诊断，了解账号的核心数据，包括流量分析、互动分析、粉丝分析、诊断建议等。

在数据全景模块中可以查看作品、直播、收入、电商、星图的整体情况。

在作品数据模块中可以查看用户发布的单个作品数据，包括作品的时长、观看者平均播放时长、点赞、评论、分享、播放数等情况。

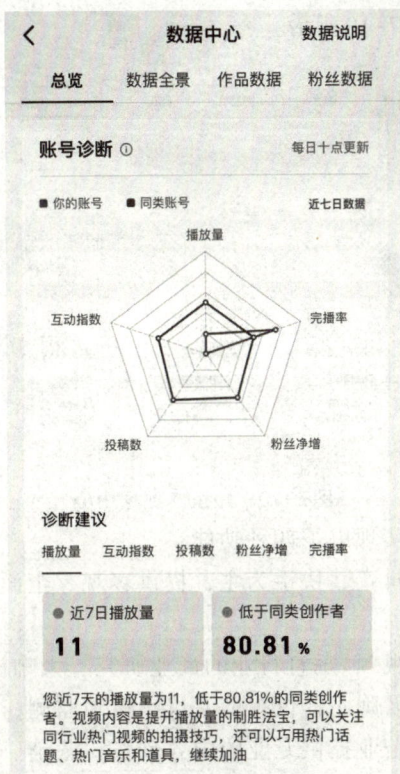

图7-8 抖音平台数据中心

在粉丝数据模块，用户可以查看粉丝总数、热门在线时段、性别分布、年龄分布、兴趣分布、地域分布、设备分布以及活跃度等。

（4）今日头条。

新媒体营销人员可以借助今日头条数据，对标题效果、内容、推荐、阅读、评论等数据进行系统分析。今日头条平台数据中心的数据分析包括图文分析、微头条分析、问答分析、小视频分析，如图7-9所示。

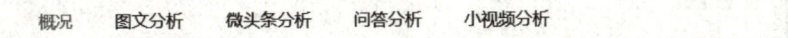

图7-9 今日头条平台数据中心

图文分析和微头条分析模块统计最近7日、14日、30日的推荐量、阅读量、粉丝阅读量、评论量。问答分析模块统计用户回答数、阅读数、点赞数。小视频分析模块统计视频的播放量、评论量、收藏量、转发量以及平均进度操作。

2）第三方分析工具

虽然微博、微信等自媒体平台已经具有了分析统计功能，但是对于精细化数据，如单条微博转发效果、微博粉丝管理、账号数据跟踪等，依然需要使用第三方分析工具。常见的第三方分析工具包括短鱼儿、飞瓜数据、西瓜数据、清博指数等。

（1）短鱼儿。

短鱼儿平台可以为内容生产商、品牌方、商业化公司提供内容创意库，包括内容数据跟踪及分析、电商效果、营销效果评估及综合性解决方案，帮助企业驱动业务决策。短鱼儿数据中心如图7-10所示。

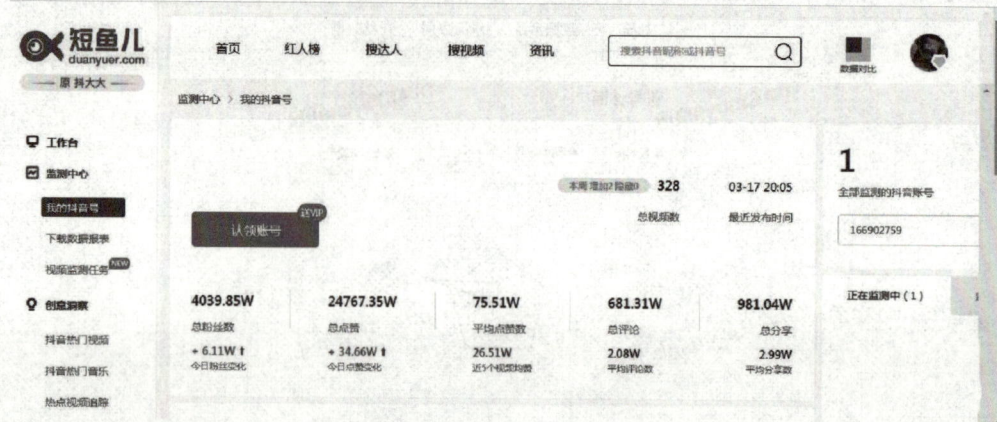

图7-10　短鱼儿数据中心

短鱼儿平台具体可以实现以下四种功能：

第一，数据服务。以抖音、快手为主，提供客观、全面、专业的数据监测、分析服务。

第二，行业洞察。短视频+垂直行业的商业研究、大咖访谈、报告输出。

第三，智能投放。为品牌主提供投前建议、投中监测、投后反馈。

第四，企业内训。为企业提供专业的内容创作、营销、带货课程内训。

（2）飞瓜数据。

飞瓜数据是目前功能比较强大的短视频热门视频、商品及账号的数据分析平台。利用大数据追踪短视频流量趋势，推荐热门视频、音乐、爆款商品及优质账号，助力账号内容定位、粉丝增长、粉丝画像优化及流量变现。飞瓜数据数据中心如图7-11所示。

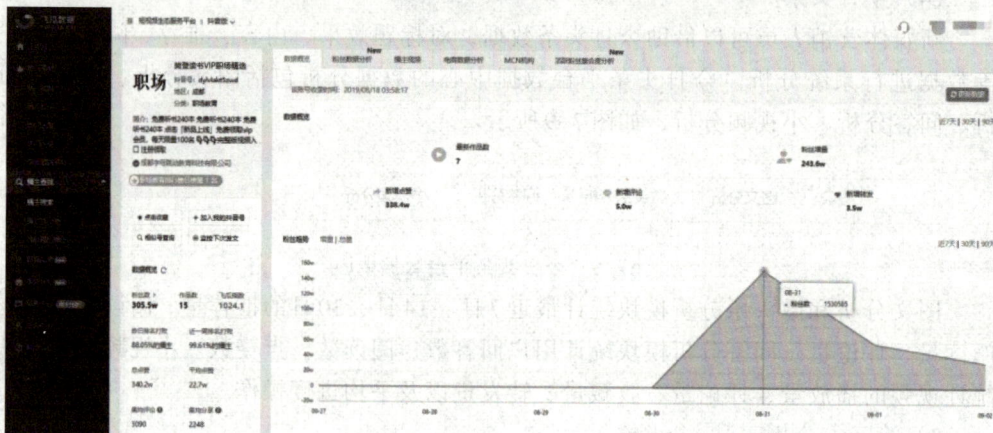

图7-11　飞瓜数据数据中心

飞瓜数据可以实现以下五种基本功能：

第一，发现热门短视频及音乐。快速发现短视频平台最新热点，在海量短视频中发现实时热门视频、短视频优质音乐，用户可以借助热点，融入内容创作，获取更多流量。

第二，挖掘短视频爆款电商数据。挖掘短视频热卖商品及带货账号，挖掘优质带货达人，实现精准选品、高转化电商变现。

第三，发现人气热销直播间。快速发现热门直播间，还原播主历史直播热度和销售数据，实现直播流量和电商变现。

第四，支持多账号高效运营。支持超200个短视频账号日常数据管理，助力企业机构掌握旗下账号数据动向。

第五，提供多维度排行榜。了解所处行业流量趋势，定位账号内容，寻找优质达人。

（3）西瓜数据。

西瓜数据是专业的微信公众号和微博大数据分析平台，提供阅读量监控、全网竞品搜索监控，是微信公众号、微博运营及广告投放效果监控首选大数据工具。西瓜数据主要提供的功能有公众号搜索、公众号排名、热门广告商品、阅读量监控、公众号诊断、公众号对比等。西瓜数据数据中心如图7-12所示。

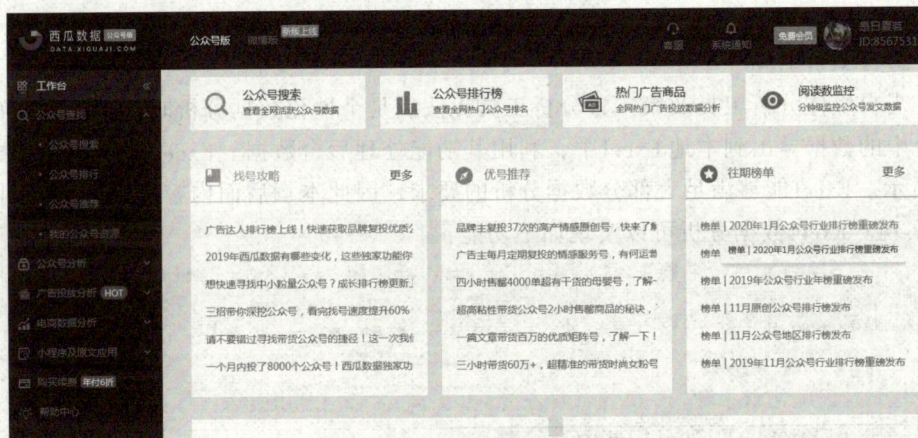

图7-12 西瓜数据数据中心

（4）清博指数。

清博指数是国内最大的"两微一端"新媒体数据平台之一，拥有目前国内最大的第三方新媒体数据搜索引擎。清博指数提供了微信榜单、微博榜单、头条榜单、抖音榜单、快手榜单、QQ榜单等新媒体榜单。清博指数数据中心如图7-13所示。另外通过此平台营销人员还可以实现公众号估值、活跃粉丝数预估等功能。清博指数平台的工具和可实现的功能如图7-14所示。

图7-13 清博指数数据中心

图7-14 清博指数的工具和可实现的功能

3）Excel工具

当自媒体分析工具及第三方分析工具无法满足个性化数据分析时，可以将新媒体平台中的数据导出到本地Excel中，利用其功能处理后台数据。Excel操作界面如图7-15所示。Excel能够满足大部分数据分析的要求，因此本章后面内容大部分都要用Excel实现。Excel数据分析可以实现如下功能：

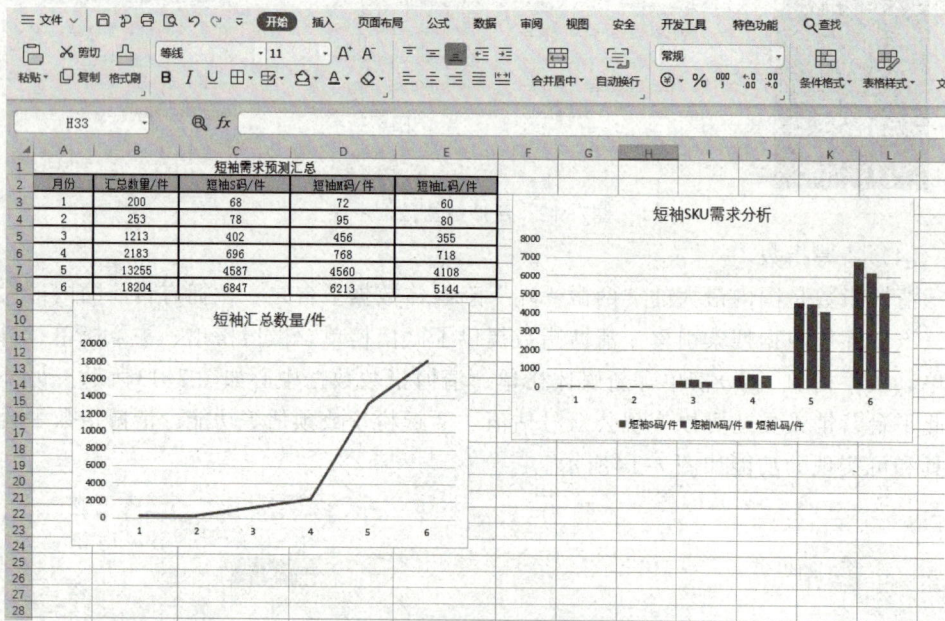

图7-15 Excel操作界面

（1）Excel基础应用：数据录入、排序、筛选、快速填充等。

（2）函数应用：LEFT、RIGHT、IF、SUM、SUMIF、COUNTIF、VLOOKUP、SUBSTITUTE等。

（3）插入数据透视表及数据透视图。

（4）制作图表。

（5）分析工具：可进行离散程度分析、假设检验、方差分析、回归分析、相关分析、聚类分析等。

行业观察 7-1 数字中国 2522 框架发布，整体布局规划落地

2023 年 3 月 1 日，中共中央、国务院印发了《数字中国建设整体布局规划》（以下简称《规划》），自此数字中国形成了完整的政策框架体系。我们认为，《规划》将此前的相关政策进行了整体的梳理，从而明确了数字中国的发展框架，具有重要的战略意义。其中核心亮点是形成了 2522 框架体系，即夯实数字基础设施和数据资源体系"两大基础"，推进数字技术与经济、政治、文化、社会、生态文明建设"五位一体"深度融合，强化数字技术创新体系和数字安全屏障"两大能力"，优化数字化发展国内国际"两个环境"。

"两大基础"主要聚焦发展建设，通过构建偏硬性的数字基础设施和偏软性的数据要素制度和数据资源体系，来为数字中国的发展提供基础支撑。

"两大能力"主要聚焦安全可控，通过构建数字技术创新体系和数字安全屏障，来为数字中国的发展提供安全可控的底座。

"五位一体"将数字经济升华为数字中国，涵盖领域更为丰富，力图实现数字技术对经济社会的全面赋能。

任务7.2　新媒体营销评估方法

互联网每天都有大量数据产生，新媒体运营团队每天都会和数据打交道。这些数据包括粉丝数据、流量数据、转化数据、下载数据等。如果将所有数据都进行统计与分析，会极大地影响新媒体运营效率，同时大量无意义的数据处理也无形之中造成了资源的浪费。因此，新媒体运营团队必须有目的、有方法地挖掘与分析数据，使数据真正为新媒体营销服务。为了使新媒体数据分析更精准、有效，被分析的数据必须通过科学的方法进行挖掘与整理。

微课 7-3

新媒体营销
评估方法

7.2.1　直接评判法

直接评判法，即根据经验直接判断数据的好坏并予以评判，通常用于内部过往运营状况评估，如评估粉丝量是否过低、评判近期销量是否异常、评估当日文章推送量是否正常等。

直接评判法有两个必要的条件：一是营销人员有一定的新媒体运营经验，能够对跳出率、阅读量等有正确的评估；二是经过加工处理的数据足够直观，可以直接代表某项数据的优劣。

例如，某企业新媒体部门于 2022 年第 16 周利用线下渠道进行微信公众号推广，并观察推广后第 16 周—21 周访客数情况。2022 年预热期访客数走势图如图 7-16 所示。通过折线图可以发现，经过第 16 周的推广，微信公众号访客数在短期内大幅增加，之后逐渐下降，说明该次推广效果良好，但是要注意后续访客数的维持。

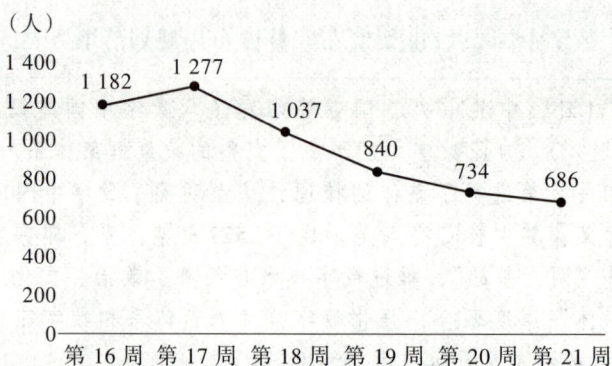

图7-16　2022年预热期访客数走势图

7.2.2　对比分析法

对比分析法是指将两个或两个以上的数据进行比较，分析它们的差异，从而揭示这些数据所代表的事物发展变化情况和规律性。对比分析法的特点是可以非常直观地看出事物某方面的变化或差距，并且可以准确、量化地表示出这种变化或差距是多少。

在新媒体数据分析中我们常用的对比分析法主要分为横向比较和纵向比较。对比分析法的分类如图7-17所示。

图7-17　对比分析法的分类

横向比较也称静态比较，是在同一时间条件下对不同总体指标的比较。如微信公众号同领域作者文章阅读量对比、点赞数对比等。静态指标又包括实际完成值与目标值比较；同级地区、单位、部门比较；个体绝对指标与总体平均指标比较。

纵向比较也称动态比较，是指同一总体、相同指标在不同时期的比较。如将本月文章阅读量与上月阅读量进行对比、将本月粉丝增长数与上月增长数进行对比等。通过对比分析，可以直接观察到目前的运营水平。一方面可以找到当前已经处于优秀水平的方面，后续予以保持；另一方面可以及时发现当前的薄弱环节，应重点突破。根据所选取的对比时期不同，纵向对比又分为同比和环比。

同比是指与历史同时期进行比较得到的数值，该指标主要反映的是事物发展的相对情况。例如2023年2月与2022年2月的微博粉丝数相对比。公式如下：

同比增长量=本期数−上年同期数

同比增长率=（本期数−上年同期数）÷上年同期数×100%

环比是指与前一个统计期进行比较得到的数值，该指标主要反映的是事物逐期发展的情况。例如2023年2月与2023年1月的微博粉丝数相对比。公式如下：

环比增长量=本期数−上期数

环比增长率=（本期数−上期数）÷上期数×100%

7.2.3　描述性统计分析法

描述性统计分析法是通过图表或数学方法，对数据资料进行整理、分析，并对数据的分布状态、数字特征和随机变量之间关系进行估计和描述的方法。目的是描述数据特征，找出数据的基本规律。描述性统计分析分为集中趋势分析、离散趋势分析和分布情况分析三大部分。

集中趋势分析的指标包括均值、中位数、众数、和。

离散趋势分析的指标包括标准差、方差、最大值、最小值、极差。

分布情况分析的指标包括偏度、峰度。

在新媒体日常运营过程中，需要根据每日的搜索指数情况进行数据统计，使运营人员能够监控到网站搜索量变化，查看新媒体搜索数据异常情况，从而为制定、调整营销策略提供辅助。如根据某微博 2023 年 1 月 16 日—2 月 16 日微博搜索指数进行描述性统计分析，统计搜索指数的均值、区间等数据值，以此作为分析平台搜索价值的一个参考依据。

在 Excel 中单击"数据分析"对话框，选择"描述统计"分析工具，完成"描述统计"的设置后，描述统计结果就会在设定的输出区域展示，展示结果如图 7-18 所示。

搜索指数	
平均	4553.583333
标准误差	527.6363065
中位数	2570
众数	2220
标准差	4087.053256
方差	16704004.31
峰度	-0.878340189
偏度	0.725290078
区域	13060
最小值	300
最大值	13360
求和	273215
观测数	60
最大(1)	13360
最小(1)	300
置信度(95.0%)	1055.797811

图7-18　某微博2023年1月16日—2月16日微博搜索指数的描述性统计

通过以上结果可以发现该微博搜索指数的大小，其中访客最大微博搜索指数为13 360，最低搜索指数为300，平均值为 4 553.583333，搜索指数数据呈现平阔峰中等偏态分布。

通过分析结果可以发现数据的分布情况，得知数据的集中趋势、离散程度和相关强度，帮助营销人员更好地了解数据的变化规律，指导营销人员做出决策判断。

7.2.4　回归分析法

1）回归分析法的定义

回归分析法是确定两种或两种以上变量间相关关系的一种统计分析方法。通过数据间相关性分析的研究，进一步建立自变量 X_i（i=1，2，3，…）与因变量 Y 之间的回归函数分析模型，从而预测数据的发展趋势。按照涉及的变量的多少，分为一元回归和多元回归分析；按照自变量和因变量之间的关系类型，可分为线性回归分析和非线性回归分析。本教材为了简化分析只研究一元线性回归和一元非线性回归。

其中，一元线性回归，即回归模型中只有一个自变量和一个因变量，其回归方程可以表示为：

$$Y=a+bX+e$$

其中，Y 表示因变量，X 表示自变量，a 是常数，b 是斜率，e 是随机误差。

2）线性回归分析的步骤

（1）确定自变量和因变量关系，即回归分量。

（2）绘制散点图，确定回归模型类型。

（3）估计模型参数，建立回归模型。

（4）对回归模型进行检验。

（5）利用回归模型进行预测。

利用回归分析法，营销人员可以预测下一周期销售量，指导其合理安排推广费用。如抖音某商家可利用2023年1月份商品名称、推广费用、销售量等资料，将推广费用作为自变量，销售量作为因变量，假定两者之间存在线性相关，可以分析销售量 Y 和推广费用 X 之间的关系，从而合理安排推广费用。该商家2023年1月份推广费用和销售量的回归分析如图7-19所示。

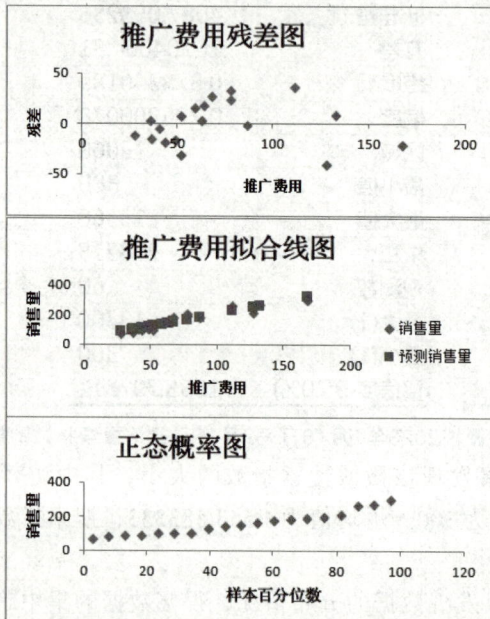

图7-19　抖音某商家2023年1月份推广费用和销售量的回归分析

行业观察7-2　　数据要素是数字中国的制度基础

生产要素是指进行物质生产所必需的一切要素及环境条件。在农业社会，最重要的生产要素是劳动力和土地。但随着信息技术、大数据、人工智能的发展，数据的重要性凸显，它催生了很多新产业、新模式。因此"数据"作为一种生产要素独立出来。2020年4月9日，《中共中央 国务院关于构建更加完善的要素市场化配置体制机制的意见》正式公布，提出坚持深化市场化改革，破除阻碍要素自由流动的体制机制障碍，扩大要素市场化配置范围，健全要素市场体系，并分类提出了土地、劳动力、资本、技术、数据五个要素领域改革的方向。

从政策视角看，我国对数据价值的定义和认识经历了三个发展阶段：

酝酿阶段（2014—2015年）：自2014年3月"大数据"首次写入政府工作报告开始，认识数据并重视数据价值便成为这一阶段中央的重要着力点。2015年8月印发的《促进大数据发展行动纲要》（国发〔2015〕50号）明确提出"数据已成为国家基础性战略资源"并对大数据整体发展进行了顶层设计和统筹布局，产业发展开始起步。

落地阶段（2016—2019年）：2016年3月，"十三五"规划纲要正式提出实施国家大数据战略，这一时期，政策制定者看到了数据对于推动我国经济发展的主要作用，大数据和实体经济在内的各行各业的融合成为政策热点。2017年10月，党的十九大报告中提出推动大数据与实体经济深度融合。

深化阶段（2020年至今）：随着国内相关产业体系日渐完善，各类行业融合应用逐步深入，国家大数据战略开始走向深化。2020年4月9日，中共中央、国务院发布《关于构建更加完善的要素市场化配置体制机制的意见》，将"数据"与土地、劳动力、资本、技术并称为五种要素，提出"加快培育数据要素市场"。5月18日，《中共中央 国务院关于新时代加快完善社会主义市场经济体制的意见》中提出进一步加快培育发展数据要素市场。这意味着数据不仅是一种产业或应用，而且已成为经济发展赖以依托的基础性、战略性资源。

资料来源　赵阳，杨楠，夏瀛韬. 计算机行业深度研究报告：数字中国全景投资手册（上）〔EB/OL〕. 〔2023-03-13〕. https：//baijiahao. baidu. com/s？ id=1760235195520484667&wfr=spider&for=pc.

任务7.3　新媒体营销效果实战

在新媒体运营中，运营者要时刻关注新媒体的运营状况。在分析用户情况方面，主要关注用户增长，了解账号粉丝增长趋势与原因。另外通过图文分析，用户可根据主要图文页阅读、原文页阅读、互动数据（包括分享、转发、评论、收藏等数据），了解平台某段时间内发布文章数、文章类型分布情况，评判图文的质量和粉丝的互动质量。

本教材以山东海洋文化旅游发展集团有限公司运营的微信公众号"日照东方太阳城"为例，进行营销效果评估。

7.3.1 用户增长分析

用户增长分析，用于查看粉丝人数的变化和当前平台用户使用情况。以下通过微信公众平台->统计->用户分析，进行用户增长分析。

1）核心数据指标分析

核心数据指标主要包括四项：第一，新关注用户数（不包括当天重复关注用户）；第二，取消关注的用户数（不包括当天重复取消关注用户）；第三，净增关注人数，即新关注与取消关注的用户数之差；第四，累计关注人数，即当前关注的用户总数。其中新关注用户数最能够直接反映公众号整体的质量。如果新关注用户数相比平时的数据有明显上升，说明该篇文章的内容是用户喜欢的，或者采取的推广方式有效果，可继续进行类似方面的内容推广。

核心数据指标分析包括两方面：关注、取关、累计关注人数分析以及同环比情况分析。

（1）关注、取关、累计关注人数分析。

关注、取关、累计关注人数分析可以帮助营销人员分析用户近期的变化趋势及原因。一般选取一定周期（如周、月、年）的核心数据指标。这里我们选取近7日的数据（见表7-3）将其制成组合图，如图7-20所示。

表7-3　　　　　　近7日关注、取关、净增、累计关注人数数据表

时间	新关注人数	取消关注人数	净增关注人数	累计关注人数
2023/2/7	7	1	6	5 820
2023/2/8	6	3	3	5 823
2023/2/9	14	2	12	5 835
2023/2/10	16	0	16	5 851
2023/2/11	40	1	39	5 890
2023/2/12	23	2	21	5 911
2023/2/13	18	1	17	5 928

图7-20　用户关键指标分析图

（2）同环比情况分析。

对四个核心数据进行同环比分析，以新关注人数指标为例，选取近7日的数据（见表7-4）制成组合图进行同比分析，如图7-21所示。

表7-4　新关注人数同比分析数据表

时间	2021年新关注人数	2022年新关注人数	同比增长量	同比增长率
3月7日	2	1	-1	-50%
3月8日	1	2	1	100%
3月9日	1	3	2	200%
3月10日	0	0	0	0
3月11日	2	3	1	50%
3月12日	4	1	-3	-75%
3月13日	2	1	-1	-50%

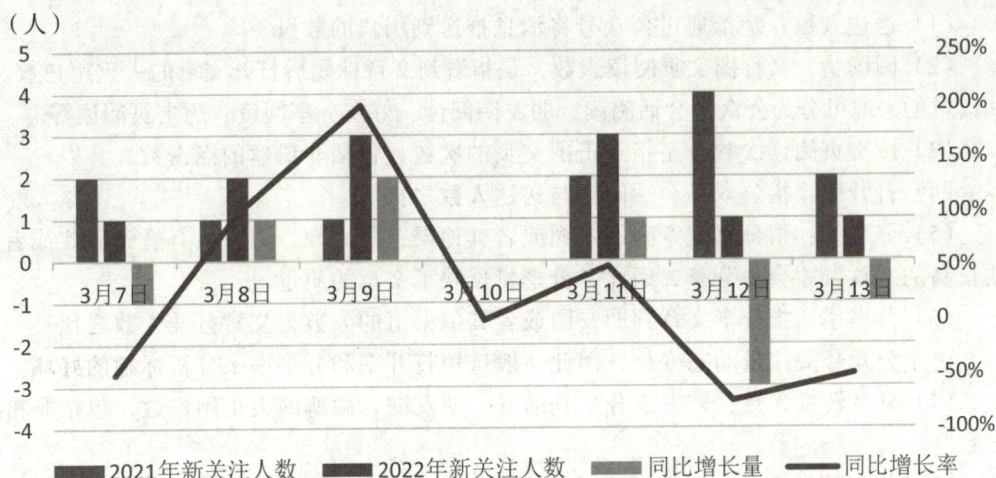

图7-21　新关注人数同比分析组合图

从以上的数据分析，可以掌握一定周期内公众号关注、取关、净关注、累计人数的趋势变化，并通过同环比分析了解数据增长幅度。分析波峰与波谷的日期，从而挖掘数据增长或减少的原因，了解数据变动的根本原因。

2）新增关注来源分析

目前用户关注公众号的方式主要分为公众号搜索、扫描二维码、图文页右上角菜单、图文页内公众号名称、名片分享、支付后关注、其他。通过来源分析，可以知道目前采用的推广方式哪个最有效果，进而有针对性地对渠道进行设计，通过内容、活动、运营等各种方式，在原来的基础上加大宣传力度。这样可以节省人力物力，在有效的渠道上，设计增长机制，实现用户增长。

以最近一年的新增粉丝数为例，按照粉丝来源制成饼状图，如图7-22所示。

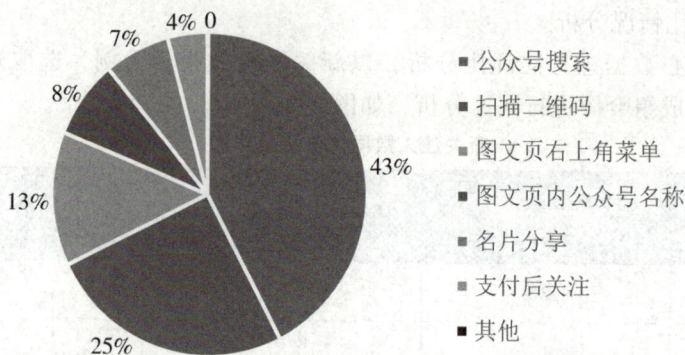

图7-22　近一年新增粉丝数来源占比饼状图

7.3.2　图文分析

进行图文分析的最终目的有两个：一是提高文章阅读量，二是吸粉。因此图文分析需要紧紧围绕这两大目的展开分析，分析其中的影响因素，进而优化图文。这里我们以微信公众号为例，点击微信公众平台->统计->图文分析->单篇图文/全部图文，进入公众号图文分析，图文分析包含单篇图文分析和全部图文分析。

图文分析指标与核心公式

1）图文分析指标

（1）送达人数：是指通过公众号将消息推送到用户的数量。

（2）阅读量：又称图文页阅读人数，是指看到文章标题后打开文章的去重用户数。阅读量的来源可分为公众号会话阅读、朋友圈阅读、好友分享阅读、历史页阅读等。

（3）图文页阅读次数：是指点击图文页的次数，包括非粉丝的点击数。

（4）打开率：指公众号会话阅读与送达人数之比。

（5）分享量：指分享文章到朋友圈或者其他渠道的人数。用户只有看到喜欢或者质量高的文章，才会去分享，因此，分享量反映了文章的质量。

（6）分享率：指分享文章到朋友圈或者其他渠道的人数与文章打开人数之比。

由于公众号关注量动态变化，因此一般选用打开率和分享率来分析标题的好坏。

（7）分享转发人数：转发或分享到朋友、朋友圈、微博的去重用户数，包括非粉丝数。

（8）分享转发次数：转发或分享到朋友、朋友圈、微博的次数，包括非粉丝的点击。

（9）收藏人数：收藏到微信的去重用户数，包括非粉丝数。

（10）原文页阅读人数：点击原文页的去重人数，包括非粉丝数。

（11）原文页阅读次数：点击原文页的次数，包括非粉丝的点击数。

2）图文分析核心公式

文章阅读量=送达人数×打开率+分享率×打开人数×朋友圈打开率

因此，要想提高文章阅读量，可以从增加送达人数、打开人数，以及提高打开率、分享率、朋友圈打开率这5个指标入手。

（1）送达人数。

提高送达人数，可以通过增加阅读来源实现，如增加公众号会话阅读、朋友圈阅读、好友分享阅读、历史页阅读等。

（2）打开率。

影响打开率以及朋友圈打开率高低的最重要的一个因素是文章的标题，标题取得好不好，会直接影响到文章的打开率以及朋友圈打开率的高低。除了标题，影响打开率的还有文章选题、文章封面图、内容摘要、发送时间等相对可控的主观因素。

（3）分享率、打开人数及朋友圈打开率。

增加打开人数及提高分享率、朋友圈打开率可通过提升文章的质量实现，一旦读者认为文章质量好，会增加文章分享的概率。

因此用户可以通过扩大阅读渠道，优化选题、标题，提升文章质量来提高阅读量。

3）图文分析类型

图文分析类型分为两种，一是全部图文分析，二是单篇图文分析。

（1）全部图文分析。

全部图文分析是对公众号整体内容质量的分析，指的是该公众号发出去的所有图文在某一时间段里的阅读数据总和。全部图文分析包含核心数据分析、标题分析、打开率与分享率分析、阅读来源及趋势分析、小时分析。

① 核心数据分析。针对公众号4项关键指标：图文页阅读次数、原文阅读次数、分享转发次数、收藏次数，可以根据时间维度分析其趋势。营销人员需分析文章阅读数的波峰和波谷，进而总结出运营规律，以提升运营效率。获取"日照东方太阳城"公众号1周的核心数据（见表7-5），将其制成折线图，如图7-23所示。通过数据可知，在2023年2月16日各项指标处于波谷，而在2月19日达到波峰。究其原因，该公众号在2月19日当天进行了朋友圈分享和微信群分享活动，使得各项指标均达到最佳，而2月16日—2月18日该公众号推送文章数较少。由此可见，营销人员需要合理规划推文数量。

微课7-6

全部图文分析

表7-5　　"日照东方太阳城"公众号1周的核心数据表

日期	图文页阅读次数	原文阅读次数	分享转发次数	收藏次数
2023-02-13	90	88	0	0
2023-02-14	910	315	108	56
2023-02-15	404	232	18	14
2023-02-16	98	73	8	4
2023-02-17	100	38	0	0
2023-02-18	102	41	0	0
2023-02-19	1 096	353	352	109

② 标题分析。文章标题能够反映出公众号的定位以及运营质量的好坏。将数据表中的标题字段制作成标签云，可以快速地得知公众号标题定位。以"日照东方太阳城"公众号为例，从公众号导出2022年1月10日—2022年4月26日的数据源到Excel表中，表7-6显示了发文标题数据，选取标题字段制成标签云，如图7-24所示。通过标签云发现，在这一段时间内公众号主要以"东方""日照""太阳城""天台山"等为主题，紧紧围绕旅游景区进行宣传，符合该公众号定位。

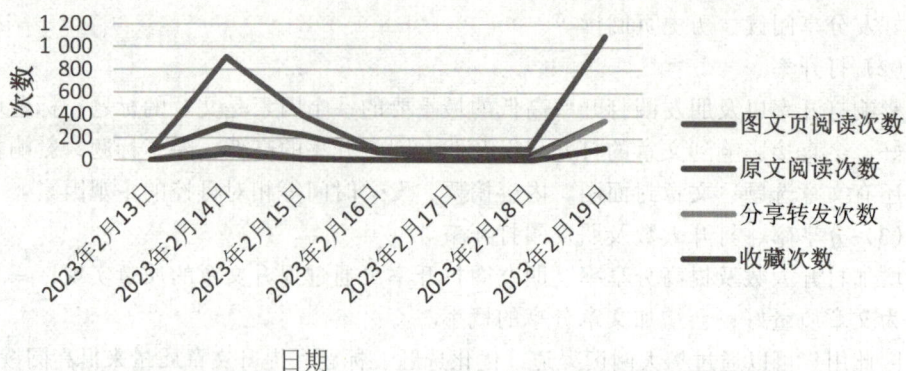

图7-23 "日照东方太阳城"公众号关键指标分析折线图

表7-6 "日照东方太阳城"公众号发文标题（2022年1月10日—2022年4月26日）

日期	标题
2022-01-10	静享慢生活，开启冬日温泉之旅
2022-01-12	祈福天台山，健康中国年 2022东方太阳城天台山庙会邀你一起过大年！
2022-01-14	挥毫写春意 天台送吉祥 东方太阳城贺新年迎新春书画笔会成功举办
2022-01-24	关于日照东方太阳城天台山旅游区新春庙会取消的公告
2022-01-25	日照东方太阳城景区闭园公告
2022-01-31	齐心协力，共同抗疫 东方太阳城景区走在防疫前线！
2022-02-06	日照东方太阳城各景区，期待与您相约春暖花开好时节
2022-02-14	致敬最美"逆行者"日照东方太阳城各景区免费对全国医护工作者开放
2022-03-10	日照东方太阳城邀您一起"云"植树
2022-03-12	添一抹新绿，愿山河无"疫"
2022-03-25	事关健康通行码，山东再发重要通知！
2022-03-25	开园公告 春暖花开，与您相约日照东方太阳城天台山旅游区
2022-03-30	醉美天台，一抹春意撩人时
2022-03-31	清明小长假这样过，才不辜负春天（内含超值福利）
2022-04-02	邂逅天台，不负春来
2022-04-04	免费！日照东方太阳城向援鄂英雄致敬！
2022-04-05	清明踏青正当时，醉美天台等你来
2022-04-12	登山、赋诗、赏花、汤浴，来天台山开启你的"春游记"
2022-04-16	收藏！这是一份超全的日照旅游"一卡通"办理、使用攻略
2022-04-16	纵游山海间，美景皆入画
2022-04-17	旅游即风景 日照最美旅游景观公路
2022-04-26	"山东人游山东"融媒联动直播走进天台山
2022-04-26	"东方太阳城"杯日照市第四届"最美日照"文化旅游摄影大赛公告
2022-04-26	看明星、赏民俗、品文化，花样解锁天台山太阳鼓舞节！

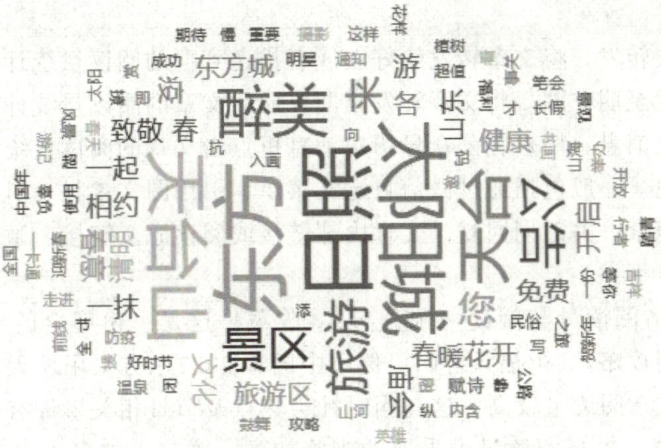

图7-24 "日照东方太阳城"公众号标题标签云

③打开率与分享率分析。文章打开率、分享率是文章阅读量的核心指标，将核心指标与文章标题进行分析将有利于标题优化。如图7-25所示，将文章标题的打开率、分享率进行分析，绘制雷达图，比较各篇文章的打开率和分享率。

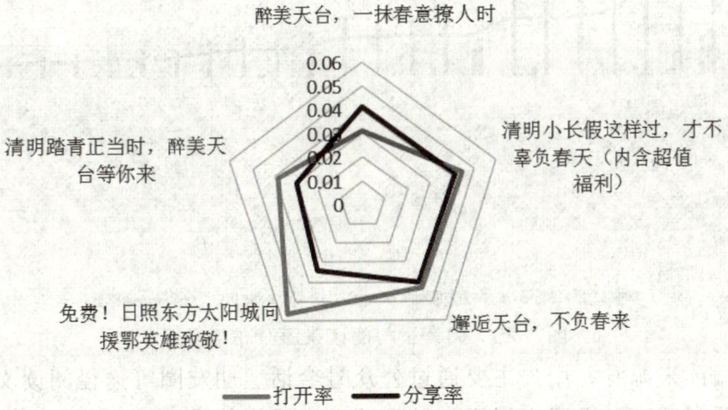

图7-25 文章标题与打开率和分享率分析雷达图

好的标题有利于提高文章的打开率。但是分享率的高低则主要还是取决于文章的内容。因此，不仅标题要吸引眼球，更要完善文章的内容。某些专业类公众号，所发文章标题中带有专业名词和术语是不可避免的，也是有必要的，但考虑到吸引用户的注意力，在发文章时，也应当注意文章标题的布局，避免连续发布多条标题带有专业名词和术语的文章，或是连续发布多条标题吸引性远胜文章内容的文章。一般情况下文章的打开率和分享率差异保持稳定是相对合理的。但当打开率小于分享率时，说明文章标题有问题，应该进一步优化标题。如果文章分享率小于打开率，营销人员应该查找原因，优化运营。

④阅读来源及趋势分析。阅读来源也是图文分析中非常关键的数据，通过分析阅读来源，可以推测出读者的阅读场景，知道他们是在哪个渠道看到文章的，从而实现运营优化。

公众号阅读来源包含如下渠道：

第一，公众号会话。文章在选定的时间内通过公众号推送、预览、手动回复获得的阅读量统计。

第二，好友转发。将文章转发给好友或者推送到群的阅读量统计。

第三，转发至朋友圈。将文章转发至朋友圈后文章的阅读量统计。

第四，历史消息。用户在公众号历史消息里点击文章的阅读量统计。

第五，其他。一般包括通过微信自定义菜单、引用图文素材、引用历史消息、页面模板、微信搜索、关键词回复、文章内部链接或阅读原文链接、微信收藏的文章的阅读量统计。

根据图7-26阅读量与阅读来源分布，《收藏！这是一份超全的日照旅游"一卡通"办理、使用攻略》《祈福天台山，健康中国年2022东方太阳城天台山庙会邀你一起过大年》等文章阅读量较高。这与当时社会热点及节日相关事件有关。因此针对不同的公众号定位，提高阅读量可采取的措施如下：蹭热点如名人、热门、旺季等事件，也可利用用户恐惧、疑问、反差（引起好奇）等情绪来吸引用户阅读。利用简单直白，容易阅读，较少专业词汇、术语之类的方式提升阅读量。

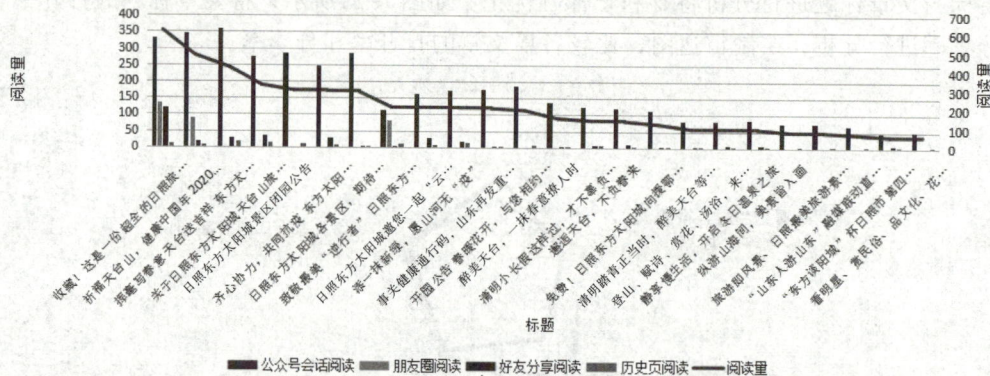

图7-26　阅读量与阅读来源分布组合图

从文章阅读来源看，用户主要通过公众号会话、朋友圈等途径阅读文章，因此以后要优化选题，适当在文章末尾添加转发朋友圈导语等措施提升分享率和整体选题质量，从而优化运营。

⑤小时分析。在公众号的数据分析中，单篇图文分析价值相对较小，所以在此主要进行全部图文的小时分析。统计文章一天内不同的时段被用户阅读的情况，能够较好地了解用户的活跃时间段。通过数据找出流量点，再通过流量点来测试，从而找出最适合的推文时间。推送时间固定的话也会让用户形成一种阅读习惯，从而增加用户黏性。我们将推送时间、阅读量、标题三个数据字段绘制成散点图，如图7-27所示，分析"日照东方太阳城"公众号推送时间是否集中以及哪个时间段推送阅读效果最佳。

通过半年的数据发现21点、22点这个时间段出现的高阅读量点数最多，目前公众号服务的人群多集中于上班族，21点、22点正是人们下班休息时间，因此以后图文推送时间可以设定为该时间段。

（2）单篇图文分析。

单篇图文分析包括一次二次传播率、阅读完成情况分析。

公众号阅读量统计（2022.8.28—2023.2.28）

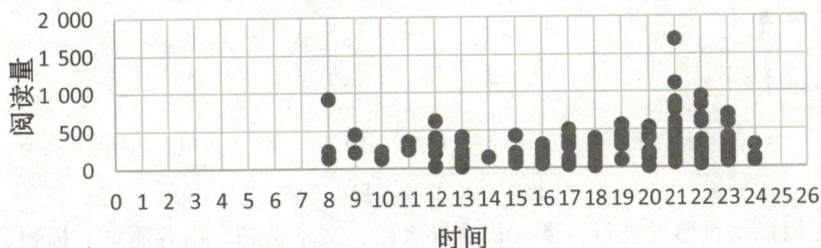

图7-27　"日照东方太阳城"公众号小时分析

①一次二次传播率分析。一次传播数据指的是关注该公众号的用户通过公众号会话阅读文章或者从公众号分享文章到朋友圈的行为数据。一次传播转化率越高，说明公众号推送文章内容越受现有粉丝的欢迎，有利于维护现有的粉丝，增强其黏性。从后台数据看，一次传播共有以下两个核心数据：

一个是公众号会话阅读率（又称打开率）。公众号会话阅读率=公众号会话阅读次数÷送达次数。影响打开率的因素有文章标题、文章选题、文章封面图、内容摘要、发送时间等。想要提高打开率，就需通过相应的运营手段来改善现状。以《齐心协力，共同抗疫 东方太阳城景区走在防疫前线！》这篇文章为例，公众号会话阅读率为7.78%，如图7-28所示。

微课7-7

单篇图文分析

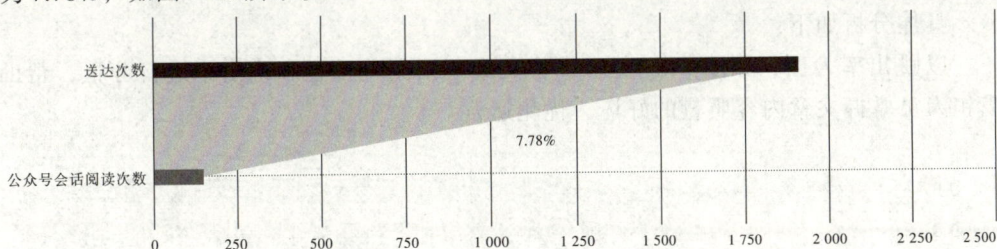

图7-28　公众号会话阅读率分析

另一个是公众号会话分享率（又称图文转发率）。公众号会话分享率=从公众号分享到朋友圈的次数（首次分享次数）÷公众号会话阅读次数，这是衡量推送文章价值的标准，图文转化率越高说明文章传播效果越好。以《齐心协力，共同抗疫 东方太阳城景区走在防疫前线！》这篇文章为例，公众号会话分享率为2.01%，如图7-29所示。

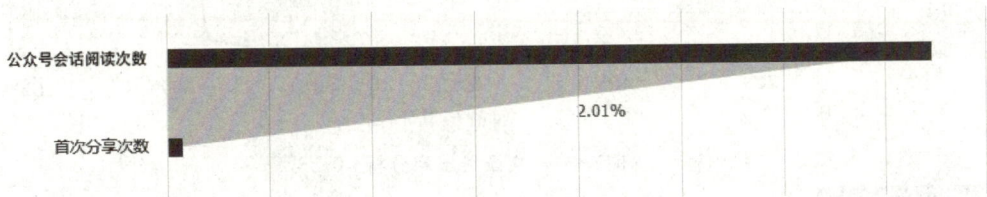

图7-29　公众号会话分享率分析

二次传播是用户在未关注公众号的情况下，在朋友圈点击阅读或者在朋友圈再次分享传播的行为。相比一次传播，二次传播更加能够说明该篇文章推送的传播力和影响力，是深度传播，比一次传播的数据更有价值。《齐心协力，共同抗疫 东方太阳城景区走在防疫前线!》二次传播率为33.33%,如图7-30所示。

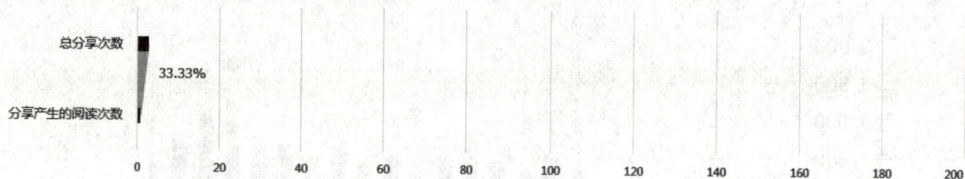

图7-30 二次传播率分析

决定用户是否愿意进行传播,权重依次是:文章选题、内容质量、标题、其他因素(诱导、技术等运营手段)。传播数是由一次传播和二次传播构成的,正常来说这两者的构成比例是趋于一个数值且比较稳定的,如果突然某篇文章这个数值差距较大,则要考虑一方偏弱的原因。比如二次传播超过一次传播,比例大于1时,可能是因热点的效果或本身文章的生命周期较长。

②阅读完成情况分析。分析指标具体包括:

浏览位置:是指图文消息页按等比例划分的位置。

跳出人数:是指滑动到该浏览位置离开图文消息页的人数。

跳出率:是指跳出人数与阅读该图文总人数之比。

仍读人数:是指滑动到该浏览位置仍然在阅读的人数。

仍读率:是指仍读人数与阅读该图文总人数之比。

具体分析如下:

以跳出率为例,如图7-31所示,将文章不同浏览位置和跳出率进行分析,帮助营销人员掌握文章内容质量的好坏,优化运营。

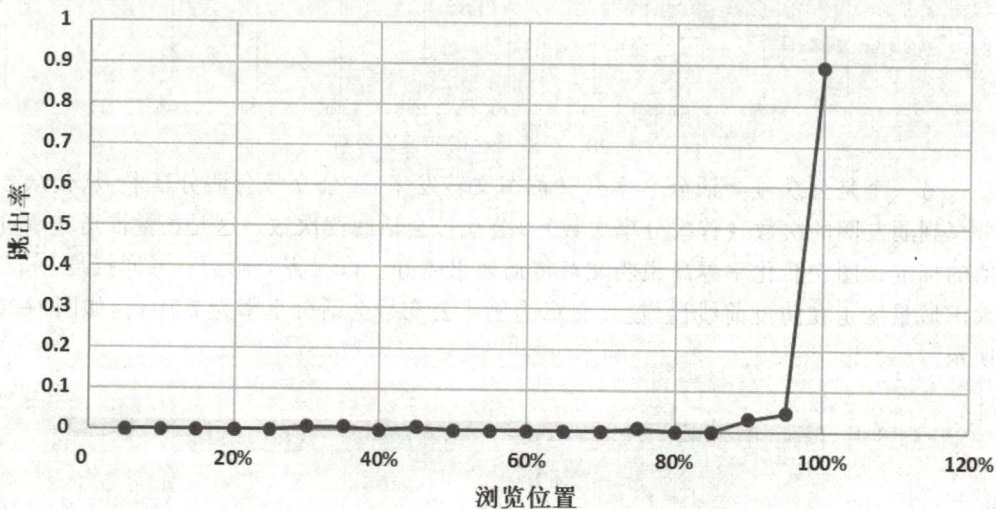

图7-31 文章跳出率分析

思政园地	新媒体技术驱动文创发展

新媒体技术既是文化传播的新载体,也是文创产业蓬勃发展的新引擎,将在传承中华文化和讲好中国故事方面发挥越来越重要的作用。

近年来，文创产业的规模和结构得到优化，越来越融入现代生活，焕发新活力。作为文创产业蓬勃发展的新引擎，新媒体技术极大地激发了大众对文创的兴趣，推动文创产品越来越流行。

新媒体技术已渗透到日常生活的方方面面，带动了地域文化、非遗和传统戏曲等相关产业发展。北京、山东、厦门和成都等多地相继推动数字化文化产业园区建设。文化产业园区利用大数据、人工智能、5G、VR等技术，让大众能够随时随地线上畅游园区，同时还能通过参与虚拟空间互动，深入了解博大精深的中国历史文化。这不仅为传承和弘扬中华优秀传统文化提供了机会，更扩大了文化消费，为更好地实现社会效益和经济效益的双效统一创造了机会。

文创产业利用新媒体技术门槛低、互动性强的优势，加速自身迭代升级，实现社交媒体、动画、短视频等多元化传播。例如，陕西历史博物馆等单位合作推出的有声剧《国宝之灵》，在网络音频平台上的播放量突破千万次，让更多人了解馆藏瑰宝背后的故事。可以说，新媒体技术为文化创作提供了更便利的技术和平台支持，驱动文创产业的个性化发展，也进一步为文化传播增添了趣味性和科技感。

深厚的历史底蕴和丰硕的文化成果，是实现文创产业创意灵感落地的重要源泉。如何让新技术助力中国文创产业跨界发展？故宫文创的蓬勃发展给出了答案。目前，故宫拥有1万多种文创产品，有着中国体量最大的文创IP。从宫廷娃娃系列、顶戴花翎伞帽和折扇等各种产品，到风靡各大社交平台的故宫表情包，再到以守护国宝真实历史事迹为内容的主题漫画《故宫回声》……跨界已成为文创潮流的一种新形式，代表着人们一种新的文化共识与审美情趣的融合。而视频、漫画与传统文化的碰撞，使文创兼具传统文化古韵和现代化审美情趣，唤醒年轻人用新的传播方式主动传播、挖掘并传承中华优秀传统文化之美。

新媒体技术为文创产业的更新和转型提供了前所未有的机会，促进了中华优秀传统文化在更多地区、更广人群中的传播。新媒体技术既是文化传播的新载体，也是文创产业蓬勃发展的新引擎。在不远的未来，基于新媒体技术的文创产业，必将在传承中华文化和讲好中国故事方面发挥越来越重要的作用。

资料来源　王煜茜. 新媒体技术驱动文创发展［N］. 人民日报，2022-12-12（13）.

思政关键词：文化自信、创新意识

⟫ 基础训练 ⟫

一、单项选择题

1.国内最大的"两微一端"新媒体数据平台之一，拥有目前国内最大的第三方新媒体数据搜索引擎的是（　　）。

A.微信公众号　　　B.飞瓜数据　　　C.西瓜数据　　　　D.清博指数

2.（　　）是指将两个或两个以上的数据进行比较，分析它们的差异，从而揭示这些数据所代表的事物发展变化情况和规律性。

A.直接评判法　　　　　　　　　B.对比分析法

C.描述性统计分析法　　　　　　D.回归分析法

3.（　　）数据分析模块主要体现用户与企业的黏性。

A.图文分析　　　　B.菜单分析　　　　C.消息分析　　　　D.用户分析

4.在新媒体数据分析中我们常用的对比分析法，（　　）是指在同一时间条件下对不同总体指标的比较。

A.横向比较　　　　B.纵向比较　　　　C.同比　　　　D.环比

5.（　　）最能够直接反映公众号整体的质量。

A.新关注人数　　　B.取消关注人数　　C.净增关注人数　　D.累计关注人数

二、多项选择题

1.属于新媒体数据分析自媒体分析工具的有（　　）。

A.微博　　　　　　B.西瓜数据　　　　C.抖音　　　　D.今日头条

2.短鱼儿平台具体可以实现以下（　　）功能。

A.数据服务　　　　B.行业洞察　　　　C.智能投放　　　D.企业内训

3.属于新媒体营销评估方法的有（　　）。

A.直接评判法　　　B.对比分析法　　　C.头脑风暴法　　D.回归分析法

4.微信公众号数据分析中的用户增长分析主要是对（　　）进行分析。

A.新关注人数　　　B.取消关注人数　　C.净增人数　　　D.累计人数

5.新媒体营销数据分析的意义主要体现在（　　）。

A.帮助企业评估新媒体方案效果，改进营销方案

B.帮助企业了解新媒体运营质量，诊断问题

C.帮助企业预测新媒体运营方向，规避风险

D.帮助企业控制新媒体运营成本，提高效率

➡综合应用➡

一、案例分析

从东方甄选爆火看农产品电商趋势①

2021年年底，俞敏洪在抖音平台推出助农业务，东方甄选直播间主打农产品直播带货，主播由新东方名师转型而来。历经半年发展，2022年5月，东方甄选平台单日总成交额超过100万元。6月10日双语直播快速破圈，引发全民关注，当日东方甄选直播间粉丝、在线人数以及总成交额均呈爆发式增长，6月10、11日总成交额分别为1 420万元、1 972万元，关注人数达到262.5万人（截至6月12日0时）。新东方旗下主要直播账号粉丝数量一览见表7-7。

新东方教育集团旗下的直播账号中，东方甄选主推农产品及食品百货，新东方直播间专门推广新东方优质的教育产品以及其他优质教育相关的产品，包括图书、智能软硬件学习设备和与学习相关的文教用品等。

2022年"618"期间，主播去头部化，中小主播迎来流量红利窗口期。东方甄选凭借新东方的品牌背书及用户基础，以"双语直播+知识型带货"的标签快速差异化吸粉出圈。

---

① 案例选自深爱背单词公众号。

表7-7 新东方旗下主要直播账号粉丝数量一览（数据截至2022年6月11日）

抖音号	粉丝数（万）	作品数（个）	近30日直播带货场次（场）	近30日直播销售额（万元）	场均销售额（万元）	主要商品及SKU占比	运营主体
东方甄选之图书	14.5	167	51	188.81	3.7	书籍（86.7%）	新东方在线
东方甄选	262.5	446	35	6 176.84	176.48	食品百货（77.1%）	新东方在线
新东方直播间	234.4	970	36	172.85	4.8	书籍（82.4%）、食品百货（5.9%）	新东方
俞敏洪	752.5	629	19	64.22	3.38	书籍（90%+）	个人账号

平台方面，恰逢抖音更新流量推荐机制，侧重停留时长。东方甄选基于知识讲解的带货直播，更是提高了用户的内容体验度，增加了停留时间，进而创造潜在的购物转化，受益颇多。

主播方面，名师主播除了积淀丰富的知识底蕴、极具个人魅力的演讲功力外，优秀的控场能力不可或缺，"中英双语+穿插历史文化"的独特带货方式，打破了电商带货"短平快"的刻板印象，内容和叙述形式在构筑差异化竞争壁垒的同时，也通过优质内容体验和情感联结吸引粉丝，从而产生黏性留存与购买转化。

农业是我国的基本盘，涉及十几亿人的温饱问题，产业链关乎数亿农民的就业问题。2016—2020年，第一产业就业人数及占总就业人数的比重持续下降，占总就业人数的比重从2016年的27.42%下降到2020年的23.60%，如图7-32所示。

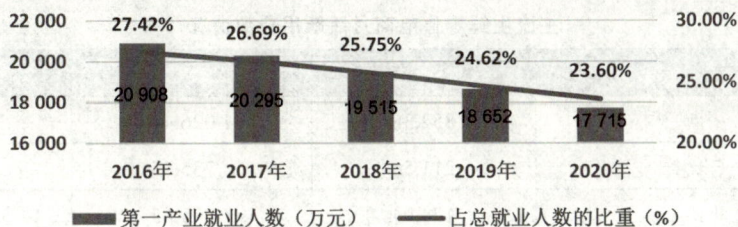

图7-32 第一产业就业人数及占总就业人数的比重

2020年，第一产业对GDP的贡献率骤升至10.4%，远高于其他年份的4%左右（如图7-33所示）。在疫情期间，农业更是发挥了经济压舱石、社会稳定器的作用。

图7-33 第一产业对GDP的贡献率

国内对比看，我国第一产业（农业）数字化率远低于第二产业和第三产业。2020年，数字经济在第三产业中的渗透率已经超过了40%，但数字经济在农业中的渗透率仅为8.9%，如图7-34所示。

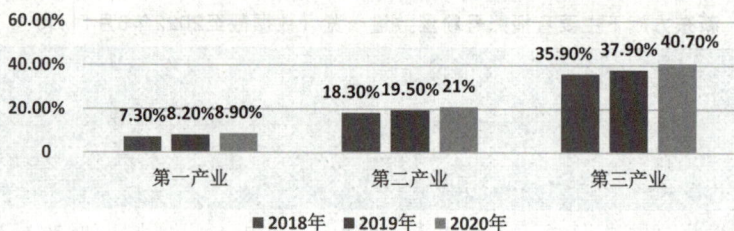

图7-34　数字经济在三大产业中的渗透率

与其他国家对比看，我国数字经济在农业中的渗透率距离高收入国家还有一定的差距，如图7-35所示。在乡村振兴和农业现代化的大背景下，农业数字化站在了"政策的风口"上。

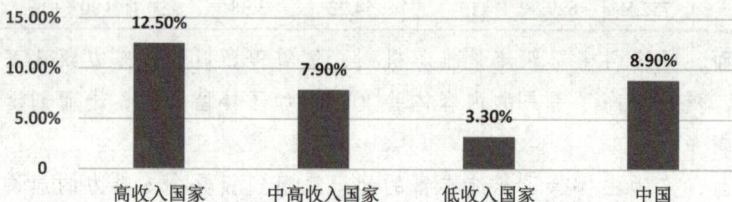

图7-35　2020年全球不同收入组别国家数字经济农业渗透率

自2004年起，中央每年发布的第一份文件都是针对"三农"问题的，近年来，中央一号文件中越来越多涉及与农业数字化有关的内容，智慧农业、信息技术与农业结合、"互联网+农业"等词语越来越多被提及。

疫情期间，因居家隔离，线上购买生鲜农产品的需求大大增加，2020年一季度，很多生鲜电商平台月活跃用户数实现数倍增长，见表7-8。

表7-8　　　　　　　　　　主流生鲜零售电商月活跃用户数情况　　　　　　　　　　单位：万个

主流生鲜零售电商	2019年12月	2020年3月	增速（%）
多点	852.38	1 026.44	20%
每日优鲜	211.56	735.65	248%
盒马鲜生	174.04	895.65	415%
京东到家	136.13	544.89	300%
大润发优鲜	56.89	167.98	195%
中粮我买网	7.74	48.94	532%
食行生鲜	12.95	13.97	8%
天天果园	6.01	6.65	11%

问题：

（1）结合相关数据分析东方甄选爆火的原因。

（2）利用图表描述我国农产品电商的发展趋势。

二、实践应用

为山东日照御园春茶叶有限公司设计并完成一次营销活动，对数据效果运用分析方法进行评估，分析该次活动的运营情况。

主要参考文献

［1］毕思勇. 市场营销［M］. 5版. 北京：高等教育出版社，2020.

［2］北京博导前程信息技术股份有限公司. 电子商务数据分析概论［M］. 北京：高等教育出版社，2019.

［3］胡超. 极简市场营销［M］. 北京：北京联合出版公司，2020.

［4］骆芳，秦云霞. 新媒体文案策划与写作：从入门到精通［M］. 北京：人民邮电出版社，2018.

［5］王昂，赵苗. 新媒体营销［M］. 2版. 北京：人民邮电出版社，2022.

［6］吴娟，赖启军. 新媒体运营［M］. 北京：人民邮电出版社，2023.

［7］严志华，贾丽. 新媒体营销与运营［M］. 2版. 北京：人民邮电出版社，2023.

［8］叶小鱼. 文案变现［M］. 上海：东方出版中心，2019.

［9］观潮研究院. 2022国潮品牌发展洞察报告［R］. 北京：观潮研究院，2022.

［10］黑猫投诉，微博热点. 2022年消费者权益保护白皮书［R］. 北京：黑猫投诉，2022.

［11］甲子光年. Web 3.0之数字人营销白皮书［R］. 北京：甲子光年科技服务有限公司，2022.

［12］巨量引擎城市研究院. 2022巨量引擎非遗白皮书［R］. 北京：巨量引擎城市研究院，2022.

［13］淘宝直播. 淘宝直播商家成长经营指南［R］. 杭州：淘宝直播，2022.

［14］淘宝直播. 2022直播电商白皮书［R］. 杭州：淘宝直播，2022.

［15］引力传媒. KFS内容营销组合策略解读报告［R］. 北京：引力传媒，2022.

数字资源索引

续表